유아교육에서의 레지오 접근법

# 레지오의 삶과 실천

The Reggio Approach
to Early Childhood Education

Bringing Learning to life

Louise Boyd Cadwell

관계에 기초한 변형영유아교육학회 연구공동체

홍순옥 | 김경철 | 김은희 | 서현아
유경숙 | 유구종 | 임영심 | 정수경 역

창지사

# 서문

이 서문은 분명히 당신을 위해 쓰여졌다. 그러나 나는 당신이 무엇을 좋아하는지 예측하기 어려우며 당신이 이 책을 선택한 이유를 알 수 없다. 아마도 당신은 레지오 접근법에 대해 더 많이 배우고자 하리라 생각된다. 또는 이러한 혁신적인 접근법이 어떻게 미국에 들어오게 되었는지 알기를 원할 것이다. 어쩌면 학교에서 할 수 있는 당신의 철학이나 가르치기 방식을 바꾸고 싶어 할지도 모른다. 또는 이 접근법이나 가치를 공유하기를 원할 것이다. 어쩌면 당신은 인생과 학교는 서로 다른 활동장소로 지극히 분리되어 있다고 보거나, 또는 학습하는 즐거움을 구체화하고자 하며 인생 그 자체를 학습으로 볼지도 모른다. 내가 당신의 기대에 반응하는 것은 어려운 일이므로, 나 자신을 이 책의 독자로 간주하고 이 책을 읽는 동안 나에게 감동을 주었던 점들을 당신과 공유하는 것이 나으리라 생각한다. 나의 기대를 말하기보다는 예기치 않게 발견하였던 것들을 공유하고 싶다.

실제 이 책에 스며있는 주제는 루이스 보이드 캐드웰(Louise Boyd Cadwell)이 기술한 현실을 재고하는 방식에 있다. 사람들은 그것을 기적이라고 불렀다. 이 책에서 말하는 이 매혹적인 이야기 주창자들은 신선하고 새로운 관점을 실제 자신들의 삶인 교실에 가져왔다. 나는 인간이 충분히 기적을 가져 올 수 있다고 믿는다. 학습에서 앎과 기쁨을 이끌어내고자 하는 우리의 본성이 이러한 능력을 불러온다. 그 능력은 사람들이 알지 못하는 것을 향해 사람들을 놀라게 할 길을 여는 것이며 지식을 추구하는 행위 속에서 아름다움과 시를 발견하고 추구하는 것과 같다. 그것은 이 책에서 전하는 경외감과 놀라움이며 여기에 기술된 경험들이다.

불행하게도 학교 공간에서 우리를 놀라게 하는 일들이 점차 드물어지지만 교육 여정은 다른 어떤 것보다 기적을 이끌어 내는 것이 가능하며 본질적으로 필요하다. 이것은 어린이의 눈으로 볼 수 있고, 스스로 사물을 새롭게 보고자 하는 용기를 가진 사람을 통해서 이루어지는 기적이다. 만일 우리 스스로 일상 속으로 빠져드는 것을 허용하지 않고 사물을 새롭고 다르게 보고자 할 때 우리는 기적을 향하여 개방될 수 있으며 거기서 오는 풍요로움이 일상을 바꿀 것이다.

나는 교육자로서 우리가 일상에 안주하는 것만큼 나쁜 것은 없다고 생각한다. 왜냐하면 항상 그렇지는 않지만 일상적으로 우리가 계속 해왔던 일들을 반복만 한다면 결국 우리에게 남겨지는 것은 아무것도 없기 때문이다. 일상으로 빠져듦으로써 일에 대해 우리가 가질 수 있는 자극을 잃어버리는 위험을 안게 되며 실제 어린이를 잘 돌볼 수 없게 된다. 학교에서 우리가 행하는 것에 대해 반성할 수 있도록 우리는 자주 멈추어 생각해야 하며 특히 기대치 않았던 일상의 삶에 대해 생각해야 한다.

현재 교사와 성인들은 기적을 경험할 수 있는 능력이 있는가를 질문해야 한다. 우리는 알고자 하는 모든 것을 알아내는 것이 가능한 과학 시대에 살고 있다. 그러나 인터넷과 축적된 정보를 사용함으로써 얻게 되는 단순한 무지를 아직 우리는 피할 수 없다고 생각한다. 여전히 우리가 알고 있는 것 이상으로 많은 것들을 발견하고 알아가는 사람들이 있음을 확신하며 특히 기적의 경험은 실제로 학습을 윤리적 선택으로 간주하는 사람들이 이끌어낼 수 있다.

나는 무지의 한계는 알고 있는 것과 인식할 수 있는 것의 경계를 넘어서 우리 스스로 질문하고자 하는 의지와 능력에 달려있다고 믿으며 우리 삶의 전 과정을 통하여 의미를 추구하는 데 있다고 믿는다. 루이스가 자신과 교사들이 발견한 것을 말하면서 이러한 연구가 일상에 기초하여 교사와 어린이들에게 가져다 준 것을 보여준다. 이것은 자신들이 함께 선택하고 실현하고자 하는 경험뿐 아니라 어린이들의 일상과 관련시키는 방식으로서, 연구되어진 새로운 개념을 이해하고 실천하는 것이 특히 교사들에게 쉬운 일은 아니었다.

흔히 우리는 일과 삶 속에서 사고하고 믿는 것에 대한 확신을 찾고자 하는 경향이 있다. 우리는 스스로의 가치와 이론을 정립한다. 우리는 한계 있는 믿음과 기초 이론을 재고하거나, 생각을 바꾸는 것을 흔히 개인적 결함으로 생각하는 경향이 있다. 종종 지속적으로 위기를 경험하는 것이 새로운 어떤 것을 시작하는 것보다는 손실을 덜 가져온다. 우리가 지나치게 자신의 이론과 가치에 집착하기 때문에 흔히 새로운 방법으로 보고 이해하는 문을 닫곤 한다. 그러나 새로운 가치들은 특히 어린이와 함께 생활할 때 우리의 모든 곳에서 생겨난다. 어린이들은 스스로 우리에게 새로운 것이 무엇이며 받아들일 필요가 있는 것이 무엇인지를 알리고 드러내 준다. 우리는 새로운 것이 발달되는 방식을 전혀 예견할 수 없지만 어린이의 눈을 가질 수는 있다. 그러므로 우리는 새로운 것이 나타나기를 기대하고, 실현되도록 돕고, 추구하며, 양산해 간다.

실제 이것은 이 책에 나오는 이야기 속의 교사들이 행한 것이며 주의 깊고 시의 적절하게 기록하여 어린이와 함께 자신들의 노력을 공유한 것이다. 이러한 노력은 교사들에게 무언가 새로운 감각을 형성할 수 있는 가능성을 주었고 그들은 이러한 "새로움"이 발현되는 것을 목격하고 그것이 일상에 기초하여 형성되고 인식될 필요가 있음을 알게 되었다.

이 책으로 인하여 학교는 규칙과 규제만으로는 갱신될 수 없을 뿐 아니라 학생이 학교에서 산출하고자 하는 체제에 잘 들어맞는지 알아보는 개인의 수행 측정 검사를 통해서는 소속감이 생길 수도 없음이 또 다시 입증되었다. 진정한 개혁은 학교가 진실한 교육 공동체의 가능성을 경험하게 하고 새로운 방식의 사고를 산출할 가능성이 있을 때 일어나며, 또 다른 하나는 루이스가 구체화하고 주변을 움직인 것처럼 주변 일상을 변화시키는 운동과 사고를 기울일 때 일어난다고 생각한다.

실제 이 책은 감동으로 가득하다. 저자의 감동은 자신이 이해하고, 발견하고, 창안하는 행위를 볼 때마다 분명하게 나타난다. 우리는 성인과 어린이가 함께 사고하고, 형성하고, 창안하는 아름다움을 발견할 때 그것을 공유하는 감동을 느낀다. 이 책 속의 목소리들은 합창하듯이 함께 노래하는 것을 느낄 수 있다. 이러한 "합창"은 주창자들이 의식적으로 그리고 지속적으로 탐구해 가는 그 무엇이다. 그것은 어린이와 성인 모두가 계속 추구하는 것이며 경험을 통해 발견된다. 이 책의 많은 부분에서 이타주의의 "지적 즐거움"이 흐르는데, 최근 미국 연구자들은 그 즐거움이 인간의 본능이라고 하였다. 함께 일하면서 다른 사람의 추론, 느낌, 정서를 경청할 때 얻어지는 학습의 가능성이 이 책 속에 여러 차례 기록되어 있다. 이것은 이타주의가 맥락에서만 발생하는 것이 아님을 다시 한 번 보여준다. 그것은 하나의 공동체를 추구하며 만들어가는 지극히 자연적인 방식이며 함께 학습하는 것임을 말해준다.

독일의 철학자 쇼펜하우어(Schopenhauer)는 사람은 두 가지 종류의 객관성을 갖고 있다고 하였다. 그 하나는 다른 사람의 희생이 따르더라도 생존을 위한 조건을 찾고, 목표를 추구하고, 연구하는 "나"이다. 이에 더하여 "나"의 다른 객관성을 "우리"라고 불렀다. 여기서 말하는 "우리"는 자식의 삶을 위하여 인생을 보내며 낮이고 밤이고 자신의 꿈, 시간, 몸을 스스로 희생하는 순수한 본능만 있으며 다른 생각 없이 움직이는 "우리"이다. 우리는 모두 관계 속에서 생겨나며 관계를 낳는다. 우리는 다른 사람을 위한 한 사람의 희생으로 태어난다. 어린이들은 여전히 자신을 발달시키고 끌어안으며 양육하는 사랑의 관계에 대한 강렬한 기억을 갖고 있다.

당신은 사회와 학교가 자기지향적인 "나"에 관심을 가지면서 진정으로 가르치기를 위해 협력하고 관계를 가지며 이타심을 유지하고 있다고 생각하는가? 이러한 질문에 반응하기 위하여 존경하는 독자들이여 부디 이 책을 읽기 바란다. 그러나 이 책을 읽으면서 당신이 얻게 될 보다 중요한 것은 호기심, 사랑, 관계가 학교를 활력 있게 할 뿐 아니라 얼마나 많은 변화와 변형을 가져오는지에 대해서 반성할 기회를 갖게 되는 것이다. 학교는 그저 읽고, 쓰고, 더하고, 컴퓨터를 정확하게 사용하는 것을 학습하도록 돌보는 곳이 아니라, 인생을 창안하고 인생 그 자체를 개방하기 위해 필요한 곳 이상이다. 왜냐하면 그것은 호기심을 발달시키고, 연구를 즐거워하며 우정과 결속력을 새롭게 구성하도록 하기 때문이다.

제롬 부르너(Jerome Bruner)는 "학교는 인생을 준비하는 곳이 아니라 인생 그 자체"라고 썼다. 이것은 루이스의 학교, 동료, 부모, 어린이들을 위한 현실이며 우리가 지향하는 하나의 목표요, 희망이요, 유토피아이다.

— 칼리나 리날디(Carlina Rinaldi)

(루이스 보이드 캐드웰과 유고 스쿠비코스키(Ugo Skubikowski)가 이탈리아 말을 번역하였음)

# 감사의 글

이 책으로 인하여 인생에 대해 많은 책임감을 갖도록 만들어 준 모든 사람들에게 감사한다. 너무나 많은 사람이 내가 문제에 부딪혔을 때 좋은 제안을 해주었고 원고를 읽으면서 격려해 주었다. 많은 저자들이 나에게 영감을 주었고 또 많은 교사들이 격려해 주었으며 많은 어린이들은 경이로움과 발견을 선사하였다. 그들 모두를 여기에서 언급하기는 불가능하다. 모두에게 감사의 마음을 담아 전한다.

무엇보다 먼저 우리 이야기에 나오는 세인트 루이스의 모든 동료들에게 감사의 말을 전하고 싶다. 이 글을 쓸 당시 우리 모두는 이 일을 위해 살아가는 헌신적인 교육자요 연구팀이었고 기록자요 인류학자였다. 또 우리가 헌신적으로 일할 수 있도록, 미래지향적 가치를 가진 꿈과 희망의 세계를 주고 영감을 준 이탈리아 레지오 에밀리아에 있는 우리의 동료요 친구인 모두에게 감사한다.

나에게 글쓰기 기술과 힘을 시범보이고 훈련시켜 준 존 엘더(John Elder), 줄리아 알바레즈(Julia Alvarez), 카렌 갈라스(Karen Gallas), 캐롤 플라인더스(Carol Flinders)와 같은 저자들에게 감사한다. 새로운 세계관의 탄생을 위해 개척해 가는 저자들에게 깊은 감사를 드린다. 그들은 우리에게 레지오 에밀리아 교육 실천을 깊이 이해할 수 있도록 새로운 통찰력을 주었다. 의식(mindfulness)과 "중재자(inter being)"에 대한 티시 나한(Thich Nhat Hanh), 심오한 생태학의 조안나 메이시(Johanna Macy), 생태학적 세계관의 개념에 있어서 프릿조프 카프라(Fritjof Capra), 대화에 있어서 윌리암 아이작(Willam Isaacs), 사고 체계에 대해 광범하게 쓴 피터 샌지(Peter Senge)와 그의 동료들이다.

또한 내가 가는 길을 따라 셀 수 없을 만큼 많은 지원과 가치 있는 제안을 주었던 칼리나 리날디, 아멜리아 감베티(Amelia Gametti), 베아 베키(Vea Vecchi), 캐롤 앤 웨인

(Carol Anne Wien), 레나 디에나(Rena Diana), 진 골드하버(Jeanne Goldhaber), 로리 가이스마 라이언(Lori Geismar Ryan), 애슐리 캐드웰(Ashly Cadwell)에게 깊은 고마움을 느낀다. 편집자인 수잔 리디코트(Susan Liddicoat)는 초기원고를 명료하게 하고 조직력을 높이는 기적을 불러 왔다. 이 책이 쓰여지는 전 과정에 수잔은 소중한 파트너가 되어 주었다. 그리고 최종 형태로 이 책이 만들어질 수 있도록 관대하고 전문적 기술로 믿음을 갖게 한 티철스 칼리지(Teachers College) 출판사 모두에게도 감사한다.

마지막으로, 언제나 나와 함께 하였던 나의 부모 앨덴(Alden), 크리스토퍼(Christopher)와 매일 명료하게 사고하도록 돕고 글쓰기 실천을 지지해 준 애슐리에게 감사한다. 오늘, 이 책의 마지막 줄을 씀에 따라 태양은 비추고 창문은 활짝 열렸으며 그리고 새는 힘찬 노래를 부른다. 오늘은 축하할 날이다.

# 역자 서문

본 저서는 아뜰리에리스타였으며 페다고지스타(교육조정자)인 저자 루이스 캐드웰이 레지오의 만남, 귀향, 그리고 적용(Bringing Reggio Emilia Home)에 이어 낸 책입니다. 첫 번째 저서는 루이스 캐드웰이 레지오 에밀리아에 있는 다이아나 및 라 빌레타 학교에서 인턴으로 있으면서 영감을 받았던 이야기와 미국에 돌아와 칼리지 스쿨을 중심으로 조직된 세인트 루이스 공동체(St. Louis-Reggio Collaborative)에서 적용을 시작한 이야기라면, 두 번째 저서인 Bringing Learning to Life(레지오의 삶과 실천)는 레지오 에밀리아 접근법의 영감을 받아 세인트 루이스 공동체를 중심으로 어린이, 교사, 부모의 삶에 계속적인 변화와 변형을 이루어가는 실천적 여정을 그리고 있습니다.

즉, 2000년 1월부터 6월까지 세인트 루이스 공동체의 세 학교(칼리지 스쿨, 세인트 미카엘 스쿨, 클레이턴 학교 가족센터)에서의 경험을 생생하게 전해 주고 있습니다. 즉 당시 아뜰리에리스타로서 저자의 실천적 삶과 풍부한 일상, 부모와 신뢰를 쌓아가면서 서로의 마음을 열고 이해하는 여정, 교사 간의 협력이 이루어 낸 연구 결과 및 힘, 아뜰리에 공간의 변형적 실천, 프로젝트 장면에서 이루어진 어린이들과의 진지한 대화, 잠재력의 발휘, 지적 능력의 가시적 표상, 다시 방문한 레지오 에밀리아에서 얻은 새로운 비전 등을 포함하고 있습니다. 또한 레지오 에밀리아 교육의 실천은 실로 섬세하고 깊이 있는 사색과 인간 존엄성에 대한 성찰, 어린이에 대한 새로운 관점을 요구하며, 이를 위해 교사들은 수많은 질문과 의견을 공유해 나가야 한다는 것을 보여주고 있습니다.

본 저서를 번역하면서 우리는 우리나라의 레지오 에밀리아 교육의 실천 상황을 다시 생각하게 되었습니다. 우리 역시 비슷한 경험과 어려움을 겪고 있으나, 우리가 어려움을 극복하고 열매와 결실을 맺는 길은 교육자가 가르치기를 실천하면서 창안해 가는 가치에 대한 굳은 신념과 함께 겸손한 자세를 가지고 항상 배우고, 어린이, 동료 교사, 부모, 지역사회 사람들과 함께 군무를 추듯이 조화를 이루어가는 것이 아닐까 생각해 봅니다.

본 번역서는 관계에 기초한 변형영유아교육학회에서 기획하여 공동으로 번역한 네 번째 저서입니다.

본 저서의 서문, 프롤로그, 에필로그는 김은희(한양여자 대학), 1장은 김경철(교원 대학교), 2장은 정수경(백석문화 대학), 3장은 서현아(경성 대학교), 홍순옥(경성 대학교), 4장은 임영심(경북 대학교), 5장은 유경숙(숭의여자 대학), 6장은 유구종(강릉 대학교) 교수가 담당하였습니다.

본 저서가 레지오 에밀리아 교육을 우리나라 유아교육에 적용, 실천하려는 많은 기관에게 실질적인 도움이 되기를 바랍니다. 특히 미국의 레지오 교육 기관도 우리와 같은 문제에 직면하고 있으며 슬기롭고 진지하게 실천해 가고 있습니다. 이 모습을 통해 우리도 위로와 용기를 얻어 심기일전하는 기회가 되기를 진심으로 바랍니다.

역자 일동

# 목 차

세인트 루이스와 레지오 에밀리아에 있는
나의 모든 동료들에게
사랑과 존경, 감사를 드린다.

# 프롤로그

해는 바뀌고 우리는 다시 1월을 맞았다. 오늘 아침 우리 가족은 거친 날씨 때문에 성에로 덮인 창문을 통해 비치는 따뜻한 햇살에 잠을 깼다. 실외 온도계는 18도를 가리킨다. 나는 여분의 스웨터를 껴입었다. 이 특별한 계절은 나로 하여금 뭔가를 반성하게 하고 글을 쓰도록 자극하곤 한다. 이것은 아마도 연말에 많은 사람들이 갖게 되는 마음이며 그래서 우리는 새로운 것을 계획하기도 하는 것 같다. 한 해 중 이 시기는 나로 하여금 침착하게 사고를 구성하도록 유혹하는 것 같다. 나는 1995년 1월, 집 창문을 통해 부드럽게 내려앉는 눈을 바라보면서 첫 책인 『레지오와의 만남, 귀향 그리고 적용(Bringing Reggio Emilia Home)』의 첫 줄을 썼다. 그 후 2000년 1월 이 책을 쓰기 시작했다.

2002년 1월, 2년 전에 쓰기 시작했던 이 책을 끝내기 위해 가르치던 일을 멈추어 왔기 때문에 이후 여름학기에는 내내 그 일을 보충해야 했다. 내가 가르치고 있는 칼리지 스쿨 학교행정과 위원회는 10년간 학교에서 일해 온 교직원과 교사들을 찬양하는 전통으로 설립되었다. 10년이 된 교사들은 이러저러한 방법으로 학교에서 혜택을 받을 수 있는 특전이 명예롭게 주어진다. 10년 근무에 대한 선물로 내가 원하는 것을 요청하라고 하였을 때 그 당시 나는 이 책을 마무리할 시간을 원하였다.

1991년에서 1992년 사이에 나는 이탈리아 북부에 있는 레지오 에밀리아라는 작은 도시로의 가족 여행을 원하였고, 그곳에서 일 년 간 시에서 재정을 지원하는 유아학교이며 세계적으로 잘 알려진 두 학교에서 인턴으로 근무하였다. 바로 그 모험에서 첫 번째 책은 시작되었다. 나의 고향인 미조리 주 세인트 루이스에 있는 칼리지 스쿨에 돌아와 가르치면서 이야기는 계속되었다. 1992년에 칼리지 스쿨은 전 세계에 잘 알려진 "레지오 접근법"의 기본 원리와 실천을 적용하기 시작하였고, 3년간 댄포스 재단(Danforth Foundation)의 지원을 받는 교육자 콘소시움의 리더 기관이 되었다. 칼리지 스쿨(the College School), 세인트 미카엘 스쿨(the St. Michael School), 클레이턴 학교의 가족센터(Clayton Schools' Family Center)의 세 학교가 현재 세인트 루이스 레지오 공동체(St. Louis－Reggio Collaborative)를 형성하고 있다.

이 책은 세인트 루이스 레지오 공동체 세 학교의 어린이, 교사, 부모의 삶에 계속적인 변화와 변형을 제공하는 이야기인 '레지오와의 만남, 귀향 그리고 적용' 의 속편에 해당한다. 레지오 접근법과의 진지한 만남은 우리에게 움직임을 불러일으켰고 변화를 가져왔다. 나는 이 책을 통해 우리의 성장을 보여주며, 학습한 바를 명료하게 하고 다른 사람과 공유하기를 원한다. 또한 나는 이 책이 첫 번째 책 이상의 폭넓은 독자를 갖게 되기를 원한다. 우리 대부분은 레지오 접근법에 유아교육을 넘어선 관계성과 힘을 느끼고 인생과 교육을 위해 접촉하였다. 이 책의 6장에서 우리는 비록 레지오 에밀리아에서의 긴 여행에서 되돌아오지만 독자가 문제를 가슴 속에 간직할 수 있도록 한 순간 만이라도 그 도시의 중심에 있는 학교로 안내하고자 하였다.

당신이 거기에 있었다면 아마 이와 같은 것을 확인할 수 있을 것이다. 만약 당신이 이전에 레지오 에밀리아를 전혀 들어본 적이 없다면 한 유아학교를 처음 방문하는 집단 속 한 사람이라고 상상해보라. 레지오 에밀리아의 한 학교에서 처음 보는 교사, 행정가, 저널리스트, 정치가, 부모 또는 조부모들을 만난다. 대부분의 사람들은 위압감을 느끼거나, 말을 잃고 간혹 눈물을 흘리기도 한다. 왜 이런 일이 있을까? 나는 레지오 에밀리아 학교에서 우리가 보는 것들은 아마도 우리가 보아왔던 모든 것을 반성하게 하는 커다란 잠재력이 있다고 생각한다. 어린이들이 만든 튼튼한 점토 형상과 빛에 반짝이는 벽화, 타일바닥, 태양이 가득한 공간에서 서로에 대한 지식과 존중이 있는 성인과 어린이의 생활방식에서 우리의 심화된 자아를 인식하는 것 같다. 어린 시민으로서의 어린이는 진정 누구이며 무엇이 될 것인지를 거울처럼 보여주는 학교에서 우리는 일상의 특별한 의미와 아름다움을 즉각 감지할 수 있다.

이탈리아 교육자들은 우리에게 도전감을 준다. 모든 방식에서 개별 어린이, 특별한 집단의 어린이와 부모를 중심에 둔다. 이탈리아 교육자들은 어린이를 이야기나 드라마에서 주인공을 의미하는 "주체(Protagonists)"라는 단어로 묘사한다. 그 단어와 함께 그러한 정의는 학교에 관련된 사고의 변화를 가져온다. 학교는 이야기가 살아서 만들어지는 장소가 되고, 극을 주도하는 주인공의 특성에 따라 인생의 드라마가 연출된다. 그 이야기들이 이제 쓰여질 것이다. 어린이, 부모, 교사는 중심역할을 담당하는 세 주체로서 협력을 통해 인생을 만들어 갈 것이다.

이들 학교들은 점토와 그림물감, 펜과 말, 숫자와 이론에서 어린이의 신선한 아이디어가 풍부하며, 탐색을 계속하는 기쁨이 있고 어린이와 성인이 함께 의미를 탐색해 가는 과정을 추적하는 이야기의 에너지가 맥박 친다. 우리가 이러한 에너지로 둘러싸일 때 어린이뿐 아니라 인간으로서 우리는 살아있음이 의미하는 바를 이해하게 되고 닫혀진 하나의 지역사회의 창조적인 사고자로서 우리의 타고난 권리와 본성을 깨닫게 된다. 우리 대부분은 이전에 이러한 진실을 어렴풋이 가지고 있었으나 레지오 에밀리아 학교들을 살펴보면서 통찰에 이르는 커다란 섬광을 목격하게 될 것이다. 아마도 우리는 학교에서 뿐 아니라 모든 곳에서 인생의 아름다움이 살아나갈 것과 그 의미를 갈망할 것이기 때문에 그 학교에서 눈물을 흘린다. 그 곳에서 잃어버린 것을 보게 될 것이기 때문에 우리는 슬퍼한다. 아마도 우리가 알고 있는 학교, 우리가 알고 있는 인생의 가능성을 향하여 여정을 하게 되는 열정적인 희망을 느낄 것이다.

레지오 에밀리아 유아학교에서 우리는 광범위하고, 다변적이며 창의적인 우주의 한 가운데에서 창의적인 인간으로 참여하는 삶을 살아갈 수 있는 충분한 가능성에 직면하게 된다. 이러한 학교들은 가능성을 확인하는 살아있는 증거이다. 그들은 가능성을 입증한다. 그들은 가능성을 시범 보인다. 교육자, 부모, 지역사회, 어린이는 가능성 속에 살고 있다. 그것은 그저 이야기나 꿈이 아니다. 그 학교들은 현실이며 실존하고 있다.

세계적으로 이러한 가능성의 비전은 교육자들에 의해 개발되어져 왔다. 세인트 루이스 레지오 공동체는 깊은 영감을 준 레지오 교육자의 일하는 방식을 접하고 이러한 접근법을 이해할 수 있도록 일하는 전 세계 조직망의 한 부분이다. 레지오 접근법의 역사적, 정치적, 교육적 관점의 위상을 정립하기 위하여, 이탈리아 레지오 에밀리아의 짧은 역사를 제시하고 레지오 접근법을 통찰할 수 있는 용어와 아이디어를 개관하여 레지오와의 만남, 귀향 그리고 적용을 업데이트 하여 개정하였다.

## 이탈리아, 레지오 에밀리아의 짧은 역사

레지오 에밀리아 시는 BC 2세기 로마 제국에 의해 설립된 에투리아족(Etruscans)과 갈리아족(Gauls)의 영향을 받은 영토의 중심에 있다. 르네상스 시대에 그 시는 마테오 마리아 보이아르도(Matteo Maria Boiardo)와 루도비코 아리오스토(Ludovico Ariosto) 시인의 고향이었다. 그 시와 관련된 역사적으로 중요한 에피소드는 이탈리아 공화국이 탄생되고 1797년 국기가 만들어졌을 때, 나치주의(Naziism－Fascism)에 대항하는 운동이 벌어졌을 때의 레지오 에밀리아 시민의 역할이었다. 그 당시 그들은 이탈리아에서 가장 용맹한 군사로서 금메달을 받았다.

그 도시는 동에서 서로 에밀리아 로마냐(Emilia Romagna) 전 지역을 가로지르는 비아 에밀리아(Via Emilia)라는 고대 로마 도로 상에 위치해 있다. 남쪽으로는 아펜니노 산맥(Apennine Mountains)과 북쪽으로는 알프스 산의 경계가 되는 지역이며 그 중심을 포강(Po River)이 흐르고 있다. 이탈리아의 거대하고 풍요로운 이 지역에는 400만이 거주하고 있으며 미술과 건축물, 농업, 산업, 관광 분야에 있어서 부유하다. 특히 이탈리아에서 아동복지 분야의 사회복지 제도가 가장 높게 발달한 지역이기도 하다(레지오 에밀리아 시 교육부, 1990).

민간, 시, 정부 차원에서 어린이와 가족을 위한 서비스와 지원을 제공하기 위해 이탈리아 전역에서 이루어진 노력의 역사는 1820년대 초에 시작되었다. 1945~1946년 전쟁이 끝난 직후, 그러한 지원적 전통을 가진 지역적 특성으로 인하여 강력한 주도권을 행사하였으며 부모가 주도하는 레지오 에밀리아 유아학교가 시작되었다(Edwards, Gandini & Forman, 1993).

1950년대에 교사와 부모들은 유아교육에 대한 필요를 느끼고 그 중요성을 인식하게 되었으며 세레스틴 프레이네(Celestin Freinet)와 존 듀이(John Dewey)의 진보주의 교육에 대한 새로운 사상은 교육의 변화를 논하게 하였다. 1951년, 자유주의 정책에 의한 시 교육을 위해 지목된 부르노 치아리(Bruno Ciari)라는 강력한 교육자가 주도하는 협동교육 운동(the Movement of Cooperative Education)이 일어났다(Edwards 등, 1993). 부르노 치아리는 레지오 에밀리아 설립자인 로리스 말라구찌(Loris Malaguzzi)의 동료이자 절친한 친구였다.

치아리와 동료들은 "교육은 어린이의 에너지와 능력을 자유롭게 해야만 한다(Edwards 등, 1993, pp.15-16)"고 믿었으며 어린이가 의사소통, 사회적, 정서적으로 조화롭게 전인적 발달을 이루어야 한다고 강조하였다. 치아리는 교육자에게 가족과 시민들이 학교에 참여할 수 있도록 할 것을 강조하였고, 20명의 어린이가 있는 교실에 2명의 교사를 두도록 하였으며 교직원이 협력적으로 일하고, 학교의 물리적 환경을 주의 깊게 구성하도록 하였다(Edwards 등, 1993).

지난 30년 이상 서로 다른 분야의 많은 학자들이 레지오 접근법의 실천을 발전시키는 데 기여해 왔다. 수잔 아이작(Susan Issacs), 마리아 몬테소리(Maria Montessori), 레브 비고츠키(Lev Vygotsky), 진 피아제(Jean Piaget), 에릭 에릭슨(Erik Erikson), 존 듀이(John Dewey), 데이비드 홉킨스(David Hawkins), 휴버트 마튜라나(Humberto Maturana), 프란시스코 바렐라(Francisco Varela), 그레고리 베이트슨(Gregory Bateson), 제롬 브루너와 같은 사람들이다.

이탈리아의 토스카나, 롬바르디아, 토렌티노, 피드몬트, 베네토, 리구리아와 같은 많은 지방들에 질 높은 시립 유아교육 체제가 설립되었다. 에밀리아 로마냐는 특별한 가치를 가진 가장 혁신적인 도시로 여전히 남아있다. 레지오 에밀리아 학교의 뛰어난 특징으로는 아뜰리에 또는 스튜디오, 아뜰리에리스타 또는 스튜디오 교사, 교육 팀, 부모 참여, 유아교육체제에 선출된 공인의 참여, 연구, 실험, 의사소통, 기록을 위한 위원회를 들 수 있다(Edwards 등, 1993).

오늘날, 레지오 에밀리아 시는 21개 유아학교와 13개 영유아센터를 지원한다. 유아학교에는 3세에서 6세 전체 1,508명의 유아가 다니며 영유아센터에는 3개월에서 3세 835명의 유아가 다닌다. 레지오 에밀리아 시는 공동조합에서 운영하는 1세에서 6세 유아가 다니는 5개의 영유아센터와 1개의 유아교육센터 또한 지원한다. 이 중 한 영유아센터는 부모들이 운영한다. 그 외 다른 유아교육 서비스가 있으므로 3세에서 6세 유아 전체의 94.6%가 그리고 3개월에서 3세 유아 전체의 38%가 유아교육기관에 다니고 있다(레지오 에밀리아 시립 영유아센터와 유아학교, 2000).

유아가 6세가 되면 이 학교들을 떠나 국가가 운영하는 공립학교나 지방자치학교에 입학한다. 이들 학교 교육과정은 지원기관이 정하며 전통적인 모델을 따른다. 유아학교 교사들은 초등학교 1학년 교사들과 만나 가을에 학교에 입학할 유아에 대한 정보를 제공해 준다.

모든 유아의 권리와 잠재력을 보호하고 촉진하기 위한 국제센터인 레지오 칠드런(Reggio Children)이 1994년 3월 11일 설립되었다. 로리스 말라구찌의 철학에 기초하여 기구의 신념은 "레지오 에밀리아 시에서 운영하는 영유아센터와 유아학교 현장에서 수년 동안 축적해 온 지식과 경험의 가치를 보호하고 파급하기 위하여" 이며, "유아의 창의력과 잠재력에 진정한 가치를 두는 새로운 유아기 문화" 에 대한 연구와 상호 교환 기회를 위해 설립되었다.(Giudici, Rinal & Krechevsky, 2001, 부록 E).

## 레지오 접근법의 통합적 개념

『레지오와의 만남, 귀향 그리고 적용』에서 나는 레지오 접근법의 기초가 되는 본질적 요소의 목록을 추출하였다. 그 방식은 복잡한 레지오 학교생활 전체를 기술하는 데는 부적합한 방법으로 생각되어, 그 목록 중 일부를 여기에 인용하고 일하는 방식에 대한 통합적인 개념과 용어에 대한 설명을 더하고자 한다. 레지오 에밀리아 교육자들은 다음과 같이 본다.

▶ **주체로서의 유아**. 유아는 강하고 풍부하며 능력이 있다. 모든 유아는 자신에게 주어진 주변 환경과 협상하고, 자신의 학습을 구성하기 위해 준비되어 있으며, 잠재력 있고 호기심이 있으며 흥미를 갖는다. 유아, 교사, 부모는 교육과정의 세 중심 주체로 간주된다(Gandini, 1993).

▶ **협력자로서의 유아**. 각 유아를 분리하여 교육이 이루어지기보다는 또래, 가족, 교사, 지역사회와의 관계 속에서 개별유아에 초점을 둔다(Gandini, 1993). 이러한 가치는 소집단 활동을 강조하고 사회적 구성주의에 기초한 실천 모델이 되며, 우리 자신은 또래, 성인, 세상의 모든 사물, 상징과의 상호작용을 통해 형성된다고 본다(Lewin, 1995).

▶ **의사소통자로서의 유아**. 레지오 접근법은 언어, 신체표현, 그리기, 칠하기, 구성하기, 조형하기, 그림자 극, 콜라주, 극놀이, 음악 등의 상징적 표상에 체계적으로 초점을 둠으로써 유아의 지적발달을 촉진하며 유아들로 하여금 놀라운 수준의 의사소통, 상징적 기술, 창의력을 기르게 한다(Edwards 등, 1993). 유아는 자신이 알고, 이해하고, 놀라워하며, 질문을 가지고, 느끼고, 상상하는 것을 의사소통하고 발견할 수 있도록 다양한 매체를 사용할 권리를 갖는다. 이러한 방식으로 유아들은 자연스럽게 다양한 "언어들"을 통해 사고를 가시화한다. 시각미술 훈련을 받은 아뜰리에리스타가 각 학교에서 유아나 다른 교사들과 밀접하게 일하면서 유아가 다양한 매체를 탐색할 수 있게 하고, 수많은 언어들을 사용하여 사고를 가시화하여 표상하도록 돕는다.

▶ **제 3의 교사로서의 환경**. 만남, 의사소통, 관계형성을 격려하도록 공간이 디자인되고 활용된다(Gandini, 1993). 학교의 모든 공간과 설비나 매체를 디자인하고 조직하는데 기본적인 질서와 아름다움이 있다(Lewin, 1995). 모든 공간의 영역은 독립된 정체

성과 목적을 가지며 유아와 성인이 돌봄의 가치를 가지고 의사소통하며 몰입할 수 있도록 잠재력을 풍부하게 한다.

▶ 파트너, 양육자, 안내자로서의 교사(Edwards, 1993). 교사는 주제에 대해 유아가 탐색할 수 있도록 하며, 단기 또는 장기 프로젝트를 촉진하며, 경험을 연합하고, 개방적으로 발견하고 문제해결을 할 수 있도록 안내한다(Edwards 등, 1993). 유아가 활동을 계획하고 진행해 나가는 방법을 알기 위해 교사는 유아를 밀접하게 관찰하고 경청한다. 교사는 질문하고 유아들의 아이디어, 가설, 이론을 발견하며 학습할 기회를 제공한다(Gandini, 1993).

▶ 연구자로서의 교사. 교사들은 짝으로 일하면서 다른 교사나 교직원들과 결속력 있고 협력적인 관계형성을 유지하며 유아의 활동을 지속적으로 해석하고 토의하는 데 몰입한다. 이러한 상호교환은 계속적인 훈련과 이론의 발달을 가져온다. 교사는 자신을 유아와의 활동을 기록하여 준비하는  또 다른 연구자로 스스로를 본다. 이는 학교에 제공되는 페다고지스타에 의해 더욱 지원된다(Gandini, 1993).

▶ 의사소통으로서의 기록. 유아와 활동하는 성인으로서 유아의 사고를 설명하기 위해 주의 깊은 재고와 집중이 이루어진다. 유아의 말과 대화에 대한 언어 전사본, 활동사진, 다양한 매체로 이루어진 사고의 표상, 학습 과정과 연구 목적에 대한 교사의 설명이 신중하고 주의 깊게 디자인되어 패널이나 책으로 구성된다. 이러한 기록화는 다양한 목적을 갖는다. 또한 부모로 하여금 자녀의 경험을 인식하도록 만든다. 교사들에게는 유아를 더 잘 이해하게 하고 자신의 활동을 평가하며 다른 교사와 상호교환할 수 있도록 해준다. 결국 기록은 많은 유아와 교사들이 경험한 학습 과정에서의 기쁨과 학교의 역사를 추적하는 공적인 문서가 된다(Gandini, 1993).

▶ 파트너로서의 부모. 부모참여는 본질적이며 부모는 여러 가지 형태로 일한다. 부모는 유아의 학습경험에 능동적인 역할을 담당하며 학교에 있는 모든 유아의 복지가 보장되도록 돕는다. 그러한 아이디어와 기술이 가족을 학교로 불러오며 부모와 교사 간에 이루어지는 아이디어의 상호 교환은 새로운 교육 방식이 발달되도록 하고 교사로 하여금 부모참여를 그저 강요가 아니라 협력의 본질적인 요소이며, 서로 다른 지혜의 통합으로 보도록 돕는다(Spaggiari, 1993).

나는 현재 이 목록에서 이 접근법의 핵심인 조직의 본질적인 특성을 빠뜨렸다는 것을 알게 되었다. 따라서 여기에 그 부분을 더하였다.

▶ 토대로서의 조직. 레지오 에밀리아 시립학교의 모든 맥락과 수준에서 얽히고 복잡한 조직의 특성이 나타난다. 콜라주 매체를 수집하여 선반에 배열하고 보관하는 것부터 부모와 교사 간 저녁모임의 포괄적인 대화와 다양한 의제, 복잡한 관점들을 제고하여 성인 집단이 계획하는 소집단 유아를 위한 신중한 선택, 매일 이루어지는 유아와 교사를 위한 영양식단의 준비와 제공에 이르기까지 레지오 에밀리아 유아학교와 영유아센터의 조직이 모든 수준에서 기능하는 것은 나로 하여금 휘틀리와 캘러-로저스(Whwatley and Kellner-Rogers, 1996)가 기술한 단순 방식 (A Simpler Way)을 상기하게끔 한다. 그 방식은 엄격하지 않고 유기적이다. 그 방식은 하나의 커다란 목적을 갖는다. 그것은 단순하게 정련되어 있지 않다. 오히려 그것은 우주의 질서와 복잡성을 반추하게 한다. 어떤 점에 있어서 그것은 이미 존재하면서 발견되기를 기다리는 조직과도 같다. 그것은 진화하며 융통성이 있다. 그것은 흐르고 움직인다. 그것은 모두가 포함되는 통합성을 존중한다. 그것은 상부에서 하부로 지시하지 않으며 오히려 함께 일하고 대화하는 결속력 있는 집단이다.

레지오 접근법을 접해 온 전 세계의 존경받는 많은 교육자, 심리학자, 연구자들은 세계 어디에서도 이전에 볼 수 없었던 예외적인 가장 질 높은 유아교육의 표본이라고 하였다(Bruner, 2000; Dahlberg, Moss & Pence, 1999; Gardner, 2000; Katz, 1998; "The Ten Best School", 1991). 또한 그들 대부분은 레지오 접근법이 어떻게, 왜, 그렇게 되었는지를 정확히 대답하게 하는 질문에는 다소 머뭇거리는 경향이 있다. 그 접근법을 레지오 에밀리아 밖의 다른 나라 문화에 가져가는 것은 보석을 운반하는 모험보다 더 위험하다고 하였다.

이러한 도전을 인식하고 하워드 가드너(Howard Gardner)와 하버드 프로젝트 지로(Harward's Project Zero) 연구팀들이 칼리나 리날디와 레지오 학교에서 추천한 교육자팀과 함께 지난 3년 동안 연구하고 공부하고 있다. 이 연구는 『기록작업을 통한 학습의 가시화 : 개인과 집단 학습자로서의 유아』(*Making Learning Visible: Children as Individual and Group Learner, Giudici* 등, 2001)로 출판되었다. 이 책은 내가 예전에 읽었던 칼리나 리날디와 다른 레지오 교육자들의 어떤 책보다 명료하고 도전을 준다. 프로젝트 지로 팀에서도 이 접근법에 대해 사려 깊고 도전적으로 관찰하고 반성하는 세계의 연구자들의 연구들을 더하고 있다. 이 책에 나오는 내용들이 나의 에필로그에 제시될 것이다. 기록작업을 통한 학습의 가시화에서 하워드 가드너는 마지막 반성에 다음과 같이 쓰고 있다(Howard Gardner 2001).

> 레지오 경험을 이해할수록 나는 도전을 느낀다. 협력을 시작할 때 나는 잘 이해하고 있다고 생각했었지만 현재 확증만큼 의문 또한 더 많이 가지고 있다. 부드럽게 적용되지만 심화된 상호성찰이 이루어지는 다른 많은 실체들처럼… 그것은 스스로는 분명히 존재감이 있지만 다른 사람에게는 쉽게 포착되지 않는 "느낌"이 있다. 이러한 공동체들은 미술과 은유로 가장 잘 포착되어진다(p339).

## 우리의 일과 이 책의 맥락

이 책의 이야기를 이해하기 위해서는 세인트 루이스에서 이루어진 우리 일의 역사를 이해하고 이야기에 등장하는 주요 인물들을 만나는 것이 중요하다. 앞서 언급한 바와 같이 1992부터 1995년까지 다양한 환경을 가진 일단의 세인트 루이스 학교들은 레지오 접근법을 연구하는 교육자들을 위한 댄포스 재단의 지원을 받았다. 엔스밍거(Entsminger, 1994)는 3년 동안 이루어진 우리의 일을 교사의 관점으로 분석하고 논의하였다. 지원 시기가 끝났을 때 세 학교들은 어떻게 레지오 접근법의 기본원리가 자신들의 프로그램에 뿌리를 내리게 되었는지 이해하는 데 있어서 의미 있는 진보를 가져왔고(Cadwell, 1997) 학교의 교사와 행정가들은 함께 지속적으로 일하고 성장하기 위해 힘을 합치게 되었다. 1995년 이들 학교 교육자들은 스스로 세인트 루이스 공동체를 설립하였다. 발단 이후 1992년부터 1995년까지 웹스트 대학교(Webster University) 교육학과 교수인 브렌다 파이프(Brenda Fyfe)와 세인트 루이스 공동체의 구성원이 된 댄포스 재단의 쟌 필립스(Jan Phillips)는 공동대표를 맡았다.

세인트 루이스 레지오 공동체에 속한 세 학교는 시간이 지날수록 학습을 위한 통합된 접근법과 혁신에 가까운 강력한 뿌리를 가질 뿐 아니라 행정가와 교사들은 협력하여 도전이 되는 것들을 파악하였다(Entsminger, 1994). 이들 세 학교는 모두 중류계층에 해당하는 이웃학교들이지만, 다양한 표집을 제공하고자 합의하였다. 각 학교에 대한 설명은 다음과 같다.

칼리지 스쿨은 1963에 창설된 웹스터 대학(현재 웹스터 대학교)의 혁신적인 실험학교다. 현재 다양한 학문 영역에 걸쳐 통합적인 주제와 접근으로 교육과정을 운영하고 있으며 세인트 루이스 지역에서 학령 전기부터 8학년에 걸쳐 270명의 학생이 다니는 유일한 독립된 사립학교다. 후속 장에서 당신은 4세에서 5세 교사이며 나의 친구이자 오래된 팀 동료인 제니퍼 스트레인지(Jennifer Strange), 3세와 5세 교사 샐리 밀러 호베이(Sally Miller Hovey), 유치원 교사 스카일러 하먼(Skyler Harman), 케시 세이벨(Kathy Seibel), 칼리지 스쿨을 은퇴한 교장 잔 필럽스를 만나게 될 것이다. 또한 당신은 현재 이곳을 떠났으나 이전의 동료 두 사람 제니퍼의 팀 동료인 마크 윈드함(Mark Wyndham), 쉘리의 팀 동료인 크리스티 메튜(Christi Meuth) 또한 만날 것인데 그들은 우리의 일에 젊은 에너지와 신선한 관점을 가져다주었다.

1969년 창설된 세인트 미카엘 스쿨은 학령 전에서부터 6학년까지 115명의 모든 어린이들이 믿음을 가지고 있는 감독학교이다. 후속 페이지에서 당신은 미카엘 스쿨에 다니고 있는 나의 동료인 아뜰리에리스타 척 슈웰(Chuck Schwall), 카렌 슈나이더(Karen Schneider), 멜리사 쿠에라(Melissa Guerra), 프란시스 롤랜드(Frances Roland), 수 모리슨(Sue Morrison), 그 학교의 교장이며 나의 남편이기도 한 애슐리 캐드웰을 만나게 될 것이다.

26년 이상이 된 클레이턴 학교 가족 센터는 클레이턴의 유아교육과 부모지원 프로그램을 운영하고 있으며 400가족 이상을 대상으로 다원적 프로그램을 발달시켜 왔다. 가족센터에서 당신은 10여 년 간 나와 함께 일하고 생활해 온 절친한 동료들의 이야기를 들을 것이다. 교장인 로리 게이스마 리안(Lori Geismar Ryan), 3~5세 교사이며 교육과정 조정관인 케서린 케츠(Catherine Katz), 3~5세 교사인 셰릴 브레이그-알렌(Cheryl Breig-Allen)이 있다.

그 외 우리의 세 학교에는 다른 많은 교육자들이 있긴 하지만 이들 동료들이 이 책에서 이야기하고자 하는 특별한 이야기를 이끄는 사람들이다. 이들 세 학교와 한 대학이 포함된 대집단 교육자인 우리는 기적적인 방법으로 함께 긴밀하게 일하였다. 우리는 전체 또는 소집단으로 일 년 동안 정기적으로 만나 진행과정을 공유하고 연구프로젝트를 위해 협력하였다. 또한 서로의 교실을 관찰하고 상호 동료 코치 역할을 하였다. 우리는 함께 워크숍을 하고 학회에 참석하고 발표하기 위해 여행하였다.

우리가 함께 일한 역사 속에서 가장 중요한 부분은 현재 레지오 칠드런의 공동 조정관이며 세계학교의 컨설던트인 아멜리아 감베티와 함께 일한 것이다. 아멜리아는 우리와 함께 옆에서 혹은 한가운데서 일하면서 우리 스스로를 현재 있는 곳 이상으로 밀어붙일 수 있는 방법을 직접 또는 예를 들어 보여주고 행하고 질문하고 지적하고 재연하며 놀라며 함께 이야기하였다. 그녀는 1993년 이후 일 년에 몇 달 또는 몇 주간 우리와 함께 일하였다. 아멜리아와 레지오 칠드런의 지원을 받아 1996년 가을 이후 다른 나라와 미국의 교육자를 위한 방문일정과 연수에 초대되었다. 당신은 6장에서 우리와 함께 한 일에 대한 아멜리아의 반성을 보게 될 것이다.

우리 모두가 아멜리아와 관계를 가지고 일하게 된 것은 내가 1991년부터 1992년까지 레지오 에밀리아에서 인턴으로 일했던 일 년 동안 레지오 에밀리아의 라 빌레타 학교(La Villetta School)에서 25년간 교사였던 아멜리아와 함께 일할 수 있는 특권을 가졌었고 그 인연이 세인트 루이스까지 이어졌기 때문이었다(Cadwell, 1997). 라 벨레타에서 나는 그곳의 아뜰리에리스타인 지오바니 피아자(Giovanni Piazza), 페다고지스타였던 칼리나 리날디와도 함께 일하였는데 그들은 레지오 에밀리아에서의 인턴 동안 나의 멘토였다. 칼리나 역시 아멜리아나 지오바니처럼 우리 가족에게는 친구이자 이웃이었다. 다음 이야기에서 당신은 아멜리아, 칼리나, 지오바니에 더하여 레지오 에밀리에서 멘토요 친구였던 다른 사람에 대해서도 듣게 될 것이다. 다이아나 스쿨(Diana School)에서 30여 년 동안 아뜰리에리스타로 역할하고 은퇴하였으며, 계속하여 레지오 칠드런 팀의 한 구성원으로서 그리고 독립적으로 연구를 계속하고 있는 베아 베키(Vea Vecchi), 다이아나 스쿨 교사인 마리나 모리(Marina Mori)와 파올라 스토로찌(Paola Storzzi), 현재 아뜰리에리스타인 이자벨라 메니노(Isabella Meninno), 레지오 칠드런의 파올라 리코(Paola Ricco)들이다.

## 전환점이 되었던 2001년 가을

2001년 마지막 4개월 동안 많은 지역의 많은 사람들로부터 깊은 영향을 받았다. 우리는 마치 세계가 9월 11일에 위에서부터 아래로 쪼개지는 것처럼 느꼈다. 우리는 세상이 가라앉고 안정감이 상실되고 특권이 변화됨을 느꼈다. 여기 우리가 살고 있는 세인트 루이스의 그 한 학기 동안 유아교육에 대한 레지오 접근법의 멘토이며 세계의 리더인 칼리나 리날디가 거주하였다. 우리의 동료인 브렌다 파이프가 그녀를 2001년 가을 동안 웹스터 대학교 교육학과에 초빙교수로 초청하였다. 칼리나는 첫 번째 외부 이탈리아 교수였다. 칼리나는 웹스터에서 가르치는 일과 함께 우리 학교에서 세인트 루이스 레지오 공동체의 교육자들과 의미 있는 시간을 보낼 수 있었다. 학교의 교사 또는 행정가인 우리는 좋은 행운이 왔음을 알았고 웹스터 대학의 브렌다에게 항상 감사의 마음을 표하며 칼리나에게는 우리 모두가 만날 수 있는 학기를 조직하도록 요청하였다.

동시에 우리는 2001년 일 년간 유아들의 수많은 언어(The Hundred Languages of Children) 라고 이름 붙은 두 번째 전람회를 유치하였다(그 전람회 첫 번째는 1991년 가을 세인트 루이스에서 있었다). '유아들의 수많은 언어' 라고 이름이 붙여진 캐롤린 에드워드, 렐라 간디니, 조지 포먼(Carolyn Edwards, Lella Gandini, George Forman, 1998)의 책은 그 전람회 타이틀을 취한 것이었고 그 전람회를 다음과 같이 소개하였다.

> 1987년 이래 미국을 순회했던 그 전람회는 교사, 유아, 부모를 포함하여 다양한 세대로 하여금 사회적이고 윤리적인 아이디어, 이론적 전제, 논의, 반성, 경험을 함께 하도록 하였으며, 교육적 이야기를 해석하는 전시는 아름답고 호기심을 자극하는 것이었다. 그 전람회는 가르치기와 배우기의 순간을 담은 사진, 설명의 글과 유아들의 말이 포함되어 있는 많은 패널들, 유아의 칠하기, 그리기 표현, 콜라주, 구성물들을 통해 레지오 에밀리아 접근법의 교육과 철학을 설명하고 예시하였다 (p.10).

계속하여 그 책에서는 전람회가 방문자들로 하여금 다 감각적이고, 나선적인 학습의 여정에 몰입할 수 있도록 방문자들로 하여금 전람회를 계획한 사람들과 대화함으로써 레지오 에밀리아 유아학교에서 매일의 일상에 몰입하는 교육자들이 계획하고 구성한 대표적인 기록 자료를 모아놓은 것임을 설명하고 있다.

레지오 에밀리아로부터 우리의 한 가운데로 온 칼리나와 전람회 두 가지는 우리가 있었던 곳 이상으로 내가 어느 곳에 착륙해야 할지를 정확하게 알 수 없을 정도로 밀어붙이고 있었다. 칼리나와 전람회 모두가 그렇게 생각하도록 한 것 같다. 이 두 요소는 친절하고도 끈기 있게 그간 당연시 되어 온 것들을 즉시 거부하게 하는 역동적인 원료가 되어 우리와 함께 나아갔다.

12월이 되어 칼리나와 함께 한 마지막 저녁 세인트 루이스 레지오 공동체 학교의 교육자들과 브렌다는 세인트 루이스 시내에 전람회가 열리는 곳에 함께 모였다. 우리는 오르되브르 주말 느낌을 가지면서 와인, 흰 장미와 양초, 작은 선물과 수많은 감사의 말을 나누었다. 우리는 칼리나와 그 전람회에 작별을 고하고 서로 축하하며 감사하였다. 날개처럼 크게 펼쳐진 유아들의 수많은 언어 전람회 패널을 두고 칼리나는 세인트 루이스에서 그 전람회가 우리에게 준 그 의미가 무엇이었는지를 말하게 하였다.

우리는 다음을 합창하였다. "그것은 우리를 함께하게 하였고, 유아들과 더욱 깊고 복잡한 의미를 탐색하도록 영감을 주었으며, 다른 교육자에게 도움을 줄 수 있도록 도왔고, 유아의 부모들과 가까워질 수 있도록 하였으며 도시의 중심으로 주변 사람들을 모이게 하였다. 칼리나와 전람회는 우리에게 하나의 획을 그어준 좋은 친구가 되었다. 그것은 우리의 기대치를 상향시켰다. 우리는 학교들과, 다른 도시에 있는 동료들과, 세계의 모든 사람들과 함께 더 많이 일하기를 원하고 더 많이 이해하기를 원하며 더 많이 도달하기를 원한다."

우리가 공유하였던 것을 말한 후에 칼리나는 "세인트 루이스에서 이루어진 전람회가 나에게 의미하는 것은 무엇이었는가? 여기에 있는 모두에게 주어졌던 그 전람회의 새로운 의미가 나에게도 역시 주어졌다. 당신들은 전람회에 대한 느낌은 가질 수 있지만 당신들 손으로 전람회를 개최할 수 있었던 것은 아니었다. 그것은 한 마리 나비와 같다. 손에 잡히지 않는다. 당신은 그것을 가졌다고 생각하지만 곧 그것은 멀리 날아가 버린다. 그것은 무엇인가를 위한 지속적인 연구를 말한다. 그것은 창의성과도 같다. 아마도 이보다 더 잘 표현할 수 있는 것도 있을 것이고, 우리가 결코 표현할 수 없는 것들도 있을 것이다. 그것은 하나의 과정이다. 우리 모두는 하나의 과정이다. 인생에 있어서 당신이 무엇인가를 만나기 위해 준비될 때가 그 순간이고 그 무엇인가는 당신이 만나기를 준비하는 것이다. 우리에게 바로 그 순간이 지금 이 순간이다. 이 순간을 통해서 우리는 우정이 인생에서 가장 중요한 가치를 갖는 것임을 이해할 수 있다."고 말하였다.

이러한 정신이 바로 내가 이 책의 독자들에게 주고자 하는 것이다. 여러 가지 방식으로 나는 당신과 함께 그 과정을 공유할 것이다. 그러나 아직 그 과정들은 수집 중에 있다. 나는 그 기간 동안 일어난 일들을 여섯 가지 연속적인 달로 나누어 공유할 것이다. 이 시간의 조각들은 우리가 레지오 접근법의 영감을 받아 여정을 했던 10년 동안에 우리가 학습했던 모든 것들을 모으고 반성하여 통합할 것이다.

〈사진 P. 1.〉 우리의 일 공유하기: 2001년 가을 칼리나 리날디와 유아들의 수많은 언어 전람회에서 가진 세인트 루이스 레지오 공동체 모임

또한 나는 한사람의 전문인으로서가 아니라 개인적 맥락에서 이러한 가치를 추구해 온 나 자신 내부의 퍼즐을 맞춰나가는 자서전적 이야기를 포함시켰다. 이 일은 나의 첫 번째 책 『레지오와의 만남, 귀향 그리고 적용』을 쓰면서 계획된 것이었다. 나는 학교에서 일상적으로 이루어진 구체적이고도 작은 일들을 모두 회상하기 위하여 사진을 찍고 기록하고 녹음하고 비디오로 찍어 수집하였으며 저널을 써서 모두 이야기로 구성하였다. 나는 유아들과, 부모들과, 칼리지 스쿨 교사로서 우리 자신에게 그리고 세인트 루이스 레지오 공동체 소속 교사로서 어떤 발달이 이루어졌는지 이야기할 것이다. 나는 세미나를 위한 우리의 여행에 대해 그리고 우리를 보기 위하여 여행하였던 사람들에 대하여 말할 것이다. 이것은 내가 알고 있는 우리의 경험을 공유하는 가장 강력한 방법이다.

다음의 여섯 장은 2000년 1월부터 6월까지 새로운 세기의 첫 반년 동안의 일로서, 1장은 아뜰리에리스타인 나의 관점에서 일 년간의 풍요로운 경험을 기술한다. 하루 동안 일상생활의 구체적인 장면과 행위 속에서 우리 삶의 부분의 여러 수준에서 가치가 실천된다. 그것은 하루의 소세계 속에서 전체로서의 감각을 가지며 우리의 실천 속에서 우리가 있는 곳을 보여주며 그에 따라 일어나는 것들을 묘사하였다. 2장에는 부모와 파트너십을 가지고 여러 방법으로 서로를 지원하고 신뢰감과 열린 마음으로 점진적으로 발전해 온 우리의 여정을 나타내고 있다. 3장은 교사로서 우리가 협력하여 일한 의미가 무엇인지를 탐색한다. 그 내용에는 우리가 직면하였던 도전에 대한 이야기와 우리의 일을 위해 조직 구조를 세우고, 함께 연구하고, 함께 사고하고, 함께 살아오면서 하였던 발견들도 포함된다.

4장은 내가 유아들과 작업하고 집이라고 불렀던 아뜰리에 공간의 변형에 초점을 둔다. 공간의 변화에 대한 구체적인 이야기와 실천을 말할 것이다. 5장은 유아들이 세상에 대해 대화하고 매체들을 사용하여 작업하면서 아이디어, 이야기, 이론을 창안해 내는 프로젝트의 짤막한 장면들 속에서 유아들의 창의성과 타고난 지적능력을 예시하였다. 그 내용 속에서는 레지오 접근법이 우리의 교육에, 삶에 그리고 인간의 미래와 지구에 새로운 비전과 세계관을 제공할 것이라는 가능성을 탐색할 수 있다. 6장에서는 한 주 동안의 레지오 에밀리아 스터디 투어에서 의미 있었던 장면들을 다룬다. 거기에는 우리 일과의 연결과 우리의 꿈을 이전보다 훨씬 더 세련되게 만들어 주었던 내용들을 예시하였으며 우리 삶의 방식을 이끌어낸 강력한 체제를 제시하였다. 그 장은 이전 장에서 기술한 중심 가치를 이끌어낸 기초가 되었다.

이 전체를 통하여 나는 내가 알지 못하는 것이 무엇인지를 발견하였으며 내가 알고 있는 것을 새롭게 드러내고 보다 깊은 의미를 추출해 내게 되었다. 글을 쓰면서 나는 탐색하였고 거기에는 더 많은 발견이 있었다. 한편으로는 서로의 이야기를 들음으로써 탐색하게 되고 또 한편으로는 우리의 실천 속에서 그리고 우리의 삶 속에서 창안되는 특별한 가치를 향하여 우리의 내적 귀를 기울여 주의 깊게 경청하게 된다.

칼리나가 "무엇인가를 영원히 탐구하는" 이라고 말한 것처럼 교육자는 학습과정 속에서 살아가는 사람으로서의 겸손함을 가진다. 우리는 언제나 흐르는 강물의 한 부분처럼 항상 배우고, 유아, 부모, 다른 사람들과 함께 계속 성장한다. 레지오 접근법은 살아가는 방법에 뿌리를 두고 있어서 기술보다는 실천에, 일련의 기술을 숙련하기보다는 살아가는 가치를 가르치기 위해, 서로 다른 방법보다는 우리의 세계관을 변화시키는 것에 보다 확신을 갖는다. 이 시간이 세인트 루이스 공동체에서 당신과 우리가 만나는 바로 그 순간이 될 것임을 소망하면서 당신에게 우리의 이야기를 전한다.

# 제1장

## 1월 하루일과

# 1월

## 하루 일과

『레지오와의 만남, 귀향, 적용』 *Bringing Reggio Emilia Home*[1]이라는 책 1장에서 다이아나 스쿨(Diana School)의 하루 일과에 대하여 쓴 적이 있다. 세계 최고의 학교에서 생활했던 그 시절이 아직도 그리워지곤 한다. 그 당시 우리는 레지오 접근법을 꾸준히 연구하면서 마치 오즈의 마법사처럼 배우고 성장하고자 하는 열의에 가득 차 있었다.

그 학교에 대한 향수를 떠올리며 그리고 우리 자신의 여행에 대한 참된 즐거움과 자랑스러움을 가지고 우리 학교의 하루 일과에 대해서 기술하고자 한다. 우리는 긴 여행을 함께 하였다. 여행을 하면서 각자의 감각을 서로 공유했고, 함께 진행하면서 서로에

---

역자주 1) 우리 나라에서는 오문자, 김희진 교수가 1999년 양서원에서 번역 출간하였다. 저자인 캐드웰이 레지오 에밀리아에서의 경험과 레지오 접근법을 미국에서 적용해 본 경험에 대한 글이다.

게서 새 기술과 기법을 배웠으며, 경험과 지혜를 함께 모으고, 앞으로 펼쳐질 우리의 미래와 모험을 함께 기대하였다.

올해 겪었던 많은 일들은 내가 레지오 에밀리아의 다이아나 스쿨과 라 빌레타 스쿨(La Villetta School)에서 겪은 일들과 연관이 있는 것 같다. 내가 "연관이 있다"고 말한 이유는 학교에서 지냈던 나날들이 이제는 아주 친숙하게 느껴지며, 마치 생생한 꿈을 꾼 듯 한 생각이 들기 때문이다. 올해에는 칼리지 스쿨(the College School)의 어린이들과 어른들 모두 연구와 발견활동에 일종의 목적의식과 팀워크를 느끼고 있다. 우리 모두는 다른 동료들과 함께 일을 하는 것에 큰 즐거움을 느낀다. 우리는 도전과 기쁨, 그리고 친숙함과 예감 등을 가지고 물리적 공간과 더불어 아이디어와 가능성, 꿈으로 이루어진 정신적이며 상상적인 공간 둘 다를 옮겨 다닌다.

이제 레지오 접근법의 가치와 아이디어, 이상들은 서로 하나로 연결되었다. 우리는 끊임없는 실험과 조정, 실패, 분석, 흥분, 갱신, 재조사 등의 순환 과정을 통하여 각 개념을 이해하는 수 없이 많은 어려움에 부딪쳐 왔다. 새천년이 시작되는 지금 그것이 어느 정도는 우리의 일부분인 것처럼 느껴진다. 우리는 그 모든 개념들이 하나로 통합되어 학교의 삶과 존재 방식에 적당하다고 느껴질 때까지 레지오 접근법을 깊이 연구하고 활용했으며, 그 접근법과 함께 배우며 동시에 그것을 사용하였다. 우리가 기본적인 가치로 정착 시켜온 것들을 나열하면 다음과 같다. 우리가 매일 만난 영리하고 능력 있고 창의적인 어린이들에 대한 우리의 이해; 교사 팀으로서 그리고 어린이들과 학부모의 파트너로서 강력한 연대; 계속해서 진화하고 변형되며 여러 층을 이루는 학교라는 공간; 어린이뿐만 아니라 교사와 학부모까지 세상사에 적극적으로 참여하여 세상을 이해할 수 있도록 몸과 마음 그리고 자아들을 관여시키도록 부추기는 많은 교재들; 궁금해 하고 상상하고 사색하며, 어린이들과 함께 하는 일들의 본질에 관하여 생각하는 연구자적 기질; 어린이들, 학부모 그리고 우리들 자신의 생각과 관념을 명확하고, 호소력 있으며 학교에서 접근 가능한 방법으로 게다가 읽기 쉽도록 만들어야 하는 교사로서의 사명감 등이다.

우리가 레지오 접근법에 관하여 이해하고, 배우며 실천해 왔던 이러한 연구 방식은 이 장과 이어지는 다음 장들에서도 계속해서 여러 형태의 이야기들로 전개될 것이다. 그 복잡하고 역동적인 시스템의 한 가지 놀라운 점은 아주 작은 일부분조차도 전체 안에 속해 있는 것들을 반영한다는 것이다. 마치 프리즘을 통해 나온 빛처럼 말이다.

## 하루의 시작

빅 밴드 길(Big Bend Boulevard)의 서쪽, 웹스터 글로브즈(Webster Gloves)의 간이 음식점과 상점들로 앞이 가려진 커다란 3층 짜리 붉은 건물에 칼리지 스쿨[2)]이 있다. 나는 7시 30분쯤 대부분 비어있는 주차장에 들어와서 내 동료 샐리(Sally)의 작은 회색 픽업트럭 옆에 주차를 하곤 한다. 샐리는 3, 4세반 교사이다. 나는 오늘 아침 일찍 샐리와 만나서 학급 프로젝트를 어떻게 준비할 것인가에 대해 의논하기로 하였다.

한 손에는 공책과 카메라 가방을 들고 다른 손으로는 카페라떼 두 잔의 무게 중심을 맞추면서 주차장의 언덕을 걸어 올라가다 보면 하루를 시작하는 이 시간의 고요함에 대하여 감사하게 된다. 학교 지붕 위로 떠다니는 하얀 구름과 정말 푸른 겨울 하늘이 보이며 가깝게는 내가 숨 쉴 때마다 나오는 입김을 보게 된다. 나는 종종 이런 순간에 우리 교직원들과 함께 일할 수 있음에 고마운 생각이 든다. 모두 같은 목표를 향해서 똑같은 장소와 똑같은 시간에 깊은 책임감을 공유하는 사람들과 함께 일한다는 것은 정말 감사한 일이다.

### 복도

일단 문 안으로 들어서면 1층으로 올라가는 반 층짜리 계단이 있다. 이 계단을 오르면 오른쪽으로 유아원(preschool) 입구가 나온다. 거의 매일 유아원을 향해 갈 때마다 나는 우리의 진보에 대하여 생각하며 우리가 얼마나 많은 것을 함께 이루었는지에 관하여 경이롭게 생각한다.

그곳에는 나를 둘러싼 모든 역사가 숨 쉬고 있다. 그것은 일종의 퍼즐 조각이라 할 수 있다. 이 퍼즐 조각은 어린이란 누구이고, 우리는 누구이며, 부모란 누구인지에 대해, 그리고 우리가 서로에 대해 알아야 할 모든 것들을 탐구하고 토의하면서 매일 매일 조금씩 짜 맞추어 가고 있는 것들이다.

왼쪽에는 벽을 따라 긴 담황색의 게시판에 우리 학교의 삶을 생생히 보여주는 8×10 인치 크기의 사진들이 게시되어 있다. 그리고 어린이들 필체의 검고 굵은 글씨로 **칼리지 스쿨과 레지오 접근법**이라는 제목이 달려있다. 푸른 나뭇잎 사이로 보이는 어린이들

---

역자주2) 칼리지 스쿨은 지금은 웹스터 대학이 된 웹스터 칼리지의 부속학교로 1963년 설립되었다. 유아반에서 8학년까지 다니며, 주제 중심의 통합 교육과정을 실천하는 곳이다.

의 탐구활동 모습; 어린이들과 교사가 함께 피아노 앞에서 작곡을 하면서 어울리며 음계를 찾기 위해서 노력하는 모습; 아이디어를 수정하고 발견하는 과정의 찰흙 놀이 하는 작은 손가락 근접 사진; 가족을 위해 마련된 책상 위 음식을 구경하는 학부모와 어린이들이 촛불 빛을 받아 얼굴이 빛나는 장면을 찍은 사진도 있다.

이 감동적인 전시물 옆에는 우리의 업적을 종합해 놓은 역사가 있다. 지역 지자체 예산으로 운영되는 레지오 에밀리아의 유치원과 유아원에서 얻은 영감; 댄훠스 재단(Danforth Foundation)[3]에서 받은 연구보조금으로 시작된 우리의 초기 모습; 세인트 미카엘 스쿨(St. Michael School)과 클레이턴 스쿨(Clayton School) 가족 센터의 유아교사와 운영진과 함께 구축하기로 한 세인트 루이스 레지오 공동체(the St. Louis-Reggio Collaborative) 결성 자료; 학교 협력체로 계속해서 함께 연구한 업적 등이 있다. 이러한 업적으로 우리는 미국 전역과 그 외 국가에서 찾아오는 교육자들에게 우리 학교를 보여주고 있다. 이들 교육자들은 레지오 접근의 근본 원리가 교육자들에게 영감을 주어 유아와 가족에게 가장 최적의 환경을 창조하기 위한 노력을 지속적으로 할 수 있도록 하는 학교를 보고 싶어 한다.

여기부터 유아원 입구까지는 들어오는 모두를 향해 어서 오라는 듯이 손을 흔드는 듯하다. 출입구에는 무언가 불가항력적인 힘이 있다. 양쪽에 유리창이 있는 문은 사람들에게 안쪽에 놓여 있는 보물과 무지개 색을 볼 수 있도록 해준다. 복도 안쪽으로 가보자.

창문 밑에 있는 나무로 된 패널 위에는 당신을 환영한다는 흑백색의 어린이들의 웃는 얼굴이 있다. 문아래 쪽 패널의 사진들에서는 흑백색 나뭇잎 모양의 구성물을 발견할 수 있다. 이것 또한 4, 5세 어린이들이 지난 해에 야외활동에 관한 1년짜리 장기 프로젝트의 일환으로 세심하게 그린 것들이다.

창문과 밑의 벽판 사이에는 얇고 수평으로 된 어린이들 높이의 거울이 통로의 길이를 가로지르며 뻗어 있다. 나는 허리를 굽혀 매일 아침 두 번 반사된(한 번은 사진 속에 있는 친구들 사이에 있는 자신의 모습으로, 또 한 번은 계절마다 자라는 생생하고 새로

역자주 3) 댄훠스 재단은 세인트 루이스 시와 인근 지역 10개의 학교에 지원을 하여 1992년부터 1995년까지 레지오 접근법을 연구 적용하는 시도를 하였다. 1995년 재정 지원이 끝났을 때 3개의 학교만이 커다란 진전을 보였다고 한다(〈레지오와의 만남, 귀향, 그리고 적용〉 참조). 세 학교 중 두 곳은 사립으로 칼리지 스쿨과 세인트 미카엘 스쿨이고 나머지 한 곳은 클레이턴 학군의 유아 · 부모 지원 프로그램의 일부인 가족센터이다.

우며 움직이는 모습으로) 자신의 모습을 봐야 한다는 사실이 어떻게 느껴질지 상상해 본다.

문 위의 나무 패널에는 찰흙으로 만든 공룡과 나무들이 두꺼운 찰흙 바닥 위에 서 있다. 지금은 6학년이 된, 이것을 만든 어린이는 지나가면서 유치원 시절에 만든 고대의 생물체를 보고 자신의 5살 시절을 기억하고 공상에 잠길 것이다.

어린이들이 만든 모빌이 각 창문마다 걸려 있다. 왼쪽으로 노란색, 황토색 그리고 어두운 녹색의 잎들이 얇고 구부러진 나뭇가지에 매달려 있어 바람에 따라 흔들거린다. 오른쪽 창문에는 3살 어린이들이 걸어 놓은 구슬이 나무껍질로부터 일렬로 늘어져 있다.

자화상과 그림들 위에 덮힌 투명 아크릴, 창문의 유리, 얇고 긴 거울, 그리고 빛나는 모든 것들, 색칠한 공룡과 나뭇잎, 구슬이 빛을 흡수 · 반사하여 복도에 뿌려 놓아 당신을 그들에게 다가가도록 한다.

일단 복도를 따라 문 쪽으로 다가서면 교사들의 흑백 사진이 당신의 눈길을 사로잡을 것이다. 천으로 만든 게시판 위에 한 줄로 배열된 교사의 얼굴이 어린이들과 그 가족들을 환영하며 방문객들을 반긴다. 각 사진마다 어린이들이 그린 교사의 모습과 어린이들의 설명이 함께 걸려있다.

오늘 아침 나는 동료 교사 샐리의 얼굴과 몇 개의 검은 글씨로 쓰인 그 설명에 주목했다. 그것은 벤(Ben)이 그린 것인데, 벤은 샐리를 자주 그리던 어린이다. 그 그림에는 다음과 같은 설명이 있다.

> 이분이 샐리 선생님입니다. 우리 반 선생님이시지요. 선생님은 아주 멋진 분입니다. 기타도 칠 줄 아시고 우리가 자주 부르는 "늙은 댄 터커"와 같은 노래도 아십니다. 선생님은 찰흙을 좋아하시며 저도 마찬가지입니다. 나는 거북이를 만들었습니다. 벤, 3.6세.

천 게시판에는 유아원 바깥을 찍은 사진과 설명이 들어있다. 그것은 깨끗한 뒷면을 가지고 있으며 찍찍이(Velcro)를 그곳에 부착시킬 수 있다. 우리는 벽에 걸기 위하여 그 뒤에 작은 발포제를 붙이고 찍찍이 고리 있는 부분을 조금 오려서 붙인다. 이러한 방법으로 우리는 전체적인 조합에 대하여 조금씩 작은 조정을 할 수 있으며 또한 항상 최신의 자료를 게시하고 필요한 경우 새로운 정보를 붙이기도 한다.

유아원에 들어서기에 앞서, 나는 오른쪽에 있는 학부모 게시판(그림 1.1 참조)을 보면서 감탄했다. 그것은 매일 학교에 있는 학부모의 존재를 다시금 확인하도록 해준다. 크고 밝은 그 사진들은 그들이 다양한 방법으로 우리의 삶에 공헌한다는 사실을 알려준다. 사진 중에는 많은 작은 손들의 도움과 함께 빵을 굽고 있는 어떤 아버지의 모습도 있고, 몇 년 전 휴일에 어린이들에게 일종의 선물로 준 꼭두각시 인형 무대를 페인트칠하는 어머니의 모습도 있으며, 어린이들과 함께 놀이공원에서 모험을 즐기는 학부모의 모습도 있다. 그리고 교사들과 나란히 토의하고 생각하며 무언가를 적고 결정을 내리는 어머니와 아버지의 모습도 있다.

〈그림 1.1〉 칼리지 스쿨 학부모 게시판 앞의 학부모들

학부모들이 만든 달력은 어린이의 특별한 행사도 표시하고 이번 달의 중요한 회의나 모임도 알려 준다. 또 계획된 행사의 참석여부와 지원여부를 묻는 학부모 동의서와 최근의 편지와 광고 등의 복사본도 있다. 게시판에는 학부모 교사 연석회의 시간도 게시된다.

이 게시판은 학부모와 의사소통을 하는 데 사용될 뿐만 아니라 학부모를 대표하기도 한다. 게시판은 학부모가 교사와 협력하여 만들어낸 것이기 때문이다. 게시판에는 항상 어린이들의 작품이 게시된다. 달력에 있는 계획표에 따라 만든, 계절을 나타낸 작은 콜라주와 그림이 있으며, 이 작품들은 교실에서 어떻게 수업이 진행되고 있는지에 대한 상황 보고가 된다.

오늘 이렇게 글을 쓰면서, 이 복도에서의 아멜리아 감베티(Amelia Gambetti)의 존재를 생각해 본다. 1993년~1998년의 짧은 기간 동안 우리의 3개 협력학교[4)]에서 그녀가 보여주었던 헌신은 잊을 수 없다. 오늘 아침 마치 그녀가 내 옆에 있는 듯한 생각이 든다. 우리가 여기서 표상하고 있는 것처럼 우리 역사의 면면 속에 살아 있는 모든 이런 작은 세심한 부분의 중요성을 일깨워 준 그녀의 공은 정말 고마운 것이다. 그녀가 우리와 함께 일을 시작했을 때, 그녀는 우리 스스로에게 각자 다음과 같은 질문을 해보라고 하였다. "어떻게 우리의 역사를 보여줄 수 있을까? 어떻게 우리의 상황과 의도, 관계 그리고 어린이와 학부모에 대한 깊은 존경심을 보여줄 수 있을까?", "어떻게 우리가 이 장소를, 이 공동체 속에 소속된 사람들의 공헌으로 만들어졌다는 감정으로 물들일 수 있을까?", "어떻게 우리가 이 입구를 남들로 하여금 들어오지 않으면 못 배길 정도로 거부할 수 없고, 다양한 측면으로 구성되며, 계속 갱신하여 마치 영원히 진보하듯이 만들 수 있을까?"

아멜리아는 몇 번이고 만들고 싶어하는 것이 무엇인지 묻곤 하여 우리에게 우리 자신의 가치와 직면하도록 하였다. 아멜리아는 우리에게 무언가 좀 더 나은 것을 상상하도록 자극하여 우리가 현재 가지고 있는 것이 무엇인지 보게 하였다. 물론 이 모든 것은 복도를 어떻게 변화시킬 것인가와 관련이 있지만 더 나아가 어린이들과 함께 할 활동 그리고 학부모와 함께 할 어떤 것들을 어떻게 바꿀 것인지에 대한 것도 포함한다. 아멜리아는 가능성에 대하여 우리와 많이 의논하였다. 그런데 그 때 아멜리아가 떠나가야할 때가 되었다. 우리가 바꾸고 싶어 하는 여러 수준의 많은 일들은 결국 우리의 몫이 되어 버렸다.

우리가 만들어 내는 주변 환경은 바로 우리가 누구인지에 대한 직접적인 반영을 나타낸다고 한다. 이 말의 의미를 이제야 깨닫게 된다. 왜냐하면 다년간의 반성, 노력, 재숙고, 헌신 그리고 많은 사람들에게 있는 끈기 등 우리를 둘러싸고 있는 것들은 우리 모두를 반영하기 때문이다. 즉, 흥미롭고 다차원의 경험을 하는 어린이와 교사 그리고 학부모를 통합한 우리 집단 구성원, 개개인의 목소리가 중요하다는 것이다. 우리는 발견,

---

역자주4) 칼리지 스쿨, 세인트 미카엘 스쿨, 클레이턴 스쿨

궁금증, 함께 노력하는 것, 명확한 의사소통 등으로 우리 모두를 이정표처럼 도와주는 학교에 살고 있다. 우리가 여기에서 하고 있는 일에 대한 복잡성과 그 깊이는 우리 스스로가 명백히 알 수 있다. 우리가 남들의 삶에 대하여 가지고 있는 존경심은 벽면에 나타나 있다. 어린 시절의 즐거움과 진리가 우리 능력의 한도 내에서 최대한 존중되도록 하는 것이다. 이 모든 본질과 가치들은 건물 안에 아무도 없이 조용한 경우에도 건물 내부를 가득 채우고 있다.

1992년에 이 유아원 입구는 일방경이 달린 무겁고 어두운 빛의 나무로 되어 있었다. 이 음침한 입구를 통해 사람들은 희미한 불을 따라 동굴 같은 교실로 들어왔다. 그 때는 복도나 문 통로 어디에도 이곳이 학교의 어느 곳인지를 알려주는 것이 없었다. 회상하건대, 아무도 그 공간의 가능성을 발견하지 못했던 것 같다. 아마 교사들이, 환경을 풍성하고 읽을 수 있게 만드는 것의 중요성을 과소평가했을 것이다.

## 아멜리아 상상하기 : 입구를 재방문하다.

샐리가 중앙 통로의 불을 켰다. 그곳은 우리가 거실이라고 부르는 곳이다. 내가 아멜리아의 존재를 생각했기 때문인지 마치 아멜리아가 나를 따라 들어오는 것 같다. 우리가 이 방에서 함께 일하던 시절이 기억난다. 우리는 함께 방의 곳곳을 점검하였다. 나는 그날을 아멜리아와 함께 다시 상기하고 있다. 이것에 대해서는 『레지오와의 만남, 귀향, 그리고 적용』이라는 책에서도 언급했다.

아멜리아와 나는 1994년으로 돌아가서 하루 일과를 마치고 벤치에 앉아 있다. 이 벤치는 여전히 아뜰리에가 들여다보이는 창문 밑의 같은 장소에 있다. 이곳은 입구에서 유아원으로 가는 건너편에 있다. 1993년에 이 벤치는 합판에다 페인트 칠을 하였으며 그 위에는 쿠션이 덮여 있었다. 예전의 벤치는 이제 공원용 벤치로 바뀌었다. 우리가 이 공간에다 바깥 교실을 만들려고 했는데 새 벤치는 여기에 썩 잘 어울린다.

오늘 아침 나는 아멜리아와 함께 이곳에 앉아 있는 상상을 하면서 1994년 우리가 함께 일을 시작한 이래로 교실이 어떻게 바뀌어 왔는지, 교실을 잠시 훑어보며 생각에 잠겼다.

"그래서, 어떻게 생각하세요?" 아멜리아는 이렇게 말했을 것이다.

"그건 바로 내가 지금 막 선생님한테 물어보려던 참이었는데요?" 나는 그녀에게 미소 짓는다. “Dai, dimmi(자 어서 한 번 말해 봐요).”

내 머릿속의 그녀가 말한다. “글쎄, 나는 문 옆 책상에 있는 전신화(full-body portraits)가 마음에 들어요. 어린이들이 나무들 사이로 노는 모습이 참 좋아요. 학교생활에서 자연과 바깥 공간이 아주 중요하다고 했었잖아요. 그건 정말 그런 것 같아요.”

좀 더 설명을 한다면 작년에 4, 5세 어린이들은 교사 제니퍼(Jennifer)와 제이미(Jamie)와 함께 1년짜리 장기 프로젝트로 문 밖 세상의 탐험을 하였다. 이 경험은 정말 어린이들에게 최고의 경험이었다고 말할 수 있다. 어린이들은 야외에서 움직이는 각자 자신의 모습을 찍은 사진을 공부했으며 자신의 모습을 그리기 전에 몸을 움직일 수 있게 만든 마네킹을 가지고 놀았다. 어린이들은 나무에 대해서도 같은 방식으로 놀았다. 그리고 그들은(어린이들과 선생님) 모두 함께 자신의 모습과 나무 모습을 바닥에 세우고 그 주위를 나무껍질, 씨, 이끼, 잔디, 돌 그리고 마른 꽃 등 야외에 구할 수 있는 물건들로 장식했다(그림 1.2 참조).

〈그림 1. 2〉 칼리지스쿨에서 숲속의 어린이 모습을 근접 촬영한 것

내 생각 속에서, 아멜리아가 계속 말한다, “이게 좋습니다. 정말 즐거운 일이군요. 창문에 있는 모빌도 그렇구요. 선생님이 야외경험에 대하여 썼던 문장과 설명은 정말 적

절하다고 생각해요. 간단하지만 멋집니다. 하지만 나무 벽화를 저렇게 가리게 되는 것은 마음에 들지 않네요. 그건 저 나무에 대한 모독 같아요. 그리고 또 패널 뒤로 너무 많은 것이 있어 약간 혼란스러워 보이네요. 뭔가 다른 해결책이 없을까요?"

"이쪽 구석의 테라리움[5]은 아주 훌륭하네요. 특히 빛이 비치는 것이 마음에 들어요. 하지만 이 동물과 어린이들이 함께 할 뭔가 다른 경험은 없을까요? 교실 안의 이러한 생생한 삶이 어린이들의 학교생활 일과에도 반영될 수 있지 않을까요? 어린이들이 여기에서 놀이를 하나요? 어린이들에게 어떤 도움을 줄 수 있지요? 어린이들은 여기서 무엇을 할까요? 혹시 그들을 유심히 관찰해본 적이 있나요?(그림 1.3 참조)

〈그림 1.3.〉 칼리지 스쿨 테라리움 앞에 있는 어린이

올려다보니 바로 우리 앞에, 출입문과 작은 수납공간을 구분 짓는 짧은 벽 끝 쪽을 향하여 있는 세로로 5개가 연속적으로 쌓인 루사이트[6] 상자가 눈에 띄었다. 아멜리아도 똑같은 것을 보았을 것이라는 생각이 들었다. 각각의 상자는 8.5×11 인치 크기의 종이

역자주5) 실내 사육용 유리 용기
역자주6) 반사경, 비행기의 창 등에 쓰이는 투명 합성 수지로 상표 이름이기도 하다.

를 학기동안 매일 그리고 매주 단위로 보관하게 된다. 그 종이들은 교사와 어린이들이 같이 작성한 것이며 중요한 행사가 있는 날들을 강조한 것이다. 이 종이를 여기에 붙이는 것은 학부모들이 읽을 수 있게 하기 위함이다. 우리는 이런 일련의 종이들을 일일 저널(daily journal)이라고 부른다(그림1.4 참조).

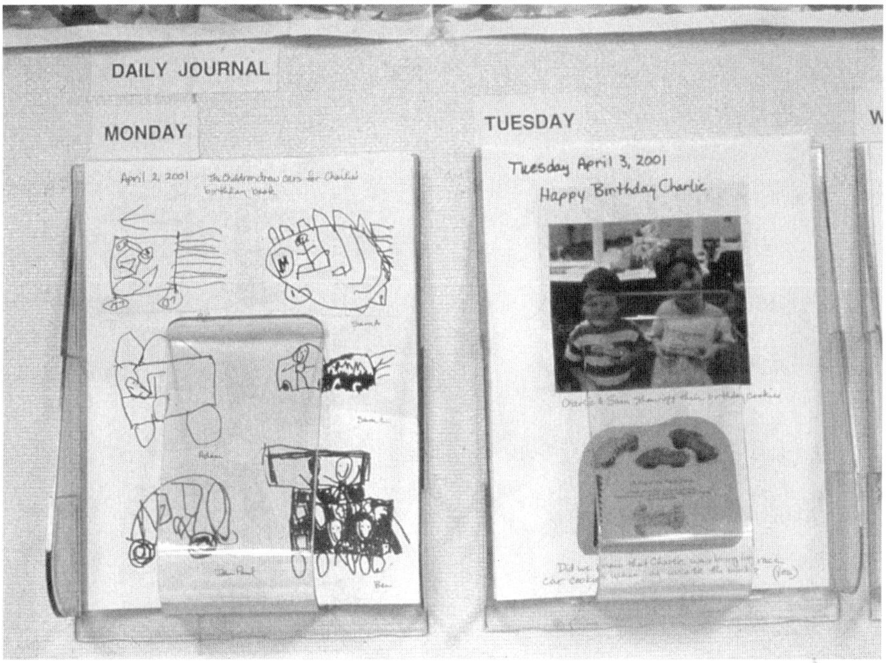


〈그림1.4〉 세인트 미카엘 스쿨 일일 저널의 예

아멜리아가 관찰한 내용이 들린다. "일일 저널은 정말 사람의 마음을 끄는 것 같아요. 일일 저널에 정말 신경을 써야 겠어요. 거기에는 어린이들이 활동한 아주 사소한 것을 비롯해 사진, 사례들이 있어요. 선생님들이 새로운 가능성을 찾으려 하고 새로운 아이디어를 창안해서 이 학교에 잘 맞는 작업을 이끌어 내려 한다는 것을 잘 알 수 있어요. 다른 협력 학교는 어떨까요? 이 아이디어에 대한 다른 학교의 접근법은 얼마나 독특할까요? 그건 그렇다손 치더라도 정말 학부모들이 이것을 읽을까요? 그것을 어떻게 알 수 있을까요? 학부모들과 함께 모여서 이것에 관하여 깊게 얘기해 본 적이 있나요? 부모들이 선생님에게 그것에 대하여 무엇을 말할 수 있지요? 어린이들도 그것을 이해하나요? 회의에서 그것에 대하여 종종 얘기를 하십니까? 일일 저널에 관해서 학부모들과 실제로 대화를 시도해 본 적이 있나요? 이것은 굉장히 풍성하게 보이기는 하지만 아직 학부모들이 이해하고 좋은 반응을 보일 것이라고 하기에는 뭔가 부족하다는 생각이 듭니다."

아멜리아와의 내 상상 속의 이야기는 계속된다. 아멜리아는 구석 쪽으로 걸어가서 작은 수납공간 위에 있는 어린이들의 작품을 본다. 그리고 작년 가을에 4세와 5세 어린이가 각각 만든 3차원의 무지개 색 콜라주에 관한 감상을 말한다. "이것들은 정말 멋져요. 정말 아름답고, 아주 간결해요. 너무 치장하는 것에만 주의를 기울이지 않도록 조심해야 해요. 이것들은 무엇과 연관이 되어있는지, 어린이들은 무엇을 발견했는지, 어린이들이 이런 특별한 종이를 가지고 작업할 기회가 또 있는지, 어린이들이 스스로 활동하면서 그 재료에 대해 더 많은 아이디어를 생각할 수 있는지 생각해 보세요.

내 마음 속의 눈에는 아멜리아가 돌아서서 몇 개의 수납공간 위의 반대쪽 벽을 쳐다보는 모습이 보인다. 거기에는 그 해 초 내가 어린이들의 진흙 작업을 힘들게 구성한 2개의 커다란 기록물이 있었다. 아멜리아가 묻는다. "그리고 이 패널들은요? 이러한 경험은 어떻게 시작된 것이지요? 더 큰 맥락은 어떤 것인가요? 그 담엔 무슨 일이 일어났지요? 선생님은 이것에 대해 좀 더 주의를 기울여야 돼요. 그래야 선생님이 표상하고자 한 경험이 각각 조각난 것처럼 보이지 않게 될 것예요. 제 생각에도 그것은 조각난 것은 아니니까요."

나는 지금 아멜리아의 눈을 통해서 내 자신을 비판하고 있다는 사실을 깨달았다. 나는 글자 그대로 아멜리아의 목소리를 내 머릿속에서 들을 수 있다. 그녀의 어조, 그녀가 자주 쓰는 말 그리고 그녀가 움직이면서 세세한 부분뿐 아니라 전체까지 생각하는 그 모습. 그녀와 가까이서 일했던 한 집단의 교사로서 세인트 루이스 레지오 공동체에 속한 우리는 누군가가 종종 아멜리아가 우리의 곁에 있는 것 같다고 말하면 그 말에 동의하며 서로 미소를 띤다. 어떤 상황에서는 특히 우리가 서로에게 질문을 하기 시작할 때 가끔씩 그녀의 존재를 느끼는데 마치 그녀가 우리의 어깨 뒤에서 얘기하는 것처럼 느껴지기도 한다.

## 샐리와 계획 세우기

"선생님! 여기서 뭐하세요?" 샐리가 거실 벤치에 앉아 있는 나를 보더니 내게 와서 묻는다. "내 커피도 가져왔어요?"

나는 샐리에게 오늘 아침에 한 공상, 몇 가지 아이디어들 그리고 내 상상의 친구와 함께 꿈꿔왔던 도발적 의견에 대하여 얘기했다. 샐리 선생은 흥미있게 들으며 재치있게 응수하면서 지금 당장 우리 할 일을 하지 않으면 오늘 학교에 일찍 와서 하고자 했던 일을 끝마치지 못할 거라고 얘기했다. 친절함이 동반되는 이러한 솔직함은 샐리가 가지고 있는 특성 중 하나며 내가 동료로서 이해하고 감탄하는 부분이다. 이것과 관련된 능력으로 샐리 선생의 집중력이 있는데 샐리 선생은 우리가 벌여 놓은 잡다한 것 속에서도 선생 자신의 일을 처리하는 데 조금도 혼란스러워 하지 않는다. 우리 작업의 세세한 부분까지 신경쓰고 우리가 가진 능력을 최대한 이끌어 내려면 우리 모두는 이러한 집중력을 길러야만 한다.

우리는 종종 아침 일찍 만남을 갖는데 이러한 만남을 주기적으로 하고자 한다. 이를 통해 최근 3, 4세 어린이들과 메시지 센터(message center)에서 있었던 활동에 대해 재검토하고 다음에는 어떤 일이 일어날지 예측할 수 있기 때문이다. 우리 모임은 모두 3명(1명의 아뜰리에리스타와 2명의 교사)인데 활동의 진행 상황을 추적하고 있다. 나머지 한 명인 크리스티(Christi) 선생은 1시간 정도 떨어진 곳에서 살며 시간이 날 때마다 우리와 합류한다.

샐리와 나는 스프링철을 한 협력 노트(우리가 올해부터 3, 4세반 교실에서 적기 시작한 것)에 적힌 우리의 기록들을 연구하는 것으로 시작한다. 9월에 우리는 하나의 관찰 노트를 만들되 같은 장소에서 우리 세 사람이 각자 기록한 내용을 함께 포함시키자고 약속했다. 우리 각자가 자신의 노트북을 하나씩 가지고 계속 기록해 나가면서 이것을 하나의 관찰 노트북으로 공유하는 것도 일종의 실험이 될 것이다. 우리는 몇 가지 이유로 이 아이디어를 실행시켜 왔다. 1997년 가을에 레지오 에밀리아 지역으로 같이 여행을 떠났을 때, 우리는 교사들이 단지 프로젝트에서뿐 아니라 매일 일어나는 교실의 삶 속에서도 교육이 일어남을 이해하고 동시에 실제로 많은 교수법을 개발하고 있다는 것을 알게 되었다. 우리가 "일상적 삶"에 대한 관찰을 할 때마다 세심하게 주의를 기울임으로써 얻게 되는 많은 것에 대해 놀라게 된다는 것을 그 여행을 시작하기 전부터 그리고 그 여행을 시작한 이래로 확실히 깨닫게 되었다.

이번 가을 나는 샐리, 크리스티와 함께 반성하고 대화를 나누면서 우리 셋 모두가 교실의 각 영역에서 실제로 무슨 일이 일어나고 있는지 궁금해 하고 있다는 것을 발견했다. 우리는 또한 공동의 노트를 만들어서 서로 공개하고 접근 가능하도록 하여, 서로의 관찰 내용을 참조할 뿐만 아니라 서로의 노트 기록 방식에 대해 배우고 싶어 한다는 점을 알게 되었다. 우리는 이 노트북을 편안한 방식으로 사용하기로 하였다. 우리는 남에게 보여주어야 하는 걱정없이 편하게 내용이나 구절을 적거나 간단한 스케치를 그릴 수 있도록 하였다. 우리는 이 노트를 통해 각자 서로 다른 사람의 기록을 읽을 수 있도록 하고 우리가 관찰한 것에 대해 쓰기도 하고(다른 사람의 노트에 내 의견을 적는 방법으로) 말도 하는 대화를 시작할 수 있게 되기를 바랬다.

우리는 서로 헷갈리지 않고 지나치게 단편적이 되지 않도록 하기 위해서 이 노트를 교실의 한 영역에서만 사용하는 것으로 시작했다. 우리는 일종의 의사소통 영역이라 할 수 있는 메시지 센터를 선택했다. 우리는 매일 아침 서로 돌아가면서 그 곳을 관찰하고 무엇을 보았는지 공유하기로 하였다. 이렇게 하기 위해서는 서로 다른 반 어린이들을 대신 맡아줘야 했다.

우리가 빅 밴드 룸(Big Bend Room)이라고 부르는(마주보는 거리의 이름을 따서 지었다) 3, 4세반 교실에는 메시지 센터가 창 근처 벽과는 반대쪽인 교실 앞쪽에 위치해 있다. 큰 책상은 3명의 어린이들이 반 친구들과 적당히 가까운 거리를 유지하면서 활동할 수 있게 해준다. 이 영역은 작은 수납공간의 뒤쪽 면으로 구분된다. 4피트 높이의 열린 공간은 투명한 편지함(신발 정리함)을 걸기에 충분한 공간이다. 어린이들마다 각자 1개씩 배당되며 거기에는 어린이의 사진과 이름이 있다(그것은 유아원 입구의 복도에 있는 큰 흑백 사진 자화상의 축소판이다).

메시지 센터 테이블의 다른 쪽에는 3층짜리 선반이 있어 메시지를 만드는 데 필요한 재료들을 보관한다. 여기에는 다양한 크기, 다양한 색상, 다양한 종류의 종이, 다양한 크기의 봉투와 질 좋은 도장과 도장 받침대, 우표 크기의 각 어린이들의 사진과 이름 복사물, 뾰족하게 깍은 다양한 색의 색연필, 세밀한 선을 긋는 검은색 마커펜 그리고 작은 물풀통과 막대 풀 등이 있다(그림 1.5참조). 또한 거기에는 구획으로 나뉜 구슬 상자에 매혹적인 콜라주 재료들, 예를 들어, 형형색색의 작은 단추, 약간의 리본, 말린 꽃, 반짝이는 작은 금속조각, 휴지로 만든 리본 그리고 투명한 별 등이 담겨 있다. 세인트 루이스레지오 공동체에 속하는 모든 학교의 아뜰리에에서는 비슷한 재료들을 볼 수 있다.

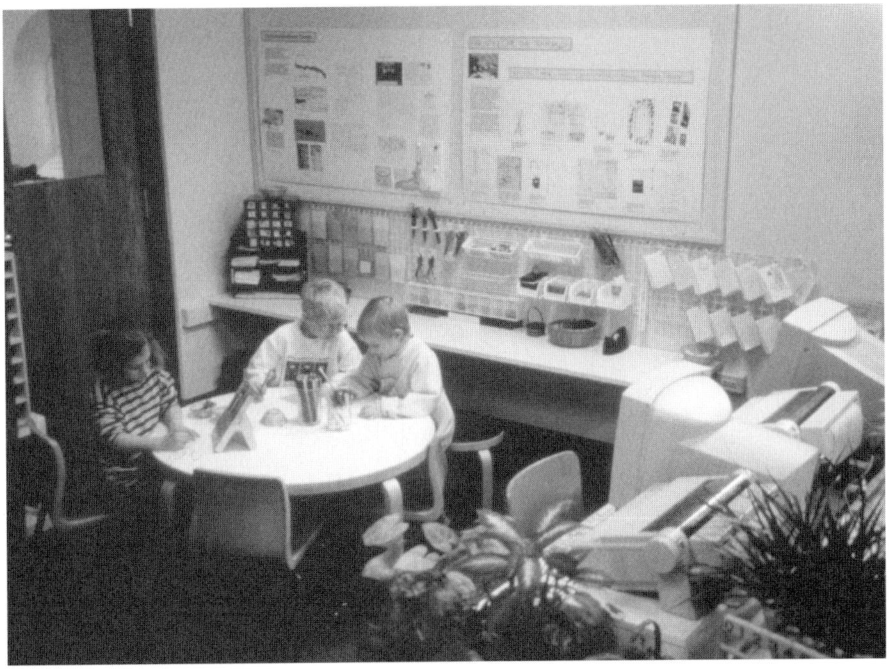

〈그림1.5〉 세인트 미카엘 스쿨 유치원의 메시지 센터

이 재료들은 거의 매일 작은 무리의 어린이들과 교사, 학부모들이 함께 수집하고, 관리하고 보충한다. 연필을 깎고, 종이를 자르고 정리하며, 콜라주 재료들을 보충하는 일이 이와 같은 장소를 관리하는 일 중 하나이다. 이러한 방법으로 우리는 어린이들과 함께 존중하는 문화를 조성하고 우리가 있는 공간과 거기에 존재하는 사물을 관리하는 방법을 배운다. 우리는 종종 어린이들과 함께 작업할 때 메시지 센터에 있는 콜라주 상자에 있는 재료를 모으고 정리하기 위해 문 옆에 있는 아뜰리에 선반 쪽으로 이동한다. 이건 마치 보물찾기와 같으며 어린이들 모두 좋아한다. 어린이들은 발끝으로 서서 눈을 크게 뜨고 투명한 병을 들여다보며 새로운 가능성을 찾고, 어린이들의 관심을 사로잡을 색깔, 재질, 모양 등을 찾는다. 이제 어린이들은 이것을 통해 사랑에 빠지게 되고 서로 교감하고 놀이하며 다른 누군가를 놀라게 하기 위해 그 재료를 편지봉투에 붙이거나 감추거나 각자 자신의 우편함에 보관하기도 한다.

시간이 지나면서, 우리는 어린이들과 함께 메시지 센터를 유지하고 풍요롭게 하여 사용했을 뿐만 아니라 레지오 접근법에 따라 어린이들과 함께 그 공간을 이용했다. 그것은 그 나이 또래 대부분의 어린이에게 있는 타고난 경향, 즉 도토리, 리본, 종잇조각과 같은 어린이들에게 있어서 작은 보물 같은 존재를 집어서 주머니에 보관하고 있다가 필요한 경우 특히, 다른 사람과 관계 맺고, 공유하며 교환할 때에 그동안 모아왔던 것을 주는 그 경향을 길러 준다. 내가 제대로 이해한 것이라면 레지오 에밀리아에서 이루어지는 의사소통을 지지하는 생각은 근본적으로 이탈리아 교육자들이 어린이들의 제스처를 관찰하는 것뿐 아니라 그들의 의사소통과 의견교환을 통해 발전되는 관계와 유대감이 자랄 수 있는 장소를 만들고자 하는 의지에 바탕을 두고 있다고 생각한다.

작년 가을 샐리와 크리스티와 나는 우리의 공동 노트를 계속 채워나가기 위해서는 서로 공유하는 규칙이 필요함을 깨달았다. 그래서 우리는 어떤 질문을 통해 우리 관찰의 틀을 맞출 것인지 합의를 보았다. 만약 우리가 궁금한 점이 있다면 정확히 무엇을 궁금해 한 것인가? 우리가 답을 알아내려고 하는 질문은 무엇이었나? 우리는 항상 시간과 날짜, 어린이의 이름을 적었다. 그래서 그 집단에 누가 있었으며, 이 영역에 각 어린이들이 얼마나 머물렀는가를 기록하는 것으로 시작하였다.

- 아침 모임에 그들은 선택해서 오는가 아니면 누군가의 안내를 받고 오는가?
- 어린이들은 여기에서 무엇을 하나?
- 어떤 재료를 선택하고 활동하나?
- 콜라주를 할 때 어린이들이 풀을 잘 사용하고 그리고 편하게 사용하는가?
- 색연필과 그리기 재료는 어린이들이 편하게 잡고 사용할 수 있는가?
- 어린이들이 재료를 소중히 다루는가?
- 어린이들이 연필을 루사이트 상자의 제자리로 돌려놓는가? 풀 뚜껑은 제대로 열고 닫아 놓는가?
- 어린이들의 구성물은 어떠한가? 그들이 실제로 만든 것은 무엇인가?
- 어린이들이 문자나 숫자를 쓰는 등 어떠한 글쓰기 시도를 하는가?
- 어린이들이 자신의 이름을 쓰는가?
- 어린이들 간의 상호작용은 어떠한가?
- 어린이들은 서로 이야기하는가? 어떤 말을 했는가?
- 어린이들이 어떤 메시지를 만들 때 서로에게 어떤 영향을 주는가?
- 어린이들이 우편함에 대하여 알고 있는가?
- 어린이들이 다른 누군가를 위한 메시지를 만드는가?
- 어린이들이 자신의 메시지를 다른 사람의 우편함에 배달하는가? 친구가 메시지를 확인하는지 궁금해 하는가?
- 관찰하면서 놀라운 점은 무엇인가? 우리가 예상치 못했던 우리의 틀 밖의 주목할 만한 것은 무엇인가?

우리는 또한 처음부터 어린이들 활동에 직접 참여하지 않기로 하였다. 다만 그 재료들을 어떻게 사용하는지 분명하게 해 줄 필요가 있을 때나 어떤 방식이든 중재가 필요한 경우는 예외로 했다. 우리는 어린이들에게 열광적인 지원이라는 선물을 주었다. 우리의 가장 기본적인 역할은 어린이들이 이 공간을 독립적으로 사용하는 모습을 관찰하는 것이 될 것이다. 우리는 정기적으로 관찰 내용을 공유하고 토의하면서 어린이들에 대한 지식과 어린이들이 이 공간에서 어떻게 이해하는지에 대한 지식을 축적할 수 있기를 바랐다. 어린이들과 우리가 틀을 잡게 되면 우리는 서로 머리를 맞대고 메시지 센터 생활의 미래에 대하여 계획을 세우게 될 것이다.

- 이 영역에 대한 개별 어린이의 요구에 맞게 지원하고, 그래서 어린이들이 메시지를 만들고 남과 의사소통하면서 좀 더 깊은 가능성을 이끌어내기 위해서는 어떤 자극이 필요할까?
- 그 공간 또는 재료들을 풍요롭게 하기 위하여 무엇을 더 바꾸어야 하는가?
- 학부모들과는 어떤 협력관계를 상상할 수 있는가?
- 어떤 새로운 형태의 기록작업과 의사소통 방식을 생각하기를 원했나?

오늘 아침, 햇볕이 따스하게 드는 동향의 샐리 교실의 고요함 속에서 라떼를 마시며 우리는 가을 학기의 노트를 보고 있다. 며칠 전 샐리가 작성한 글을 읽는다.

> 브렛(Brett)이 메시지 센터에서 그림을 그려 봉투에 담은 후, 테이프로 봉하고 그것을 친구에게 전달하였다. 그는 여러 개를 만들었다. 리비(Libby), 캐티(Catie), 아날리세(Analise), 클래어(Clair), 로간(Logan)에게 줄 것이었다. 브렛에게 어떤 메시지인지 묻자 "그냥 별거 아니에요"라고 대답했다. 브렛은 각 어린이들에게 편지를 조용히 직접 전달하였다. 아날리세는 부끄러워하면서도 미소를 지으며 편지를 받았다. 캐티는 그 편지를 가방에 있는 특별한 공간에 넣었다. 리비가 말했다. "브렛이 나한테 이걸 만들어줬어요. 아 정말 좋아요!"

우리는 이제 처음 시작했을 때 각자 이 곳에서 수집했던 단편적인 관찰 기록과 짤막한 예화를 보고 있다. 내가 메시지 센터에서 관찰자로서 있었던 11월 초 아침에 쓴 기록이다.

> 클래어, 캐티 그리고 사만다(Samantha)는 오늘 아침 모임 시간에 메시지 센터에서 작업하기로 하였다. 그들은 마치 "정식 선수"처럼 보였다. 나는 그 어린이들이 모두 풀칠하는 것을

좋아하며 그것을 경쟁적으로 한다는 사실을 알았다. 나는 소녀들에게 메시지에 쓸 새 콜라주 재료를 고르기 위해 함께 갈 것을 제안했다. 그들은 깃털, 꽃모양의 금속 조각, 0.5 인치 크기의 몇 가지 다른 모양의 리본 그리고 다양한 색으로 뭉쳐진 롤 화장지 뭉치들을 집었다. 그리고 우리는 이것을 구분 상자에 콜라주 재료로 추가했다.

캐티는 고모 패티(Patty)와 엄마에게 보낼 메시지를 만들고 싶어 했다. 캐티가 말했다. "왜냐하면 패티는 내 고모이고 나는 고모를 사랑하기 때문이에요." 캐티는 새로 가져온 모든 재료들을 즐겁게 사용했다. 사만다는 엄마, 자매, 할아버지에게 줄 메시지를 만들고 싶어 했으나, 반 친구의 사진을 보고서는 생각을 바꾸었다. 그녀는 루시에게 줄 메시지를 새 그래프 종이에 두 개의 사진을 붙이고 세심하게 깃털, 금속조각, 균형 잡히고 멋진 종이접기 공예를 붙인 보라색 콜라주를 만들었다. 사만다가 말했다. "이건 예쁘기 때문에 루시가 좋아할거야."

이 기록들은 어린이들이 무언가를 만들어 다른 누군가에 전달하는 것을 좋아하고, 그들에게 신경을 써주는 사람, 즉 친구, 짝꿍 또는 가족들에게서 메시지를 받는 것을 즐거워함을 보여준다. 노트에 있는 다른 관찰 기록들을 다시 보면서 우리는 올해 이 시점에서 대부분의 어린이들이 이 공간을 독립적으로 사용하고 있다는 것을 알게 되었다. 어린이들은 그 재료들을 좋아하며 교사나 학부모 그리고 친구들을 위하여 메시지를 만들고 있었다. 몇몇 어린이들은 콜라주를 좋아했으며 다른 어린이들은 그리기를 좋아했다. 어떤 어린이들은 항상 그들이 알고 있는 문자, 특히 그들의 이름을 써서 마치 글쓰기처럼 보이게 꾸미곤 했다. 샐리는 많은 글들이 왼쪽에서 오른쪽으로 필기체처럼 쓰려고 했다는 사실에 주목했다.

샐리가 말한다. "메시지 센터와 미니아뜰리에에서의 크리스티의 최근 관찰 기록을 보면 몇몇 어린이들이 자주 등장합니다. 노아(Noah), 사라(Sarah), 브루스터(Brewster), 로간(Logan) 등인데요. 이 어린이들은 메시지 센터에서 거의 모든 시간을 각자의 자화상을 그리는 데 보냅니다. 아마도 어린이들 모두에게 자화상을 그려보라고 해도 될 것 같아요. 이제 적당한 시간이 된 것 같은데요."

샐리의 아이디어에 내 생각을 덧붙였다. "우리 각자가 반의 1/3씩 담당하기로 하고, 우리가 이 노트북을 만들 때 했던 것처럼 각자의 노트 내용을 공유하도록 합시다. 그럼 우리가 각자 6명씩 맡았으니 아뜰리에에 갈 때에는 한 번에 2팀이 가야겠네요? 우리는 메시지센터에서 했던 것처럼 가능한 한 관찰자의 역할로 시작하도록 합시다. 우리는 어린이들이 만들어내는 어떤 계열성에 관심을 둘 수도 있고 가능하다면 다른 어린이와의 상호작용이나 말하는 것에 관심을 둘 수도 있을 거예요. 어떻게 생각해요?"

샐리는 더 많은 생각을 내놓는다. "이것은 우리의 협력을 좀 더 확장시켜 아주 상세하고 집중적인 자극을 주는 관찰 노트북이 될 것이예요. 아마도 우리는 각 집단에 두 가지 상황을 만들어 낼 수 있을 거예요. 그래서 첫 번째 노트를 공유한 다음, 두 번째 시기에는 환경과 질문들을 좀 더 다른 것으로 바꿀 수도 있구요."

이제 8시 5분이고 이 때 크리스티가 도착한다. 다음 15분간 우리는 함께 브레인스토밍을 계속해서 이러한 새로운 가능성에 대하여 더 살펴본다.

오늘 아침에 샐리, 크리스티 그리고 나는 교사라고 하는 우리의 직업 가운데 가장 중심인 곳에서 실습에 열중한다. 우리는 이전 작업의 에너지와 환경에서 함께 벗어나서 협력하는 운동체를 만들어 낸다. 이 운동체는 3, 4세반 교실에서 각 개별 어린이의 목소리를 더 잘 "듣게" 해주며 서로 대화체로 작동한다. 우리는 협력하고 진화하는 기록–관찰 노트북–을 사용해서 어린이들에 대하여 배우고 그 영역에 대해 배우고 그리고 우리 서로가 함께 배우기도 하고 서로에게 배우기도 한다. 우리가 함께 모였을 때 우리 세 명 모두는 이 그럴듯한 간단한 제스처에 힘을 얻는다. 우리가 이 노트북을 함께 만들어 간다는 것은 아주 구체적인 방식으로 좀 더 큰 공동체의 한 일원이 된다는 것을 의미한다. 우리는 각자 맡은 바에 따라 기록하고 읽어야 한다. 우리는 하나의 시간의 흐름에 따른 진행과정에 연결되어 있다. 우리는 비록 하나의 팀이기는 하나 단 하나의 관점만을 지닌 한 세트의 눈으로 보는 것이 아니라, 어린이의 다양한 종류의 진행 과정을 따르는 중이다. 우리는 이 노트북을 만들어 가면서 하나의 연구자 팀이 되어서 이 특정한 장소에서 특별한 방법들을 찾고 있다. 이 어린이들은 이 장소에서 서로와 서로가 연필과 펜으로, 아름다운 콜라주 재료들로 혹은 의사소통하는 방식으로 연결되어 있다.

오늘 아침 우리는 이 노트북을 마치 작가가 저널을 사용하는 것처럼 사용했다. 마치 내 친구이자 글쓰기 멘토인 존 엘더(John Elder)가 말했던 "생각의 모판"처럼 말이다. 우리는 우리가 관찰했던 것에서 다양한 아이디어를 선택한다. 물론 우리가 서로 교사-연구자로 함께 일해 왔던 방식에서도 다양한 아이디어를 선택했다. 말하자면 그것은 우리의 공동의 모판에서 나온 것으로 우리는 그것을 심었다. 만일 조건이 맞는다면 그 생각의 씨앗은 여러 가지 것들 사이에서 협력적인 방식으로 자라날 것이다. 마치 어린이들이 자화상을 그릴 때 서로 관찰하고 서로 도와주던 것 처럼….

## 유치원에서 시작하기

나는 아뜰리에에서 8명의 유치원 어린이 집단을 맞을 준비를 한다. 이 어린이들은 자기들 유치원 교실에서 8시 30분쯤 아뜰리에로 온다. 오늘 아침에는 녹음기, 새 건전지 그리고 테이프를 준비했다. 또 어린이들이 그릴 펭귄이나 올빼미 등 새들의 그림을 보관한 폴더를 준비했다. 그 그림들은 최근까지 어린이들이 아뜰리에에서 나와 함께 작업해 온 것이다. 내가 스튜디오 전문가로서 유치원 어린이 그리고 교사와 함께 일하는 특권을 갖게 된 것은 올해로서 2년째이다. 유치원 교사 그리고 어린이들과 함께 작업할 때의 내 역할은 내가 유아원에 있을 때와 다소 차이가 있다.

유아원에서는 나는 5명으로 이루어진 그룹의 일원이다. 우리는 작업을 하는 모든 면에서 긴밀하게 협력한다. 환경을 설계하고 설계한 환경을 다시 수정하는 일부터 시작해서 모든 교실에 다양한 재료들을 넉넉하게 유지하는 것, 그리고 부모와 다양한 목적으로 모임을 가지는 일, 현재 진행 중인 프로젝트를 함께 반성하고 계획하는 일, 그리고 프로젝트를 기록 작업하는 계획을 짜고 통합하는 일 등등에 대해서 협력한다.

유치원에서의 내 역할은 다른 방향으로 변하였다. 칼리지스쿨에 온 첫해에 나는 정말 5, 6살짜리 어린이들과 함께 수업할 수 있게 되기를 원했다. 이 어린이들은 내가 2년 동안 함께 활동해 왔으며 그래서 잘 알기 때문이다. 나는 우리가 함께 해왔던 활동들이 결실을 맺는 모습을 보고 싶었다. 나는 이미 레지오 에밀리아에서 연령이 높은 어린이들과 함께 했던 다이아나 스쿨의 "나무 프로젝트"(Cadwell, 1977) 또는 "새들을 위한 놀이공원"(Forman & Gandini, 1994) 같은 다면적이고 복잡한 장기간의 프로젝트에서 있었던 체험들을 목격한 적이 있다.

그러나 미국의 유치원은 이태리와 다르다. 이태리에서는 어린이들이 1학년이 되기 전까지는 읽기나 쓰기, 수학 기술의 학습을 요구하지 않는다. 시 예산으로 운영되는 레지오 에밀리아의 경우 5, 6세 어린이의 약 60% 정도가 학교를 졸업할 때 읽기, 쓰기 그리고 셈하기를 학습한다. 그러나 형식적인 방법으로 가르쳤기 때문에 이런 결과가 나온 것은 아니다. 읽기와 쓰기, 수학은 중요한 언어로 학교의 아주 초기 시기부터 어린이의 환경이나 조사 활동의 한 부분이었기 때문이다. 게다가 영어와 다르게 이태리어에는 구어와 문어 사이에 일관되고 예측 가능한 연관성이 있다. 어린이가 일단 쓰기에 관심을 가지게 되면 모국어의 이런 특성이 어린이에게 도움을 준다. 더구나 이태리의 유치원에서는 교과 기술을 가르쳐야 하거나 배워야 한다는 압박이 없기 때문에 어린이와 교사는 좀 더 여유를 가지게 된다.

미국 교사들에게 "새들을 위한 놀이공원" 비디오(Forman & Gandini, 1994)를 보여주면 많은 이들이 어린이들과 교사, 페다고지스타가 함께 작업한 내용의 복잡성과 정교함에 완전히 압도된다. 이 프로젝트는 정말로 레지오 접근법의 기본 원칙을 모범적으로 보여주는 걸작이다. 이 작업은 외경심을 일으키면서 동시에 겸손해지게 한다.

아주 타당한 몇 가지 이유 때문에 칼리지 스쿨의 유치원 교사들은 아주 조심스러웠다. 그들은 레지오 접근법을 자신의 방식에 맞게 바꾸기로 결정했다. 그들은 자신들이 개발한 다양한 교육활동을 좋아했으며 이를 바꾸고 싶어 하지 않았다. 그렇지만 레지오 접근법에서 사용되는 방법에 대해서도 이해했으며 관심을 가지고 있었다.

회상하건대, 이것은 여러 가지 의미를 지닌다. 우리가 댄훠스 재단 기금과 함께 일했던 몇 개의 학교들은 너무 많이 너무 급하게 시도하여 결국에는 원래의 방식으로 되돌아갔다. 칼리지 스쿨의 유치원에서는 아이디어들에 뜸을 들였으며 우리는 새로운 가능성에 대해서 우리 자신들을 조정하고 우리만의 특정한 상황에 맞도록 바꾸고 성장의 길을 찾을 수 있는 충분한 시간을 가졌다.

우리는 칼리지 스쿨의 철학이 레지오 접근법과 크게 다르지 않다는 사실을 인정한다. 이 학교는 통합적이고 주제중심의 경험에 근거한 접근법이 어린이를 교육하는 데 가장 효과적이고 가장 강력한 방법이라는 굳건한 믿음에 근거하여 세운 학교였다. 교실 밖에서 행하는 탐험적인 교육이 학교 전체 교육과정의 많은 부분을 이루는 구조를 가지고 있다. 기록 작업과 어린이 작품의 생생한 전시는 인상적이다. 이러한 특징은 고학년 학생들이 스스로 그들의 수업 발표들을 만들어 내고 조정해 낼 때 더욱 더 잘 드러난다. 학생들의 작품에는 창의적인 글짓기, 과학적인 표와 그래프 만들기, 질 높은 사진과 비디오, 그림, 출력물 그리고 조각들이 포함된다.

이상의 역사와 지식은 유치원 교사인 캐시(Cathy)와 스카일라(Skyler)와 내가 함께 협력하여 다짐했던 바이다. 우리는 어린이들에게 지속성을 제공하고 유아원과 유치원 간의 더 강한 다리를 놓는 새로운 협력 방식을 만들어 내기로 하였다.

## 교사는 듣는 사람

유치원에서는 지난 가을부터 어린이들과 교사가 함께 새에 대해 연구를 해왔다. 새에 대한 흥미는 몇 명의 어린이들이 그들의 마당과 현관 위에 있는 새 둥지와 태어난 아기 새에 관한 주제를 가져온 이후로 시작되었다. 그들의 새에 대한 연구는 11월에 올빼미를 찾아서 밖으로 현장 수업을 나갈 때까지 계속 이어졌다. 12월에 세인트 루이스 동물원에 간 이후로 초점은 펭귄에게로 옮겨졌다. 많은 어린이들과 교사가 이 재미있는 동물에 푹 빠졌기 때문이다. 펭귄은 몸의 곡선뿐만 아니라 재미있는 습성으로 우리를 매혹시켰다. 이렇게 호기심 많은 어린이들과 성인 집단에게서 나타나는, 흥미와 매혹을 따라가는 방식은 유치원에서의 변화를 잘 보여준다. 양 기관의 교사 모두 이제 예전에 사용했던 교육과정에서 벗어나 좀 더 새로운 교육과정을 시도해보는 데 더 마음을 열고 적극적이 되었다.

캐시와 스카일라, 그리고 나는 지난 주 회의를 하면서 이제는 어린이들과의 대화를 조직해야 어린이들이 새에 대한, 그리고 좀 더 구체적으로 말하면 펭귄에 대한 자신의 경험과 지식, 직관, 질문, 느낌, 생각을 반성할 수 있는 기회가 될 것이라고 의견을 모았다. 내가 먼저 8명의 어린이들을 데리고 월요일 아침에 처음 시작하기로 하였다.

어린이들은 새에 관한 이야기를 계속해서 해왔다. 아침 모임에서도 했고, 야외 견학을 가서도 했고, 담임선생님이랑 나랑 교실에서 새와 연관된 활동을 하는 과정에서도 이야기를 나누었다. 그렇지만 우리가 더 이상 마련할 수 없을 정도의 최고의 조건에서 잘 조직된 대화를 나눈다는 것은 어린이들에게나 교사인 우리들에게 색다른 경험이었다. 우리는 듣는 것을 최우선 순위로 삼았다.

우리는 "정답"을 들으려 하지 않았다. 우리는 어린이들이 무엇을 생각하고, 무엇을 느끼고 무엇을 궁금해하는지 알고 싶었다. 우리는 어린이들이 우리와 또는 어린이들끼리 이야기하는 과정 속에서 우리가 전에는 전혀 들어보지 못했던 것들을 이야기할 것이라고 믿는다. 우리는 어린이들의 이야기를 들을 때마다 항상 놀라움을 경험하며 새로운 생각의 탄생을 발견한다. 이러한 경험은 서로를 이해할 수 있는 기회를 제공해준다. 이것은 함께 새로운 의미를 찾는 경험이기도 하다. 우리는 함께 탐구자들의 공동체가 된 것이다.

어떤 일이 일어날지는 교사도 모른다. 단지 우리가 할 일은 조용히 듣고 있으면서 방해하지 않는 것뿐이다. 우리는 흥분되고 모험이 가득한 여행의 분위기를 조성하기 위하여 노력한다. 우리는 생생한 활력이 넘치는 가운데 지식을 추구하는 풍조를 만들고 싶다. 이것은 전통적인 교육 방법 즉, 지식을 일방적으로 전수하는 것과는 전혀 다른 것이며 궁극적으로 어린이들을 자유롭게 놔두며 어린이들과 함께 궁금해 하는 상황에 같이 참여하고 어린이들의 말을 들으려 하는 것이다. 이것이 레지오 접근법(Cadwell, 1997) 연구를 통해 얻게 된 우리의 실천 방법이다.

이것은 또한 카렌 갈라스(Karen Gallas, 1994, 1995)가 1학년과 2학년 교사로 있을 때 개발한 실천 방법이기도 하다. 그녀는 대화를 조직화 하는 경험에 대해 기술했으며 연구자로서의 배우는 법과 가르치는 법에서 주춧돌 역할을 한 교실 내 담론에 대하여 설명하고 있다. 그녀의 글을 읽으면서 나는 그녀가 작성하고 분석한 많은 시나리오와 테마가 내가 직면했던 것과 비슷하다는 것을 깨달았다. 나는 또한 이 실천 방법에 대해서 그리고 이 실천방법을 통해서 얼마나 많은 것을 배워야 하는지도 알 수 있었다.

다음의 대화는 갈라스가 "과학 이야기"라고 이름 붙일 만한 이야기의 한 예이다. 이 이야기를 당신과 공유하면서 나는 이야기 안에서의 내 역할을 되새기며 동시에 이야기 속에 나오는 어린이들의 생각과 대화에 대해 반성해 볼 것이다. 이탤릭체로 쓴 글이 내가 반성한 글이다. 당신이 보듯이, 대화는 빠르게 진행되며 내가 지배하려는 것을 최대한 자제하면서 안내를 하고 동시에 어린이들에게 진행 방향을 제시하려고 노력했다. 이것은 쉽지 않은 일이며 대화의 녹취록을 보면서 나는 내가 얘기한 것들 중 많은 부분에서 왜 그렇게 얘기했는지 스스로 의아해지기도 했다. 이 실천은 아주 보잘것없는 것이지만 어린이들이 그들의 모든 경험을 동원해서(그것이 어디에서 왔건 상관하지 않고) 사물을 이해하려는 생각과 창조성을 볼 수 있으며 그래서 매력적이다. 이러한 상황에서 어린이들의 이야기를 듣는 실천을 통해 우리는 어린이들의 의미를 찾으려는 열정을, 그들의 경험, 관찰, 보고 들은 것, 세상에서 느낀 것들 간의 관계 짓기를 명확히 이해하게 되며, 집단의 담론을 도출하고 그것을 계속 이어나가려는 의지를 알게 된다. 이는 어린이들이 끊임없이 이론을 만들어 내고 또 만들어 낸다는 것을 의미한다. 그들에게 끝이란 것은 없으며 단 하나의 유일한 "정답"이나 고립된 답은 없다.

### 새들에 대한 담화

우리는 아뜰리에 중앙에 있는 육각형 책상에 앉아 있다. 내가 대화를 이끌어 가면서 유의한 점은 먼저 어린이들에게 대화의 내용이나 형태에서 많은 수의 선택이 가능하도록 해야 한다는 점과 우리의 주도권을 준다는 것이다.

"너희는 펭귄에 대해서 많이 알고 있지? 펭귄이 어디에 살며, 무엇을 하고, 무엇을 먹으며, 그동안 우리가 배웠던 새들과 펭귄이 어떻게 같고 다른지. 캐시 선생님과 스카일러 선생님과 나는 너희가 펭귄이나 다른 새에 대하여 알고 있거나 생각하는 거 혹은 궁금한 것 등에 대해 이야기를 시작했으면 해. 너희들 생각은 어떠니? 어디부터 시작할까?"

"펭귄이 사는 곳은요. 펭귄은 남극대륙에 살아요." 알렉스(Alex)가 분명하게 말한다.

아키(Archie)가 덧붙인다. "하지만 어떤 것은 커다란 거북이가 사는 곳에 살아요."

몰리(Molly)가 대화에 끼어든다. "우리 아빠가 어떤 펭귄은 모래가 있는 부드러운 섬에서 산다고 말해 주었어요."

*위의 첫 세 어린이가 말한 내용을 보면 세 가지 서식지에 대한 정보를 공유하며 한 쪽 방향으로 나아가고 있고 한 가지 정보의 원천이 드러난다. 반성을 하기 위해서, 다음과 같이 물으면 어린이들이 펭귄의 서식지에 대한 정확한 지식을 형성하도록 도와줄 거라고 생각했다. 그래서 물었다.* "그래서 펭귄은 세인트 루이스엔 살지 않지?"

모든 어린이들이 마치 나를 어이없는 사람이나 되는 듯이 쳐다보며 말했다. "안 살아요!"

몰리가 이유를 제시한다. "펭귄은 세인트 루이스에 살지 않아요. 왜냐하면 엄청 많은 사람이 살기 때문이죠. 펭귄은 사람을 무서워해요."

아키가 이 말에 동의하지 않으면서 이 문제에 대해 좀 더 명확성을 가하려 한다. "펭귄은 사람을 무서워하진 않아. 그렇지만 모든 펭귄은 물이 필요해. 바다에 있어야 물을 얻을 수 있지."

*나는 바다를 선택한 타당한 근거가 무엇인지 궁금했다. 아키의* "모든 펭귄은 물이 필요해" *뒤에 붙은 부가 설명을 좀 더 분명하게 할 필요가 있었다.* "그것에 대해서 더 말해 줄래? 네 생각으로는 호수에서도 살 수 있을 것 같니?

아키는 말했다. "아니오, 말도 안돼요."

루크(Luke)가 궁금한 목소리로 덧붙였다. "펭귄은 호수에선 살 수 없어요, 펭귄은 바다가 필요해요, 정확한 이유는 모르겠지만 걔네들은 먹을 물고기가 있어야 해요."

아키는 그 주제를 좀 더 깊이 다루고 싶어 한다. "만약 펭귄에게 물이 없으면 먹이 사슬이 파괴될 거예요. 그러면 펭귄은 물고기를 먹을 수 없어요."

*이제 마지막 두 개의 말을 보면, 어린이들은 펭귄의 서식지에 관한 질문을 받아들일 뿐만 아니라 새로운 용어와 개념을 알리고 있다. 지금 생각해보면 펭귄에 대한 그 주제는 너무 제한적이었다. 갈라스(1995년)는 어린이들이 의미를 잘 모른 채 용어를 사용하기도 한다는 것을 지적했다. 아니면 용어를 이해하는 어린이도 있고 용어를 이해하지 못하는 어린이도 있을 것이다. 이러한 이유로 나는 호기심 가득한 채 물어보았다. 물론 이는 내가 궁금해서 물어 보았다기보다는 어린이들이 스스로에게 설명을 할 수 있게 하기 위해서이다.* "먹이사슬이란 무엇이지?"

루크가 또 나선다. "그건 이와 같아요. 어떤 물고기가 작은 물고기를 먹고 펭귄은 그 물고기를 먹고 범고래가 펭귄을 먹는 것이죠!"

아키가 계속 잇는다. "그리고 고래상어가 범고래를 먹죠! 그리고 바다에서 가장 큰 생물이 가장 작은 생물을 먹기도 해요! 범고래가 무엇을 먹는지 아세요? 우리는 플랑크톤을 볼 수조차 없죠."

알렉스는 생각에 잠기며 혼잣말을 하듯이 말한다. "범고래가 플랑크톤을 먹기엔 플랑크톤이 너무 작은 것 같아요. 만약 물이 없다면 아마 고래도 죽을 거예요."

시에나(Sienna)가 조용히 말한다. "만약 물이 없으면 고래의 피부는 말라 버릴 거예요."

*이제 대화의 범위가 크게 넓어졌다. 이제 새로운 주제들(가장 큰 동물이 플랑크톤을 먹는다거나 바다생물의 물의 필요성 등에 관한 이야기)에 대하여 추가 질문을 하거나 아니면 조용히 침묵을 지키거나 하는 갈림길에 와 있다. 하지만, 나는 대화를 다시 펭귄으로 돌렸다. 그 점에 대해서 조금 미안하지만.*

"글쎄 펭귄은 무엇을 하지?" 내가 묻는다.

몰리가 미소 짓는다. "펭귄은 돌아다니면서 놀아요, 자기들끼리 서로 놀지요."

시에나는 부끄럽게 말한다. "펭귄은 자기 배로 미끄럼을 타요."

몰리가 덧붙인다. "펭귄은 얼음 위에서 미끄러져 내려가요."

가영(Ga-Young)이 처음으로 대화에 참여한다. "펭귄은 펭귄 말로 말을 해요, 그리고 그렇게 게임을 배워요."

아키가 얼굴을 찡그리며 경험이 풍부한 듯한 목소리로 말한다. "글쎄, 나는 펭귄이 놀이를 한다고 생각하지 않아. 그리고 펭귄은 말을 하지 못해. 걔들은 각자 다른 것을 해. 물고기를 잡기도 하고 새끼를 돌보기도 하지."

*나는 〈인간과 동물의 놀이〉라는 주제의 세미나에 참가했던 적이 있다. 나는 펭귄이 재미있게 노는 동영상을 본 적이 있다. 나는 왜 아키가 그렇게 심각한지 궁금했다. 아마도 그는 다른 친구들의 이론(펭귄이 말하고 놀이를 만든다는)에 동조하고 싶지 않기 때문일 것이다. 나는 그에게 질문을 했다.*

"그러면 펭귄은 놀지 않니?" 내가 물었다.

알렉스가 슬프게 말한다. "펭귄은 날지도 못해요."

아키가 빈정댄다. "하지만 펭귄의 조상은 날 수 있었죠."

내가 묻는다, "펭귄의 조상은 누군데?"

루크가 즉시 대답한다. "펭귄의 할머니와 할아버지요."

가족에 대한 이야기가 언급되자, 시에나가 펭귄의 새끼 쪽으로 관심을 돌린다. "이것은 새끼에 관한 거예요. 그들의 어미와 아비는 새끼를 품어요, 왜냐하면 밖은 새끼에게 너무 춥거든요. 펭귄 부모는 피부로 새끼를 따뜻하게 해줘요."

아키가 그녀의 말을 수정한다. "그건 아빠가 하는 거야."

몰리가 계속 말한다. "아빠가 새끼를 따뜻하게 보호하기 위하여 발밑에 새끼를 데리고 있어요. 그리고 엄마가 밖에 나가서 아빠와 새끼를 위해 먹이를 찾으러 다니죠."

*이 마지막 대화는 약간은 순서가 헷갈리는 것 같지만 연구해보면 그것이 논리적이고 순서가 있다는 사실을 알 수 있게 해주는 예이다. 알렉스는 펭귄이 날 수 없다는 사실을 애석하게 여긴다. 전문가의 역할을 하고 있는 아키는 펭귄의 조상은 날 수 있다고 단언한다. 나는 그의 말이 무엇을 의미하는지 물었고 루크는 그 용어를 설명하기 위해서 펭귄의 가족과 연관지었다. 이것은 펭귄의 가족 모습에 대해 연관시키기를 좋아하는 시에나와 몰리에게 특정한 주제로의 도약을 가능하게 하고 아키에게는 전문가가 될 기회를 또 한 번 제공한다.*

*이 순서는 또한 어린이들이 이 대화에서 채택하고 있는 세계관과 입장에 밝은 빛을 비추어준다. 이러한 입장은 갈라스가 "세상에 대해 믿음의 아치를 세우는 것"(p.27)이라고 인용한 것과 완전히 똑같지는 않더라도 많은 부분 연관되는 것처럼 보인다. 세상에 대한 어떤 생각과 믿음에 기초한 이러한 어린이들의 입장에 대해 생각해볼 때 나는 이 대화를 통해 아키가 모든 것은 연결되어 있다고 믿으며 과학이 그를 지배하며, 전문가적인 지식을 가지고 있다는 것을 알게 되었다. 루크는 알렉스처럼 펭귄을 개인적인*

*입장에서 이해하며 펭귄을 개인화 한다. 시에나와 몰리는 동물의 행동과 가족 구성에 대하여 관심을 드러낸다. 가영과 앨리슨(Allison) —아직 얘기하지 않았지만— 은 아직 이런 과학적인 대화에 대하여 익숙하지 못하며 이 대화 참여에 적극적이지 못하다. 그러나 이들도 청자로서의 역할은 수행한다. 이러한 종류의 대화를 좀 더 자주 접할 기회를 가지게 되면 나는 그들도 "생각을 밖으로 표현"(Gallas, 1995, p.44)하는 자신감을 기를 수 있을 것이라고 확신한다.*

나는 진심으로 말했다. "너희들 펭귄에 대해 참 많이 아는구나!"

*나는 정확히 내가 왜 그런 말을 하게 되었는지 알 수 없다. 추측건대 아마도 어린이들의 지식수준에 감명을 받았기 때문이었을 것이다. 어떤 경우에도 나는 어린이들 생각의 연장선을 따라 자연스럽고 체계적인 질문을 더 물어볼 수도 있었을 것이다. 내가 했던 코멘트로 인해 어린이들은 통계치까지 사용하게 된 것 같았고 이는 나를 더욱 인상깊게 하였다.*

몰리가 말한다. "황제 펭귄이 가장 커요, 황제 펭귄은 키가 12피트에요. 아, 아마도 3피트일거에요."

루크도 말한다, "내 발을 보세요. 이 정도가 대체로 1피트에요." (우리는 잠시 멈춰 그 어린이의 발 길이를 재기 위해 자를 가져왔다. 그 어린이의 발길이는 6에서 8인치 정도 되었다.)

몰리는 펭귄 종류가 적힌 목록을 들여다본다. "임금 펭귄과 황제 펭귄 그리고 쇠푸른 펭귄이 있으며 임금 펭귄은 키가 제 몸 여기쯤 되요(그녀는 손을 가슴 쪽으로 올린다)."

올해 새로 유치원에 들어온 신입생 앨리슨이 처음으로 대화에 참여한다.

"노란 눈썹 펭귄(rock hopper)은 머리 위로 튀어나온 깃털이 있어요."

"그리고 쇠푸른 펭귄은 몸집이 가장 작아요." 시에나가 중얼거린다.

"우리는 펭귄을 좋아해요.", 아키가 큰소리로 말했다. "우리는 펭귄을 공부해요!"

루크는 여전히 새의 비행에 대하여 다시 이야기를 꺼낸다. "펭귄은 유일하게 날 수 없는 새예요."

"타조도 날 수 없어." 몰리가 부정한다.

아키가 끼어든다. 거의 심사숙고한 후에 말한다. "펭귄은 날 수 없어요. 왜냐하면 펭귄의 뼈는 속이 비어있지 않기 때문이에요. 펭귄에게는 나는 것보다 헤엄치면서 물고기를 잡는 것이 더 중요해요. 물총새는 물 속으로 뛰어들지요. 아마도 오리도 물 속으로 잠수할거에요."

나는 말한다. "너의 말뜻은 펭귄은 수영을 하기에 알맞은 몸을 가지고 있다는 것 같구나." *나는 내가 이해하고 있는 "적극적인 청자"의 역할을 수행하려고 하고 있었다. 내가 들었던 것을 공손하게 옳은 표현을 사용하여 "그것은 마치 …… 같이 들린다." 라고 얘기하는 것 말이다. 하지만 아키는 그렇게 받아들이지 않은 것 같다. 그 어린이는 나를 향해 소리를 지르면서 그의 관점을 강조한다.*

아키는 강한 어조로 "펭귄들은 한 가지 이유로 날 수 없어요! 펭귄은 속이 빈 뼈를 가지고 있지 않기 때문이에요!!"

앨리슨이 미심쩍어 한다. "하지만 우리도 속이 빈 뼈를 가지고 있는 걸……."

루크는 그의 머리를 가로 저으며 웃는다. "하지만 우리는 너무 무거워서 날 수가 없어."

아키는 날기에 필요한 속성에 맞게 자신의 예를 만들고 있다. "그리고 우리는 날개나 깃털도 없어." 하지만, 그 때 아키는 새로운 차원으로 생각의 경로를 바꾸었다. "나는 어떻게 피가 뼈로 흐르는지 알아. 그것은 분자와 원자로 이루어져 있어 우리가 볼 수 없어."

*앨리슨은 사람의 뼈와 연관 지어서 아주 좋은 질문을 이끌어 냈다. 만약 비행이 단지 속이 빈 뼈에 의한 것이라면 우리는 왜 빈 뼈를 가지고 있는데도 날지 못할까? 루크는 그의 의견으로 사람은 날기에 너무 무거운 몸을 가지고 있다고 덧붙였다. 아키는 단지 뼈뿐만이 아니라 깃털과 날개도 새의 비행능력에 필요한 것이라는 점을 인정했다. 그러나 아키의 생각은 다시 옆으로－피, 분자, 원자 쪽으로－ 빗나가기 시작한다. 그는 다시 전문가가 된 것이다. 그리고 나는 정말로 이 주제 전환에 압도된 느낌이었다. 그리고 왠지 대화의 맨 처음 꼭대기로 다시 끌려올라간 기분이었다. 아마도 나는 일종의 성인의 지위와 논리를 가지고 어린이들에게 다시 원래 주제로 돌아가도록 강요해야 했다.*

"우리 알렉스가 처음 시작했던 펭귄이 어디에서 사는지에 대한 이야기로 되돌아갈 수 있을까? 알렉스는 펭귄이 남극 대륙에 산다고 했어. 아님 북극인가? 남극이라고 했던 것 같은데. 어쨌든 거기가 어디지?"

루크가 말한다. "남극 대륙은 세상의 맨 밑에 있어요."

"세상의 제일 밑이라는 건 없어. 지구본에는 있지만 현실 세계엔 없다고. 왜냐하면

만약 제일 밑이 있다면 하늘은 위가 아니라 발밑에 있게 되잖아." 알렉스는 그의 머리를 한 쪽으로 고정하면서 말한다.

루크가 다시 한 번 그에게 안심시키듯이 말한다. "공간에는 위아래라는 것이 없어."

알렉스는 약간 놀란 듯한 목소리로 말한다. "공간은 어디에나 있어, 그것은 멈추지도 않아."

아키는 여전히 이해할 수 없다. "내가 뭐 하나 말해줄까, 알렉스? 그래도 옆면과 아래는 있잖아."

알렉스는 그의 주장에 대하여 변함없다. "실재 세계에는 없어."

아키는 "너는 세상의 밑에 있는 것들이 떨어질 거라고 생각하지만 그렇지 않아."

잠시 동안의 정적이 있은 후 모두들 아키와 알렉스를 쳐다보았다. 그 때 아주 조용하고 조심스러운 가운데, 알렉스가 아는 체하는 듯한 목소리로 말한다. "중력"

아키가 계속해서 주장한다. "그래, 중력, 그래서 괜찮구나."

알렉스는 계속 아키에게 맞선다. "실재 세계에서는 세상의 밑쪽에서도 하늘은 위에 있다면 어떻게 그것들이 떨어지지 않을 수가 있지?"

아키는 본질적인 질문으로부터 시작하여 더 큰 정답을 말한다. "우주에 하늘이란 건 없어! 오직 검은 별, 운석, 행성이 있을 뿐이야!"

가영이 덧붙인다. "그리고 외계인도 있어."

알렉스는 포기하지 않는다. "세상에 밑 부분이란 존재하지 않아!"

루크는 가르치는 듯한 목소리로 이런 논쟁이 싫증난 듯이 끼어든다. "구는 우리가 맨 윗부분을 위라고 할 수도 있고 아래라고 할 수도 있어."

*나는 이런 파급효과에 대해 놀랐다. 기대하지 못했던 것이었다. 나는 어린이들 생각의 흐름을 따라가면서 계속 대화가 유지될 수 있도록 노력했다. 나는 아마도 질문을 뚜렷이 하는 것이 어린이들을 도울 거라고 생각했다. 나는 지금 끼어든다면 어린이들이 우수성을 개발하는 데 도움이 될 거라고 생각했다.* "지구본과 실재 세상과 다른 점은 무엇이지?"

앨리슨이 명확한 답을 내놓는다. "제가 알아요. 지구본에는 글씨가 있는데 실재 지구에는 그렇지 않아요."

난데없이 아키가 말한다. "그리고 그것은 북극이라고 불리는데 왜냐하면 성자 닉(St. Nick)이 거기에서 살기 때문이야."

"거기에는 막대 지팡이 사탕처럼 빨갛고 하얀 작은 막대기가 있어. 그게 바로 극(Pole)이라고 불리는 이유지." 몰리가 말한다.

*내 생각에 그것은 비록 내가 기대했던 바는 아니지만 내가 논리를 원했다면 그것은 얻은 셈이다.*

아키는 깊은 생각에 빠져 있었다. "나는 지구와 지구본의 차이점을 알고 있어요. 지구는 자전한다는 것이죠!"

알렉스가 일어서서 시범을 보인다. "우리는 계속 돌고 또 돌아요, 하지만 이렇게 빠르진 않아요. 그렇다면 우리가 떨어지겠죠."

루크는 좀 더 상세한 설명을 덧붙인다. "우리의 몸이 지금 돌고 있진 않아요, 왜냐하면 지구는 정말 빨리 자전하기 때문이죠. 말 그대로 진짜 빠르죠. 우리에게 하루는 우주공간에서의 1초하고 같아요."

몰리가 거든다. "지구의 한 쪽이 낮이면 다른 쪽은 밤이에요!"

루크가 말한다. "지구 반대쪽은 우리의 미래에 해당해요. 그들은 우리 보다 17시간이나 앞서가 있죠."

아키는 여전히 지구의 자전에 대하여 생각하고 있다. "나는 우리가 왜 돌지 않는지 알아요. 왜냐하면 우리는 그렇게 되어있기 때문이죠."

그 동안 참고 있었던 시에나가 말한다. "우리 언제 펭귄 이야기로 되돌아가지?"

*나는 어린이들의 빠른 대화 진행에 같이 따라 도는 것처럼 느꼈다. 우리는 시간이 별로 없었지만 만약 어린이들에게 사실과 상상을 함께 접합시킬 만한 질문을 하면 어떤 일이 일어날지, 어린이들이 지금처럼 계속 해왔던 것과 같은 방식이면서 더 나아가 어린이들에게 그들 자신을 펭귄과 같이 지낸다고 가정하면 어떻게 생각할지에 대하여 궁금해졌다.* "글쎄, 우리는 지금 시간이 별로 없지만 마지막으로 한 가지만 생각해보자. 여기에서 혹시 남극 대륙에서 살고 싶거나 펭귄이 되고 싶은 사람은 없어? 잠시 동안이라도……."

알렉스가 한탄한다. "나는 펭귄이 되고 싶지는 않아요, 펭귄이 다 자라면 몇 살인지 알아요? 2년 반이에요! 펭귄의 수명은 너무 짧아요. 펭귄은 2살 반 때 새끼를 가지게 될 거에요."

루크는 조용히 말한다. "글쎄, 그러면 더 빨리 하늘에 계신 할아버지를 만날 수 있을 거야."

몰리가 마지막 말을 한다. "나는 북극에 살고 싶어. 왜냐하면 나는 산타할아버지가 크리스마스 때 나한테 무엇을 줄지 알고 싶기 때문이야."

나는 녹음기를 껐고, 어린이들이 각자의 교실로 폴짝폴짝 뛰어 돌어가는 소란스러움에 잠시 멍해짐을 느꼈다. 나는 새들에 관한 대화가 이렇게 우주, 중력, 시간, 무한, 그리고 지구의 자전에 대한 논쟁까지 불거지리라고는 생각하지 못했다. 다음에는 무엇을 해야 할지 잘 모르겠다. 나는 마치 수도 없이 많은 대화 연습에 익숙한 어린이들의 속사포처럼 쏘아대는 대화 한 가운데에 있었던 것 같이 느꼈다.

나는 레지오 에밀리아에 있는 우리의 좋은 조언자에 대하여 생각했다. 아뜰리에리스타였던 베아 베키(Vea Vecchi)가 바로 그 분이다. 어린이들은 기회만 된다면 그리고 적절한 지원만 해준다면 살아가면서 모든 것을 연결시켜 마치 하나의 관계의 거미줄처럼 만든다고 말하곤 하였다. 또한 레지오 접근법의 원칙을 세운 로리스 말라구찌(Loris Malaguzzi)에 대해서도 생각했다. 그 분은 어린이들은 사실과 환상을 섞으며, 논리와 상상을 섞는 데 자유로워야 하며 바로 이런 여행을 통해 세상에 의미를 부여하게 된다고 주장하였다.

다음과 같은 글을 쓴 카렌 갈라스(1995)도 생각난다.

> 나이 어린 어린이를 가르치는 과정에서 나는 그 어린이들을 통해서 자연의 이치가 주는 즐거움과 놀라움을 재발견할 수 있었다. 이것은 무언가를 알아내려 하거나 찾아내려고 하지 않는 태도에 대한 찬양의 결과였다. 그리고 이것을 위해서는 모든 질문을, 자신의 존재를 잊은 채 해야만 한다. 근데 그것은 중독성이 있다.

이 어린이들은 내가 보아왔던 그 어느 때보다 대화에 활발하게 참여했다. 나는 기분이 약간 들뜸을 느꼈다. 나는 캐시와 스카일러에게 얼마나 흥미로운 일이 벌어졌는지 그리고 그 대화를 오늘 안으로 전사하고 싶다고 말하고 싶어 서둘러 복도로 나갔다.

## 뉴포트(NEWPORT) 교실로 이동

뉴포트 교실에서 열리는 아침 모임에 참가하여 어린이들과 함께 긴 의자에 앉게 되면, 어린이들이 어떤 생각을 하고 있는지 알게 되며 어린이들과 교사들이 모인 큰 집단의 한 일원임을 느끼게 된다. 이 모임을 통해 나는 이 4, 5세 반 전체 공동체의 활기찬 맥박을 느낄 수 있다(그림 1.6 참조).

〈그림 1.6〉 칼리지 스쿨 뉴포트 교실에서 열리는 아침모임 장면

나는 교실 거의 끝 쪽 창문 밑의 구석을 두르고 있는 파란색 2단 의자의 2층에 앉는다. 대체적인 분위기는 친밀함, 안락함 그리고 공유된 느낌이다. 나는 제니퍼가 멋지게 편성한 이 모임에 처음부터 끝까지 있었다. 이 모임이 즐거운 이유 중 하나가 그것 때문이다. 그녀의 팀 동료인 마크(Mark)는 어린이들의 말과 그 날에 누가 무엇을 했는지, 모임의 회원들이 어떤 얘기를 했는지 전부 기록하고 보관한다.

지금 존(John)이 제니퍼와 나란히 모두의 앞에 서 있다. 그는 스키여행에서 막 돌아왔다. 어린이들과 교사 모두 웃고 있다. 내가 보기에 존은 스키 학교에서 가져온 그의 성적표를 보여주고 있다. 모두들 스키 여행, 비행기 탑승, 스키를 타고 내려오는 기분 등을 진짜로 궁금해 하는 것 같아 보였다.

"질문을 좀 받을래, 존?" 제니퍼가 존을 똑바로 바라보며 말한다. "아마 두 개나 세 개쯤."

존이 이 모임의 주도권을 잡게 된다. 어린이들이 손을 든다.

"정말 그렇게 추워?"

"어떻게 스키 날이 부츠에서 떨어지지 않아?"

이런 대화가 오고 간 후에 제니퍼는 대화의 영역을 넓혀 모두를 참여하게 한다.

"누구 주말에 다른 특별한 여행이나 재미 있는 경험을 한 사람이 있어요? 저번 주에 우리는 모임 시간이 너무 바빠서 이렇게 주말에 대해서 얘기할 시간이 없었어요. 혹시 할아버지, 할머니 댁에 방문했던 사람은 없나요? 나는 우리 가족과 함께 어머니를 만나러 인디에나(Indiana)로 3시간 내내 운전해서 갔어요."

"나는 세인트 조(St. Joe)에 있는 할머니, 할아버지를 만나러 갔어요. 그리고 함께 과자를 만들었죠." 에미(Emmy)가 자랑스럽게 말한다.

"그리고 우리는 일리노이(Illinois)까지 차를 타고 가서 사촌들과 큰 언덕에서 썰매를 탔어요."

데이지(Daisy)가 그녀의 경험을 공유하고 싶은 즐거움에 위 아래로 펄쩍 거린다.

"혹시 미니 아뜰리에에 있는 책상에서 이런 즐거운 경험들을 그림으로 그려보면 어떨까요? 그러면 내 생각에 몇 명은 스키나 썰매 탔던 그림이나 할머니와 과자를 만들던 그림을 그릴 것 같네요. 다른 친구들도 재미있을 거예요."

데이지와 존은 그러고 싶다고 말한다.

"그러면 오늘 또 무엇을 할까요? 루크, 너 오늘 특별한 손님이 오지 않아?" 제니퍼가 살짝 웃으며 묻는다.

"우리 엄마가 우리의 간식으로 와플을 만들어 주러 오세요. 그리고 어린이들도 도와주고요!"

"누가 와플 만드는 것을 도와줄래?"

여러 어린이들이 손을 든다. "그럼, 보자……. 저번 달에는 제이크(Jake) 아버지께서 파이를 만들기 위해 오셨지. 그 때는 누가 파이를 구웠지? 누구였는지 알아? 누구에게 루크의 어머님을 도와드릴 기회를 주어야 할까?" 루크, 네가 저번에 요리 안했던 친구 중에서 너희 어머니를 도울 세 사람을 선택할래?"

루크는 서로 뽑히려는 반 친구들 사이에서 사려 깊이 그리고 천천히 세 명의 어린이들을 선택한다. 평소에 말수가 적은 어린이는 이 기회에 큰 결정을 내릴 권한을 가지게 되었다.

"그래, 오늘 또 무슨 일이 예정되어 있지?" 제니퍼가 계속한다.

"우리만의 가게에 관하여 모두 함께 계속 활동해야 해요." 사라(Sarah)가 큰소리로 말한다. "우리는 오늘 그 가게를 열 수 있기를 원하지만 먼저 가격을 정하고 간판을 만들어야 해요. 우리는 더 많은 물건을 팔기로 정했고 그것을 정리할 시간이 필요해요."

이러한 사업적 시도는 11월에 도시의 가장 크고 오래된 시장에 견학을 갔다 온 직후 시작되었다. 왜냐하면 그 때는 철이 지난 때라 몇몇 상인들은 작은 무리의 어린이들과 친해지려고 시간을 내주었으며 어린이들을 초대하기까지 했다. 그 이유는 야채를 더 팔아 수익을 높이려는 것이었다. 요즘은 상품의 생산과 생산품, 목록과 재고, 가격 책정과 전시에 관한 관심이 몇 명의 헌신적인 소녀들을 한 달 동안 거의 매일 큰 상점이 있는 지역으로 오도록 만들었다. 가끔 어떤 날 아침에는 마크가 기록 담당자로서 어린이들의 동작과 대화를 모두 적거나 사진으로 찍는다.

"그래서 너와 앨리(Allie), 에미는 오늘 계속 상점에 있을 거야? 맞니?" 제니퍼가 확실히 묻는다. "그리고 우리는 만들고 있는 책이 있어, 그렇지? 그 책에는 여러 명의 글쓴이들이 있지? 마크야, 혹시 책을 다루는 모임과 함께 일할 생각은 없니?"

"좋아요, 나는 그것을 기다리고 있었어요. 그 모임에는 누가 있죠?"

가브리엘(Gabriel)과 한나(Hannah)가 벌떡 일어나서 마크 옆에 선다.

마크가 길을 앞서가며 말한다. "그리고 니콜라스(Nicholas)와 그렉(Greg), 너희들은 요즘 책을 만들고 있지? 그렇지? 준비되었니? 너의 책은 책 바구니에 있어. 우리 시작하자." 마크는 오늘 마치 책들의 피리부는 사나이처럼 행동한다. 어린이들과 함께 잘 조직된 종이들 속에서 책들을 뽑아내어 나선 철로 제본하고 두꺼운 종이로 겉지를 씌웠다. 이 반 어린이들 대부분은 세심하게 그린 순서를 배열하고 순서에 맞게 단어를 늘어놓아 이야기를 전개하는 능력을 발달시키고 있다. 이런 활동은 제니퍼와 마크가 뉴포트 교실 메시지센터에서 어린이들이 삐뚤삐뚤 쓰는 시늉을 하고 무작위로 글자를 배치하거나 새로운 철자를 만들어 내면서 즐거워하는 모습을 주의깊게 관찰하면서 발전된 것이다. 그 둘은 또한 많은 어린이들이 아침 모임 중에 이러한 동일 기술을 사용하여 끊임없이 무언가를 적으려는 욕구를 알아냈다. 이러한 관찰과 이 문제와 관련된 팀회의는 우리가 의지의 선언이라고 부르는 한 기록물을 작성하게 된 선택에 기초하고 있는데 그 기록은 연초에 미리 준비된 계획과 질문도 포함하고 있다. 우리가 이 기록을 어떻게 사용하는지에 대한 것은 3장에서 설명될 것이다.

몇 명의 어린이들이 집에서 직접 손으로 쓴 책을 모임에서 보여주기 위해 학교로 가져 오는 경우에 학교에서 계속 이어 책을 만들어 보는 경험은 어린이들의 문해 능력의 발달을 뒤쫓아 풍부하게 해주는 아주 자연스러운 후속 단계이다. 제니퍼와 마크는 시간, 재료, 집단을 지원했으며, 어린이들에게 격려와 홍미를 불러일으켜서 그 욕구에 더욱 불을 지폈다. 책의 내용을 쓰고 겉표지를 장식하는 실습은 이 교실 안에서 대유행이 되었다.

"그리고 너희 중 일부는 아뜰리에에서 루이스(Louise)와 종이 공예를 하게 될 거야." 제니퍼는 흥미롭게 진행되는 일의 목록을 더욱 크게 확장한다.

매기(Maggie), 에린(Erin) 그리고 레베카(Rebecca)는 마지막 몇 분간 내 옆에 와서 섰다. 그 어린이들은 우리가 아뜰리에에서 종이로 무언가를 만들던 그 장소와 이야기로 되돌아가고 싶어 했다. 각 무리가 각자의 할 일, 관심사를 찾아서 오전 작업을 시작한다.

나는 제니퍼와 남아 있는 작은 무리의 어린이들에게 제안했다. "아뜰리에에 있는 작은 책상에, 투명한 종이로 너희들의 교실 창문을 장식할 종이 공예를 할 수 있는 공간이 있을 거야. 누가 그거 하러 갈래?"

클레어와 나탈리(Natalie)가 손을 흔든다. "저요! 저요!"

나는 다섯 명의 어린이들과 함께 그 중의 두 명과는 손을 잡은 채 이미 흥분의 맥박, 생각의 소용돌이, 우정의 기쁨, 따뜻하게 데워지는 아로마향과 단풍나무 시럽으로 채워진 북적이는 교실을 지나 아뜰리에로 향했다.

이렇게 경의를 표할만 하고 사람을 기대하게 만드는 분위기, 역동적이고 빠른 리듬, 널리 퍼져 있는 안녕감, 사람들, 모든 장소, 생각들, 그리고 행사, 이런 "풍요로운 정상성(rich normality)(Ceppi & Zini, 1998)"이라고 부르곤 했던 것이 어떻게 계속 발전되어 왔는지 혼자 생각해 본다. 그것들은 모두 상세히 분석하고 서로 따로 떼어놓거나 어떻게 이렇게 되었는지, 또는 정확하게 이것이 무엇인지 말할 수 없다. 아마도 이것이 바로 모든 것을 고정시켜놓고 측정하고 잴 수 있는 덩어리로 만들려고 했던 많은 교육자들을 좌절시켰던 것이라고 생각한다. 아마도 이것이 우리가 처음 시작할 때 우리의 기세를 꺾을 듯이 보였던 존재일 것이다. 우리는 어떻게 잘 모르는 존재들과 겨룰 수 있을까? 우리가 어떻게 하면 정의하기 어려운 것처럼 보이는 것들을 우리가 적응, 포용 또는 우리의 실생활로 변형시킬 수 있을까?

우리가 레지오 접근법에서 영감을 얻어 연구했던 것이 이제 마치 정원사가 되는 길을 배운 것 같다. 배우고, 연습하고 또 인내하며 보낸 몇년은 바로 우리가 선택하고 의도한 것이다. 하지만 결국에는 모든 것이 정원과 같이 자연의 생리를 따르게 된다. 어떤 일이 일어나도록 하기보다 우리는 주위에서 피어나는 생태계 안에서 그냥 함께하는 존재가 되어야 한다.

## 종이 공예

아뜰리에에는 종이가 넉넉하다. 다양한 색깔, 여러가지 무늬와 직물, 크기와 모양이 다양한 종이 등이 있다. 밝은 색깔의 빛나는 호일, 금색 종이, 고풍스러운 붉은색, 어두운 파란색, 흙색의 주름진 마분지, 두껍게 말려진 빨래판 질감의 종이, 동양적인 종이접기용 꽃무늬 종이, 바스락 거리고, 무지개처럼 빛나고, 투명한 셀로판지, 무지개에 있는 색이 다 있는 하늘하늘한 화장지 같은 종이 등등.

우리는 오랫동안 종이를 수집해 왔다. 우리 모두 즉 교사, 학부모, 어린이들 그리고 학교 공동체의 회원들의 노력의 결과이다. 나는 항상 초콜릿을 싸고 있는 은박지를 벗겨낼 때마다 조심하여 벗겨낸 후에 넓게 편 후 접어서 다시 사용하기 위하여 아뜰리에에 있는 호일 색깔의 선반이나 사탕 껍데기를 모아두는 라이트 테이블 위의 작은 구분상자 위에 넣어놓곤 한다. 사탕 껍데기를 모아두는 곳에는 아이스클리어, 박하사탕을 싸고 있던 꼬여진 종이, 단단한 계피 사탕을 싸고 있는 타는 듯한 셀로판지, 캐러멜을 쌌던 황색 호일 등이 있다.

〈그림 1.7〉 칼리지 스쿨에서 캐슬린과 리비가 재료를 분류 조직하고 있다.

어린이들이 수집한 것은 이제 아예 종이 폐품 수집소가 되었다. 어린이들은 뭔가 도움이 되고자 아침에 아뜰리에로 올 때마다 생일잔치 풍선에 쓰인 테이프나 주말에 식사한 식탁에서 가져온 깨끗한 일회용 냅킨 등을 한 아름 가져온다. 그리고 학부모들은 문방구, 포장지, 벽지, 그리고 "루이스를 위하여", "한 번 사용해 보세요."라는 문구가 써 있는 샘플 카드로 가득한 파일철과 가방을 놓고 간다.

이 모든 종이들은 다른 종류의 재료들－실 뭉치, 실, 단추, 솔방울, 조개 껍데기, 전선, 리본, 자질구레한 장신구－과 비슷한 방식으로 수집되며, 분류되고 세심히 정리되어 잘 보이는 투명한 상자나 봉투 안에 넣는다. 어린이들과 교사들이 그것을 분류하거나 자원한 학부모들과 어린이들 무리가 오전 시간 동안 그것을 정리한다. 이 실천은 현재 진행 중인 우리의 공유된 삶 중에서 정리하는 부분에 해당된다. 광범위하게 수집하는 실천과 그것을 정리하는 것은 아멜리아와 우리 교실에서 했던 연구 그리고 우리가 레지오 에밀리아의 학교를 방문했을 때 보았던 방대하고 풍부한 재료들을 보고 감탄했던 경험, 그래서 같은 것을 해보고 싶은 끌림으로부터 기원한 것이다. 이제 우리는 정돈되고, 풍부하고 다양한 재료들이 우리의 공동의 삶의 부분에 의미를 부여할 수 있는 비옥한 땅을 창조한다는 것을 알게 되었다(그림 1.7참조).

작년 봄 직전까지 대부분의 어린이들은 종이를 2차원 방식으로만 사용했었다. 콜라주는 아뜰리에뿐만 아니라 교실의 미니 아뜰리에, 메시지 센터에서도 어린이들과 교사들의 일상적인 경험이 되었다. 종이 모음집의 모든 재료가 콜라주에 사용될 수 있으며 셀 수 없이 다양한 재료들 예를 들어, 구슬, 단추, 깃털, 말린 꽃, 그리고 반짝이는 금속 조각도 마찬가지였다.

작년 봄에, 뉴포트 교실에 있는 교사들과 나는 종이 탐구와 종이 공예(조각)에 집중하여 초점을 맞추자는 결정을 하였다. 그 결정은 여러 이유를 바탕으로 하고 있었다. 교실의 많은 어린이들이 종이로 건물 같은 것을 만드는 것에 대한 호기심과 직관력을 보여주었다. 특히 두 명의 남자 어린이는 종이를 가지고 말거나, 동그랗게 구부리거나, 그것을 풀로 붙여서 세우거나, 테이프 또는 스테이플러로 붙이면서 놀기를 좋아했다. 그것을 관찰하면서 교사들은 지금까지 어린이들의 언어로써 종이 공예에 대한 탐구심을 적극적으로 지원하지 않았다는 사실을 깨달았다.

이것은 나에게 새로운 배움의 기회가 되었다. 나는 종이 공예에 대한 경험이 많지 않다. 나는 나 자신이 어린이들과 함께 종이를 가지고 놀면서 새로운 기술을 배우면서 같은 길을 함께 걸어갈 수 있다는 것에 대한 예측으로 흥분의 느낌이 커지는 것을 느꼈다. 나는 무엇이 개발될지 궁금했다. 나는 내 아뜰리에리스타 친구들인 제니퍼 아자리티(Jennifer Azzariti)와 처크 슈웰(Chuck Schwall)에게 전화를 걸어 그들이 종이로 어떤 작품을 만들고 내가 거기에 대해 배우기 위해선 어디로 가야하는지—읽어야 할 책이나 연구해야 하는 작가의 작품 등에 대해서도— 물었다. 나는 종이 공예가 우리를 어딘가 새로운 곳으로 인도할 것이라는 사실을 알고 있었다. 종이 공예는 어린이들이 나중에도 언제나 재료를 제대로 사용하여 넉넉하고 복잡한 삶의 기간 동안의 관계에 대하여 기초를 세울 기회를 주게 될 것이다. 그 공예는 어린이들과 교사들 모두에게 발명과 발견, 이야기를 표현하고 흥미를 끄는, 물리적이고 비유적인 지식과 이해의 세계를 선사할 것이다. 특히 이런 세계는 종이가 아니고 다른 재료였다면 잘 밝혀지지 않았을 테지만 종이 공예이기 때문에 그것을 가능하게 할 것이다.

이것에 대해 거의 동시에 처크 슈웰과 나는 학교 내의 재료들에 대한 탐색에 관하여 긴밀한 연락을 하도록 하였다. 한 모임에서 우리는 종이 공예의 발달을 뒤따를 수만 있다면 이것은 각 학교를 연결하는 언어가 되어 규칙적인 간격으로 관찰하고 노트하는 틀을 공유하게 될 것이라고 의견을 나누었다.

우리는 함께 우리의 연구 기틀을 세우기 위해 그리고 그 학교와 우리 학교 모두의 교사들과 공유하기 위해 의견을 수렴해서 질문 목록을 만들었다. 이 질문은 다음과 같다.

- 종이는 각 학교의 어디에 보관되는가?
- 어떻게 하면 어린이들이 종이 공예에 필요할 것 같은 종이와 콜라주에 쓰일 것을 쉽게 찾을 수 있을까?
- 어린이들은 본능적으로 종이를 가지고 무엇을 하려 하는가?
- 어린이들은 우리가 어떤 특정한 탐구나 자극에 집중하기 전에 어떻게 종이를 3차원적으로 사용할까?
- 우리는 종이 수집을 학부모들과 함께 시작해야 하는가?
- 우리는 어린이들을 어떻게 자극하여 시작해야 하는가? 아마도 간단하게, "종이로 무언가를 지을 수 있니? 종이를 세울 수 있어?"
- 종이 공예는 땅에 세워질 수도 있고 천장에서부터 매달을 수도 있으며 크거나 작을 수도 있고 한 명이 만들 수도 있고 여러 명이 함께 만들 수도 있다. 우리는 어린이들이 다양한 경험을 할 수 있도록 하기 위해서 이런 탐구의 틀을 어떻게 선택해야 하는가?
- 만약 우리가 일단 시작하면 어린이들이 종이에 관한 이야기를 할 것인가?

- 어린이들이 세상을 종이로 본 따면서 어떤 이야기를 할 것인가?
- 어린이들은 어떤 기술을 개발할까?
- 어떤 기술이 도움이 될 것인가?

우리가 3, 4세반 교실의 메시지 센터에서 어린이들을 관찰할 기틀을 마련하기 위해서 만들었던 것과 비슷한 이런 종류의 질문은 우리의 연구에서 배경 역할을 하고 우리가 교사로서 질문과 조사의 양식을 유지할 수 있도록 도와준다.

때때로 이곳을 방문하는 교사들이 묻는다. "어떻게 관찰하죠? 무엇을 적죠? 주로 무엇을 보지요?" 우리가 함께 무엇을 할지, 무엇을 봐야할지, 무엇을 발견할지 생각하는 연습은 우리에게 우리의 궁금증과 호기심뿐만 아니라 자극과 사색을 지지할 토대를 세워 준다. 그것은 우리에게 시작하고 예측력을 높일 수 있는 집약적이고 정리된 공간을 제공한다.

그 질문이 기본적이고 형식적으로 보일 수도 있지만 우리가 몇 년 전에 개인으로서 스스로에게 했던 질문보다는 더 발전되고 효과가 있는 질문들이다. 그때의 우리는 아직 함께 생각하고 함께 준비하는 실천 방법을 개발하지 못했다. 여전히 함께 시작하는 질문을 만들어 내는 실천은 조직과 시간이 필요하다. 또한 이것은 어린이들의 작업과 교사인 우리의 작업을 논의하고 공유하고 또 해석하고, 비판하는 과정에 참여하고 따르려는 상호 책임감을 전제로 한다. 우리가 항상 그렇게 조직적이지는 않았다. 우리는 일부의 경우에만 성공했다.

처크와 나의 공동 연구회는 동료들과 어린이들의 연구에 박차를 가했다. 그리고 8개월이 지나고 새로운 해에 들어서면서 종이 공예에 관한 언어가 양쪽 학교 모두에 정착되기 시작하였다. 칼리지 스쿨에는 아뜰리에 선반에 어린이들의 작년 작품의 예가 그 어린이들에 대한 짤막한 이야기와 그 어린이가 누구인지에 대한 것들과 함께 전시되었다. 종이로 건물을 짓는 것은 아뜰리에 환경에서뿐만 아니라 교실에 있는 미니 아뜰리에, 블록 영역 그리고 비록 작은 규모지만 메시지 센터에서조차 볼 수 있게 되어있다. 우리 교사들은 종이 공예를 이제 우리와 어린이들이 놀고, 발명하고, 건설하고, 의미를 부여하는 많은 언어의 하나로서 생각하게 되었다.

## 아뜰리에 안에서

나탈리와 클레어가 라이트테이블로 향했다. 이 라이트테이블은 반투명하고 휘어지는 플라스틱으로 덮여 있으며 밑에서 빛을 비추어 준다. 나는 어린이들이 오늘 필요로 할 재료를 책상 위에 정리했다. 그 재료는 어린이들 공예의 기초가 될 다듬어진 얇은 플라스틱으로 된 사각형 조각, 가늘고 긴 조각, 아치의 모양, "계단", 나선형 도안 그리고 다른 3차원의 색깔 있는 투명한 젤, 셀로판 그리고 지난 몇 주간 어린이들이 만든 깨끗한 종이 포장지, 그리고 공예용 풀이다. 뉴포트 방에 있는 각 어린이들은 교실 창문에 걸려있는 반 친구가 만든 퀼트에 붙일 만한 투명하고 작은 종이 공예를 만드는 것에 동의했다. 어린이들과 교사들 모두 방을 더 아름답게 꾸미고 복도에 빛나는 그림자를 투영시킬 수 있는 가능성을 만드는 것을 좋아할 것이다.

오늘 나는 두 여자 어린이에게 몇 가지를 지적한다. 풀이 말라 서로 붙을 때까지 그들이 바닥에 붙인 아치 모양, 나선형 모양, 기타 다른 모양의 끝을 잠시 잡고 있어야 한다는 사실을 기억할까? 그 여자 어린이들이 여기에서 스스로 작업하여 멋진 사각형을 만들어 교실 프로젝트에 기여할 수 있을 거라고 생각할까? 그 여자 어린이들은 의욕적으로 그리고 기꺼이 그럴 수 있다고 했다.

나는 다른 세 어린이들에게 돌아갔다. "'여자 어린이들 나라'는 어디지?", 매기(Maggie)가 그녀의 선반과 책상 위로 시선을 던지면서 묻는다.

"나는 그것을 안전하게 보관하려고 여기에 두었어." 나는 높은 선반에 손을 뻗으면서 말했다. 나는 가로세로 2, 3피트인 액자용 큰 종이를 가지고 내려왔다. 그것은 모든 종류, 색깔 그리고 형태의 돋을새김 종이의 복잡한 퍼즐의 시작을 알리고 있다.

"이 순서들을 기억해?" 레베카(Rebecca)가 울퉁불퉁하게 짜인, 손으로 만든 아코디언 형태의 주름 잡힌 사각형 모양을 가리키면서 말했다. "이것이 우리가 여자 어린이만을 위한 놀이터로 가는 방법이야."

"그리고 이건 수영장이고." 에린(Erin)이 파티 기념품 가방에서 가져온 투명한 파란색 줄무늬가 있는 종이를 살랑거리며 덧붙인다.

"루이스야, 이런 거 더 있니? 우리는 수영장을 더 크게 만들고 싶거든. 그렇지 매기야?"

레베카와 나는 여자 어린이들이 협동하여 만드는 "여자 어린이들 나라"라는 종이 공예에 사용되는 다양한 종이들을 바구니에 모으고 있다.

그 바구니는 내게 환상적인 오르되브르[7] 쟁반이 생각날 정도로 무수히 많은 멋진 기회를 제공한다. 그 종이 바구니는 시간이 갈수록 어린이들과 학부모들의 도움으로 점점 더 풍요로워지고 있다.

특히 내게 거의 아뜰리에 동료처럼 느끼게 하는 학부모가 계신데 이 분은 이 바구니들을 마련할 수 있게 하는 데 가장 커다란 공헌을 한 분이다. 몇 달 전에, 캐슬린 스프롱(Kathleen Sprong)이 나에게 어떤 도움을 주면 좋을지 물어봤다. 그녀는 우리들이 재료를 정리하고, 아뜰리에 내부를 정돈하며 어린이들의 작품을 전시하는 것을 돕기 위해 일주일에 이틀 또는 삼일을 방문하여 몇 시간 동안 머물다 가기 시작했다.

나는 종이가 너무 많이 모여 이제는 처리하는 데 점점 막막해지고 있음을 넌지시 비추었다. 여름이 끝나갈 때까지 각 가정에서 수집한 수집물들은 어린이들에 의해 분류되었다. 어린이들은 범주를 창안하고 그 범주의 이름을 "분홍색 무늬 종이", "나뭇잎 종이", "깨끗한 색 종이" 식으로 붙였다. 사무용지 규격의 종이 뭉치들은 깨끗한 비닐 봉투에 넣어서 아뜰리에 선반 위 책 지지대 사이에 보관하였다.

종이를 정리할 때 가장 신경을 쓴 부분은 이 종이들을 어린이들 눈에 잘 띄고 쉽게 접근할 수 있는 곳에 두어 어린이들이 원할 때 쓸 수 있도록 하면서도 종이가 정리된 상태를 그대로 유지할 수 있도록 하는 것이었다.

캐슬린은 손을 뻗어, 내가 우리 어머니의 다락방에서 2년 전에 구해 온 바구니들을 집어 들었다. "이런 넓고 평평한 바구니를 용기로 쓰면 어떨까요? 아마도 이러한 바구니에다 나선형 철이나 아코디언 형태의 함, 혹은 다르게 싼 함들을 마련하면 어린이들이 더 많은 아이디어를 모을 수 있을 거예요. 우리 한 번 모든 종류의 종이를 섞은 다음 그것을 색깔별로 정리해보지요. 마치 파란색/초록색 혹은 빨간색/노란색 그리고 하나의 흙색과 또 하나는 흰색들로요. 어떠세요?"

"아주 좋아요." 나는 그 말에 동의했다.

그 날 아침이 끝나갈 쯤에 이런 바구니들이 제 모습을 드러내기 시작했다. 그리고 그 날 이후로 이 방식은 계속해서 우리의 종이 정리 체계로 유지되고 있다. 그 바구니들은 거의 매일 재정리하고 보충해야 하지만 그것도 일종의 즐거움이다. 일단 어린이들이 정

---

7) 양식에서 정규 식사메뉴 전 식욕을 돋우기 위해 나오는 가벼운 음식. 영어로는 애피타이저(appetizer)라 함

리 체계에 익숙하게 되면, 어린이들은 교사나 학부모의 도움을 받아 봉투에 있는 종이들을 색깔별로 분류하고, 외형에 따라 배치하고, 종이를 찾아서 보충하여 그 분류된 것들을 장식하는 것을 너무 좋아했다.

오늘 에린은 파란색/초록색 바구니에서 종이를 집어 들고 생각하기 시작한다. "생각해 보자……." 그녀는 거의 노래를 부르듯이 말했다. "우리는 무엇으로 남자 어린이 덫을 만들지?"

"남자 어린이 덫?" 내가 묻는다. "남자 어린이 덫이 뭐야?"

"우리는 남자 어린이들 없이 놀기를 원해요. 왜냐하면 남자 어린이들은 우리를 뒤쫓아 오기 때문이죠. 그래서 우리는 덫을 만들고 싶어요. 아마도 그건 우리 놀이터의 일부가 될 거예요. 우리는 우리가 원할 때 남자어린이들과 함께 놀 거예요. 그렇지 레베카?"

"아마도 그럴 거야. 잘은 모르겠지만." 레베카는 잠시 생각하는 동안 머리를 젖히면서 말했다.

나는 몇 개의 켈트 음악을 틀었으며 여자 어린이들은 자기들만의 놀이터를 만드는 일을 시작했다. 바구니 주위를 돌아다니고 풀이 든 병을 시험해 보고 서로 돕고 협상을 통해 결정을 하고 그네들의 생각 속에 존재하고 상상하는 그 가상공간을 만들기 시작했다.

나는 조용히 빠져 나와 뉴포트 교실에 있는 마크에게 가서 디지털 카메라를 빌려서 여자 어린이들이 건물 만드는 과정을 순서대로 기록하기로 했다. 내가 카메라를 찾을 때마다 카메라는 거의 언제나 마크의 목에 걸려 있다.

디지털 카메라는 말 그대로 우리의 눈에 보이는 것을 찍어냈다. 나는 조금 물러서서 세 여자 어린이들과 여러 재료들 그리고 이 상황 전체를 찍었다. 나는 그들의 주고받는 생각, 상호협력적인 모습과 함께 재료들을 선택하는 과정 그리고 그들에게 주는 이 경험의 흥미로움을 찍고 싶다. 나는 2×2인치의 모니터를 통해서 내가 보고 있는 이 상황의 최고의 순간을 찍기 위하여 기다렸다.

그리고 나는 더 가까이 다가갔다. 나는 이 어린이들이 작업을 하면서 짓고 있는 여러 가지 고뇌의 표정으로 일그러진 심각한 얼굴들을 보여주고 싶다. 카메라 버튼을 누르고 잠시 기다리면 상이 잠시 멈춘 후에 여자 어린이들은 작업을 계속하게 된다. 나는 마지막에 찍었던 것이 내가 원하던 것이 아닌 듯하면 디지털 카메라의 다시 보기 모드로 전환시켜서 확인한다. 내 의심이 맞았기 때문에 다시 찍을 것이다.

마지막으로 오늘 아침 나는 어린이들의 손, 손가락을 움직이며 보여주는 지적인 능력, 어린이 작업의 세밀한 부분, 이제 막 나타나는 종이공예의 구조 사이에서 왔다갔다 하는  그 손들을 근접 촬영해서 보여주고 싶다.

함께 질문을 만들어 내는 실천은 우리에게 어떤 것을 관찰해야 할지 공유된 틀을 마련해 주며 우리는 카메라를 통해서 보는 눈을 기른다. 이것은 또한 인내와 노력뿐만 아니라 배움을 통한 강한 욕구도 필요하다.

11시쯤에 우리는 청소를 시작한다. 여자 어린이들은 어떻게 풀 뚜껑을 닫아서 제자리에 놓는지 알고 있다. 그들은 사용하지 않은 종이와 아직 사용할 수 있는 종이들을 분류하여 각자의 보관함에 넣는다. 그들은 작은 종잇조각은 쓰레기통에 넣고 레베카는 자원해서 책상과 라이트 테이블을 스펀지로 닦는다. 나는 그 청소에 동참하여 어린이들이 종이에 대하여 각자 옳은 선택을 하고 각자의 일에 전념할 수 있도록 도와준다.

거기에는 우리가 모두 이 장소를 함께 관리하고 있다는 느낌을 가져다 준다. 이것은 다양한 환경의 개발과 함께 계속 발전시켜 왔던 책임감이다. 우리가 함께 만들려고 했던 질서와 구조가 이제 자리를 잡았다. 이것이 바로 내가 설명했던 복잡성 수준을 유지하도록 해주는 것이다.

그 장소를 관리하고 개발하는 모든 기술과 습관들(예를 들어, 책상 위나 아래에 물웅덩이가 생기지 않도록 스펀지에는 어느 정도의 물을 짜내야 하는지 판단하는 것 같은 내용)이 형성되기 위해서는 우리들이 매일 지속적이고 활발한 지원을 해야 한다. 어린이들과 교사, 학부모들은 모두 함께 이러한 복잡하고 풍요로운 환경의 문화를 지원하기 위하여 노력하고 있다.

## 정오

오늘 샐리와 마크는 점심시간 내내 새로운 G3 매킨토시 컴퓨터를 가지고 지난 11월의 가족 행사 녹화필름으로 짧은 영화를 편집하고 있다. 그리고 같은 팀원의 입장에서 우리는 모든 장면을 함께 시청하였고 샐리와 마크는, 올해 새로 컴퓨터 시스템을 구입할 때 함께 구입한 애비드 시네마(Avid Cinema)라는 영상 편집 프로그램의 사용법을 배우고 있었다. 사실 우리 팀이 컬러 프린터와 디지털 카메라 작업을 원활히 할 수 있는 컴퓨터를 갖게 된 것은 올해가 처음이다. 이 모든 장비는 아뜰리에의 맨 구석 끝 붙박이 책상 위에 놓여 있다. 우리 5명의 유아원 팀과 유치원 교사들이 이 컴퓨터를 사용한다.

우리는 서로 시간을 조정해서 수업 전 후나 점심시간, 또는 회의 시간을 이용하여 한 명이나 몇 명이 이 컴퓨터를 이용해서 디지털 사진을 보고, 리스트를 만들고 출력하기도 한다. 혹은 어린이들 관찰 기록이나 대화 기록 그리고 회의에서의 정리 목록을 입력하기도 하고 지금 샐리와 마크가 하고 있는 것처럼 영상 편집도 한다.

이 새 컴퓨터는 우리에게 함께 일하는 새로운 방법을 제공한다. 우리는 문서자료와 그림자료 모두를 공유할 수 있고 서로 이용할 수 있다. 우리는 학교 일과 시간동안 이러한 일을 할 수 있다. 우리는 사진을 함께 보기 위하여 이 건물을 빠져나가 밖으로 나갈 필요가 없어졌다. 우리는 언제든지 사진을 출력할 수 있기 때문에 그 사진을 일일 저널에 사용할 수도 있다.

나는 점심 근무가 있는데 그것은 1층 다용도 방에서 3개 학급의 어린이들이 각자 집에서 가져온 도시락을 먹는 일을 감독하는 것이다. 그래서 계단을 통해 밑으로 향했다. 올해 점심 근무는 유치원의 캐시와 함께 하게 되어 있다. 그리고 한 명의 동료가 더 참여를 해서 64명의 어린이들을 인솔해서 밖으로 나가 1월의 서늘한 공기를 마시며 30분 동안 함께 달리고 뛰어 놀 것이다. 이러한 시간이 바쁜 아침 활동을 한 어린이들에게 꼭 필요한 것이다.

나는 다이아나 스쿨에서 가졌던 교사들의 길고 맛있던 점심시간 그리고 그 식탁 위에서 벌어지는 이런저런 즐거운 이야기들이 그립다. 그리고 레지오 에밀리아의 어린이들처럼 여기 어린이들도 소집단으로 식탁에 둘러 앉아 학교에서 준비한 따뜻하고 영양가 있는 점심을 즐길 수 있기를 항상 소망해 왔다. 이것은 아직도 꿈으로 남아 있다. 아마 언젠가는 우리도 그렇게 할 수 있는 날이 올 것이다. 그렇게 하기 위해서는 우리가 해야 할 것들이 많이 남아 있다.

놀이터에서 돌아온 후에는 빈 교사실에서 어젯밤에 남았던 음식으로 싸온 내 점심을 혼자 먹으면서 휴식을 취한다. 현재 12시 45분이며, 대부분의 다른 교사들은 각자의 교실로 돌아갔다. 유아원에서는 교사들이 어린이들에게 이야기책을 읽어주어 어린이들이 쉬는 시간 동안 제대로 쉴 수 있도록 해준다. 3, 4세의 경우에는 2시까지 지속되면 대부분 어린이들은 잠이 든다. 4, 5세 어린이들은 1시 30분 정도까지 읽어 준다.

나는 월요일 1시 30부터 2시 15분까지 열리는 팀미팅에 종종 제니퍼와 마크 혹은 샐리와 크리스티와 함께 참석한다. 하지만 오늘은 샐리와 마크가 영상물 편집을 계속 할 수 있도록 시간을 조정했다. 컴퓨터 작동법을 배우고 동시에 필름 편집 작업을 하면서 배경 음악과 제목을 넣는 일은 생각보다 오래 걸렸다.

아뜰리에에서는 샐리와 마크가 모니터에 집중하면서 어느 부분에 음악을 삽입하고 어떤 부분을 희미하게 사라지게 할 것인지 결정하고 있어 나는 방해하고 싶지 않았다. 나는 이 30분 동안 윗층으로 올라가 중학교 컴퓨터실에서 녹음기와 헤드폰을 가지고 오늘 아침 유치원 어린이들의 대화 내용을 전사하기 시작했다. 나는 그 일을 미룰 수가 없었다. 나는 그것을 캐시와 스카일라와 공유하고 싶었고, 예전에는 과학교사였으며 지금은 학교 교장인 잔 필립스(Jan Phillips)에게도 전달하고 싶었다. 이 교장은 "과학적 대화"를 진정으로 이해하고 공감할 줄 아는 사람이다. 나는 그녀가 우리 팀에 합류해서 다음 단계로 진보할 수 있는 유익한 대화와 가능성을 모색하기를 바란다.

## 오후

2시가 되면 양쪽 교실에 불이 다시 켜진다. 나는 샐리에게 그 반 교실에 깨어있는 몇 명이 라이트테이블 위에서 투명한 보물 상자 활동을 계속하고 싶어 한다고 알려 주었다. 이 활동은 지난주에 시작한 프로젝트이다. 노아와 사라가 들어온다. 둘 다 4살인 이 어린이들은 풀을 사용할 줄 알며 혼자서도 활동을 할 수 있다.

지금은 컴퓨터를 사용하는 사람이 아무도 없기 때문에 디지털 사진을 볼 수 있게 되었다. 오늘 아침 뉴포트 교실에서 여자어린이들이 활동한 "여자 어린이들 나라"를 찍은 사진을 보게 된 것이다. 제니퍼에게 나와 함께 일일 저널 작업을 하자며 오라고 하였다. 우리는 컴퓨터 모니터 앞에 모여서 아침에 찍었던 카메라의 디스크를 컴퓨터에 넣었다. 내가 찍었던 장면들은 모니터에 꽉 차게 완전한 색과 삶으로 나타났다. 이러한 일이 가능하다는 사실이 나는 항상 놀랍다. 어린이들도 환희에 넘친다.

"저 내 모습 마음에 들어요, 하나만 출력해 주세요." 에린이 바로 말한다.

"에린아, 그건 공평하지 않아. 나도 그 사진을 일지에 넣고 싶단 말야." 매기가 불평한다.

"우리 저걸 다 활용하도록 하자." 레베카가 말한다. "마크와 함께 할 거야. 우리는 일일 저널에 사진과 함께 이야기를 쓸 거야. 우리들 대부분이 그 안에 포함될 거야."

"아마 가능하지 않을까." 내가 말했다. 지금까지 나는 하나의 저널에 하나의 사진만을 넣어왔다. 이는 내가 사진을 작게 줄여서 한 면에 여러 장의 사진을 출력할 줄 몰랐기 때문이다. 운이 좋게도 마크가 잠시 동안 아뜰리에로 와서 나에게 오늘의 저널에 넣을, 아침 모임때의 어린이들 명단이 있는 노트북을 넘겨 주었다. 이렇게 페이지 맨 위쪽에 그룹핑을 배치하여 학부모들은 누가 와플을 만들고 누가 책에 대한 작업을 하고 누가 아침에 있었는지 알게 된다. 마크가 있는 동안 나는 마크에게 어떻게 사진을 우표크기로 줄일 수 있는지 물어보았다. 그는 내 어깨 뒤에서 기댄 채로 마우스를 빠르게 클릭하면서 어떻게 캔버스 페이지를 만들고 여러 장 동시에 출력하는지 가르쳐 주었다. 이제 나는 새로운 것을 배웠다.

세 여자 어린이들이 즐거워한다. 빅 밴드의 두 어린이들도 이제 와서 작은 사진들에 대하여 감탄한다. 우리 모두는 "여자 어린이들 나라" 종이 공예와 함께 책상에 앉아 있고 여자 어린이들은 사진 밑에 쓸 짤막한 설명을 나에게 얘기해 준다. 그것들은 1월 10일 월요일 오늘자 저널 페이지 밑 부분에 풀로 붙일 것이다.

"남자 어린이들 덫?" 노아가 궁금한 듯이 묻는다, 하지만 약간 걱정스러운 어조다.

"여기 있어!" 에린이 기뻐하며 말한다. "하지만 걱정하지 마. 노아, 그건 널 빠뜨리려는 것이 아니라 우리 반 남자 애들을 빠뜨리려는 거지."

저널 내용이 완성되자 레베카가 거실에 있는 의자 위에 서서 손을 뻗어 월요일 저널을 보관하는 투명한 상자에 자랑스럽게 집어넣는다.

"나는 엄마 아빠가 남자 어린이들 덫에 대하여 걱정할지 궁금해." 의자에서 내려오면서 에린에게 묻는다.

"그건 그냥 종이일 뿐이야!" 에린은 뉴포트 교실 구석 쪽으로 떠나면서 말한다. 이제 2시 45분이며 어린이들이 각자 계단형 자리로 가서 작별 인사를 할 시간이다. 그러고 나면 활기 넘치는 귀가 시간이 시작되고 학부모들이 오게 된다.

나는 이제 유치원 대화를 다시 전사하고자 한다. 오늘 퇴근 전까지 마칠 계획이다. 차 한 잔 마시기 위해 복도를 지나면서 생각에 잠기기 시작한다. 나는 오늘의 경험이 마치 거미줄 같다는 생각을 한다. 여러 개의 경험이 서로 연결된 경험의 망 말이다. 게다가 오늘 경험의 각 망들은 오늘까지 이끌고 온 다른 많은 경험들과 또 다시 연결되고 다시 미래로까지 뻗어나갈 것이다. 나는 "과학적 대화"의 문맥 속에 지구의 끝까지 여러 어린이들의 생각들이 펼쳐져 있는 광경, 멋진 경치를 개발하기 위하여 종이를 접었던 것, 방문하는 부모들과 교제를 하며 맛있는 재료들을 섞는 것, 가족 공동체를 위하여 감동적인 순간을 찍은 비디오를 편집했던 일들이 기억난다. 오늘의 다른 많은 통찰과 발견, 질문과 탐구, 기쁨과 복잡함뿐 아니라 이러한 순간들, 예를 들어 우리의 발전에 도움이 될 기억, 우리 모두에게 의미있는 패턴을 개발하기 위해 아낌없이 다른 사람과 손잡는 것 등의 기억들이 기억 속에 남을 것이라 믿는다. 그리고 이러한 방식이 평생 지속될 것이라고 믿어 의심치 않는다.

# 제2장

## 2월 부모참여의 힘

# 2월

## 부모참여의 힘

공기는 안개와 습기로 가득 차 있으며 눈은 녹아내리고 있었다. 오늘 아침 나는 집 근처에 살고 있는 새인 카디날과 화이트 트로트가 최근 추운 날씨가 지나간 뒤 먹이를 찾아 돌아오기를 바라면서 먹이통을 채워 놓았다. 나는 세월의 순환이 빛을 향하여 회전하며, 봄을 향하고 있음을 알게 되었다. 겨울의 한 복판에서조차 빛은 되돌아오는 중이었다.

올해 이 시간, 나는 수퍼마켓 한 구석에 있는 튜울립, 히야신스, 수선화의 작은 항아리 속에 담겨 있는 봄의 뿌리를 바라보았다. 어제 나는 부엌 테이블에 놓으려고 꽃을 한 송이씩 샀다. 나는 막 피어오르는 꽃을 바라보는 것을 좋아한다. 꽃들은 초록색의 어린 가지 밑에서 피어나며, 부활절 달걀같은 색깔을 드러내면서 부엌 옆 골방 안으로 봄의 향기를 내뿜기 시작하는데, 뒤뜰에서도 이것을 볼 수 있다.

내 생일은 2월 초인데 나는 항상 이 때가 되면 행복하다. 아마도 우리가 태어난 때에 해당하는 지구의 공전 무렵을 좋아하는 것은 자연스러운 일인 것 같다. 무엇보다 그것은 이 세상에서의 첫 경험인 것이다. 우리 생에 대한 최초의 감각은 이 날씨, 이 빛, 이 하늘인 것이다. 나는 내가 태어난 장소와 시간 모두에 뿌리를 두고 있다.

나의 어머니는 1998년 2월 2일에 돌아가셨다. 어머니의 사망 기사는 2월 5일 내 생일에 즈음하여 세인트 루이스 신문 속보 란에 실렸다. 나는 2월 4일 뉴스보도실에서의 초현실적인 기상천외한 느낌을 기억하는데, 그 때 갑자기 모니터 위로 확대된 어머니의 얼굴을 보았고 세 명의 남자가 그 위를 맴돌고 있었다. "그녀는 매우 아름다운 여성이지만 이 사진은 그 사실을 잘 나타내지 못할 것 같군요. 얼굴 한쪽 면이 그늘져 있어요. 당신은 다른 사진을 가지고 있나요?"

집에서 나는 다른 사진을 찾아보았는데 12년 전에 우리 둘 중 한 사람이 찍은 사진이었다. 우리는 카메라를 바라보면서 행복하게, 정말로 행복하게 러브 체어의 한쪽 끝에 앉아 있었다. 서로를 자랑스러워하며 참신하고 부드럽게 최선을 다해 찍은 사진이었다. 우리는 서로 마음이 맞았었다. 나는 이 사진을 신문사에 보냈다. 그들은 나를 잘라내고 사진의 반을 이용하였다. 사람들은 그 사진을 좋아하였다. 어머니의 친구들은 어머니를 그런 식으로 기억할 수 있어서 기뻤다고 말하였다.

길고도 소중한 이야기의 마지막처럼 어머니의 사망기사는 언제나 나와 함께 있다. 그 사진 속에 있는 어머니의 얼굴을 상상하며 감동적으로 잘 쓰여진 어머니의 업적을 떠올릴 때, 비밀스럽게도 내가 삶과 죽음에 위치한 사진의 다른 반쪽임을 알게 된다. 현재 나의 많은 부분이 어머니로부터 비롯되었으며, 어머니가 나에게 준 사랑과 교육에 의한 것이기 때문이다.

내 생일의 다른 부분은 아버지에 대한 기억인데, 아버지는 내 생일 바로 삼일 후인 1996년 2월 8일 돌아가셨다. 매해 이맘때 나는 부모님이 60년간 사셨던 집, 내가 성장했던 집, 현재 우리가 사는 곳으로부터 몇 블록 떨어진 집에서 부모님의 생의 마지막을 기억한다.

나는 집이 내 가슴 한가운데에서 언제까지 집으로 존재할지 의구심을 갖고 있다. 왜냐하면 집에 대한 나의 기억은 어린 시절 어머니와 내가 공유했던 관계 속에 젖어있기 때문이다. 어렸을 때 어머니는 내게 그 집이 화강암의 모퉁이 돌로 된 어두운 대들보와 가파른 슬레이트 지붕의 튜터 양식이라고 가르쳐 주었다. 샛기둥이 있는 아치형의 정문은 집을 신비롭게 하였다. 정원에 위엄 있게 서있는 미국 느릅나무는 지붕 위로 우아한 우산 모양의 왕관을 드리우며 서 있다.

1992년 세인트 루이스로 돌아온 후에 우리 가족 4명은 매주 일요일 오후 부모님과 함께 집에서 멋진 음식을 요리하고, 식당의 테이블에 함께 둘러앉아 아버지의 재미있는 이야기에 웃고, 거실의 온화한 열기의 깜박이는 불꽃 앞에서 따뜻한 시간을 보내곤 하였다. 우리 부모님은 모든 것이 영원히 전개될 것 같은 노년을 맞이하셨다.

그 후, 어느 날 밤 갑자기 아버지는 넘어지셨고 허리의 골반부가 부러졌으며 뇌졸중으로 고생하셨다. 우리는 아버지를 병원에서 아버지의 방으로 옮겨드렸고 아버지는 그곳에서 말하거나 미소짓거나 웃지도 못한 채 3주간 생활하셨다. 나는 아버지와 함께 앉아 있곤 하였고, 팔을 잡아드렸으며 함께 숨쉬고, 아버지를 위하여 노래하곤 하였다. 아버지는 어느 날 오후에 조용히 돌아가셨다. 겨울의 낮은 태양이 방안에 넘실대며 아버지의 하얀 머리에 금빛 햇살을 드리우고 있었다. 내 생일은 부모님의 죽음에 대한 기념으로 한쪽이 끝나버린 책과 같았다.

계절이 돌아오고, 새 천년의 첫해가 되어 햇빛이 다시 한번 돌아올 때 나는 51세가 되었다. 21세기의 첫 2월에 나는 이전의 많은 생일들과 내가 소중히 여기는 과거의 선물들을 되돌아보게 되었는데 그 중 많은 것들이 무형의 것들이다.

어머니와 내가 레지오 접근법에 대해 들어왔었던 것보다 오래 전에 레지오 에밀리아의 교육자들이 학교를 지키고 주장하며 창안하였던 많은 필수적인 가치와 실제를 어머니는 내 안에서 자극하였었다.

심지어 내가 아주 어린 소녀였을 때조차 우리가 친구였다는 느낌을 기억한다. 어머니는 나를 위한 시간, 탐구를 위한 시간, 의구심을 갖는 시간, 놀이하는 시간, 나와 함께 가능성과 아이디어를 창안하는 시간을 가지고 있었다. 어머니는 마음이 맞는 사람을 내게서 구하였고, 그것을 찾았다.

우리가 가장 간절하게 추구하였던 나날은 길고 나른한 여름의 몇 달 동안이었다. 어머니와 나는 중서부 도시의 무의미한 열기에서 벗어나서 메인(Maine) 주의 해안을 향해 여행하였다. 그곳에서 우리는 울창한 숲 속 부드럽고 날카로운 침엽수림의 잎 위를 걸었다. 우리는 함께 좁은 강을 따라 거대한 바위 위에 있는 다양한 초록색의 바다 이끼에 감탄하였고 발 밑의 이끼를 통해 여러 종류의 카펫을 느꼈으며, 하얀 목구멍을 지닌 참새의 순수하고 달콤한 소리에 귀 기울였다.

나와 어머니는 파도에 의해 만들어진 둥글고 부드러운 자갈을 가지고 놀았고 수집하였으며, 이끼와 나뭇가지, 조개껍질, 그리고 돌로 상상의 피조물을 위한 집을 지었다. 우리는 현관에서 검푸른 바다 위에 떠 있는 구름을 바라보면서 수채화 물감으로 그림을 그렸다.

어머니는 스캇 러셀 샌더스(Scott Russell Sanders ; 1991)의 말을 통해 내 안에 형성된 세상을 사랑하는 것과 장소에 대한 감각을 상기시켜 주었다.

> 나는 부모님으로부터 수천 가지의 자연적 사실을 배웠다. 그러나 무엇보다 나는 지구에 서 있는 법, 창조를 설명하는 법, 귀 기울여 듣는 법을 배웠다. 어머니는 손바닥의 지문, 조개의 나선형, 석영의 수정, 미끼를 무는 거북의 등딱지, 버섯에 붙어있는 벌레, 쥐의 수염 등 이 모든 것을 디자인하기 위하여 사신 분이다. (pp. 230, 241)

어머니는 나에게 이와 같은 듣기, 보기, 의문 갖기, 상상하기 등의 재능을 주셨다. 안내자요 동료였던 어머니와 함께 나는 세상에 제시된 것과 이에 대한 의미추구 및 아름다움에 대한 인식을 배웠다. 어린이를 위하여 어떤 대단한 선물이 있을 수 있는가? 내 생일이 다가오고 어머니 없이 여러 해가 흘러가면서 나는 어머니를 기억하며 '나' 라는 존재를 선물로 주신 그분께 감사한다.

이와 같은 어린 시절의 경험이 나의 경력에 도움을 주었다. 세상의 재료와 어린이들을 사랑하는 것이 함께 직조되어 '나' 라는 존재의 천이 되었다. 나는 이미 어린시절에 선생님이 얼마나 어린이의 삶에 소중하며, 어른이 되어서도 일생 동안 세상을 사랑하고 생활 속의 일을 사랑하도록 일깨워 주는 역할을 감당하는지 깨닫게 되었다. 나는 어머니에게 은혜를 입었는데 어머니는 이 모든 방식에 대한 나의 최초의 선생님이셨다.

## 관계 형성 : 부모와 학교

레지오 에밀리아에 대한 영상을 처음 보고 그곳에 가기를 갈망하였고 일년 동안 이탈리아에서 생활하고 연구하는 특혜를 얻었으나, 내 정신의 최전방에 학부모와 부모참여에 관한 생각은 없었다. 나는 레지오에서 부모참여가 중요한 역할을 한다는 사실에 깊은 인상을 받았으나, 그것이 왜 중요한지, 그리고 어떻게 중요한지에 대한 이해를 하고자 애쓸 시간을 갖지 못했다.

그 당시 나는 여러 다른 회색의 진흙이라든지 점토용 도구 모음, 병 안에 있는 템페라 물감의 물웅덩이, 비틀어진 포일 조각, 아주 작은 거울, 작은 조개껍질, 그리고 둥근 옥색의 유리조각 등과 같은 매체에 하염없이 매료되어 있었다. 나는 어린이가 이들 사물과 작업하는 방식, 놀이하는 법, 재료의 속성에 대해 무한히 탐색하는 것에 호기심을 갖고 있었다. 나는 교사가 이들 재료를 조직하고 준비하는 방식과 그들이 어린이의 손과 얼굴, 어린이들의 기쁨, 그리고 어린이들을 둘러싼 모든 것과의 관계 속에서 형성되는 아이디어를 따르는 방식을 보고 감탄하였다.

한동안 나는 홀리어 있었고 온전한 관심을 오직 이 세상의 매체에 두었다. 이들 매체가 의미하는 바는 어린이와 교사를 위한 영혼을 불러일으키는 것이었다. 레지오 에밀리아에서 생활하는 동안 나는 부모역할의 중요성과 의미를 놓치고 있었다. 나는 부모역할의 의미를 이해하고 있으며 그것은 직접적이어야 한다고 생각하고 있었다. 나는 옳지 않았다.

내가 칼리지 스쿨(College School)에서 교사생활을 시작할 때 부모참여는 다음의 형태를 취하고 있었다. 각 교실에 두 명의 부모가, 대개 어머니들이 봉사하였다. 그들은 사인하는 종이를 게시하거나, 현장견학과 할로윈이나 발렌타인데이의 파티를 조직하고, 학교 전반에 걸친 이벤트에 참여하도록 독려하는 일을 하였다. 부모는 부모-교사 모임에 참여하였고, 우리는 부모가 유아원 교사들이 쓴 주간 계획안을 읽어보도록 하였다. 유아원 부모나 가족을 위한 어떤 특별한 이벤트도 없었다.

칼리지 스쿨에서의 첫 해를 보내고 부모와의 관계형성을 위한 좀더 의미 있는 상황을 주도하기 위한 시도로서 부모가 흥미를 지닌 주제를 가지고 비형식적인 부모 토의 그룹을 주관하도록 하였다. 우리는 또한 휴일 전에 가족을 위한 파티를 조직하기도 하였다.

그러나 매우 깊이 있고 의미 있는 방식으로 부모를 참여시키는 법을 정말로 이해하고 있지 못하였음을 인식하지 못한 채, 세인트 루이스에서 몇 년간 일하고 있었다. 아멜리아 감베티(Amelia Gambetti)는 1994년 세인트 루이스를 세 번째 방문하면서 우리가 한 달에 한 번 정기적으로 모임을 갖는 부모-교사 위원회(Parent-Teacher Committee)를 조직하도록 강력히 제안하였다. 그녀는 교사와 부모 모두를 위한 부모참여의 잠재성에 대한 이해를 발달시킬 조직과 구조가 없다면, 우리는 많은 발전을 이루지 못할 것이라고 하였다. 아멜리아의 추천 후에 우리는 곧 부모에게 이 일을 하도록 요청하였다.

동시에 아멜리아는 부모가 어린이들의 교육에 중요한 주체(protagonist)로서 자신을 진정으로 인식할 장소를 설정하도록 요구하였다. 새로이 창설된 부모위원회(Parent Board)를 위한 지정된 장소로 우리는 유아원 외부에 바닥부터 천정까지 이어진 게시판을 만들기로 하였다. 몇 해가 흘러 부모위원회는 부모가 정보를 찾기 위해 오는 곳이 되었다. 즉, 부모에 의해 그리고 부모를 위해 여러 가지 방식으로 참여하는 부모의 사진, 부모의 인용문, 모임의 시간, 전단지, 이벤트 달력 등이 부모에게 목소리를 주기 위한 것이었다(그림1.1). 이 다양화되고 잘 조직된 위원회는 부모와 교사의 회합에 의해 현재 잘 유지되고 있으며 부모의 존재에 대한 아주 중요한 가치를 강조하고 있다. 이와 같은 무엇인가가 없다면 현재 학교에서 부모의 위치는 가시화되지 못했을 것이다.

우리는 지금 부모와 여행 중에 있다. 교사로서 우리는 부모와 더불어 부모참여가 부모, 어린이, 우리에게 얼마나 의미있는 것이 될 수 있을 것인가를 발견하는 중이다. 우리는 과제가 완성될 특별한 종착지를 향하고 있지는 않다. 오히려 우리는 함께 움직이는 긴 여정 속에 있다. 그 길은 끝없이 매력적이고, 도전적이며, 보상을 주기도 하고, 좌절도 시키며, 기쁘기도 한 것으로 그 모든 것이 여러 측면을 나타내고 있다.

파트너십을 통하여 우리가 서로 공유한 가장 고귀한 선물 중 하나는 서로에 대한 감탄이며, 어린이의 힘, 어린이 시각의 참신성, 그리고 그들의 생각과 상상력의 강건함에 대한 놀라움에 있다. 성인인 우리는 생활 속에서 어린이에게 귀 기울일 때 많은 것을 배울 수 있음을 안다. 우리는 또한 어머니가 이해하였던 것처럼 그들에게 제안할 많은 것을 가지고 있음도 알고 있다. 이 같은 제안은 교사와 부모가 함께 일할 때 이루 말할 수 없이 풍부해지게 된다.

## 부모참여를 위한 형태와 구조

지난 8년을 돌아보면서 나는 유아원의 교사와 부모가 함께 천을 직조한 것 같은 생각이 들었다. 우리가 실천해온 방식을 회상해 볼 때, 각각의 조각은 이미 현존하는 구조 속에서 완전한 천을 보다 풍부하게, 그리고 보다 강건하게 직조되었다. 시작하기 전에 우리는 전체를 이해하거나 미래를 구상하지 못했다. 아멜리아의 도움으로 우리는 점차 부모참여를 위한 각각의 형태와 구조의 역할을 이해하게 되었다. 이것은 풍부하고 의미 있는 부모참여를 향한 학교의 성장에 대한 이야기이다.

우리가 발달시켜온 형태와 구조는 두 가지 범주에 속한다. 첫 번째는 참여의 특정 형태를 위한 이벤트, 시간, 그리고 장소들이며 부모와의 교류이다. 구조와 형태는 세인트 루이스 레지오 공동체(St. Louis-Reggio Collaborative)의 세 학교가 각기 다르지만 주제는 다음과 같이 일관성이 있다:

정기적인 기반 위에서 교사와의 만남이 이루어지는 부모위원회
어린이들의 작업에 관하여 부모와 저녁 또는 오후시간의 공유와 대화
부모와 어린이들을 위하여 연합하여 계획되거나 편성된 축하공연
부모와 가족을 위한 학년 초의 프로그램, 학교 오리엔테이션 및 소개의 시간
가을에 학교에 가져 올(매체 모집) : 여름방학 중 부모-자녀가 협력하여 모아놓은 것(책, 공책, 폴더, 박스종류, 자연물 등)
부모가 재료를 탐색하고 수집할 기회
교실 환경을 풍요롭게 유지하는 데 도움을 주거나 요리하기, 이야기 말해주기, 기타 연주와 같은 어린이와 취미나 기술을 공유하는 데 도움을 줄 부모 자원자

부모참여의 이같은 형태에 덧붙여, 부모를 초대하고 학교에서 진행 중인 생활에 관한 정보를 주기 위한 가족과의 다양한 의사소통 방식들이 존재한다. 칼리지 스쿨에서 글로 의사소통하는 방식은 다음과 같다.

매일의 저널 : 교사의 관찰, 해석, 그리고 부모에게 하는 질문 및 어린이가 재료와 작업한 것과 특징적인 말이 월요일부터 금요일까지 게시되는 미니기록(제1장을 참조할 것)
이벤트에 참여하도록 부모를 초대하거나 중요한 정보를 알리는 가정통신문 또는 편지들(이는 종종 어린이가 받아 적거나 그리기도 한다)
부모-교사 위원회(Parent-Teacher Committee)모임의 회의록
학교 뉴스레터 안의 주간 편지, 콜라주
책에 또는 패널 위에 구성한 작업에 관한 긴 이야기

## 휴일 파티(the Holiday Party)와 선물교환

칼리지 스쿨에서 부모참여 발달에 관한 이야기를 하고자 할 때 휴일 파티의 전통을 빼놓을 수 없는데, 이는 1993년 겨울, 내가 유치원 교사가 된 두 번째 해부터 시작되었다. 그 해 가을, 나는 레지오 에밀리아의 라 비에따(La Villetta)와 다이아나 학교(Diana School)의 휴일 이벤트에 대한 기억을 동료들과 공유하였다.

다이아나 학교에서의 수련생활은 휴일 무렵 축하행사가 절정을 이루는 가을 학기에 처음 시작되었다. 어린이와 교사들은 어린이가 나뭇잎을 그린 것을 선물로 준비하였는데, 그것은 현재 진행중인 식물과 나무에 관한 프로젝트와 관련 있었고, 나는 5세와 6세 어린이들과 교사들을 따라하였다(Cadwell, 1977).

그림은 파란색이나 노란색의 색조를 띤 미세한 얇은 화장지 위에 그려졌으며, 그것은 안쪽에 하얀 화장지로 된 보호 종이가 있는 축제용 카드에 놓여졌다. 나는 어린이들이 조심스럽게 만들어 아름답게 포장한 선물을 가족에게 주었던 그 밤을 결코 잊지 못할 것이다. 학교 중앙 광장은 어두워졌고, 열린 큰 방의 한 쪽 끝을 커다란 스크린이 채웠다. 부모들은 아직 공개되지 않은 것에 대한 놀라움을 기대하며 의자에 앉아 있었다. 어린이가 나뭇잎이나 식물에 관한 독특한 아이디어와 생각을 말로 한 것이 소리로 들리면서 개개 어린이가 그린 거대한 그림의 이미지가 한 가지씩 스크린을 통해 투영되었다.

그림의 이미지가 투영되고 말로 설명된 후에 어린이들은 스크린 뒤에서 나와서 원본 그림을 보여주기 위해 가족에게로 걸어 나왔다(그림 2.1 참조).

〈그림2.1〉 다이아나 스쿨의 나뭇잎 그리기 : 부모의 놀람, 1991

그 날 저녁 후 부모들은 어린이들에게 학교를 위한 새로운 게임을 선물하였다. 그 해 초가을 부모들은 교사의 도움으로 어떤 선물이 어린이와 학교에 적합한지를 결정하였다. 그 후 우리는 학교 요리사인 나디아와 아이다가 자수로 된 테이블보 위에 풍성하게 배치한 전통적인 휴일 케이크와 맛있는 음식이 있는 부엌 옆 식당에 모였다. 그날 밤, 부모, 어린이 그리고 교사들은 함께 크나큰 기쁨을 가지고 축제와 맛있는 음식을 즐겼으며, 동료와 함께 어린이들의 생활에서 의미 있는 경험의 절정을 목도한 것에 만족하고 감사하였다. 그것은 모든 선물 가운데 존경과 사랑 그리고 노고로부터 단련된 아동기의 힘이며 상상력의 힘이자, 지성의 힘이고, 강력한 관계의 힘에 대한 축하인 것이다.

칼리지 스쿨에서 동료와의 이같은 기억을 공유하는 일은 우리 모두로 하여금 휴일 이벤트를 계획할 때 부모를 초대하고자 하는 열망을 불러일으켰다. 시작은 평범하였다. 우리는 도움을 줄 소그룹의 자원자 부모들을 만났다. 우리는 가족이 좋아하는 요리법을 공유하는 것으로 결정하였으며, 음악과 노래도 공유하기를 바랐다. 이것들이 첫 해 우리가 시작했던 것들이었다.

두 번째 해까지 우리는 부모와 부모가 만든 선물에 대한 아이디어를 공유하기를 원했다. 그 해 우리는 어린이를 위한 책 만들기에 조각가와 종이 예술가인 부모를 도와줄 자원자 부모를 얻는 행운을 누렸다. 지난 번 부모-교사 모임에서 얻게 된 아이디어가 부모에게 아이디어를 요청하는 것이었다. 어떤 부모는 "어린이들이 이곳 학교에서 너무나 아름다운 많은 것들을 만들고 있어요. 나는 우리 어린이를 위해 아름다운 것을 만들 기회를 갖고 싶어요." 라고 말하였다. 다른 부모는 책을 만들기 위한 제안서를 만들었다.

이 전통은 계속하여 발전되고 있으며 현재까지 8년 동안 진행되고 있다. 부모와 어린이들은 큰 기쁨을 갖고 파티를 이끌 이벤트를 예측한다. 현재 많은 부모들이 참여하고 있다. 우리는 해마다 좀더 조직적이고 새로운 아이디어에 개방적이 되었다. 이것은 매해 교사의 도움으로 부모와 어린이들이 손으로 만든 선물에 대한 아이디어를 생각해내야 하는 필요성 때문이었다.

부모와 어린이들의 선물이 무엇일지는 항상 많은 기대와 기쁨을 주었다. 우리는 함께, 교사와 유아, 그리고 교사와 부모가 각기, 무엇이 적합할지, 무엇이 이 특별한 한해를 의미 있게 할 것인지, 그리하여 은밀한 일이 다시 어떻게 시작될지를 생각한다. 교사는 이 신비의 끈을 모두 아는 유일한 사람이다. 다른 사람들은 비밀스럽게 작업하거나 그렇게 하고자 애쓴다.

올해 우리는 파티를 위한 새로운 아이디어를 생각해 냈다. 10월의 어느 날 팀 미팅에서 여느 해와는 달리 성공적이지 못했던 작년의 파티에 관한 논평을 되새겨 보고 있을 때, 동료 제니퍼는 한참 생각을 하더니 말하기를 "올해 휴일 파티는 밖에서 했으면 좋겠어요. 그것은 정말로 우리 학교의 야외 교육에 대한 사명에 적합하다고 생각해요. 그것은 학교 밖에 대한 지속적인 연구에 적합하며 재미있을 것이라 생각해요. 우리는 변화를 필요로 해요."라고 하였다.

우리는 모두 서로를 쳐다보았으며 거의 동시에 물었다. "못할 이유가 없지요? 아주 좋은 생각이군요. 부모-교사 위원회에서 의논해 봅시다."

모두의 의견일치로 안개 낀 습한 일요일 오후, 휴일 파티가 학교 밖에서 개최되었다. 나무에 매달린 등불, 상록수 테이블, 빛나는 은색 철사에 매달린 별, 그리고 왕관을 만들기 위한 작은 솔방울 등이 있었다. 새들을 위한 먹이로 치리오스를 줄에 달아 꼰 실과 커다란 솔방울, 그리고 땅콩버터가 들어있는 항아리도 있었다.

플룻과 기타 연주, 노래 부르기, 교사와 부모로 구성된 소수의 음악가들, 가수, 곡예사의 갑작스런 등장이 있었다. 어린이가 섬세하게 만든 도자기로 된 종과 부모가 만든 희미하게 반짝이는 풍경 등의 선물이 부모와 어린이의 부드럽고 편견 없는 시선 아래에서 교환되었다. 구워 먹으려고 준비한 마시멜로우와 코코아 음료가 있었고, 촛불과 마지막 노래가 불려졌다. 우리 모두가 만들고 조화를 이루며 감상한 단순하면서도 완벽한 오후였다(그림 2.2 참조).

〈그림 2.2〉 칼리지 스쿨의 야외 가족 휴일 파티, 1999년

세인트 루이스 레지오 공동체에 속한 세 학교의 교사와 부모들은 우리의 전통인 부모와의 위원회, 어린이와 부모와의 축제, 한 해의 여러 시기에 부모와 어린이가 만든 특별한 선물 등에 대한 계획과 조직을 발달시켰다. 참여의 가치는 다음과 같다. 즉, 부모와 어린이가 창의적으로 고안한 많은 자료의 사용 ; 부모, 교사 및 어린이의 의미 있는 교류 ; 행사와 축하 등. 이것의 가치는 우리가 그들과 성장함에 따라 해마다 더욱 강력해진다.

## 부모-교사 위원회

1994년 아멜리아는 미래를 향하여 나아가도록 우리에게 도전하였다. 그 당시 우리는 부모에게 우리가 원하는 교사와 부모 위원회 즉, 유아원에서 부모참여의 다양한 형태를 지원하고 정기적인 토론을 위한 모임을 마련하는 위원회를 설립하고자 하는 바람을 설명하는 데 최선을 다하였다. 우리는 이 위원회의 목적, 그것이 어떻게 발전해야 하며, 함께 무엇을 논의해야 하는지, 의사소통의 체계는 어떻게 열려 있는지, 모임을 어떻게 구성해야 하는지, 누가 임무를 맡아야 하는지, 또는 그로 인하여 무엇이 발생할지 등을 완전히 이해하지 못하였다. 사실, 우리는 이 아이디어에 어느 정도 두려움을 갖고 있었다. 부모가 이를 감당하고자 할 것인가? 어떻게 균형을 맞출 것인가? 이 위원회가 생산적이기를 바라지만 위원회를 만드는 일이 어떤 이점을 가져올지에 대해서 우리는 처음에 이해하지 못하였다. 우리는 오직 아멜리아를 신뢰하였고 이 아이디어를 시도하고자 하였을 뿐이다. 위원회의 목적은 각 가족이 학교에서 소속감을 발견하고 잘 지내도록 지원하며, 교사와 부모가 가족 참여의 요소를 생각하면서 함께 일하고 이를 항상 풍요롭게 하고자 지원하도록 하는 것이었으며 지금도 그렇게 하고 있다.

이 단계를 취하기 위하여 우리는 일에 대한 소유권을 공유하는 위험을 기꺼이 감수하였다. 우리는 부모의 견해와 부모의 목소리에 대하여 기꺼이 열린 마음을 지니고자 하였다. 시간이 흐르면서 우리는 부모가 학교생활의 모든 측면에 대하여 정말로 어떻게 느끼는지 알고자 하였다. 우리는 가족이 잘 봉사하도록 의사소통하고자 하였고 그들의 목소리를 들으려 애썼다. 우리는 부모의 염려, 기쁨, 그리고 의구심을 활용하고자 하였다. 우리는 아주 어린 유아의 경우에도 부모의 지식과 자녀에 대한 그들의 이해가 필요함을 깨닫게 되었다. 부모와 교사인 우리가 어린이들의 최적의 성장을 위해 함께 할 책임이 있음을 알게 되었다.

첫 해에 우리는 도전하였고 실망하기도 하였지만 계속 추진하였다. 위원회에 너무 많은 부모가 참여하기도 하고 너무 적은 수의 부모가 참여하기도 하여서 모든 면에서 우리는 시도와 실패를 반복하였고, 부모나 교사가 마음 상하기도 하였으며, 이로 인하여 위원회의 목적과 과제에 대하여, 그리고 우리의 협력적 역할에 대한 명료함이 결여되기도 하였다. 그러나 1998년에 이르러 부모-교사 위원회는 내가 참여하고 싶은 모임 중 하나가 되었다. 우리는 서로에 대한 신뢰가 자라나고 있음을 느꼈다. 우리는 많이 웃었고 서로에 대하여 진정으로 기뻐하였다. 우리는 목적을 공유하였고 우리가 함께 일하고 있음을 알고 있었고 함께 생각하고 함께 만들어나가는 것에 편안함을 느끼게 되었다. 나는 우리가 벽을 허물어뜨리는 일에 기쁨을 함께 하게 되었고, 인간으로서 서로를 평등하게 대하였으며, 부모와 교사 간에 때로 존재할 수 있는 거리감도 제거하였다고 생각한다. 우리는 서로의 전문성과 지혜를 수용하고 존경하였으며, 협력하는 일의 기쁨과 만족을 느끼기 시작하였다.

비록 부모-교사 위원회가 여전히 발달 과정 있다고 하더라도 현재 그것은 다음과 같은 일을 하고 있다 : 모든 부모에게 위원회 참여는 열려 있다. 위원회는 매월 첫째 월요일 3시 30분에서 5시까지 모임을 갖는다. 나는 가능한 한 많은 모임에 참석하며, 대개 한 학기에 두 학급의 교사가 교대로 참석한다. 부모들은 1년에 한 번 자원 봉사한다. 각 학급에서 대개 세 명의 부모가 참여하며, 최소 두 명의 부모는 이년 차로 봉사한다. 이것은 우리에게 이 일이 지속적으로 이루어지며 역사를 지니고 있다는 느낌을 준다. 6명의 부모와 3명의 교사가 위원회를 구성한다는 사실을 부모들은 알고 있으며 이에 동의한다. 어떤 부모는 그룹의 촉진자로 또 다른 부모는 비서의 역할로 자원하여 일한다. 회의록은 위원회의 기록장에 보관되며, 부모 게시판(Parent Board)에 게재되고, 집으로 발송된다.

부모와 교사로 형성된 그룹인 우리는 만나는 동안 언제나 다음 달의 모임을 위한 안건을 만든다. 모임이 다가올 즈음 교사들은 언제나 이 안건을 다시 검토하기 위하여 서로 살펴보고, 첨가하기를 원하는 다른 어떤 것이 있는지 함께 생각해 본다. 부모도 매달 모임의 시작 무렵에 같은 일을 한다.

이것은 2월의 첫째 월요일인 2월 7일의 안건에 관한 주제들이다.

- 1월의 부모－교사 교류(Parent-Teacher Exchange) 저녁모임에 관해 반성하기
- 다가오는 선거일에 미국 전역에서 방문하는 교육자들에 대한 조직을 재검토하기
- 4월에 계획된 세인트 루이스 레지오 공동체 부모－교사 교류(St. Louis-Reggio Collaborative Parent-Teacher Exchange)의 내용과 형식 고려하기
- 부모－교사 의사소통의 형태 재검토하기

1994년까지 부모－교사 위원회는 성장하고 변화하여 갔다. 돌이켜 생각하면 우리가 오늘날 갖게 된 부모－교사 위원회가 발전하도록 비전과 실천을 이루는 데 기꺼이 함께 한 초창기의 용감한 부모들에 대하여 많은 감탄을 하게 된다. 또한 교사로서 나는 이와 같은 초대와 실천에 참여하는 위험을 감수한 우리의 의지에 감사한다. 왜냐하면 그것은 우리가 배운 이 방식 속에서만 존재하기 때문이다. 이제 8년이 지나면서 우리는 함께 많은 것을 배워왔고, 매일 계속해서 배우고 있다.

## 부모－교사의 교류

우리가 '부모－교사 위원회' 를 발족시킨 일 년 뒤, 아멜리아는 우리에게 "여러분이 어린이와 하고 있는 일을 의논할 때 부모와 함께 저녁식사를 합니까? 여러분이 어린이와 해왔던 경험을 부모에게 슬라이드로 보여줍니까? 어린이들과 여러분이 하였던 대화를 부모와 읽습니까? 어린이와 여러분이 무엇을 하고 있는지 함께 말하고 토의합니까? 부모들은 학교에서 진행 중인 것에 관하여 무엇을 이해하고 있습니까?"

"글쎄요, 우리는 그것에 대하여 아직 제대로 하지 못하고 있어요." 라고 대답하였다.

"그러면, 지금이 시작할 때입니다." 아멜리아가 부모와 더 깊고 더 확장된 관계로 나아가도록 한 번 더 우리를 자극하면서 말하였다.

"아시다시피 여러분은 부모가 어떻게 반응하는지에 따라 프로그램을 평가할 수 있어야 합니다. 부모들이 여러분이 하는 것에 대하여 얼마나 많이 이해하고 있는가, 부모는 그 프로그램에 대하여 얼마나 행복해 하는가, 그들은 무엇인가를 질문하면서 여러분과 의사소통하는 것을 편안해 하는가, 여러분은 부모의 도전적인 질문을 얼마나 기꺼이 고려하고 있는가와 같은 질문은 부모의 마음을 얻는 데 아주 중요한 부분입니다. 이로써 나는 부모에게 다가가고, 과제 안으로 부모를 끌어들이며, 부모와 진정한 교류를 하게

된다고 생각합니다. 이와 같은 방식으로 일하는 것은 부모로 하여금 자녀와 여러분과 학교가 함께 살아가는 방식에 영향을 미치게 합니다. 여러분이 일단 이와 같은 방법으로 부모와 지내게 되면, 그들은 결코 당신을 떠나지 않을 것입니다."

아멜리아는 우리를 부모와 다시 한번 새로운 형태의 교류를 시도하도록 자극하였다. 되돌아보면 믿기 어렵지만 우리는 부모와 그들의 자녀와 하고 있었던 과제의 본질에 대하여 공유하는 어떤 방식도 지니지 못하고 있었다. 이때까지 일 년에 두 번 부모-교사 모임, 학년말 성적표, 비형식적인 대화가 오직 학교에서 어린이의 생활과 성장에 관해 부모와 의사소통하는 수단이었다.

어린이가 무엇을 어떻게 배우고 있는지에 관한 어떤 대화도 없었다. 함께 보다 큰 그림을 생각하게 하는 어떤 대규모 토론도 없었다. 예를 들면 이 큰 그림은 다음과 같은 것들을 포함한다. 학습자로서 모든 어린이와 성인의 공동체; 가정과 학교 사이의 중요한 연계; 어린이에 대한 부모의 희망과 꿈; 그룹 안에서 학습함으로써 자녀의 경험을 드러내고 기뻐하고 감상하고자 하는 부모의 욕구. 우리는 저녁을 함께 하는 일이 이와 같은 보다 중요하고 큰 그림을 생각하게 하는 시간과 공간을 제공한다는 사실을 깨닫게 되었다.

우리는 이와 같은 저녁시간을 '부모-교사 교류' 로 부르기로 결정하였다. 첫번째 모임은 1996년 겨울에 이루어졌다. 우리는 그 해 가을 지역사회의 한 정원에서 어린이들이 자신의 경험을 말하는 몇 장의 슬라이드를 보기로 하였다. 우리는 새롭게 구성된 '부모-교사 위원회' 와 함께 계획을 논의하였고, 그들은 그 저녁모임의 내용과 형식에 대하여 동의하였다. 돌이켜보면 그 날은 춥고 눈이 오는 밤이었는데 가족의 반 정도가 발표하였다. 우리는 칼리지 스쿨의 공동식당에서 모였는데 그곳에 의자와 스크린이 설치되어 있었다. 나는 어린이가 작업한 것을 기록화하고 해석한 것을 발표하는 일에 매우 긴장했던 것을 기억한다. 부모에게 코멘트, 질문, 비평을 요할 때 그들이 무엇을 말할지에 대하여 호기심과 불안한 마음이었던 것을 기억한다. 그러나 그 후 우리는 즐거워졌다. 어렵고 서툰 시작이었지만, 우리는 부모와의 의사소통과 대화를 위한 새로운 포럼을 열었고 이미 긍정적인 효과를 느낄 수 있었다.

아멜리아는 다음과 같이 말하기를 좋아하였다. "만약 여러분이 부모를 초대하였는데 부모가 오지 않는다면 그것은 부모의 잘못이 아닙니다." 이것은 교사로서 방심하지 말라는 말을 돌려서 한 것이다. 이 말의 배후에 있는 생각은 부모 참여가 우리에게, 그들의 자녀에게, 그리고 모든 공동체에 살아 숨쉬는 것이기 때문에 부모를 챙기는 것이 우리의 일이라는 것이다. 부모는 다른 사람들과 마찬가지로 바쁘다. 그들은 이런 종류의 이벤트를 위하여 학교에 오는 데 익숙지 않다. 그들이 이벤트를 찾지 않는 많은 이유가 있을 수 있다. 아마도 부모들은 하루 종일 일하여 피곤에 지쳐있을 수 있으며 그들은 어린이를 돌볼 수가 없을 수도 있다. 어쩌면 그들은 수줍어 할 수 있고 기대할 것을 알지 못할런지 모른다. 아마도 그들은 이미 자신들이 충분히 참여하고 있다고 느끼거나 충분히 알고 있다고 생각할 수 있다.

어느 정도이든 부모가 오지 않는 것에 대한 실망이나 혼란의 정도는 참석률을 증가시키지 않는다 ; 그것은 감소시킨다 ; 다양한 방법을 반복하여 학교에서 함께 생활하고 학습하는 방식에 변화를 줄 수 있다는 사실을 이해시킴으로써, 우리는 궁극적으로 모든 부모를 이끌어 낼 수 있다.

우리는 현재 과거를 회상할 수 있는 많은 자료들과 초대 형식들을 활용할 수 있다. 우리는 학교 명부에 중요한 날짜와 사건을 기록하여 놓았다. 3개의 예정된 부모-교사 교류 스케줄은 9월, 1월 또는 2월, 4월 등이다. 이들에 더하여 다른 스케줄도 필요할 때와 추진되어야 할 때 만들어질 수 있다.

개인적인 전화는 물론 어린이들이 그리거나 쓴 특별한 편지와 통신문으로 우리는 부모와의 저녁시간을 상기시킨다. 공고문이 부모게시판과 편지로 전달된다. 모든 형태의 의사소통을 활용하고 이를 통해 부모가 저녁시간에 호기심을 갖게 됨으로써 그들은 공동체 속에 편입된다. 2000년까지 우리는 부모-교사 공동체의 문화를 발달시켰다. 우리 모두는 부모가 재미있어 할 것이며, 생각을 불러일으키고, 공동체를 형성할 것이라는 것을 안다. 교사와 부모는 생각을 함께 하고 참여함으로써 서로로부터 배우고 공동체의 생활을 풍요롭고 깊게 할 것이라 기대하면서 저녁모임에 나온다.

나는 항상 부모가 얼마나 자녀와 깊이 연계되어 있는지, 부모의 희망과 꿈이 자녀에 대하여 얼마나 높은지, 자녀가 행복하기를 얼마나 바라는지, 그리고 고통과 고난으로부터 얼마나 자유롭기를 바라는지 기억하고자 그들과 접촉한다. 나는 부모가 되는 일은 종종 불같은 고난임을 기억한다. 우리 대부분은 자녀를 가질 때 별다른 생각을 하지 않는다. 우리는 어린이와 그렇게 사랑에 빠질지 상상하지 못한다. 어린이가 자람에 따라 우리는 그들이 얼마나 많은 시간을 필요로 하는지, 우리에게 얼마나 많은 인내를 요하는지, 돌보고 양육하는 데 얼마나 많은 노력이 필요한지 믿을 수 없을 정도이다. 젊은 부모들은 또한 양육과 지원을 필요로 하며, 자녀가 안정감, 완전한 인품, 지능, 삶에 대한 호기심과 기쁨을 지니도록 창조적이며 강인하고 매우 능력 있는 부모로서 자신의 힘을 느낄 필요가 있다. 우리가 부모와 공유하는 모든 형태의 파트너십은 삶의 질을 증진시킨다.

2000년 현재 '부모-교사 교류'는 많은 형태를 취하고 있다. 부모와 교사는 함께 생각한 것을 말하기도 하고, 부모의 반응과 희망사항을 구하기 위하여 질문지를 보내며, 서로에 귀 기울여 듣고, 이야기하고, 관계를 형성한다. 우리는 부모가 자녀가 말한 것과 점토를 가지고 작업한 것을 보고, 소집단에서 부모 자신이 점토와 작업하는 저녁시간을 가졌다. 우리는 녹화한 것을 공유하였고 어린이들의 여러 사회극 놀이를 토의하였다. 우리는 어린이의 대화를 함께 읽고 해석하였다. 우리는 프로젝트를 수행하였으며 프로젝트의 미래 방향을 함께 브레인스토밍하였다(그림 2.3 참조).

〈그림 2.3.〉 칼리지 스쿨에서의 '부모-교사 교류의 밤' :
부모와 교사가 어린이가 만든 작은 책으로 이야기를 비추어 보고 있다

올해 1월 '부모-교사 위원회'에서는 부모가 저녁 모임의 사회적 구성 요소 즉, 비형식적으로 대화하고 서로의 모임을 즐길 기회를 원한다는 정보를 얻었다. 동시에 위원회에 속한 부모 중 한 사람이 체육관에서 벽을 등반할 기회를 유아원 부모들에게 주고자 하였다. 모험에 대한 교육과 안전한 상황에서 위험을 감수하는 것은 칼리지 스쿨에서의

대부분의 경험을 차지한다. 위원회의 촉진자인 스티브 월터스(Steve Walters)는 많은 부모들이 벽을 등반할 기회를 매우 좋아한다고 느꼈다!!! 서로 비밀리에 선물을 만드는 동안 교사들은 어린이와 부모의 모습이 담긴 슬라이드와 음성자료 및 야외에서 개최된 최초의 겨울 휴일 파티를 편집한 비디오를 공유하고자 하였다.

우리는 이런 아이디어가 혼합될 수 있다고 생각하였다. 비밀 선물인 도자기로 만든 종과 쇠로 된 풍경을 만드는 경험을 재방문하고, 함께 만든 이벤트 파티를 보고, 부모의 반응을 경청하였다. 그리고 그것은 새로운 경험, 즉 부모에게 등반하기가 제시된 상황에서 공유를 통한 기분 전환을 위한 친목의 시간으로 나타났다.

1월 3일의 부모-교사 위원회에서 얻은 아이디어로 저녁시간이 시작되었다. 1월 7일 금요일, 부모들은 칼리지 스쿨의 회보를 통해 초대받았다. 부모들은 기운을 북돋아줄 맛있는 음식(특별히 좋은 음식을 가져오는 것이 4년 동안 부모-교사 교류의 전통이 되었다)을 위한 서명지를 포함하여 저녁모임을 위한 준비가 마련되었고, 이벤트(헬멧, 밧줄, 갑옷)를 위한 필수장비를 모았으며, 등반지점을 찾았다. 교사들은 칼리지 스쿨의 중앙에 위치한 식당에서 비디오를 투영하기 위한 장비를 설치하였다.

1월 17일 월요일, 뉴포트(Newport)의 제니퍼가 몇몇 어린이들과 함께 만든 초대장이 유아원의 모든 부모에게 전달되었다. 그 내용은 다음과 같다:

> 친애하는 부모님께
>
> 우리는 1월 27일 목요일 오후 7시에서 9시까지 특별한 모임에 여러분을 초대하고자 합니다. 여러분은 풍경을 만들고 있는 여러분 자신에 대한 영화를 보게 될 것입니다. 그리고 여러분은 야외 겨울 축하(Outdoor Winter Celebration)라는 영화를 보게 될 것입니다.
>
> 여러분과 선생님들은 태양 안에 존재하는 사물과 태양 밖의 사물에 관한 중요한 질문을 서로에게 할 수 있습니다. 칼리지 스쿨의 어린이들은 야외가 좋다는 것을 알고 있습니다. 오래 전, 미세스 P(원장 잔 필립스)는 유치원에 있는 바위에 올라가고, 등짐을 지고 등반하며, 야외로 나가보는 아이디어를 제안하였습니다. 벽을 등반하는 일을 해보면 어떨까요? 우리는 등반하는 법을 알고 있습니다. 여러분은 등반용 신을 반드시 신어야 하며 치마를 입어서는 안되고 등반을 위한 바지를 입으시기 바랍니다. 원한다면 여러분은 그것을 해 볼 수 있습니다. 선생님들이 도울 것입니다. 우리는 여러분이 초대에 응해 주기를 바랍니다.
>
> 테레사, 사라, 체이스, 그리고 유아원의 모든 이들로부터

저녁이 되어 대부분의 부모들은 모임에 어울리는 옷을 입고 활동에 대한 호기심을 지닌 채 모임에 도착하였다. 벽을 오르는 도전은 부모에게 새로운 관점 즉, 서로를 보고 서로를 새롭게 아는 기회를 제공하였다. 어떤 부모들은 경험 있는 등반가였다; 다른 부모는 용감한 초보자였다. 몇 명의 부모는 태도가 모호했으나, 벽을 잡는 곳을 놓친다면 자일을 고정시키는 자리가 그들을 잡아줄 것이라는 믿음으로 결국 등반을 시도하는 모험을 강행하였다. 몇몇 부모들은 단지 바라보기만 하였고 그 광경을 즐겼다.

다음과 같은 논평이 부모-교사 위원회의 2월 모임의 회의록에 나타나 있다. 그들은 저녁모임의 성공을 논하였다.

"벽 등반하기 부모-교사 교류"에 관한 회고

부모와의 비형식적인 대화와 반성의 형식으로 반응을 수집하였는데, 가장 최근의 교류를 다른 때보다 부모와 교사가 더 여유 있고 편안한 것으로 인식하였다. 그 이유는 몇 가지 다른 학습경험의 형태를 가능하게 한 시간, 교사의 발표, 질문과 대답, 그리고 대화, 직접참여, 탐색, 사회화 등이었다.

모든 사람들이 샐리와 마크가 편집한 휴일파티에 관한 기록화로서 비디오가 다른 발표형식에 대한 보충을 많이 해주었다는 데 동의하였다. 1월의 부모-교사 교류의 성공과 우리가 함께 참여한 여러 형태의 모임에 대한 이해를 바탕으로, 우리는 한 해 동안 이루어지는 모든 모임을 탐구하고 평가하기 위하여 3월의 부모-교사 위원회 모임에 헌신하기로 하였다.

## 가정과 학교 간의 연계

1996년 가을 아멜리아는 세 학교에 시간을 나누었고 우리와 함께 1개월을 보냈다. 각 학교의 환경을 관찰하고 돌아본 후에 그녀는 우리에게 많은 것들을 말하였으며, 다음과 같이 모든 학교의 교사들에게 압박을 가하는 강한 질문을 하였다.

가정과 학교간의 연계는 어디에 존재하는가? 나는 그것을 알 수가 없다. 내가 아주 분명하고도 충분히 레지오의 연계에 대한 중요성을 이야기하지 않았다면 미안하다. 나는 학교 안에서 가족에 대한 어떤 흔적도 찾지 못하겠고, 학교에서 드러나는 가정에서의 유아의 흥미와 가족의 흔적에 대한 어떤 증거도 볼 수가 없다. 여러분은 어린이들이 학교를 다니기 전에 가족이 학교를 방문하는 시간을 갖고 있는가? 여러분은 여러분이 하는 일에 대하여, 어린이들과 함께 스스로를 구성하는 방법에 대하여, 그날의 구성과 흐름에 대하여, 환경에 대하여, 가족에게 소개할 방법을 갖고 있는가? 여러분은 여름방학 동안 부모와 어린이가 함께 할 책이나 그 밖의 어떤 것을 가족에게 주는가? 어린이의 흥미, 학습 양식, 어린이의 가족을 여러분에게 소개하도록 하는가? 가족과의 어떤 연계도 없이 학년이 시작되는 것처럼 보인다. 여러분은 이 같은 종류의 연계가 여러분과 어린이와 부모에게 중요하다고 생각하는가?

## 새로운 가족을 위한 오리엔테이션

1996년 가을 아멜리아가 가족소개와 학교생활을 이끄는 법에 관하여 우리에게 한 질문들이 1997년 봄 우리가 몇 가지 목적을 위해 해야 할 일을 만들도록 하였다. 그 때 이후 매해 우리는 학교에 새로 오는 부모들을 환영하는 오리엔테이션을 계획해 오고 있다.

이른 여름, 어린이들이 학교에 입학허가를 받고 등록을 한 후 부모들은 오리엔테이션에 참석하도록 초대받는다. 학교에 이미 적응하고 있는 몇몇 부모들과 교사가 새 부모들이 하루의 흐름을 직접 경험하도록 하는 방식으로 학교에 관하여 말해주며, 우리가 행하는 경험의 다양성과 특질, 그리고 어린이, 교사, 부모가 함께 학습 성향을 발달시키는 경험을 직접하도록 초대하는 형식으로 학교에 관하여 언급해 준다. 이를 위하여 우리는 종종 최근에 작업한 것에 대한 슬라이드나 비디오를 보고, 어린이들과의 대화 저널, 어린이가 부모에게 보내는 편지 등을 공유한다. 부모-교사 위원회는 학교생활과 우리 방식으로 의사소통하고 일하는 것을 알려주는 새 가족을 위한 안내 자료를 준비한다. 우리는 새 부모들이 어떤 기술, 취미, 흥미를 우리에게 제안하거나 제공할 열정이 있는지를 묻는 질문지에 답하도록 초대하였다. 우리는 새 가족에게 썸머 북(Summer Book)을 주었고, 자녀와 함께 썸머 북을 만들어 본 적이 있는 부모들은 그들과 이를 공유하였다. 책장을 대충 넘겨만 보아도 감탄하게 되는 기존에 만들어진 썸머 북들이 있다.

이 모임은 새 가족에게 공동체에 대한 강한 일체감을 준다. 교사와 부모는 함께 그들을 환영하며, 새 가족과 학교가 얼마나 풍부한 관계성을 지니며, 그들의 존재가 얼마나 절실한지를 말해 준다. 동시에 이와 같은 모임은 그들을 압도하려는 것이 아니라 시작임을 의미한다. 무엇보다 우리는 새 가족이 함께 하게 된 것을 기뻐하는 것으로 대화함은 물론 그들을 환영하고 환경에 순응하기를 바란다. 우리는 이들을 공동체의 새로운 구성원으로 유도할 뿐 아니라 재확인하고 고무시키고자 한다.

## 썸머 북(Summer Book)

아멜리아가 제시한 가족–학교간의 연계에 관한 질문은 우리가 다른 아이디어를 생각해 보도록 동기부여하였다. 가정이 학교의 일부가 되었을 때 가정과 학교생활의 관계가 좀 더 좋아지도록 촉진할 수 있는 형태와 구성은 어떤 것인가? 어린이와 가족이 학교에서 보다 편안함을 느끼고 동시에 그들이 집에 있을 때, 특히 여름의 긴 몇 달 동안 학교와의 연계를 어떻게 이끌어갈 것인가?

가족이 여름 동안 작업할 책을 고안하고 내놓는 관습은 아멜리아가 여름 방학 동안 가족과 우리가 연계를 유지하고 학교와의 관련성이 살아있도록 하기 위한 방법을 찾도록 한 것에 기원을 두고 있다.

레지오 에밀리아에 있었을 때 나는 많은 썸머 북을 보았고 읽었다. 우리는 이 아이디어에 대한 모든 것을 들었다. 위의 질문들은 이와 같은 실천이 우리를 위한 일일 수 있음을 믿고, 기꺼이 시도하고, 그것을 진행시킬 방법을 고안하는 데에 따른 것이었다.

위원회에 속한 부모의 도움으로 우리는 백지상태의 작은 책과 어린이와 부모를 위한 초대를 생각해 내었다. 어린이와 부모는 여름 방학 동안 좋아하는 사진과 경험한 것에 대한 사진을 수집하고, 선별하며, 풀로 붙일 수 있다. 어린이는 콜라주를 만들 수 있으며 부모는 어린이의 코멘트, 질문, 생각 등을 필기하고, 듣고, 기록하는 행동을 할 수 있다. 우리는 모든 어린이와 가족이 함께 생각하는 일을 즐기기를 바라는 개방형의 질문과 아이디어를 포함시켰다. 다음은 1997년 여름, 최초로 만들어진 책에 있는 아이디어의 예이다. "좋아하는 여름 방학 중의 경험이나 기억을 말해 주세요" "이 페이지 위에 붙이기 위한 여름 방학 동안의 가족사진을 찾아보세요" "여기에 이번 여름에 수집한 것을 위한 작은 봉투가 있어요. 아마도 조개껍질, 마른 꽃, 또는 밤송이처럼 여러분이 수집하고 싶은 것은 무엇이든 담아보세요."

1997년 가을, 학교로 많은 썸머 북들이 돌아왔고 일부는 오지 않았다. 어떤 가족은 그것을 즐겼고 다른 가족은 그것을 잃어버렸다. 학교에서 대부분의 어린이들은 자신의 책을 가지고 있는 것을 즐거워 하였고 스스로 책을 대충 훑고 넘어가기도 하고 친구들과 공유하기도 하였다. 1998년 봄 우리는 부모–교사 위원회에게 피드백을 요청하였고 이를 통하여 변화를 만들어 나갔다.

책의 구성은 학교에서 만든 얇은 표지를 씌운 스프링 제본에서부터 외부에 비용을 지불하고 구입한 견고하면서 별로 비싸지 않은 6×8 인치의 하얗고 속이 비어있는 책으로 발전하였는데, 우리는 여기에 해마다 다른 표지로 변형하여 어린이의 그림을 덧붙였다. 이후 책은 다음해의 프로젝트와 관계 있는 교사가 만든 질문과 아이디어를 게제하면서 더욱 발전해 나갔다. 현재 모든 책은 학교로 돌아왔고 어떤 책은 다른 책보다 빨리 온 것도 있다. 대부분의 가족은 책을 얻고자 하며 여름방학을 함께 나누는 기쁨을 기대하곤 한다. 가을에 각 학급의 교사들은 어린이가 저자로서 자신의 책을 공유하며 토론하도록 각각의 책을 특색 있게 만드는 모임을 가졌다.

썸머 북은 자신의 현재 삶을 담아내고 있다. 몇몇 가족은 티켓 조각, 그림엽서, 그 밖의 기억할 만한 것들을 붙여서 멋진 스크랩북으로 책을 활용한다. 다른 가족들은 다양한 주제로 콜라주를 만들어서 사진앨범으로 책을 이용한다. 어떤 부모들은 자녀의 말에 특히 집중하여 사진이나 그림에 수반하는 말을 인용하는 것으로 책을 채운다. 완전한 참여와 열정 부족으로 전에는 누락되었던 또 다른 경험의 진보를 돌아보는 일은 놀라운 것이다. 현재 이 책들은 살아있다. 각각의 책은 학습공동체의 통합적 부분을 이룬 특별한 사람들의 이야기를 말해 주고 있다 (그림 2.4 참조).

〈그림 2.4.〉 칼리지 스쿨 썸머 북의 페이지들

## 부모참여의 발달

우리 학교에서 부모참여의 성장과 발달을 추적하는 일은 내가 전에는 분명히 알아채지 못했던 패턴을 나타내고 있었다. 나는 가족에게 다가가고 연결하는 여러 가지 방법을 조직하면서 학교와 우리가 함께 연계되는 다양한 방법을 만들기 위한 노력의 횡적 흐름과 부모와의 발달에 대한 종적인 여러 층을 볼 수 있었다.

나는 아멜리아가 우선순위로 우리에게 하나씩 제시한 부모와의 다양한 모임 형태나 조직 구성의 목록을 가지고 있다고 생각하지 않는다. 아멜리아가 부모참여와 실천을 통합하도록 압박하기 이전에 우리는 그녀가 언급한 모든 구조에 익숙하였다. 우리는 어린이가 부모와 함께 한 작업을 공유하는 저녁시간, 부모–교사 위원회, 가족을 위한 썸머북, 그리고 가족을 위한 오리엔테이션 등의 가능성에 관하여 읽고 토론하였다. 레지오 에밀리아를 방문하고, 미국이나 기타 국가의 세미나에 참여하거나 어린이들의 수많은 언어(The Hundred Languags of Children: Edwards, Gandini, & Forman, 1998)와 그 밖의 문헌들을 읽은 사람들은 아마도 대부분 레지오 에밀리아에 존재하는 많은 형태의 부모참여에 관하여 듣고 배우게 될 것이다. 그러나 이론으로 이들 개념에 관하여 읽고 생각하는 일은 학교생활의 주기 속에서 그것들을 실천하는 것과 매우 다르다.

부모와의 작업을 시도해 본 사람이 깨달아 가면서 새로운 방법과 실천으로 발전해 가는 일은 신뢰를 얻게 한다. 각각의 새로운 아이디어는 조직하고, 토의하며, 조사하고, 시도하며, 보고하고, 평가하며, 개조하고 의구심을 갖고, 변형하는 일을 통하여 떠오르게 된다. 각각의 새로운 실천은 집단의 성장에 힘을 주는 에너지, 시간, 선한 의도 및 신념을 요구한다. 결국 이들 새로운 실천은 너무 도전적이어서 양육하기 힘든 어린이들처럼 해마다 점점 풍요로워지면서 상상하지 못했던 방식으로 우리에게 되돌려 주었다.

돌이켜보면 레지오 에밀리아의 교육자들이 이 특별한 방식으로 어린이의 생활을 통해 보편적 가치를 공유하는 강하고 흔들리지 않는 부모 공동체를 구성하는 일로 수십년간 일해 왔음을 아멜리아가 알고 있었기 때문에 그녀가 우리를 압박했다고 생각한다. 아멜리아는 우리를 위하여, 어린이들을 위하여, 부모들을 위하여 이것을 원했다. 그녀와 칼리나 리날디(Carlina Rinaldi), 그들 이전의 로리스 말라구찌(Loris Malaguzzi), 그리고 세계를 여행하며 지구의 전 지역에서 오는 방문자를 받는 레지오 에밀리아의 교육자들은 모든 어린이, 모든 가족, 그리고 모든 교사들을 위하여 이것을 원한다. 이것이 그들을 움직이는 힘이자 열정이다.

동시에 아멜리아는 지난 수년 간 이들 개념이 특정 지역에 존속될 수 있는 방식으로 여러 문화에 뿌리를 두는 일이 얼마나 중요한지 이해하기 시작하였다. 미조리 주 세인트 루이스 시에서의 부모참여는 이탈리아의 레지오 에밀리아에서 행하는 것과 다르게 보였다.

나는 아멜리아가 25년간 교사로 일했던 시립 유아원과 레지오 에밀리아에 관한 그녀의 이야기를 듣고자 세 학교에서 모인 부모그룹과 대화 나누던 밤을 기억한다. 그 때는 1997년 봄으로 CNN이 일주일간 여기에 있었다. 우리는 세인트 미카엘 스쿨의 큰 강당에 모였다. 강당은 우리 학교의 모든 부모와 교사들로 가득 찼고 밝고 환한 불빛으로 가득했다. 카메라맨과 음향기술자가 구석에 많이 모여 있었고 우리는 모두 약간 흥분해 있었다. 아멜리아는 다음과 같이 말을 시작하였다.

> 나는 정말로 오늘밤 여러분과 함께 하게 된 것을 영광으로 생각하며 약간 긴장하고 있습니다. 나는 카메라를 지나치게 의식하지 않습니다. 내가 처음으로 세인트 루이스 학교의 부모인 여러분과 함께 있다고 느끼기 때문입니다. 나는 어린이와 함께 일하는 우리의 일에 부모가 중요함을 인식하며 부모를 무척 존중하는 학교문화를 지닌 곳인 레지오 에밀리아에서 성장하였습니다. 나는 여러분에게 오늘밤 이것을 말하는 즐거운 일을 하고자 합니다. 왜냐하면 나는 여러분을 대단히 존경하기 때문입니다.

나는 우리 모두가 그날 밤 그곳에서 변화되었다고 생각한다. 세인트 루이스 유아원 부모의 존재가 아멜리아의 카리스마를 겸허하게 하였음을 목격한 사람들이 마음을 움직였다. 그와 같은 방식으로 우리는 깨닫게 되었다. 우리는 모두 서로의 존재로 인하여 겸손하게 되었다. 부모, 교사, 어린이에 대하여 이것은 진실이다. 우리는 이 일을 통하여 깨닫고 서로를 알게 되는 것을 배울 수 있었으며, 진실한 방식으로 서로에 대하여 귀 기울일 수 있었다.

세인트 루이스 레지오 공동체 세 학교 모두에서 부모참여의 형태를 생각해 내었고 부모와 보다 긴밀해지고자 계속해서 생각한다. 클레이턴 스쿨의 가족센터(Clayton Schools' Family Center)와 세인트 미카엘 스쿨(St. Michael School)의 부모참여는 칼리지 스쿨의 우리 것과는 다른 역사와 전통을 발달시켰다. 각 학교의 형태와 구조와 전통은 독특하다. 그러나 모든 학교에서 여러분은 어린이와 자신에 대한 강한 행복감을 느끼는 부모를 만날 수 있을 것이다. 여러분은 서로를, 그리고 교사를 신뢰하며, 참여하는 것에 익숙하고, 자신의 독특한 은사와 목소리를 찾아낼 뿐 아니라 모두에게 중요하고 반드시 필요하다고 느끼는 부모들을 만날 것이다. 이것은 우리에게 문제가 없으며, 갈등과 오해를 갖고 있지 않다는 말이 아니다. 우리는 이들을 지니고 있다. 우리는 "항상 행복하게" 사는 어느 시기의 한 지점에 도달하지 못했다. 이것이 인생이며 학교에서도 그러하다. 매일 우리는 모든 종류의 도전에 직면한다. 우리가 행한 것은 문제에 대하여 얼굴을 마주하고 해결을 찾고자 부모와 의사소통하며 파트너십을 형성한 것이다. 우리가 창조한 것은 공동의 목표를 향하여 일하는 교사와 가족간의 강한 공동체이다.

## 방문 교육자에게 말하는 부모

2월 25일 금요일, 미국의 모든 지역에서 50명의 교육자들이 세인트 루이스 레지오 공동체의 세 학교에서 우리가 행한 작업을 보고 논의하기 위하여 왔다.

오늘 우리는 칼리지 스쿨 유아원에서 부모참여에 대한 발표를 하고자 부모와 교사 패널을 조직하였다. 지난 며칠간의 파견 방문 동안 부모들은 교육자들에게 말하는 것에 점점 더 편안함을 느끼게 되었다. 이 일을 행한 부모는 방문교육자들의 질문과 토론에 대한 우리의 답변을 들음으로써 다른 관점에서 레지오 접근법에 대하여 배웠다고 말했다. 방문교육자들은 지난 8년 동안 우리가 함께 만든 교육공동체를 평가하러 왔다고 말하였다.

2000년에 있었던 첫 번째 방문에서 우리는 부모의 목소리가 패널에서 특색을 드러내야 한다고 느꼈는데, 이는 칼리지 스쿨 유아원의 부모참여에 대한 복합적인 관점에 초점을 맞추어야 한다는 것이다. 자원자를 요청하는 초대의 글과 사인하는 종이가 2월 초 부모-교사 모임 무렵 모든 집으로 보내졌고 부모게시판에 게제되었다. 결국 약 5명의 부모가 새로운 경험을 시도하게 되었다.

이 날을 준비하는 모임에서 우리는 부모가 자신에 관한 배경지식을 공유하도록 하고, 부모참여의 몇 가지 예를 제공하여 그것이 그들에게 어떤 의미인지를 알게 하였다. 여러 형태의 부모참여를 나타내기 위하여 기록화를 예로 준비하는 것이 좋은 아이디어라고 여겨졌다. 우리는 1999년 휴일파티의 비디오와, 점토로 자녀들이 경험한 예를 든고 본 후에 부모가 점토로 작업한 1998년의 부모-교사 교류의 비디오의 한 장면을 가져왔다. 우리는 또한 몇 가지 썸머 북, 학교 뉴스레터들, 매일 저널의 샘플들, 그리고 새 부모의 저널 등을 가져왔다. 우리는 그동안의 경험과 파트너십을 통하여 강하게 성장하고 있는 가치들을 강조하고 싶었다.

현재 강당은 방문교육자들이 들어와서 의자를 찾고 자리 잡느라 분주하다. 디지털 카메라와 노트북은 물론 테이프와 녹음기가 준비되었고 참여한 세 명의 교사인 마크, 크리스티 그리고 나는 오늘을 기록할 것이다. 교사들과 나는 참여자의 이해를 증진시켜야 한다고 느낄 때 통찰과 비평을 할 것이다. 그러나 우선 린 라이드너(Leanne Ridenour). 스티브 월터스(Steve Walters), 캐슬린 스프롱(Kathleen Sprong), 테리 쉬어러(Terri Shearer), 제니퍼 힐만(Jennifer Hillman) 등 5명의 부모가 논의를 시작할 것이다. 다음은 부모의 목소리를 드러내는 대화를 편집한 사본이다.

린 : 이야기를 시작하겠다. 나는 이곳에서 우리 가족, 어린이들, 남편, 그리고 내가 경험한 것에 대하여 세밀하게 관찰하여 온 것을 제시하고자 한다. "어린이를 키우는 것이 마을을 이루는 것"이라면 이 선생님들은 울타리를 넘어서 우리 가족, 전문가, 이웃을 위한 마을이 되었다. 내 아들의 생활은 분리되어 있지 않고 매우 연계되어 있다. 아들은 학교가 또 다른 집과 같다고 느낀다. 콜라주 뉴스레터는 내가 좋아하는 의사소통의 형태이다. 나는 어린이가 특별한 것을 배우고 있음을 매일 저널로 표시하는 것을 좋아한다.

나는 학교 일을 담당하는 일원으로서 지난 주에 남편과 함께 여기에 있었다. 우리는 저녁시간 끝 무렵 잠시 동안 유아원을 돌아보았다. 나는 남편에게 우리 아들이 친구들과 함께 한 몇 가지 작업에 대한 새로운 점토 패널을 보여주고 싶었다. 남편은 내게 "교사가 어린이들을 존경하도록 만드는 많은 방법을 어떻게 찾아내었는지가 놀랍군. 여기에 글을 쓰고 공개하도록 누군가가 충분히 살펴주었다는 사실이 어린이에게 자신과 자신의 말, 그리고 생각을 매일 깨닫도록 힘을 실어주었음에 틀림이 없어."라고 말했다.

나의 시누는 최근 이 학교에 참여하게 되었는데, 그녀는 내게 말하기를 "어린이처럼 나는 어른이 정말로 두려워요, 그러나 어린이들은 우리에게 말해요, 그들은 자신의 아이디어에 타인이 귀 기울여 들어주고 공유해 주기를 바래요." 라고 하였다.

나는 사실이라고 생각하는 것을 말해야 하는데, 그 이유는 어린이들이 이와 같은 환경에 있으며 학교가 어린이와 가족을 위해 하는 일이 바로 그것이기 때문이다.

**스티브** : 올해는 내가 부모-교사 공동체에 참여한 두 번째 해이다. 지난 해는 내가 발을 담근 해였고, 올해 느낀 것은 학년 초에 모든 것이 나를 위하여 함께 이루어졌다는 것이다. 나는 뉴포트 반 어린이들의 견학을 위한 운전자로 제니퍼, 마크와 함께 자원하였다. 우리는 학교의 가족 소유지 근처 호수로 나갔다. 나는 매우 전형적인 아버지이다. 나는 어린이를 가질 때까지 어린이와 시간을 보낸 적이 결코 없었으며, 모든 것이 새로웠다. 나는 이날 혼란스러울 거라고 생각하고 이 어린이들을 줄로 묶어야 하지 않을까 걱정하면서 선생님을 바라보며 갔다. 나는 제니퍼와 마크가 어린이들에게 어떻게 집중하는지를 배웠으며, 어린이들은 관심과 집중을 받게 되자 우리를 주변으로 이끌었다. 우리는 비버가 넘어뜨린 나무 군락 주변에서 20분을 보냈다. 우리는 그것에 관하여 항상 말한다. 나는 내가 온전히 즐기고 있음을 깨닫게 되었다.

나는 어린이들이 호수 주변을 걸으며 즐거워하도록 주도적인 역할을 하고자 하였다. 그날을 온전히 함께 보낸 후에, 나는 학교가 하는 일을 배웠다. 좀더 참여한다면 내가 더 좋은 아버지가 될 수 있음도 깨달았다. 여러분이 어떤 일에 관심을 보이면 어린이들이 그것에 흥미를 보인다는 사실에 하루 종일 놀랐다. 지금 내가 가장 믿고 있는 것 중 하나는 시간을 만들라는 것이다. 현재 니콜라스와 함께 더 많은 것을 할 수 있다는 사실은 전에는 생각지 못한 것인데, 그것은 나에게는 부모로서 전환점이 되었다. 나는 다른 부모들에게 "현장 견학에 가십시오. 나는 여러분이 부모로서 할 수 있는 것과 할 수 없는 것을 이해할 것이라고 생각합니다." 라고 말한다. 그것이 나의 개인적인 경험이다.

**캐슬린** : 나는 여러분이 학교에서 역할을 구성하는 몇 가지 일에 관하여 말하고 싶다. 이것은 내가 참여한 두 번째 해의 일이다. 나에게는 두 명의 자녀가 있다. 두 교실과 아뜰리에가 나의 역할을 분리한다. 활동범위, 내가 이끌고자 원하는 것, 그리고 그것을 적합하게 하는 법을 찾고자 오랜 시간이 필요하였다. 나에게 "세 번째 교사로서의 환경" 에 대한 개념은 매우 중요하며 그것은 내가 가장 잘 기여하는 부분이다. 나는 아뜰리에에서 많은 일을 한다. 나는 재료를 가지고 루이스(Louise)와 함께 일한다. 그러나 유아원의 전체 환경과 각 교실의 역동성은 매우 달라서 나의 역할

은 변한다. 한 교실에는 딸이 있고 다른 교실에는 아들이 있으며 세 번째 교실에는 친구인 루이스가 있다. 나는 각 영역에 대하여 각기 다른 일을 한다고 느낀다. 역할을 구성하는 것에 대한 개념은 나의 경우 매우 느린 과정이었으나 발달하는 중이며 보다 깊어지고, 각각의 교실은 다른 기회를 제공한다.

나는 정말로 재료, 재료의 전시, 재료의 특질, 교사가 어린이와 하는 일 등에 의해 자극받는다. 나는 어린이가 만들어낸 작품을 사랑한다. 나는 창조적인 배경을 지니고 있으나 한동안 아무것도 하지 못하였고, 내 개인적인 삶에서 더 많은 일을 한다는 것은 자극이 되었다. 나는 그것에 감사하고 있기 때문에 자녀들과 모든 어린이들과 더불어 깊이 공유할 수 있다. 그러나 그것은 가정에서 요리하고 청소하고 어린이들을 돌보는 일을 열외로 두게 한다.

나는 남편이 학교에서 많은 시간을 보내지 않지만 그의 참여가 집에서 이루어지고 있다고 느낀다. 뉴포트 반에서는 책에 대한 작업을 하는 중이다. 이번 주 집에서 어린이들은 책을 썼다. 어린이들은 그림을 그리고 남편은 어린이들을 위한 글을 썼다. 우리는 집에서 책을 만들고 있으며 그것은 남편이 비록 여기에 물리적으로는 존재하지 않는다 하더라도 학교에서 하는 일을 확장시키는 참여의 한 종류라 하겠다.

테리 : 나는 약간 예외적일 수 있다. 나는 직업이 안정적이지 못한 한 부모(single parent)이다. 현재 나는 회사를 운영하려고 한다. 폐렴에 걸렸을 때 나와 티파니(Tiffany)는 여기에서 진정한 가족의 느낌을 발견했다. 모든 부모들이 학교에 티파니를 데려가고 데려오는 것을 돕고자 찾아왔다. 부모와 어린이들은 나에게 메시지를 보내주었다.

나는 티파니를 이 학교에 보낼 수 있어서 운이 좋았다고 생각한다. 나는 두 가정의 부모로부터 안정감을 얻을 수 있었다. 많은 아버지들이 티파니를 위한 역할 모델이 되어주고자 왔다. 집으로 학교가 확장되어 왔다. 우리는 처음으로 집 밖에서 잠을 자보았고 현재 정기적으로 하고 있다. 이와 같은 상호작용을 통하여 나는 어린이의 가정이 더 좋아질 수 있다는 것을 알게 되었다.

제니퍼 : 나의 시어머니는 뉴욕에서 살고 있으며 유아 교육자이자, 강사이며, 작가인데, 레지오 에밀리아의 학교를 방문하는 연구여행을 다녀왔다. 시어머니는 돌아와서 우리에게 전화로 말하기를 “세인트 루이스에 한 학교가 있는데 레지오에서 일 년 동안 살다온 여성이 거기에서 가르치고 있단다. 내가 교육활동을 한 이래 레지오 에

밀리아 학교와 같은 학교를 본 적이 없다. 그들은 인생행로에서 나를 멈추게 하였다. 만약 내가 너라면 맥스(Max)가 그 학교에 다니도록 전화해 보고 둘러 보겠다."

나는 그때가 6월 아니면 아마도 7월이라고 생각한다. 우리는 전화하였고 그 학교가 TCS(칼리지 스쿨)라는 것을 알게 되었으며, 그 여성이 루이스(Louise)라는 것 역시 알게 되었고 맥스는 입학 허가를 받았다. 지금 맥스는 5학년, 벤(Ben)은 3학년, 나탈리(Natalie)는 뉴포트 반에 재학 중이며 우리는 7년 동안 이 학교에 있다.

나는 3년 전까지 직장에 나가는 엄마였다. 나는 세 어린이 모두를 공정하게 대하려 했기 때문에 내가 전보다 유아원에 더 많이 참여하고 있음을 모르고 있었다.

나는 여러분에게 3학년과 관련된 경험에 관하여 이야기하고자 한다. 그러나 그것은 모든 학년과 관련되어 있다. 지난주 3학년 선생님이 복도에서 나에게 멈추어 서서 말하길 "제니퍼, 당신이 오늘 오후 바쁘지 않다면 우리는 도서관에 갈 예정이에요. 걸어가서 둘러보고 몇 가지 연구를 하고 걸어서 집에 갈 거예요. 우리와 함께 하고 싶으면 참여하기 바래요."

나는 집에 가서 컴퓨터로 작업할 예정이었으나 대신 유아원에 머무르기로 결정하였다. 이 선생님은 나를 붙잡았고 기회를 주었는데, 두 시간 반의 기회였다. 나는 다른 엄마들과 함께 그녀를 이해하고자 많은 시간을 보냈다. 나는 항상 여기에 있지만 여러분은 부모이며 가족이며 심지어 어린이인 나를 발견한다. 다른 차에서, 다른 가족 속에서, 장소가 달라질 때, 여러분은 다른 사람의 다양한 모습을 정말로 알지 못한다.

맥스가 학교에 있고 내가 직장에 다닐 때, 다른 어린이의 이름과 부모의 이름을 알지 못해서 항상 불만족스러웠다. 나는 부모−교사의 관계에서 비롯되는 큰 힘이 존재한다고 생각한다. 그것은 공동체 및 공동체의 존재가 얼마나 중요한지를 깨닫게 한다.

나는 메리 파이퍼(Mary Pipher)와 그녀가 새로운 책에서 쓴 '서로에 대한 집(Shelter of Each Other: 1996)'을 생각한다. 학교라는 공동체는 우연에 의해 생기는 것이 아니었다. 부모와 교사에 의한 많은 노력의 결과로 비롯된 것이다. 이 어린이들은 문자 그대로 함께 성장할 것이다. 그리고 그것은 어린이에게만 해당하지 않으며 부모에게도 해당된다. 이들은 우리가 학교 공동체에 존재하는 한 지니게 될 관계인 것이다.

나는 모든 곳에서 그것이 발생한다고 생각하지 않는다. 많은 것이 이루어지고 있고 모든 사람이 너무 바쁘다. 그들은 멈추어 말하는 것을 잊어버린다. 사람들 간의 관계에 큰 힘이 존재한다. 몇 주 전 이벤트 때문에 시외를 나간 일이 있는데, 그 때 사람들은 유아원 부모와 함께 체육관에서 벽 등반하기를 하였다. 참여하지 못하여 유감이다. 나는 그곳에 있고 싶었다.

여러분이 일상적인 기반에서 부모와 함께 어울리면 무언가 다른 일이 생긴다. 어린이들이 여러분과 함께 있지 않을 때 여러분은 다른 관점에서 보게 된다. 여러분은 다른 방식으로 서로를 알게 된다. 교사로서 여러분이 부모와 교사, 부모와 부모, 부모와 어린이의 관계를 강화시킬 수 있는 다양한 방법과 기회를 추구하는 것은 정말로 중요하다. 그 관계는 학교에 있는 시간 동안뿐만 아니라 학교 이후의 시간에서도 여러 가지 많은 다양한 방식으로 발생한다.

캐슬린 : 나는 한 가지를 덧붙이고 싶다. 나는 이 학교의 의사소통 체계가 놀랍다고 생각한다. 나는 정말로 내가 루이스에게 갈 수 있고 말할 수 있음에 감사한다. "좋아요, 나는 이 영역이 매우 잘 이루어지고 있다고 생각하지 않아요." 어떤 방어기제도 없다. 나는 "루이스, 천을 더 사용하지 말아요!"라고 말할 수 있다. 그녀는 공격적이지 않으며, 정말로 내가 말한 것 중 몇 가지에 이의를 제기할 수 있지만 하지 않는다.

나는 이것이 빅 밴드(Big Bend)교사들과 뉴포트 교사들에게 진실이라고 생각한다. 나는 그들에게 말할 수 있고 그들은 정말로 수용한다. 우리는 많은 것에 관하여 실제로 놀랄만한 교류를 할 수 있다. 나는 그들이 에미(Emmy)가 무엇을 하는지, 무엇을 필요로 하는지, 또는 점심을 먹었는지를 말해 주기를 바라지 않으며, 에미가 어떻게 성장하는지에 관해서 관심이 있다. 그것은 학교, 가정 그리고 친구의 가정에서 얻게 되는 전인적 접근(a whole-child approach)인 것이다. 교사는 아주 개방적이어서 별로 평가하지 않는다. 오히려 그것은 전인적 어린이와의 관계에 관한 것이다. 강조점은 관계에 관한 것이다.

부모의 서론적인 말들은 우리가 예상했던 것보다 훨씬 복잡하고 풍부하게 나타났다. 마크, 크리스티, 그리고 나는 방문교육자들처럼 그들이 말한 것에 흥미를 갖게 되었다. 우리는 처음으로 이러한 맥락에서 그들의 관점을 들었다. 이것은 부모들에게도 나타났는데 그들은 서로의 이야기를 깊이 경청하였다. 우리는 방문교육자들에게 우리가 가져온 비디오를 보고자 하는지, 또는 부모에게 질문하기 위하여 남은 시간을 이용하기를 원하는지 물었다. 그들은 질문을 택하였다.

방문교육자 : 부모－교사 위원회와 다른 부모 모임에 관하여 좀더 설명해 주겠습니까?

스티브 : 부모－교사 위원회에 참여할 때, 나는 "왜 내가 위원회에 속해야 하지? 교사들이 무엇을 가르칠 것인지를 결정하고 싶지 않아"라고 생각하였다. 그러나 그들은 그것은 위원회가 할 일이 아니며, 우리가 교육과정을 설정하지 않는다는 사실을 분명히 하였다. 부모－교사 위원회는 교사와 부모간의 체계화된 목소리인 것이다. 우리는 다른 무엇보다 부모참여를 촉진하였다. 최초의 부모－교사 교류가 9월에 있었는데, 위원회에 참여하는 교사와 부모가 위원회를 설명하였다. 거기에서부터 하나, 둘, 세 명의 사람들이 솔선하여 참여하였다. 올해 나는 부모들의 관심여부를 알고자 물었다. "부모님들, 나에게 전화하세요. 내가 부모－교사 위원회에서 얻는 이익을 설명할 것입니다"라고 말하였다.

각 위원회의 모임을 시작할 때 교사들은 교실에서 진행되고 있는 것과 그들이 나아갈 바를 요약한다. 그 다음에 우리는 항상 두 달 앞서 구성해 볼 만한 화제 거리로 이벤트를 벌인다. 휴일 파티로 우리는 한 해를 시작한다. 올해 우리는 부모들이 휴일파티를 고안하는 일에 교사들이 매우 개방적이었기에 성공적인 파티를 할 수 있었다.

방문교육자 : 학급의 자원봉사와 같은 부모참여의 방식들에 관하여 좀더 설명해 주세요.

제니퍼 : 나는 올 가을 도시 속의 가장 오래된 야외 시장 중의 하나인 술라드(Soulard)에 현장견학 갔던 예를 들고자 한다. "좋아요, 내가 운전하지요. 나는 어린이들을 안전하게 할 것이며 그들을 좀더 잘 알게 될꺼야."라고 생각하였다. 불현듯 나는 루이스와 제니퍼가 어린이들이 해 왔던 일에 대해 말하는 것을 경청하기 시작하였다. 정말 다양한 많은 일들이 있었다. 나는 "내 어린이와 다른 어린이들을 운전해 주거나 감독하기 위해서만 여기에 있는 것이 아니야. 정말로 이와 같은 직접적인 경험으로부터 어린이들의 경험에 차이를 만들 수 있어."라고 생각하였다.

그것은 환상적인 아침이었는데, 우리는 시장으로 걸어 들어갔으며 어린이들에게 냄새 맡고, 색채, 모양, 꽃과 사람들을 보도록 격려하였다. 우리는 고기를 파는 상점과 양념가게로 들어갔다.
모든 사람들이 한 방향으로 갔고, 우리는 시장 반대쪽으로 가는 것으로 끝을 맺었는데 그곳에는 노점 한 곳만이 열려 있었다. 거기에는 야채와 과일을 가지고 서있는 기분이 별로 좋아 보이지 않는 노인이 있었다. 우리는 가장 놀라운 경험을 하였다. 나는 "야채나 과일을 사고 싶은 사람 있니?" 라고 묻고 "나는 호박 3개가 필요해." 라고 말하였다. 그러자 어린이들이 참여하였고 흥분하였다. 이 일이 진행되자 계산대 뒤에 있던 노인이 관심을 보이기 시작하였고 다가왔다.
그 다음 그는 모든 것의 값을 계산하기 시작하였고, 어린이들은 와서 계산하고 분류하고 가방에 담았으며 마치 그들이 파는 것처럼 하기 시작하였다. 그 후에 학교로 돌아와서 교실 뒤편에 작은 시장을 만들었다.
나는 상자 밖으로 나와서 생각하는 일이 얼마나 중요한지 알게 되었다. 때때로 부모로서 여러분은 생각하는 법을 모른다. 교사의 말을 경청하고, 그들이 틀에서 벗어나서 생각하기를 바라는 것은 정말로 중요하다. 아니, "이것은 틀이 어떻게 이루어졌으며 우리가 그것을 어떻게 하고자 하는지의 문제이다." 그러나 교사들을 돕고자 하는 것은 어린이에 대한 아이디어를 제공하는 것이다.
다른 예가 있다. 교사는 한 아버지가 요리하는 것을 좋아한다는 사실을 알고 있다. 가을에 우리는 술라드 시장에서 사과를 사가지고 왔으며, 은행가인 아버지 짐 우드(Jim Wood)가 참여하게 되었다. 교실에는 큰 부엌이 없다. 모든 장비를 안으로 가지고 와야 한다. 그것은 문제가 아니었다. 그들은 굉장한 시간을 보냈으며 놀라운 경험을 하였다. 초기에 일이 잘 진행되지 않는다면 부모에 대하여 포기하지 말고 그들에게 다시 한번 요청해 보라. 그것은 어린이들을 위해서 너무나 가치 있는 일이다.
나는 어느날 주차장을 가로질러 걷고 있었다. 누군가 내 이름을 부르는 것을 들었다. 그는 어린이 중 한 명이었다. 나는 학교의 많은 어린이들과 친분이 있지만 그들은 내가 미세스 힐만이라는 것은 알지 못한다. "제니퍼!" 라고 주차장을 가로지르는 고함소리를 들어보니 그들은 나의 친구들이었다. 그들은 나를 편하게 생각하고 나도 그들이 편하다. 부모로서 나는 교사인 여러분이 부모에게 다가가라고 말하고 싶다. 교실 안에서 어린이들과 하고 있는 것이 전부는 아니다. 그것은 또한 부모와 하고 있는 것이기도 하다.

캐슬린 : 나는 작년에 부모-교사 위원회에 참여하고 싶었다. 내 경우, 어떤 프로젝트가 시작되고 있는지, 어린이들이 무엇을 하고 있는지, 그리고 그들이 무엇에 대하여 관심 있는지 교사로부터 계속 듣는다. 나는 내가 할 수 있는 것이 무엇인지를 깨닫기 시작하였다. 나는 샐리(Sally)에게 가서 어린이들과 함께 창문에 있는 상자에 꽃을 심을 수 있을지-정말로 작은 일이기는 하지만 재미있는 일이기도 하다-를 물었다.

나는 계속해서 할 수 있는 다른 일을 생각하였다. 그 다음에 내가 가지고 있는 기술과 그 기술을 교실에 어떻게 가져와야 하는지를 생각하였다. 나는 라이트테이블이 있는 아뜰리에에서 일하기 시작하였다. 우리는 그것을 재구성하였고, 라이트테이블이 여러 계절을 나타내도록 하였다. 개인적으로 그것은 정말로 좋았다. 그것은 나 자신의 창조적인 일부분을 자극하여 돌아보게 하였고, 이로 인하여 정말로 좋은 느낌을 전달하게 되었다. 핵심은 내가 그 안에 빠져들기만 한 것이 아니라 해야 할 일을 알았다는 것이다. 그것은 발달하는 무엇이다. 학년 말 나는 올해의 아뜰리에 엄마가 되는 것에 대하여 루이스에게 말하였고, 이 역할은 커져갔으며 정말로 많은 신뢰와 함께 협력 속에서 발달되었다. 라이트테이블에서의 작업은 문자 그대로 나에게 성인수준으로 접근하지 않고 어린이의 수준으로 앉아 있게 하는 일, 즉 낮은 눈높이로 바라보는 것이었다. 어린이가 무엇을 하고 있는지 슬쩍 구멍을 엿보는 것 같이 그것은 정말로 흥미로웠다. 그리고 어느 정도 상징적으로 이것은 어린이들의 개성과 나를 다시 연결시켜 주었고, 학교에 참여하지 않는 남편에게 전달해 줄 수 있었다.

방문교육자 : 교실에서 본 적이 있고 여러분이 여기에 그 예로서 보여주고 있는 썸머 북에 나는 관심이 있다. 어린이들은 언제 썸머 북을 가지고 작업하는가?

제니퍼 : 우리는 썸머 북을 6월에 받는다. 그것은 "여러분이 좋아하는 음식은 무엇인가요?", "여러분이 가족과 할 수 있는 특별한 일은 무엇인가요?" 등의 질문으로 된 백지상태의 책이다. 스티브와 나는 이 책을 작년에 함께 제출하였다. 여름이 되면 자녀와 함께 책에 관한 작업을 한다. 어린이들이 자신과 가족 그리고 그들의 경험 중 일부를 학급에 소개하는 것이며 나는 이것을 훌륭하다고 생각한다.

캐슬린 : 썸머 북은 습관적으로 쓰기활동을 하게 한다. 학교에서 다른 사람의 책을 읽고 다른 가족을 만나고 그들의 책이 어떤 점에서 비슷한지를 살펴보는 일은 매우 흥미로웠다.

방문교육자 : 전에 여러분은 부모가 점토를 가지고 작업하기 위하여 학교에 온 적이 있다고 말한 바 있다. 무엇이 그 일을 좋아하게 만드는가? 부모가 그 경험을 좋아했는가? 우리는 그와 같은 이벤트에 부모가 참여하게 하는 일에 어려움을 갖고 있다.

스티브 : 환상적이었다. 사실 벽 등반하기처럼 그날 밤은 다른 일을 시도하기 위한 자극제였다.

캐슬린 : 그날 밤 점토를 이용한 부모－교사 교류에서 우리는 친숙하지 않은 일에 도전하였다. 우리는 다른 무엇인가를 시도하도록 격려 받는다. 각 테이블 중심에 돌멩이와 조개껍질과 같은 자연적 재료가 담긴 바구니가 있었고, 우리는 어린이가 하는 것처럼 과정을 재발견하기 위하여 하고자 하는 바를 그 재료를 이용하여 시행하였다. 그것은 재미있었다. 그 저녁시간에 대하여 가장 잘 기억나는 것은 우리는 테이블 주변에 앉아 있었고, 바빴으며, 부모 간에 많은 대화가 있었다는 것이다. 우리는 6명 또는 8명씩 테이블에 나누어 앉았고, 나는 민디 부얀(Mindy Bhuyan)과 그의 남편 라이(Raj)를 알게 되었다. 어린이 없이 부모 간에 공동체 형성을 한 멋진 밤이었다(그림 2.5).

〈그림 2.5.〉 칼리지 스쿨에서의 부모-교사 교류의 밤 : 점토를 이용한 부모들의 작업

제니퍼 : 이 시간이 막바지에 이르고 있음을 알고 있다. 마지막으로 한 가지 생각을 덧붙이고자 한다. 나는 행하고 있는 일의 큰 그림을 바라보는 것이 정말로 중요하다고 생각한다. 부모로서 여러분은 점토를 가지고 어린이가 작업한 것에 관하여 듣고자 오며, 여러분 자신이 점토를 가지고 작업하거나 자녀에게 줄 선물을 만들기 위하여 온다. 그러나 여러분이 자녀에게 주는 것은 자녀가 재학하는 동안 지속하게 될 가족과의 우정이라는 선물이다.

제니퍼 : 만약 여러분이 유아기 부모로서 그러한 기회를 갖지 못한다면 자녀가 성장하면서 그런 기회를 갖는 것은 좀더 어려워질 것이다. 부모가 참여하도록 교사가 이끄는 것이 매우 중요하다. 왜냐하면 부모인 여러분에게 그것은 어렵기 때문이다. 여러분은 일하고, 다른 자녀들을 양육해야 하며, 해야 할 바를 알지 못하기 때문에 그 문제에 소심할 수 있다. 여러분은 바쁜 가운데 생활하고 있으며 "나는 할 수 없어, 나는 교사가 아니야"라고 생각한다.

지금 나는 자녀가 어릴 때의 부모참여가 얼마나 중요한지 알고 있다. 스티브가 말한 바와 같이 자녀, 자녀의 친구와 학급 어린이들, 자녀 친구의 부모, 교사, 및 학교 공동체 등에 참여하는 것이 자녀의 삶의 초기를 배울 수 있다는 이점을 얻을 수 있다. 오늘날 우리 사회에서 정말로 건강한 학교 공동체를 갖는 일이 여느 때보다 중요한 것 같다.

방문교육자들이 호텔로 돌아가고자 버스를 타기 위하여 가득 모였을 때, 그들은 우리 모두에게 감사를 표했다. 감사와 존경을 눈에 담고 그들은 특히 부모들에게 고마워하였다. 그들이 떠난 후 아멜리아가 세인트 루이스 레지오 공동체의 학교에서 부모에게 말하였던 밤이 떠올랐다. 그날 밤, 우리 모두는 전 지구상의 학교에 있는 부모와 지역을 향한 그녀의 보편적인 헌신에 존경심을 느꼈다.

오늘 원형으로 배치한 의자가 있는 작은 방의 분위기는 매우 비슷한 방식으로 감동적이었다. 교육자인 우리는 부모 목소리의 힘과 통찰력에 모두 놀랐다. 원하는 바를 강조하는 일은 어린이들을 위하여 파트너십을 행하고, 장애를 넘어 서로에게 다가가며, 신뢰할 만한 관계를 만들고, 함께 새로운 가능성을 고안하도록 계속하여 열정을 갖게 하였다.

## 부모와 함께하는 우리의 삶에 관한 성찰

부모의 목소리에 따라 움직이고 영감을 받게 된 지점에 도달하고자 우리는 참여의 각 구조 이면에 존재하는 크나큰 목적과 가치를 가시화하며 변화를 위한 실천을 한 가지씩 할 필요가 있다. 부모와의 관계를 깊고 풍요롭게 하며 유아교육에서 파트너로 기여할 때, 우리는 서로의 성장을 증진시키는 새로운 실천을 도입하고 발달시키는 확고한 결심과 시간을 필요로 하게 되었다.

아이디어 중 어느 것도 당장 실행되지는 않았다. 시작부터 완전히 성공적인 아이디어는 없었다. 사실 우리가 노력한 것의 시작은 부모–교사 위원회부터 썸머 북에 이르기까지 분리되고 결여된 부분이 있는 것 같다. 각각의 실천이 어떻게 성장하고 시행되는지를 아는 것은 마치 그 자체의 삶을 지닌 듯 만족스럽기도 하고 때로 놀랍기도 하다. 각 체제, 구조 및 행사는 학교생활에 공헌하고 있다.

"학교생활"은 풍부한 표현인 것 같다. 우리는 아멜리아로부터 그것을 배웠다. 그녀와 일하기 전에 그것을 이용한 적이 없으나, 현재 나는 그것을 사랑한다. 그것은 모든 것을 말한다. 학교는 생명을 가지고 있는가? 학교는 충만하고 풍부하며, 흥분시키며, 첨단적이고, 가능성과 아이디어와 발명으로 넘치는가? 그것은 성장하는가? 그곳에서 생활하는 모든 사람 즉, 어린이, 교사, 그리고 부모의 상상력과 정신은 고동치는가?

회고해보면, 파트너십의 문화는 시간의 흐름과 함께 발달되며, 모든 사람에게 가장 중요한 함께 하는 삶에 대한 인식의 성장과 더불어 우리가 공유한 경험에 대한 역사를 발달시켰다. 내가 오늘 저녁을 글로 쓰는 이 시간, 책상 너머 눈 덮인 잔디밭과 분홍빛 저녁 하늘, 그리고 새로운 2월의 달빛을 바라보면서, 내가 부모라는 사실에 대한 감사가 새로워진다. 이 감사는 최소한 3배이다. 부모님의 자녀였던 것에 대한 감사, 나의 두 아들이 나의 친구로 자라온 세월에 대한 감사, 학교에서 함께 생활하는 어린이들의 부모와의 기쁨과 일상생활의 의미에 대한 감사가 바로 그것이다.

제3장

# 3월 협동하는 교사

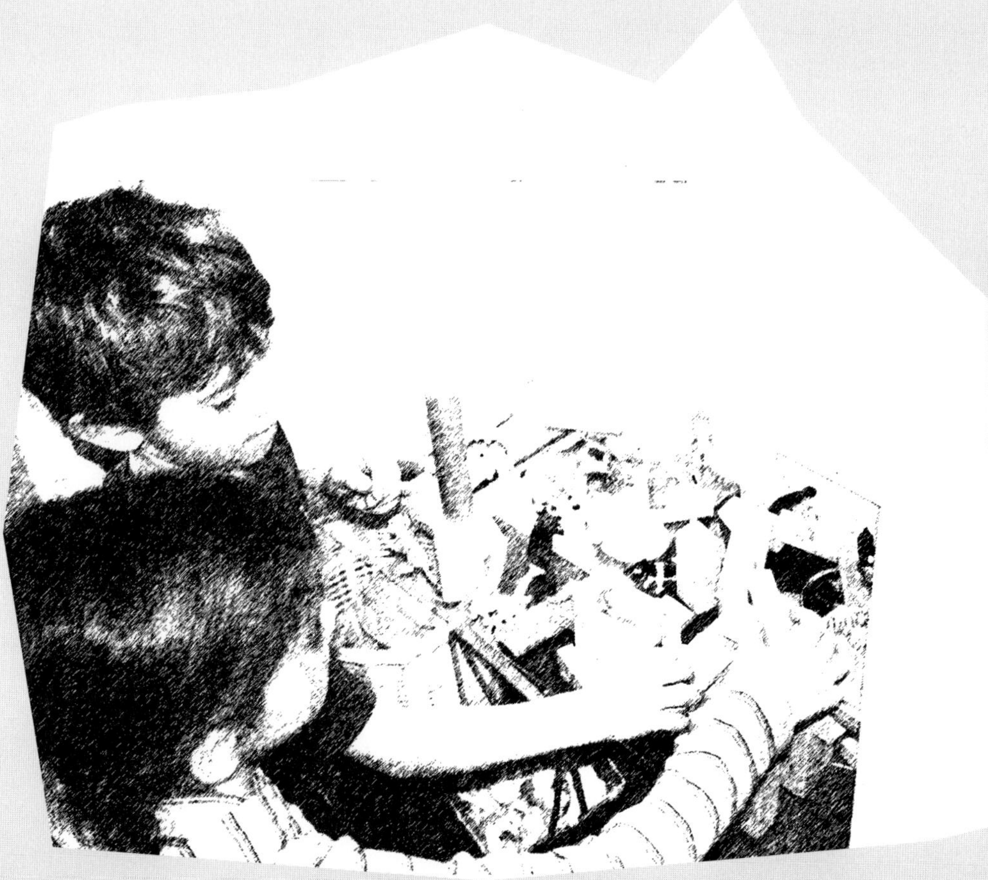

# 3월

## 협동하는 교사

우리는 샌프란시스코를 둘러싸고 있는 북부 캘리포니아의 물결치는 풍경 위에 떠 있는 반짝거리는 빛의 바다 위를 비행하고 있었다. 2000년 3월 8일 우리는 도착했고, 이틀 후면 밀스대학에서 조사하고 재탐색하는 것에 관한 회의가 시작된다. 우리는 우리의 지도자인 아멜리아 감베티를 만나기 위해 조금 일찍 도착하였다. 우리는 교사들과 협동연구를 통해 함께 공부도 하고, 또한 아멜리아가 이번 달이 지나면 3년 만에 처음으로 세인트 루이스로 돌아가기 때문에 그 전에 그녀와의 관계를 새롭게 하기 위해서다.

이번 여행은 우리의 꿈을 이룬 것이다 : 꿈이란 세인트 루이스 공동체의 세 학교로부터 온 교사들이 캘리포니아에서 열리는 회의에 참석하게 되는 것을 계기로, 함께 모여 전문적인 발달을 도모하는 것이다. 우리는 수 년 동안 우리 학교에서 열리는 주최국 대표단의 날과 회의를 통해 자금을 절약하면서 이 여행을 얻어 내기 위해 열심히 일했다.

## 고국에서 멀리 떠나서 함께 하는 학습

다음 날 밀스대학의 캠퍼스에 오클랜드의 시원하고 신선한 아침이 밝았다. 여기서 우리 일행은 방문자들을 위한 기숙사에서 잠을 잤다. 만의 바람이 스페인의 식민지 시대 풍 건물과 캠퍼스의 초록빛 잔디 위를 감싸 안았으며, 우리 모두는 빛의 따스함을 온몸으로 느꼈다. 태산목은 수령초를 꽃 피웠다. 수령초의 벨벳 꽃잎은 속이 텅 빈 검은 가지에 호화스럽게 열려 있었다. 아침을 먹은 후, 우리는 마치 천국의 꿈을 꾸는 것처럼 부드러운 공기 속을 천천히 산책하였다.

우리는 방에서 아멜리아를 만나기 위해 준비했다. 우리가 머물고 있는 밀스 대학은 1년 동안 어린이들의 백 가지 언어(Hundred Languages of Children) 전시회를 열고 있었다. 그 전시회는 개조된 도서관에서 열렸는데, 그 느낌은 마치 대저택의 광대한 서재인 것 같았다. 어린이들과 선생님들의 작품은 진열대처럼 보이는 곳의 벽에 줄지어 전시되어 있었다. 이 배열은 작품에 대한 그리고 동료로서 서로에 대한 친교의 가능성을 만들고 있었다(머리말에 있는 전시회에 대한 설명 참조).

여기서 개최하는 전시회는 세인트 루이스에서 온 우리들 중 대부분이 이전부터 연구해왔던 몇 가지의 사실을 기록한 것과 디지털 기술로 만들어진 새로운 것들을 포함하고 있었다. 이처럼 새롭게 기록되어진 작품들은 교실에서 이루어지는 어린이들과 선생님들의 활동에 대한 실제의 예시일 뿐만 아니라 그 활동들을 개방적으로 조사하고, 분석하며 제시하는 레지오 교육자들의 가장 최근의 전략들을 우리와 다른 방문자들에게 공개하는 것이다.

우리들 중 많은 사람들이 미국의 여러 도시에서 이와 같은 전시회를 보고 많은 시간을 보냈다. 1991년 가을에는 세인트 루이스에서 했고, 다음 겨울에는 우리에게 다시 되돌아 올 것이다. 우리가 여기 밀스대학에서 아멜리아와 함께 하길 원했던 이유들 중 한 가지도 우리가 중서부에서 이러한 전시회를 주최하게 될 때를 미리 염두에 둔 것이다.

## 프로젝트 제로 프로토콜 : 질문의 형태

우리는 수잔 라이온(Susan Lyon)과 이야기 하고 있는 아멜리아의 목소리를 들었다. 수잔 라이온은 밀스대학에서 혁신적인 교사 프로젝트( Innovative Teacher Project )의 감독자이며 레지오 접근법에 대한 연구를 오랫동안 함께 하고 있는 우리들의 동료이다. 그들은 전시회장의 입구로 다가오고 있었다. 아멜리아는 멀리서 우리 모두를 발견하고는 기쁨과 웃음을 표했다. 우리 모두는 세인트 루이스에서 아멜리아와 열정적으로 함께 일해 왔었다.

우리 교사들은 들떠 있었고, 함께 하는 것에 매우 흥분하였으며, 아멜리아와 이런 사적인 시간을 보내는 것을 영광으로 여기고 있었다. 또한, 새로운 영역을 탐구하고 배우는 데 대한 기대로 가득 차 있었다. 우리 세인트 루이스 레지오 공동체는 오레곤에서 온 주디 그레이브스(Judy Graves)와 린네트 잉스톰(Lynette Engstrom)이라는, 친구이면서 동료인 두 사람과 함께 했다(우리는 그 날 아침에 우리의 토론을 녹음하고 녹화하는 데 있어서 주디의 신세를 졌다.)

"우리 서로서로 볼 수 있도록 큰 원으로 앉는 것이 어떨까요? 그리고 저는 제가 아직 모르고 있는 여러분 중 몇 분과 만나고 싶군요. 우리 오늘 아침엔 무엇을 할까요? 어떤 생각을 가지고 있나요? "라고 아멜리아가 제안했다.

내 동료이자 클레이턴 스쿨 가족 센터(Clayton Schools' Family Center)의 원장인 로리 게이스마-라이언이 원을 둘러보며 무언의 동의를 했고, 그런 다음 시작되었다.

"요즘 근간에 대해 생각하면서 저는 우리 자신과 또 다른 교사들과 함께 한, 많은 맥락들에서 다루어 왔던 토론을 위한 기틀을 공유하기를 원한다고 여러분들에게 언급했었습니다. 1998년 가을에 저는 National Staff Development Council의 전문적인 저널에서 어린이들의 활동을 조사하기 위한 일련의 질문들을 발견하였습니다. 그 기틀은 하버드대학의 프로젝트 제로에 의해 발달되었습니다. 우리는 그것이 유용하다는 것을 발견했고, 여러분의 생각들은 어떤지 알고 싶습니다."

"음, 한번 시도해 봅시다. 왜 안 되겠습니까?" 아멜리아는 의미심장하게 웃으며 말하였다.

"우리는 그것에 대해 조금 이야기해 보았고, 우리는 전시물 가운데 아장아장 걷는 어린이가 철사를 가지고 활동하는 것에 대한 상징과 문자패널들을 가지고 시작하고 싶습니다." 라고 로리가 말을 이었다.

"좋아요. 그렇게 해봅시다." 아멜리아가 말했다. 우리는 모두 일어서서 가장 어린 어린이들의 활동을 다루고 있는 패널들 근처로 가기 위해 또 다른 끝 쪽 방으로 의자를 옮겼다. 우리는 바닥에 앉거나 의자에 앉아서 아주 흥분되어 보이는 2살 된 어린이들이 긴 철사 가락들 혹은 꼬여 있는 철사 뭉치들을 가지고 테이블에 앉아 있는 거의 실물 크기의 사진을 보았다.

"아멜리아, 지금부터 어떻게 활동했는지에 대해 알려드릴게요." 로리가 설명했다. "우리는 이 활동을 우리와 공유는 하지만 판단하지 않는 참여교사와 함께 시작합니다. 그런 후, 그 활동에 대해 함께 생각해 보는 과정을 가집니다. 먼저 첫 번째로, 조력자 역할을 지원한 그룹의 사람들이 참가자들에게 그 활동에 대한 설명을 하거나 의견을 내거나 하지 않고 그 활동에 대해 인지하고 있는 것을 공유하기를 요청합니다. 그 그룹은 참가자들이 말하는 것을 적을 수 있는 기록자를 선택합니다."

"사회자의 두 번째 일은 그 그룹에게 그들이 궁금해 하고 있는 것과 그들이 그 활동에 대해 제시하는 의문점들을 묻는 것입니다. 의문점들을 모은 후, 사회자는 그 그룹에서 일어나고 있는 학습의 특성에 대해 깊이 생각하고 상상하기를 제안합니다. 이후에 참여 교사는 마침내 그 의문점들에 대해 말하고 토론을 하며, 그 그룹이 가지게 된 생각들에 대해 대답을 합니다. 이 과정은 모든 그룹이 이 활동으로부터 도출될 수 있었던 가르침과 배움에 대해 암시하고 있는 것을 공유하면서 끝납니다."

"매우 미국적인 것처럼 보이는 군요." 아멜리아가 두 눈을 반짝거리며 말했다. "게임을 한번 시도해 보고 싶군요."

우리는 모두 웃었다. 우리는 그것이 가치 있는 시도라고 생각했다. 프로젝트 제로 "프로토콜"이라 불리는 것은 우리에게 그룹 내에서 연구자로서의 우리 자신을 조직하기 위한 한 가지 방식을 제공해 주었다. 우리는 이 프로젝트 제로를 몇 년 전부터 세인트루이스에서 매달 열리는 협력적인 레지오(세인트 루이스 레지오 공동체)의 모임에서 사용하기 시작했다. 우리는 현재 진행 중인 연구의 특별한 부분에 있어서 그들이 공유하고자 하는 것이 무엇이든 간에 그 기록을 사용하는 것이 참여 교사나 우리에게 소개시켜 주기 위하여 준비하고 있는 교사들에게 강한 동기를 부여한다는 것을 발견하였다. 그 기록은 그들이 어린이들과 혹은 부모들과 한 대화나, 어린이들의 그림이나 다른 매체를 사용한 작품, 사진, 슬라이드, 혹은 비디오 클립을 포함하고 있다.

이러한 방법으로, 우리는 교대로 그 과정에 있는 것을 테이블로 가져왔다. 세 학교로부터 온 우리의 동료들과 함께 그것을 공유하는 것을 통하여 우리는 더 많은 의견, 더 많은 시각을 가질 수 있었고, 우리의 특별한 경험에 대해 더 넓은 가능성과 더 많은 기회를 가질 수 있었다. 우리는 생각의 저장고가 되었다. 나는 이러한 생각이 좋았다. 우리는 예술품과 자료모음집을 모으고, 아이디어들을 제안하고, 질문을 하며, 궁금해 하고, 상상해 보고, 꿈을 꾸었다. 우리 모두는 서로로부터 그리고 하나의 그룹으로서 배우고 떠났다.

1999년에 우리들 중 몇 명은 다른 교육자들과 함께 워크샵이나 회의에서 이 과정을 사용하기 시작했다. 우리는 이렇게 함께 생각하는 방법이 주체자와 참가자들 모두 학습자와 연구자가 되는 것에 있어서 똑같은 수준을 가지고 그룹 토론을 만들어내는 데 결코 실패하지 않는다는 것을 발견했다. 이것은 우리가 주체자로서 청중들에게 제공하는 모든 것에 대해 전문적인 지식을 가지고 있어야 한다는 것을 주장하는 것은 아니다. 우리는 이 과정에 대해 우리 모두가 신선한 시각을 가지고 함께 그 연구에 대해 조사하기 위해 아이디어를 가지고 참여하는 그룹이길 원한다. 내 동료인 브렌다 파이프는 이러한 상황에서 이 프로토콜을 사용하는 것이 우리가 그 연구를 관찰하고, 의문을 제기하고, 전개되는 것과 다음에 일어나는 것에 대해 깊이 생각하는 교사들의 회의를 자극하는 기회를 우리에게 제공해 준다고 믿고 있다.

오늘 아멜리아와 함께 패널들을 연구한 것을 통해, 우리는 이러한 사진 속에서 볼 수 있는 생기 있는 어린이들과 이어지는 활동 과정들에 대해 더 배우기를 원했다. 또한 우리는 동료로서 우리의 연구와 협동연구에 매우 귀중한 디딤돌이 되었다고 생각하는 경험들을 아멜리아에게 소개하고 싶었다.

오늘 아침 모임에서 로리는 그 상황을 우리에게 소개시켜 주었다. “우리는 이 어린이들과 함께 활동했던 이탈리아인 교사나 문서작업을 했던 사람이 없기 때문에, 척이 기꺼이 사회자와 같은 역할을 하여 서론과 본문을 큰 소리로 읽겠다고 말했습니다. 프렌시스는 기록을 하겠다고 했습니다. 그리고 아멜리아, 당신은 제기되는 질문과 궁금한 것들을 다루어 주는 일을 해주시겠습니까?”

“물론, 그렇게 하겠습니다” 아멜리아가 고개를 끄덕였다.

브렌다 파이프는 웃었고, 패널근처에 서서, 우리를 프로토콜의 첫 번째 단계로 이끌기 시작했다. 그는 명확하고 똑똑한 발음을 가지고 읽었다. 그가 큰 소리로 글을 읽어가는 것에 우리는 집중했다. 우리 모두는 브렌다 파이프가 참고물을 지적하면서 우리를 이끌어가는대로 그림 조각을 따라갔다. 그는 제목과 서론을 읽기 시작했다.

## 1 단계 : 작업에 참여하기

"은유와 대본(스크립트), 암시, 대입 그리고 상상적인 변형의 과정을 통해 현실을 변형하고, 다른 현실들을 만들어 내기 위해 은유와 유추를 사용하는 것은 창조적인 과정의 기본적인 요소들입니다. 또한 어린이들이 세상을 탐구하는 데 자연스럽게 사용하는 전략입니다."

브렌다 파이프는 계속해서 그 책의 부제인 철사와의 친밀함을 언급하면서, 이 부제는 우리에게 소개할 세 가지 패널의 순서임을 말했다. 세 가지 중에서 첫 번째 것의 제목은 알리스와 고래였다.

첫 번째 사진은 2년 3개월 된 알리스라는 이름의 여자어린이였다. 그 어린이는 두 손을 위로 뻗어 얇은 구리철사 하나를 아치형으로 구부리고 있었다. 그 어린이는 웃고 있었다. 어린이는 진한 갈색의 곱슬머리와 눈을 가지고 있었다(그림 3.1 참조). 페이지 상에 맞게 하기 위해서 3.1－3.4 사진의 배열이 전시된 그림과 차이가 있다.

〈그림 3.1.〉 알리스와 고래

〈그림 3.2.〉

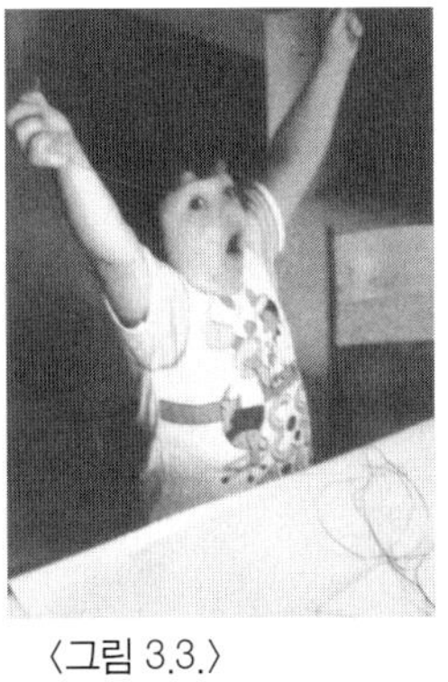

〈그림 3.3.〉

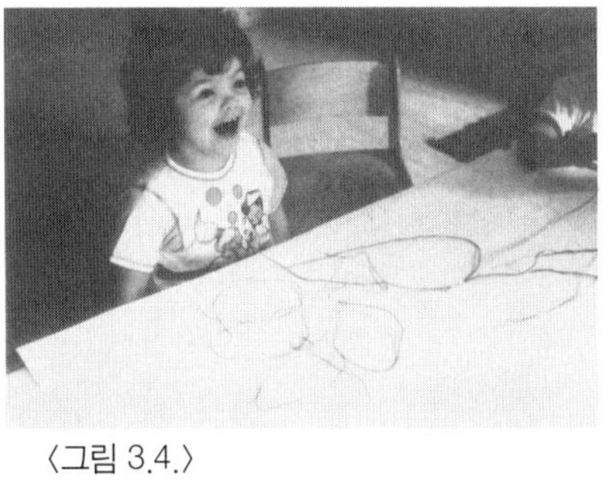

〈그림 3.4.〉

브렌다 파이프는 관련된 텍스트를 읽었다 : "알리스는 어떤 철사를 가지고 놀고 있습니다. 그 어린이는 '나는 물고기를 만든다. 지금, 나는 다른 물고기를 만든다.' 라고 말했습니다."

두 번째 사진에서, 우리는 알리스 옆에 있는 한 소년이 아래를 보면서 잘려진 철사 몇 조각을 모아두고 놀고 있는 것을 볼 수 있었다. 알리스는 잡고 있는 철사를 공중으로 들어올려 위를 쳐다보고 있었다.

브렌다 파이프는 계속해서 알리스의 흥분된 목소리를 떠올리면서 패널을 읽었다. : "알리스는 '이 철사는 정말 크다!' 라고 소리쳤어요."

세 번째 사진에서 알리스는 머리 위로 자신의 팔을 쭉 뻗고 있었다. 그녀의 진한 갈색 눈은 접시만큼이나 커져 있었다.

"와, 큰 물고기다" 브렌다 파이프가 눈을 크게 뜨고 기쁨에 찬 목소리로 말했다. "이것은 고래다." 브렌다 파이프가 계속해서 알리스가 했던 말을 읽었다. "넌 정말 큰 입을 가졌구나. 너를 먹어버리는 게 더 좋겠다. – 어적어적 (씹는다)."

다시 우리는 네 번째 사진으로 이동했다. 브렌다 파이프는 이 첫 번째 이야기의 마지막 부분을 가리켰다. 여기서 알리스는 입을 벌린 채 웃으면서 앉아 있었다. "그리고 텍스트에는 '그리고 고래가 작은 물고기를 삼킨다.' 라고 되어 있습니다."

로리와 나는 서로 웃음을 주고받았다. 우리는 우리 동료인 캐슬린 캐츠(Catherine Katz)에게 몇 년 전에 들었던 이야기와 매우 비슷한 이야기라는 생각을 하고 있었다. 캐슬린은 철사로 고래의 가족을 만들었던 클레이턴에 사는 4살 된 여자어린이를 관찰하고 사진으로 기록한 적이 있었다.

브렌다 파이프는 이 패널들이 얽혀 있는 큰 독립적인 구조의 두 번째 부분으로 우리의 관심을 옮겼다.

"두 번째 이야기의 제목은 전시회의 바람" 입니다. 우리는 2년 5개월 된 엘리사라는 소녀가 자신의 얼굴 앞에 커다란 은색 철사 한 사리를 펼쳐 들고 있는 것을 볼 수 있습니다." (그림 3.5 참조)

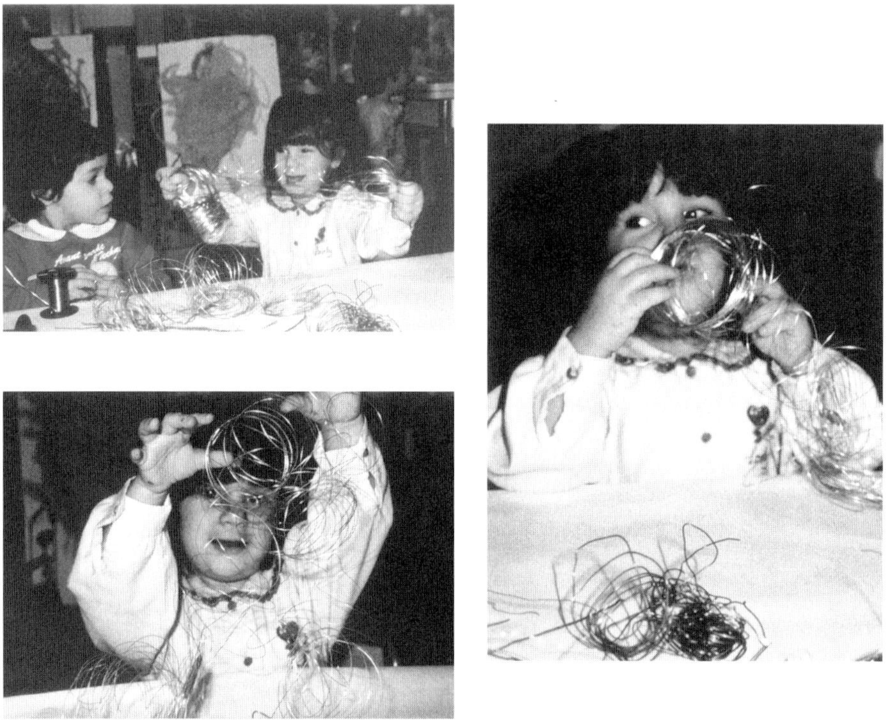

〈그림 3.5.〉 전시회의 바람

"여기서 텍스트에는 '엘리사가 친구와 함께 철사 한 다발을 들고 재미있게 놀고 있다. 종종 그 철사의 움직임을 따라 하고 있는데, 자신의 동작 구조를 철사와 비슷하게 하면서 늘렸다가 다시 감았다가 한다.' 고 쓰여 있습니다. 그런 다음, 다음 사진에서 그녀는 입 앞에 그 철사 사리의 열린 부분을 들고 있습니다. 텍스트에서는 '어떤 때는 그녀가 철사 사리를 입으로 분다.' 고 되어 있습니다."

브렌다 파이프는 우리의 시선을 마지막 사진으로 이끌었다. 사진의 엘리사는 철사를 내려두었다. 철사는 원 모양이나 나선형 모양으로 나가 떨어지고, 그녀 앞에 있는 테이블 위에는 몇 개의 철사가 곧게 펴져 있었고, 몇 개는 평평하게 늘어져 있었다.

"이제 그녀는 그것을 손에서 놓고 되감기게 놔두었고, 그리고는 그 행위에 이름을 붙입니다. "이것은 전시회의 바람이다."라고……."

우리가 이전에 이 패널을 보았든 보지 못했든 간에, 모든 세부사항에 이처럼 깊은 관심을 가지는 것은 하나의 그룹으로서 우리에게 많은 자극을 주었다.

우리는 각자 아장아장 걷는 어린이들의 이러한 작은 이야기들에 대해 어떤 생각을 가지게 된다는 것을 느끼고 있었다. 그러나 시간이 흐르면서 우리는 이 체계적인 과정을 기다리고 참고 인내하는 것을 배웠다.

"마지막 이야기의 제목은 말 의자입니다." 브렌다 파이프는 다시 시작했다(그림 3.6 참조). "몇 개의 철사조각이 있는 이 첫 번째 사진 아래 내용에는 '마트코는 몇 개의 철사조각으로 놀이를 하고 있다.' 라고 되어있습니다" 한 조각의 철사로 손목을 감고 있는 기울어진 사진 아래 내용에는 '그가 철사 한 조각을 가지고 그의 선생님의 손목에 팔찌를 만들어 준다.' 라고 되어 있었다.

"여기 아래로 계속해서" —브렌다 파이프는 계속해서 그 다음 사진으로 몸을 구부렸다— "마트코가 손으로 의자에 철사를 달고 있는 사진을 보세요. '그리고는 의자 뒤쪽에서 승마하는 사람이 된다.' "

"그리고 다음 사진을 보시면 그가 의자 위의 철사위치를 옮기고 있는 것을 볼 수 있고 내용에서는 '그리고는 그게 뭐가 된 것이지?', '귀' 라고 마트코가 말하며 그 철사를 구부려서 의자의 윗면에 고정시킨다. 그는 다른 철사조각으로 같은 손짓으로 의자의 다른 윗면에 고정시킨다. 그리고는 그가 약간 뒤로 가서는 그걸 쳐다보며 "말"이라고 소리 내서 말한다.' 라고 되어있습니다."

브렌다 파이프는 이 이야기의 마무리로 패널의 오른쪽 면이 기울어진 다른 사진을 가리켰다. 피카소의 조각형상을 볼 수 있었다.

이 형상 아래 내용에 언급되어진 대로 브렌다 파이프는 패널 위의 마지막 부분의 내용을 읽었다: " '이 재발명품의 과정은 피카소가 자전거 핸들과 의자로부터 소의 머리를 창조해냈을 때 그에 의해 사용되어진 과정과 유사하다.' "

패널의 밑 부분에는 그 어린이의 나이와 이름이 인쇄되어져 있었다.

"마트코, 2.5세" 브렌다 파이프는 기록 절차의 첫 번째 부분이 끝난 듯이 결론지어 말했다.

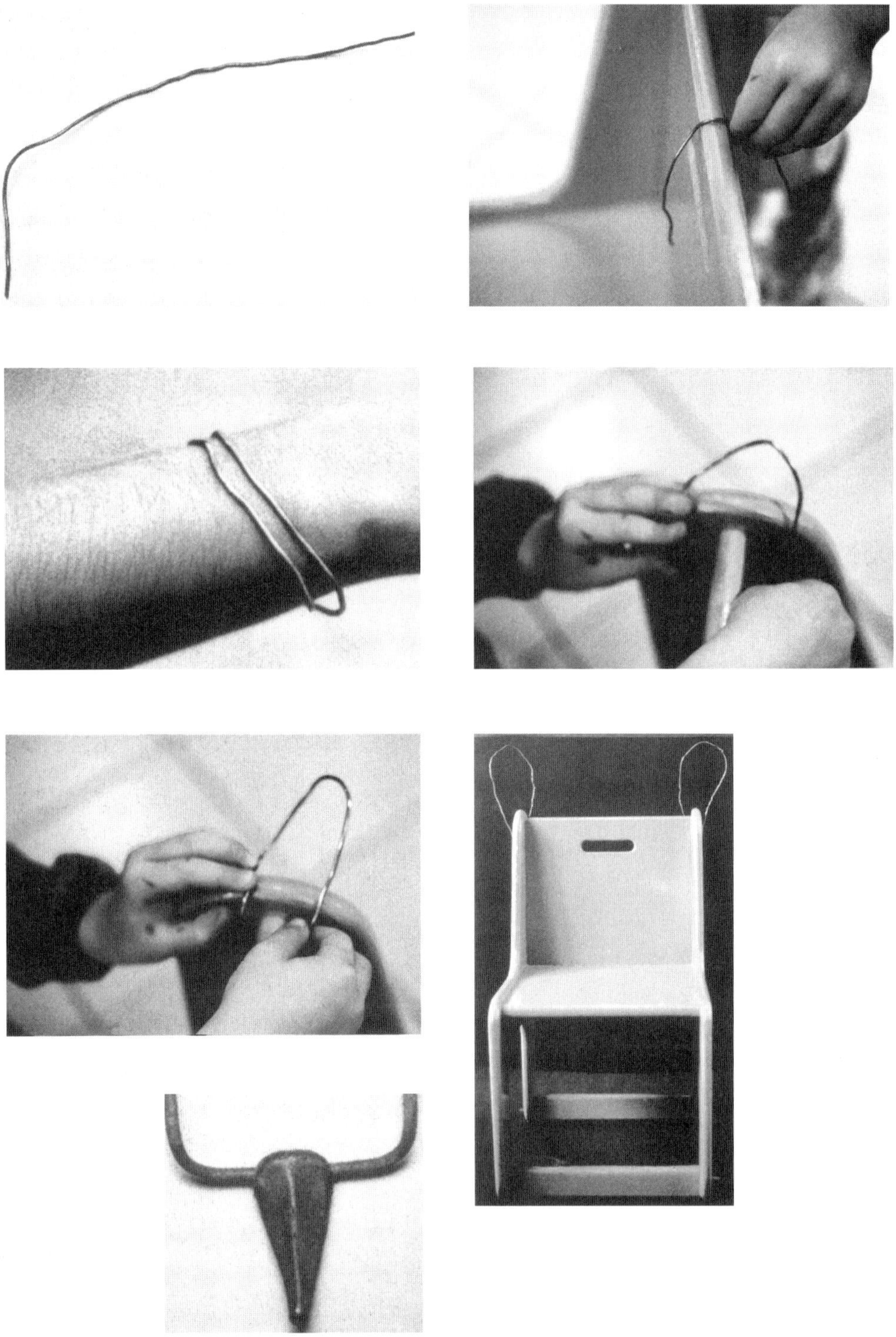

〈그림 3.6.〉 말 의자

## 2 단계 : 작업 묘사하기

브렌다 파이프는 우리가 만들어가고 있는 프로젝트 제로 프로토콜을 적응해 나가는 촉진자로서 그의 맡은 바 역할을 쉴 틈 없이 진행해 나갔다.

"여러분은 여기서 무엇을 보십니까? 또 무엇을 주목하십니까?" 브렌다 파이프가 질문했다.

우리는 다른 목소리와 다양한 스타일로 단숨에 대답하기 시작했다.

"나는 많은 양의 은색철사로 놀고 있는 작은 여자어린이를 봅니다."

"나는 테이블에 있는 한 소녀와 한 소년을 봅니다. 그들은 서로 길게 늘어진 한 가닥의 철사를 사용하고 있습니다."

"나는 어린 나이의 어린이들이 재료를 집어 들어 철사의 움직임과 조화를 이뤄나가는 것을 봅니다."

"나는 어린이들이 적어도 두 가지의 다른 방법으로 철사를 이용해 나가는 것을 봅니다."

우리는 처음에는 천천히 말하고 그 다음 빠르게 말했는데, 이는 우리가 이러한 틀을 사용할 때 흔히 있는 일이다. 가끔 이러한 구성 체제에 익숙해져 있는 우리도 시작하기를 망설였고 명백해 보이는 것을 말로 표현하는 것이 어리석은 것처럼 생각되었다. 그리고 우리는 그들이 중요하게 생각하는 내용들에 귀 기울였다. 우리는 더 많이 보고, 더 많은 것을 인식하고, 우리가 본 것에 대한 공동의 이해와 의미를 창출해 내는 것을 말로 표현하기 시작했다.

"나는 손짓과 영상을 봅니다."

"그리고 기쁨도..."

"그리고 재료와의 편안함도..."

"그리고 신체의 움직임도..."

"나는 재료의 활발함을 봅니다."

"나는 그들이 정말 재료와 함께하는 것을 봅니다."

"나는 자부심을 봅니다. 알리스는 그녀가 했던 것을 자랑스러워하는군요."

"나는 선생님이 배회하는 것을 본 적이 없습니다. 나는 자율적인 어린이들을 봅니다."

"나는 우리가 사진을 통해 무엇이 일어나는지와 어린이들의 말들을 읽을 수 있기 때문에 누군가가 귀를 기울이는 걸 봅니다. 나는 눈에 보이지 않는 선생님과 관찰자를 봅니다."

"그리고 어린이들이 이러한 재료들을 조작하는 것에 대해 놀랍다고 생각합니다."

"그리고 어린이들이 기대나 부담없이 재료에 다가가는 것이 보입니다."

"나는 어린이들이 그들의 생각을 계속해서 만들어 나가는 것이 보입니다. 그들은 한 번에 그만두지 않는군요. 그들은 가장 중요한 것을 만들어나갑니다"

"나는 그들이 재료들과 생활 속의 경험들 간의 관계를 만들어 나가는 것을 알게 되었습니다."

"나는 그들이 철사로 표현해 낸 생각들이 무엇인지 알겠군요."

### 3 단계 : 질문하기

"이제 질문하는 시간으로 넘어가 보는 게 어떨까요?" 브렌다 파이프가 제안했다. 아멜리아는 안절부절하기 시작했다. 그녀는 말하고 싶어 안달하는 것처럼 보였지만, 우리의 체제에 맞추어 가기 위해 힘들게 참고 있었다.

"저는 알리스가 고래와 물고기 이야기를 만드는 데 얼마나 시간이 오래 걸렸는지가 궁금합니다. 그 어린이가 이 이야기를 만들어 내기 전에 얼마나 오래 테이블 앞에 앉아 있었습니까?"

"저는 이러한 경험들이 얼마나 다양한지 궁금합니다. 특히 이런 과정에 많은 시간을 주었습니까? 또 이러한 상징적인 활동이 어린이들과 함께 이루어졌습니까?"

"저는 교사와 혹은 다른 어린이들 간에 어떤 상호작용이 일어났는지 궁금합니다. 저는 광각렌즈를 통해 보는 것이 사회적 상황이나 교사/관찰자와 다른 어린이들과의 상호작용에 대해 우리에게 올바른 정보를 줄 수 있는지 궁금합니다."

"저는 얼마나 많은 어린이들이 그 방에 있었는가와 그 어린이들이 모두 철사를 가지고 어떤 활동을 했는지 궁금합니다."

"저는 이 철사 이야기가 전개되기 위해 교사가 했던 일과 하지 않았던 일에 대해서 궁금합니다."

"다음에는 무슨 활동이 일어났습니까? 이 전에는 어떤 활동이 있었습니까? 철사 한 다발을 가지고 한 이 활동이 어떻게 시작되었습니까?"

"어떻게 어린이들에게 이 생각이 떠오르게 되었는지 궁금합니다. 그런 생각들이 어디서부터 온 것일까요?"

"저는 교사들이 어린이들에게 어떤 철사 기술에 대해 설명을 했는지 안 했는지 궁금합니다."

"저는 매우 강력한 이 활동을 제시하기 위해서 간단한 형식을 살펴봅니다. 저는 이러한 인용문과 사진, 그리고 순서대로 엮인 장면들이 선택된 것에 대해 궁금합니다. 이러한 선택의 배경에는 어떤 생각하는 과정이 있었을까요?"

## 4 단계 : 그 활동의 특징에 대해 심사숙고 해보기

"이 조각 그림 뒷면에 있는 것에 대해 심사숙고 해보는 활동으로 넘어가 봅시다. 어린이들이 학습하고 있는 것에 대해 여러분은 어떤 생각을 합니까? 브렌다 파이프는 우리를 이 과정에 따라 이동시켜갔다.

"저는 어린이들이 이전에 철사를 가지고 놀았던 경험을 가지고 있었고, 그래서 철사를 가지고 노는 것에 더 편안해 했으며, 따라서 이야기를 만들어낼 수 있었다고 생각합니다."

"어린이들은 우리가 기대한 것 이상의 다양한 방법으로 그들의 손과 손가락을 사용하는 것을 배우고 있습니다."

"저는 이러한 매체들이 그들에게 이야기를 만드는 방법을 제공해 주며, 그것이 긍정적인 과정이라고 생각합니다."

"이와 마찬가지로 매체를 가지고 활동함으로써, 어린이들은 변화에 대해 배웁니다. 그들은 어떤 것을 다른 것으로 변형시킬 수 있게 됩니다."

"저는 그들이 연속적인 것, 즉 차례에 대해서 배워가고 있다고 생각합니다. 첫 번째 사건이 일어나면, 그 다음 사건으로 이어지고, 그리고 그 다음에는 또 다른 생각으로 이어지게 됩니다."

"그들은 주도권을 잡는 것과 어떤 활동을 시작하는 것, 처음에는 중립적이었던 활동으로부터 의미를 가지는 새로운 활동으로 만드는 것을 배우고 있습니다."

"저는 어린이들이 그들이 만들어 가는 어떤 관계를 가치 있는 것으로 여긴다고 생각합니다. 그들은 이미 2살 때부터 작가로서의 소질을 보여주는군요."

"저는 이렇게 철사를 가지고 활동하는 경험이 이런 어린이들에게 자신의 능력과 독창성에 있어 자신감을 강화시켜 줄 수 있다고 생각합니다. 교사들과 어린이들 모두 다소 위험을 무릅쓰기도 합니다. 그들은 앞으로 무슨 일이 일어날지 혹은 일어나지 않을지에 대해 알지 못합니다."

"저는 이러한 이야기들이, 관찰하고 있는 어른들에게 놀라운 것이라고 생각합니다."

## 5 단계 : 아멜리아의 반응

아멜리아는 더 이상 참을 수가 없었다. "이제 제가 말해도 되겠습니까? 저는 제가 여러분들에게 어떤 것을 제공해줄 수 있을 것이라고 생각합니다."

이렇게 간단하지만 강력한 연속적인 장면들에 대해 함께 열띤 토론을 하면서, 우리는 아멜리아가 어떻게 반응할지에 대해 매우 궁금했다. 그녀는 출발점을 벗어난 말처럼 시작했다. 그녀는 우리가 인지하고 있고, 궁금해 하고 있으며, 심사숙고하고 있는 내용들을 가지고 그녀의 생각을 연관성 있게 열정적이고 강렬하게 말했다.

이러한 패널은 도입 이후로 전체 전시물들 가운데 처음이었다. 우리는 지금까지 내용들이 작품에 대한 의미있는 소개라고 생각한다. 이 전시물들은 매우 적은 이미지와 설명을 가지고 관찰자들에게 강한 영향을 주고 있다는 것을 의미했다.

이는 어린이와 교사의 첫 번째 태도로부터 이루어지는 이 전시물을 통해 여러분이 발견할 복잡성으로의 일종의 문호개방을 창출하기 위함이다.

매체 – 예를 들어, 많은 다른 종류의 철사 – 이것은 어린이들을 위해 우리가 준비할 매우 중요한 것이다. 우리는 어린이들이 세계를 탐험할 다양한 기회를 줄 수 있도록 재료를 준비한다. 이것은 종이, 그림자 스크린, 가벼운 테이블 등과 같다. – 어린이들에게 탐험할 수 있는 많은 다양한 자료와 방법들은 매우 유효하다.

몇 분은 시간에 대해 언급했다. 어린이들의 작업시간은 짧을 수도 길 수도 있다. 이 강력한 주장은 어린이들이 머무르기 위한, 이리저리 움직이기 위한, 돌아오기 위한, 그리고 다른 관점으로 사물을 보기 위한 시간을 가진다는 것이다. 이와 같은 작업은 매우 짧은 시간 이내에 일어날 수 있지만, 그것을 가능하게 만들 수 있는 다른 많은 시간들이 필요하다.

어떤 분은 어느 활동이 그 이야기의 처음에 와야 하는지 그 조사의 단계에 대해서도 언급했다. — 그리고 그 조사, 관계, 그 이야기는 동시에 일어날 수 있다. 이것은 어린이들과 선생님, 그리고 그들의 생각의 방법에 달려 있다.

이제, 어른의 기대와 어린이들의 생각에 관해 이야기해 보자. 비록 우리 어른들은 보지 못한다 할지라도, 우리는 어린이들에게 할 수 있다는 신뢰감을 심어 주는 유능한 선생님이 있다고 상상할 수 있다. 선생님은 역시 어린이들에게 높은 기대를 가지고 있다. 어른들은 어린이들이 스스로 생각하는 힘을 발견할 수 있도록 환경과 자료들을 제공해야 한다.

이것은 어린이들에게 있어서 그렇게 일반적이지 않다. 보통, 어린이들 주위에는 그들을 신뢰하는 대신 좀 더 직접적으로 개입하는 어른들도 있다. 나는 교육자들과 함께 어린이들이 다양한 경험을 가질 수 있는 환경의 중요성에 대해 얼마나 인식하고 있는지에 대해 자주 토론한다. 게다가 경험과 매체의 우수성에 대해서도 의견을 나눈다.

레지오에서 우리는 어린이들이 천재가 되게 하기 위해서가 아니라 그들의 학습과정과 그들의 사고의 능력을 최대한 발현할 수 있는 많은 기회들을 줄 수 있도록 우리가 찾을 수 있는 한 최상급의 자료들을 준비해야 한다. 나는 그들이 아주 어릴 때 이러한 환경을 접하고 그들이 생각하는 것을 표현할 수 있도록 허용할 때 어린이들의 마음 속에 영원히 남게 될 것이라고 믿는다. — 말라구찌가 말하는 여분의 주머니 같은 것이다. — 그들은 그들의 사고력의 힘을 이해한다.

매일의 삶 속에서 많은 행동들이 일어나지만 우리는 왜 그것들을 볼 수 없는가?

이 짧은 다큐멘터리는 우리 주위에 하나의 전체적인 세계가 존재하지만 우리는 단지 마을만 본다는 것을 보여주기 위한 것으로 의미되어진다. 이 단편은 많은 관심과 학교에서 일상의 존엄을 보여준다. 매일의 에피소드에서 여러분들은 어린이들의 무한한 가능성을 알 수 있다.

아멜리아의 목소리, 그리고 그녀의 열정을 들으면서 우리는 학교에서 그녀와 함께한 많은 기억들을 떠올렸다. 그녀가 하는 많은 이야기들은 우리의 마음에 친근하게 와 닿았다. 매 시간 마다 우리는 더 깊어지는 새로운 맥락에서 이러한 이슈들을 강연했다. 전시 패널과 질문에 관한 이 구성의 사용은 우리에게 새로움을 위한 재조사와 이해와 의미 분배의 기회를 주었다.

## 6 단계 : 가르치기와 배우기의 의미

로리는 요청했다. "우리 6단계로 가서 우리 일의 의미에 관해 토론할까요? 아멜리아, 우리가 계속 진행하기 전 좀 더 이야기 하실 것이 있나요?"

"네, 됐습니다. 계속 합시다."

브렌다 파이프는 기록의 마지막 부분에서 조력자이면서 참가자로서 활동했다.

"지금까지 우리가 공유해 온 것에 대해 누가 생각해봤으며, 이것이 우리의 연구와 어떤 관련이 있습니까?"

그룹은 다시 함께 생각하기 시작했다.

"주어진 시간에 어린이들이 한 활동은 놀랍습니다. 어린이들을 팔찌 만드는 활동에서 다음 단계로 이어지도록 도우려 했던 교사는 없었습니다. 어린이들은 자기 자신만의 일련의 탐험을 계속하고 있었습니다."

"아마, 어린이들의 활동을 어른들이 가치 있게 생각한다는 것을 어린이들이 알기 시작하면, 그들은 계속해서 더 열심히 할 것입니다."

"그것은 저에게 교사의 역할에 있어서의 정교한 균형과 기회제공자의 필요에 관한 캐롤린 에드워드의 인용문을 상기시켰습니다. 이러한 패널을 함께 보면서 우리는 모두 각자의 학교에서 어린이들에게 더 깊은 관심을 가지고, 그들의 말에 더 귀 기울여 주어야 한다고 생각했습니다."

"그리고 그것을 더 정확히 보여주길 원합니다. 이 순간은 매우 알기 어려운 순간이 될 수 있습니다. 우리 모두는 우리가 어떻게 상세히 기록하고 있는지에 대해 의문점을 가지고 있습니다. 우리는 어떻게 이렇게 작은 에피소드를 포착하고 그것을 볼 수 있게 만들 수 있을까요?"

"이것은 여러분들이 매일 일상에서 시도하는 것입니다. 이것이 아주 거대한 것이 될 필요는 없습니다."

"저는 마지막에 피카소의 그림을 사용한 것과 그것이 도움이 되었는지 아닌지에 대해 의문을 제기하고 싶습니다. 어린이들의 작품이 오직 유명한 화가의 작품과 비슷한 그 무엇인가를 했기 때문에 중요하다는 말입니까?"

브렌다 파이프는 아멜리아의 말에 대해 열정을 가지고 뛰어들었다.

"저는 그것이 완전히 반대의 효과를 거두었다고 생각합니다. 그것은 매우 자극적입니다. 저는 여러분 모두가 이 그림의 배경을 아는지 모르겠습니다. 이것은 완전히 혁명적인 것 중 하나입니다. 피카소는 자전거 의자를 바꾸지 않았습니다. 그는 자전거 핸들을 바꾸지 않았습니다. 그는 물체를 회전시켰습니다. 그는 실제로 물체들을 변화시키지 않고 물체들을 병렬로 결합시켜서 완전히 새로운 무엇인가를 만들어냈습니다. 그것은 1940년 때에는 완전히 혁명적인 아이디어였습니다."

"그래서 아멜리아가 말한 것처럼, 그것은 이러한 방식으로 2살 반 된 어린이들에게서 볼 수 있는 혁명입니다. 이러한 방식이라 함은, 물체와 어린이들의 경험 사이에 매우 창의적인 관계를 만들어 준다는 것입니다. 아마도 똑같은 방식으로 피카소는 혁명을 만들어냈을 것이고, 이와 같이 두 가지 것을 결합시켰을 때 전 세계를 놀라게 할 것입니다. 나는 이러한 연속적인 장면이 세계에서 가장 훌륭한 예술가들의 작품들 만큼이나 강력하고 상상력이 풍부한 것이라고 교육자들이나, 부모들, 그리고 심지어는 어린이들에게 말해주기를 의도하는 것이라 생각했습니다."

로리가 생각하는 대로 말했다. "그리고 우리가 어떻게 이 일련의 패널를 끝내는가 하는 것이 필수적입니다. 저는 케린과 내가 루리스와 함께 몇 년 전에 일했던 일련의 연속적인 패널을 생각하고 있었습니다. 우리는 그것들이 여러분들에게 의문점을 남겨놓았을 때 여러분들의 생각을 너무 많이 자극하지 않는 '그들은 무슨 생각을 하고 있는가?'라는 질문으로 끝을 맺었습니다."

"혹은, 우리가 생각하고 있지 않는 것은 무엇일까요?" 캐린이 웃으면서 말했고, 그 시점에 우리 모두는 포복절도하였다.

"나는 좀 더 진지한 기록에 무엇인가를 덧붙이고 싶습니다." 우리가 진정되었을 때, 프란시스가 말했다.

"이러한 패널에 대한 한 가지는 또한 그것들이 나로 하여금 잃어버린 것에 대한 슬픔을 불러일으켰다는 것입니다. 우리 모두는 우리가 항상 이런 종류의 활동을 보아왔다는 것을 인정합니다. 하지만 우리는 어린이들이 하는 활동을 어른들에게 전달하는 의무를 얼마나 자주 수행하나요?"

"이제 내가 좀 더 추가해도 될까요?" 아멜리아가 말했다.

"물론이죠." 브렌다 파이프가 웃었다.

"이러한 이야기들은 태도에 대한 초대입니다. 제가 처음에 언급했듯이, 기록의 기원은 연속적인 태도입니다. 우리는 이해하려고 노력하고, 사건의 순서를 따라가고, 그런 다음, 더 많이 이해하게 되고, 우리의 동료교사와 함께 다시 그것을 바라봅니다. 그런 뒤에 우리는 다른 사람에게 갑니다. 중요한 것은 부모들이 그들의 어린이들에게 더 신뢰감을 주고, 어린이들이 강력한 이미지를 가지고 성장하게 하기 위해서 교사들이 이렇게 배열을 한 것을 본다는 것입니다."

이 시점에서 우리는 우리가 아멜리아와 함께 공동연구를 하는 교사로서, 이러한 패널로부터 아주 자극적인 생각을 하게 되었다는 것에 모두 놀라움을 느끼고 있었다.

"아마도 우리는 조금 휴식을 취해야 하겠습니다." 로리가 제안했다. 모든 사람들이 동의하였다. 아주 생산적인 아침이었고, 우리는 이동할 준비가 되었다.

나는 계단을 내려와서 냄새가 강한 유칼립투스 나무 아래로 걸어가기 시작했고, 여기서 나는 유칼립투스 봉오리를 모으는 것을 좋아했다. 그 나무들은 키가 크고, 털이 많으며, 적색의 나무껍질로 되어있었다. 짙은 청록색 잎은 가느다란 끝으로 가면서 점점 가늘어진다. 씨앗을 가지고 있는 봉오리는 크기가 도토리만한데, 꼭대기가 편평하다. 도토리 하나를 상기시키는 둥근 면이 뒤쪽이다. 가느다란 입구는 씨 주머니의 편평한 면의 중간에 작은 십자가를 만들고 있고, 각각의 작은 입구의 끝에는 4개의 작은 원을 가지고 있다. 나무 아래에는 이런 봉오리들이 수 백 개가 있었다. 아마도 여기 지역 사람들은 이것들이 보물인 줄을 모르고 있는 것 같다.

봉오리들은 진흙에 아주 깊은 자국을 만들 때 사용될 수 있고, 또한 봉오리들이 게임말이 되어줄 수 있고, 교실에서 소꿉놀이를 할 경우에 음식이 되어 줄 수도 있다. 씨앗들은 그들의 작은 상자 속에서 자유롭게 여기저기로 튀기 때문에, 각각의 봉오리들은 그 자체로 작은 딸랑이가 된다. 그 하나하나는 유칼립투스와 북서부의 강력한 향기를 가지고 있다. 나는 우리가 떠나기 전에 각각의 학교에서 온 선생님들에게 봉오리들을 담은 작은 가방을 줄 것이다.

## 연수

회의는 금요일 저녁에 시작되었다. 세인트 루이스 레지오 공동체의 세 학교에서 온 20명의 우리 그룹은 어린이들을 교육하기 위한 희망적인 방법과 교사로서의 우리 자신을 인식하기 위한 참신한 방법에 대해 듣기 위해 미국 전역에서 온 200명의 교육자들과 합치게 되었다.

다양한 학교 환경에서 온 많은 인종적 배경을 가진 교사들은 칼리나 리날디, 아멜리아 감베티와 그들과 함께 동반한 교육자들 – 연구와 부모 참가에 대해 연설하게 될 교육가 파올라 카글리아리(Paola Cagliari)와 "연극적 언어"라고 부르는 영아와 걸음마기 유아들의 탐색에 대한 연구와 기록에 대해 이야기할 교사 안토니아 몬티첼리(Antonia Monticelli) – 의 이야기를 들으려고 왔다.

칼리나와 아멜리아는 레지오 에밀리아의 지방 유치원에서 각각 30년 동안 연구해 왔다. 이 회의 동안, 아멜리아는 우리를 이끌었고, 미국과 전 세계에서 우리가 노력할 수 있는 상황 속에서 연구 계획을 세웠다. 칼리나는 역사와 철학에 대해 우리에게 말했다. 그들은 서로서로의 의견에 자연스럽게 개입했고, 그들이 추가하기를 원하는 생각이 있을 때 다른 발표자들의 의견에도 자연스럽게 개입하면서 일을 함께 잘 하였다. 우리가 함께 한 마지막 날 아침, 칼리나는 우리에게 레지오 접근법에 깔려있는 가치를 말해주었다.

그녀는 열정을 가지고 말했다. 그녀의 눈은 용기와 진심을 가지고 우리를 보았다. 다음에 나오는 의견은 그녀의 말에서 발췌한 것이다.

가치는 문화를 정의하고, 사회의 기초적인 요소 중 하나이다. 모든 사회는 가치를 공유하고 만든다. 우리가 교육할 때, 우리는 가치를 전달한다. 가치는 보편적인 것이 아니다. 모든 문화와 사회는 그것 자신의 가치를 정의한다. 가치는 문화를 결정하고, 문화에 의해 결정된다. 인간으로서 우리는 우리의 가치를 선택한다.

이것은 학교가 가져야 하고, 우리 모두가 가져야 할 가장 큰 책임감 중에 하나이다. 레지오 에밀리아에 있는 우리에게 학교는 우리가 가치를 창조하고, 가치를 우선시하고, 가치를 강조해야 할 장소이다. 학교는 가치를 전달하고 또한 만드는 장소이다. 그러나 우리는 무슨 가치에 대해 말하고 있는 것인가?

**주관성에 대한 가치** : 우리는 각자 독특하고, 우리는 영원히 독특할 것이다. 우리는 이것을 소중한 것으로 여긴다. 이를 위해서, 우리는 차이를 가치 있게 생각하고, 그 차이를 들으려고 노력하고, 또한 우리가 변화할 것이라는 것을 받아들인다. 서로의 변화는 진정한 상호작용으로 일어난다. 우리는 이 변화로 각자 어떤 것을 잃을지도 모르지만, 우리는 또한 새로운 어떤 것을 발견할지도 모른다. 우리는 참여의 가치를 발견한다.

우리는 참여를 통해서, 민주적인 경험, 즉 각자 혹은 모든 사람들의 목소리를 들을 수 있는 곳을 창조해내고 있다. 민주주의의 가치는 우리의 경험을 세우는 원리이다.

이 상황에서 학습은 가치롭다. 왜냐하면 우리가 학습이 상관적이라는 것을 알고 있기 때문이다. 우리는 가르치는 학교에서 배우는 학교로 이동한다. 학습은 이전에 없었던 것의 출현을 말한다. 삶은 우리가 서로서로를 교육하는 장소이며, 그 안에는 감정, 동정, 그리고 변화가 있다. 삶 속에서 우리는 놀이, 즐거움, 감정, 호기심, 그리고 유머 감각에 가치를 둔다. 인식이 있는 활동은 어떤 새로운 것을 어린이들과 교사들에게 가져다 주는 창의적인 활동이 된다.

이는 우리에게 개인적이고 전문적인 발달의 가치를 가져다 주는데, 이것은 개별적으로 보여지는 것이 아니라 전 삶을 통틀어서 태어날 때부터 계속 이어지는 일생의 모험으로서 보여져야만 한다. 또한 우리가 다른 사람들과 공유하고 계속해서 함께 만들어가는 가치에 기초를 두고, 그들과의 관계 속에서 우리 자신을 계속해서 만들어가는 발달을 말한다.

나는 내가 말하는 가치가 우리를 둘러싸고 있는 가치들과는 매우 다르다고 생각한다. 나의 견해로는 우리의 공유된 연구가 중요하고 정치적인 것이다. 그래서 우리에게 용기, 끈기, 낙관적인 사고가 필요한 것이다(Rinaldi, 2000b).

우리는 그야말로 어린이들에게, 교사에게, 실제 사회에, 그리고 삶에서의 소중한 것과 지능에 있어서 새로운 세계관에 대한 칼리나의 열정 속에 숨쉬고 있다. 그녀의 연설은 우리에게 에너지와 희망을 가득 채워 주었다. 칼리나가 연설을 끝냈을 때, 우리는 자발적으로 모두 일어나서 박수를 쳤다.

박수갈채가 잔잔해지면서, 아멜리아가 칼리나의 연설에 대한 반응을 보여주길 요구했다. 빨간 옷을 입은 검은 머리의 교사가 손을 들었다. 그녀는 경쾌하고 멋진 스페인 말투로 말했다. "우리는 이것을 갈망하고 있었습니다. 우리는 이전에 이것들에 대해서 들었지만, 어느 누구도 이처럼 우리에게 직접적으로 말해 주지는 않았습니다. 우리는 교사이기 때문에, 이러한 강의를 갈망하고 있습니다. 우리는 우리에게 우리의 인간성, 우리의 감정, 우리의 지능, 우리의 잠재력의 깊이를 보여줄 누군가를 갈망하고 있습니다."

## 아멜리아의 시각을 통해 우리 자신을 보다

1994년 이래로, 우리가 세인트 루이스에서 아멜리아와 함께 일하기 시작했을 때, 우리는 아멜리아의 시간을 우리 모두에게 도움이 되는 쪽으로 일정을 잡았다. 우리는 그녀가 우리 세 학교 중 각각의 학교와 대략 동등한 시간을 보낼 수 있게 하기 위해서, 그녀가 우리와 함께 할 수 있는 날들을 3등분으로 나누었다. 이번 3월에 우리는 아멜리아가 세인트 미카엘 스쿨을 시작으로 해서, 칼리지 스쿨로 옮기고, 마지막으로 페밀리 센타로 가도록 계획했다.

각각의 학교에서, 우리는 그 때 당시 우리의 성장에 있어 가장 중요해 보이는 것에 초점을 두었다. 아멜리아는 항상 어떤 장소를 방문할 때, 그녀가 마지막 방문한 이후 변화된 것과 발전한 것에 대해 기록하기 시작했다. 때때로, 우리는 그녀에게 우리가 큰 그룹의 어린이들이나 작은 그룹의 어린이들과 활동하는 것을 관찰해 달라고 요구했다. 종종 우리는 사진, 어린이들과의 대화, 어린이들의 작품, 그리고 우리의 의견에 대해 그녀와 함께 나누고, 우리가 해 온 것과 우리가 다음에 할 것들에 대해 그녀의 정보와 피드백 등을 요구했다. 때때로, 우리는 슬라이드 프레젠테이션을 공유하며, 그녀에게 어떤 평가와 제안을 요구하기도 했다(그림 3.7 참조).

〈그림 3.7.〉 페밀리 센터 재방문에서 아멜리아 감베티와 경험을 제공하는 선생님들

각각의 학교에서, 아멜리아와 우리의 만남은 오후 동안, 수업일 동안, 그리고 학교가 끝난 후에도 열렸다. 다른 두 학교에서 오신 교사들은 아멜리아가 그 날 방문하고 있는 학교의 회의에 참석하기를 권고 받았다. 각 학교에서 우리들 중 한 명은 아멜리아의 평가와 제안에 대해 세부적으로 기록하였고, 참여하고 있는 세 학교 선생님들의 뒤이은 대화도 기록하였다. 이러한 기록은 세 학교의 모든 선생님들이 함께 나누어 보았다.

세 학교는 어떤 때는 어려운 비평에 직면하기도 했다. 그러나 항상 아멜리아가 한 학교에서 관찰한 것은 기본적인 원리로 돌아온다는 것과 새로운 방향으로 나아간다는 것 두 가지 면에서 세 학교 모두에게 도움이 되었다. 이 특별한 해에, 세인트 미카엘 학교에 있는 교사들은 아멜리아의 가장 도전적인 비평을 받게 되었다. 물론 그녀가 각각의 학교마다 약간은 다른 상황 속에서 그녀의 제안이나 평가를 되풀이할지라도 말이다. 이 모든 경험을 통해서, 아멜리아는 우리에게 가장 어렵고, 지나친 요구를 하는 스승이자 조언자가 되고 있었다. 우리는 항상 성장하고 뻗어나갔다. 하지만 불안함과 도전이 반드시 있게 마련이다.

아멜리아가 예전에 세 학교에서 조언했던 내용을 기록한 것을 다시 보았을 때, 우리는 되풀이 되는 주제를 찾았다. 무엇보다도, 그녀는 우리가 어린이들과 하는 것을 왜 하는지 생각하기를 요구했고, 우리가 하고 있는 것이 어린이들의 지능과 시간에 대해 가치 있는 것인지 아닌지 평가하기를 요구해 왔다. 일단 우리가 이것을 결정했다면, 그녀는 우리의 선택이 당연한 것이 되게 만드는 가치를 취하는 것이 아니고, 또 그것들을 무시하는 것도 아니며, 우리의 선택 뒤에 있는 이유들을 명확하고 명백하게 만들 수 있도록 우리를 후원했다. 게다가 그녀는 어린이들이 발견을 할 수 있도록 하고, 이러한 경험들을 정중하고 사려 깊은 방법으로 공동체의 모든 사람과 의사소통할 수 있는 학교 환경을 우리가 전체적으로 생각하도록 이끌었다. 그녀는 우리에게 부모님들에 대해 자주 물었다. 우리가 어떻게 부모님들에게 접촉하려고 하는가, 그들이 얼마나 우리의 공동체에서 절대적으로 필요한지, 그리고 그들과의 협력이 학교에서 얼마나 보여질 수 있는가?

## 세인트 미카엘 학교에서

다음은 이번 해 세인트 미카엘에서 브렌다 파이프 수웰과 카렌 슈나니더의 기록들로부터 발췌한 것들이다. 그들은 우리 학교에서 아멜리아와 수년간의 작업을 통해 만든 기록의 내용 및 형식의 표본들을 공유해 왔다. 아침에 교실과 작업실을 돌아본 아멜리아는 교사들을 만나 여러 가지 충고와 제언을 했다. 아멜리아와 우리는 이러한 피드백을 논의 한 후 의견을 수렴하여 이 기록들을 요약해 두었다.

1. 살아있는 환경은 지속적인 관심과 고려를 필요로 한다. 환경의 경우, 당신이 어떤 환경에 속해 있을 때, 그것을 다른 누군가와 항상 같은 시각으로 보진 않는다. 우리의 환경은 전체로 잘 적용되어질 필요가 있다. 그렇지 않다면, 부분적으로 느껴질 것이다. 우리의 학교가 더 세심한 관심과 공간의 편성이 필요한 지하에 있기 때문에 그녀는 특히 이 부분을 더 비평하였다. 그녀는 우리의 관심과 손길이 필요한 창문, 선반, 그리고 재료 등을 지적하였다. 아멜리아는 인조 화분을 지적하면서 그 전에 이곳에 실제 잔디가 있었는데 지금의 인조 잔디를 다시 잔디로 교체하는 것을 고려해 보아야 한다고 했다. 식물을 기르는 것은 단순히 살아있는 것만으로도 우리의 질 높은 생활에 기여한다.
2. 환경은 우리의 생각을 반영하여야만 하고, 현재, 우리의 환경들이 우리가 속한 고차원의 사고를 반영하지는 않는다.
3. 우리는 우리가 어린이들과 함께 한 경험의 정황을 보여줄 필요가 있다(우리는 이 내용을 세 곳의 모든 학교에서 들었다). 우리는 작업이 처음 시작된 곳과 우리가 작업한 것을 보여줄 필요가 있었고, 시작을 우리의 의도와 연결하였다. 예를 들어 그녀는 과정의 시작부분을 보여주지 않았던 그림과정에 관한 패널을 지적하였다. 우리가 처음 어떻게 시작하고 전개해 가는지 그 과정과 진행이 불분명하다고 했다.
4. 아멜리아는 또 가족과 의사소통을 원활하게 할 수 있도록 부모용 게시판을 만들 것을 제안했다. 우리는 연구와 기록에 부모들을 포함시켰다.
5. 그녀가 언급한 다른 큰 도전은 다음과 같다 : 우리 학교에서 일어나는 복잡한 활동들에 대해 어떻게 명확한 방식으로 의사소통할 수 있을까? 우리가 교실에서 매일 일어나는 일들을 공유할 수 있는 공간을 제공할 수 있을 것인가? 아니면 우리는 현재 매년 통용되는 월간지를 이용할 수 있을 것이다. 우리는 교실에서의 일어나는

가장 중요한 경험들을 정해서 매달 그 내용을 올릴 수 있을 것이다. 그녀는 이 가능한 아이디어를 제안했다. 교실의 의사소통을 위해 어떤 다른 매체를 사용할 수 있을 것인가?

6. 어떻게 부모들을 교육할 것인가? 우리는 PPTC 모임을 가질 수 있고, 교실에서 일어나는 활동들을 소개하고 난 후에 그것에 대해 논의 할 수 있을 것이다. 우리의 이해를 돕는 부모–교사 모임을 만들어 어떻게 더욱 분명하고 효과적으로 의사소통할 수 있는 방법은 무엇인가?
7. 세인트 루이스에서 우리는 중요한 자료를 얻었다 – 세인트 루이스 레지오 공동체. 모든 학교에서 이러한 협동이 존재하고 어떻게 기능하는지를 이해하기는 어렵다. 아마도 우리는 우리가 함께 해야 할 모임과 다른 작업들의 스케줄을 게시할 수 있을 것이다. 우리 작업의 전문적인 발달 측면은 가시적일 필요가 있다. 우리는 학교 밖에 존재하는가? 방문객들은 여기로 오는가? 우리는 이러한 행사들로부터 배우는가? 지금 당장 이들 모두는 눈에 보이지 않는다. 우리는 우리의 공동 작업을 가시적으로 만듦으로써 힘을 얻을 수 있다. 다른 사람들–부모, 방문객들, 심지어 유아들까지도 그러하다. 이 과정에서 우리는 우리의 공동체, 우리의 연구, 전문적으로 성장하려는 우리의 욕구에 가치를 부여하고 있다.

## 클레이턴 학교 패밀리 센터에서

아멜리아 방문 마지막 날, 오후 일찍 클레이턴 학교 가정 연구소 직원들과 아멜리아는 최종 모임을 갖기 위해 쉐릴 브레이그 앨런 교실에 모였다. 척과 나를 포함해서 우리 중 몇 명은 다른 두 학교에서 온 사람들이었다.

척과 나는 여기 올 때마다 쉐릴의 교실에 매혹된다. 이 가정 연구소에는 아뜰리에리스타나 다른 아뜰리에가 마련되어 있지 않지만, 어쨌든 이 교실 전체가 아뜰리에의 느낌을 준다. 네 모퉁이나 다양한 크기와 종류의 선반 위, 벽의 조립식 그리드 안에는 재료들이 가득하다. 다양한 색상과 소재의 사진들이 장식되어 있었다.

수 년 동안 가정 연구소의 교사들은 전체 공동체를 위하여 잘 진행되는 층을 이루고 마음을 끄는 방식으로 직원으로서 그리고 부모와 유아들과 협동하여 재료를 발견, 청소, 구매, 수집, 구성하는 법을 배워왔다. 이들이 이러한 작업을 시작한 한 가지 방법은 뜨개실, 종이, 라피아, 나무판, 리본 등의 많은 매체들을 색상별로 나누어 중앙 복도의 선반에 걸어놓는 것이었다. 어린이들과 어른들은 이렇게 나열된 곳을 지날 때마다 상상력을 동원했다. 이것은 마치 색상, 감촉과 놀기 위해 무지개를 잠시 옮겨 놓은 것 같았다.

이제 쉐릴의 교실은 복도 컬렉션과 연결되는 곳일 뿐 아니라 그녀의 교실에 있는 어린이들과 어른들에게 풍부한 가능성을 열어준 곳이 되었다. 쉐릴은 어린이들이 자신만의 관점을 표현하는 데 부딪히는 모든 도전에 대처할 능력을 자극하기 위해 항상 풍부하고 광범위한 매체에 가치를 두었다고 우리에게 이야기했다. 매체와 어린이들을 기록한 그녀의 작업 시작은 초창기 그녀가 특별 교육자였던 시기로 거슬러 올라간다. 그녀는 레지오 접근법을 공부한 것이 어린이들과 함께하는 교사-연구자로서 자신의 역할뿐만 아니라 매체의 힘을 이해하는 데 많은 도움이 되었다고 말했다.

올해 어린이들의 설명을 곁들이고 교사들이 작업하면서 기록한 콜라주 자화상이 방의 한쪽 끝에 걸려 있었다. 같은 방법으로 그린 어린이들의 가족 그림도 있었다. 쉐릴은 3-5살 된 어린이들이 콜라주 작업을 할 때 재료가 있는 교실 전체를 자신의 팔레트로 사용했다고 설명했다. 어린이들이 콜라주 자화상을 만들도록 결심하게 된 계기는 몇몇 어린이들이 자발적으로 자신을 그리고 콜라주 표현을 했을 뿐 아니라 어린이들과 교사들이 매개물을 서로 사랑하고 아끼는 것을 보았기 때문이었다. 쉐릴과 메리 조 디에크하우스(동료 교사), 마크 카츠먼(사진작가 아버지)은 콜라주 자화상에 대해 쓴 소책자에서 이렇게 말했다:

우리는 어린이들이 자신의 얼굴과 몸, 옷을 거울을 통해 자세히 관찰하고 검토하도록 장려했다. 그리고 나서 어린이들이 자신의 특별한 자화상을 표현하기 위해 사용할 수 있는 재료들을 찾기 위해 라이트 테이블이나 미니 아뜰리에, 작업대, 건설 지역 등, 교실 주변을 찾아보도록 지원했다. 어린이들은 재료나 위치를 선택하는 데 있어서 모두 스스로 결정했다. 교사로서 우리들은 주로 두꺼운 섬유 조각을 자르거나 작업 과정에 대한 질문을 하거나 기술 및 전략을 제안하는 것 등의 도움만 주었다. 어린이들은 이 경험을 각기 다른 방법으로 접근했다.

모임이 시작되기 전에 나는 교실 주변을 잠시 둘러 볼 시간이 있었다. 나는 곧바로 콜라주 자화상이 있는 곳으로 갔다. 그곳 앞에서 나는 그 자화상들이 자아내는 전체적인 장면에 감동받았을 뿐 아니라 이들 각각에 빠져드는 나 자신을 발견했다. 그 자화상들은 생생하고 활기에 넘치는 모습으로 춤을 추고 있었다. 오늘 나는 자세히 연구하기 위해 두 가지를 선택했다. 아이삭은 콜라주를 시작하기 전에 자신을 그렸었다(그림 3.8 참조). 그는 작업하면서 이렇게 말했다:

〈그림 3.8.〉 클레이턴 학교 가족 센터 / 아이삭의 자화상

나는 눈을 만들기 위해서 어두운 갈색, 거의 검은색의 단추가 필요하다. 나는 또한 내 눈동자를 만들기 위해서 검은색 구슬이 필요하다. 나는 이것(둥근 조개)이 좋다. 왜냐하면, 이것들이 눈처럼 둥근 종류이기 때문이다. 나는 입을 만들기 위해서 두 줄의 노끈이 필요하다. 왜냐하면, 그렇게 하는 것이 진짜 입처럼 보이기 때문이다. 나는 이 끝이 뾰족한 조개들을 손가락 만드는 데 사용할 것이고, 그것들은 또한 훌륭한 눈썹을 만들 수도 있을 것이다.

알리는 당장 콜라주 재료를 가지고 시작했고, 어떤 단계에서도 그림그리기는 포함시

키지 않았다(page 195, 사진 6). 그녀는 작업을 할 때, 이렇게 말했다 :

나는 얼굴을 만드는 데 장미빛 종이를 사용하고 싶지만, 내 얼굴을 장미로 만드는 것은 원하지는 않는다. [쉐릴은 그녀에게 장미빛 종이를 둥글게 자르는 방법을 보여주었고, 그녀는 쉐릴이 풀을 가지고 끝을 부드럽게 만드는 것을 보고 기뻐했다.] 나는 오른쪽 눈이 필요하다. [그녀는 한참 동안 단추 눈을 찾았고, 나무로 된 귀 조각을 찾았다.] 나는 짧은 머리카락을 가지고 있으니까, 이 조각으로 머리카락을 만드는 데 사용할 거야. 내 옷을 만드는 것은 너무 힘들어서 아마 못 할 것 같아. [격자무늬]. [쉐릴은 그녀에게 자신의 격자무늬 옷에 있는 색깔들을 찾아보도록 제안했고, 그녀는 그렇게 했으며, 셀로판을 선택했다.] 나는 이것을 줄을 맞춰서 붙일 거야.[그물뜨기]. 이것들은 내 레깅스야.[초록색 막대기]. 그리고 이것들은 내 발이야.[초록색 편평한 대리석]. 나는 이것들[유리 구두]을 가지고 있지는 않지만, 너무 아름답지 않는가?

오늘 오후, 우리가 회의하는 동안, 아멜리아는 어린이들의 작품과 재료들의 풍부한 배열에 대해 평했다. "당신은 상공에서의 모든 가능성 그리고 여기 살고 있는 사람들과 공간에 대한 존중을  여기서 느낄 수 있습니다, 그렇지 않아요? 축하합니다."

"감사합니다, 아멜리아." 쉐릴이 말했다.

거기 참석해 있었던 우리들 모두는 우리가 본 것, 즉 목격한 모든 것들 뒤에는 오랜 기간 동안 힘들게 한 노력이 있다는 것을 느낄 수 있었다. 우리가 쉐릴의 교실에 있었을지라도, 우리는 이것을 협력적으로 느꼈다. 우리는 우리가 여행하였던 길과 이루어내었던 업적을 인지하는 것과 동시에 했어야 할 필요가 있었던 연구를 함께 이해했다. 우리는 개인으로서 그리고 세 학교로서 서로의 장점과 단점을 받아들였다. 우리는 함께 학습하는 것과 서로서로에게 배우는 것에 헌신적이었다. 이러한 점에서 우리는 매우 감사히 여긴다.

아멜리아가 계속해서 말했다 :

나는 여러분을 위해 두 가지 도전을 가지고 끝을 내고 싶다. 첫 번째는, 세인트 루이스에서의 여러분의 탐구와 여러분이 사는 곳에 대한 탐구에 대한 것이고, 미국 중서부,

즉 이 도시에서 여러분의 정체성을 발견하는 것에 대한 것이다. 나는 모든 학교에서 많은 가능성을 보았고, 그 점에서 나를 기쁘게 생각한다. 대학 내의 모든 다른 클레이턴의 이웃의 환상적인 가정은 나로 하여금 그것에 대하여 생각하도록 만들었다. 나는 더 많이 진행하고 싶다. 여러분은 레지오 투타(Reggio Tutta)라는 책을 가지고 있다. 그것을 또 다른 자극으로 사용해 보도록 해라. 다가올 전시회를 생각하고, 이 지역과 전시회를 어떻게 연관시킬 것인가를 생각해 봐라. 이것에 대해서 같이 연구해 보도록 노력해라.

두 번째는, 세 학교가 함께 연구하는 것에 대한 것이다. 함께 연구하는 것을 더 많이 시도해 보라. 서로서로를 더 많이 돕도록 노력해 보라. 여러분들이 의지할 수 있는 더 많은 회의(만남)를 가져보라. 여러분들은 서로서로에게 귀중한 자원이다.

우리는 아멜리아를 보았다. 그리고 서로를 보았다. 그 때 오후의 햇빛이 방으로 들어와 우리 주변을 비추기 시작했고, 우리는 아멜리아가 옳다는 것을 알았다.

## 우리작품을 정리하고 가시화 하기

3월의 남은 기간 동안 밀스 대학 연수에 참여했던 것과 아멜리아와 함께 보냈던 시간에서 동기를 부여받아 세인트 루이스 레지오 공동체 학교 세 군데에서 지난 몇 달간 해왔던 유아들의 작품 기록패널을 보았다(그림 3.9). 우리는 컬리지 스쿨의 빅 밴드 교실에서는 그래픽을 통한 자화상에 중점을, 뉴포트 교실에서는 블록 영역에서 새로운 이야기에 중점을 두기로 했다.

### 빅 밴드 교실에서 그린 자화상

샐리와 크리스티와 나는 세 쌍의 유아들이 자화상을 그리는 것을 각각 맡아서 보기로 1월 달에 결정했었다. 이 결정은 여러 이유에 의해 결정되었다. 우린 빅 밴드 교실의 입구 맞은편 구석 작은 공간 위에 있는 '정체성 게시판'을 5년간 제작해 왔다. 이 패널들은 개학 첫 주에 만들기 시작해서 1년이 흐르면서 점차 내용이 더해져 갔다.

〈그림 3. 9.〉 학습의 가시화: 세인트 미카엘 학교의 교사들이 한 경험을 함께 반영하고 정리하고 구성한다

정체성 게시판은 교실 안의 어린이들에 대한 일련의 패널로, 어린이들의 사진과 어린이들이 집과 학교에서 가장 좋아하는 것들(가족, 애완동물, 그 외에 어린이들이 써넣고 싶은 것)에 대한 면담 내용을 써 놓았다. 몇 년 동안 각 어린이의 게시판에 매체나 여러 매체의 조합을 포함시키기도 하였다. 이런 작은 조각으로 이루어진 콜라주나 천 또는 철사가 그 해에도 다른 종류의 자화상이 되었다.

시간이 적절할 때에 게시판들에 그래픽 자화상을 더해보는 것도 우리에게는 좋은 연습이 되었다. 대부분의 어린이들이 처음 자신을 표현할 때 즉흥적으로 그려나가는 것을 본 우리는 팀에서 결정하여 각 어린이들에게 자화상을 그리도록 하였다. 예전에는 어린이들에게 5인치×5인치 크기의 하얀 종이와 얇은 검정 마커를 주어 그림을 그리도록 했다. 우리는 어린이들에게 무리해서 빨리 그리도록 하고 싶지 않았다. 같은 시간에 어떤 형태로든 펜을 종이에 갖다 대며 의도적으로 자신이 누구인지를 그릴 수 있는 기회를 주고 싶었다.

1994년에 있었던 아멜리아의 첫 자문 방문 이후에 정체성 패널을 계발하는 데 박차를 가했다. 아멜리아는 어린이들을 좀 더 보이게 하라고 우리를 격려했다. 그녀는 매일이 교실에 누가 들어오는지 알 길이 없다는 말로 우리에게 도전을 주었다.

지금도 그녀의 목소리가 들리는 듯하다: "우리는 어린이들의 목소리를 들어야 하고 어린이들의 얼굴을 봐야 합니다. 어린이들은 개인과 집단으로서 독창적 정체성을 찾아야 합니다. 교사들은 어린이들의 목소리를 매일 들을 수 있어야 합니다. 물론 부모님들도요. 어린이들의 수많은 언어의 전시 목록을 보세요. 그 곳에서 '우리 자신 들여다 보기' 라는 부분을 찾아보시면 무슨 말인지 아실 겁니다."

그 때 우리는 왜 진작 이것을 실행하지 못했으며 왜 그것이 이렇게 중요한 것일까를 생각해 보았다. 그것은 아마도 우리 사회에서는 학교나 교실을 떠올릴 때에 좀 더 기능적인 장소로서 어린이들이 집단으로 모여 배우는 곳이라고만 생각하고 그들에게서 분리시켜 생각하지 않았기 때문일 것이다. 어쩌면 우리는 학습자 개인의 정체성이나 본인의 독창적 존재를 시각적으로 나타내는 것에 큰 가치를 두지 않은 것일지도 모른다. 아마 우리는 학교를 어린이들을 섬기는 장소로만 생각하고 어떻게 보면 어린이들의 큰 기여에 의해 만들어진 곳이라고는 생각지 않았나 보다. 어쩌면 우리는 머릿속 그림으로 그려 본 학교를 어린이들이 중심인 장소로 보는 것에 익숙지 않았을지도 모른다.

우리는 세 학교에 이 생각을 반영시켜 보았다. 그리고 여러 가지 해결방안을 찾도록 우리 스스로를 도전해 보았다. 세인트 미카엘 스쿨과 클레이턴 학교의 패밀리 센터 그리고 컬리지 스쿨을 방문할 때 교실의 주인공들에 대한 소개를 볼 수 있었다. 매년 각 학교에서는 이 관습을 다시 한 번 살펴보고 다음 해에 중심인물들을 어떻게 또 소개할지에 대해 결정한다(그림 3.10).

〈사진 3.10.〉 세인트 미카엘 학교에 있는 정체성 게시판의 클로즈업

올해까지 칼리지 스쿨에서는 우리의 옛 동료인 도리스 로버츠가 각 어린이들을 면담하고 어린이들이 자화상을 그릴 장소까지 준비하였다. 도리스는 이 두 가지 일을 모두 너무 좋아했다. 면담 질문들을 계발해 나갔고 그와 동시에 어린이들을 아주 편히 대하면서 솔직하고 자연스럽게 진행했다. 어린이들은 그녀에게 자신의 삶에 대한 많은 이야기를 하였다. 도리스가 좋아한 또 한 가지 일이 있었는데 그것은 어린이들이 자신이 하고 싶은 방식대로 자유롭게 자화상을 그릴 수 있는 환경을 만들어 주는 일이었다.

연초 시작하기 일주일 전에 있었던 팀 미팅에서 샐리와 크리스티와 나는 연중 행사가 된 어린이들과 가족들을 위한 정체성 패널 만들기를 계속하고 싶다는 것을 재확인하였다. 우리는 어린이들과 함께하는 일의 이 국면을 우리의 목적 진술의 일부에 넣기로 결정했다. 목적 진술이란 우리 자신과 부모님들을 위한 것으로 연초에 작성되어 연중에 업데이트가 되는 형식이다. 한 해의 가능성과 예상들, 우리가 따를 계획인 어린이들의 발달영역, 주위환경에 일으키고자 하는 변화와 발달, 그리고 교사들이나 부모님들이나 공동체에서 알고 싶은 의문점들을 포함하고 있다.

그러나 우리가 중요하다고 생각하는 모든 범위가 다 포함되어 있진 않다. 학부모님들은 학교 핸드북을 참고하고 교실을 방문하고 집단참여나 개인적 면담을 통해서 학교에서의 생활을 전체적으로 이해한다. 목적 진술은 우리와 어린이들의 특정방면 관심사를 강조함으로써 올 한 해 특별히 더 발전시키고 더 밀접하게 이해하고자 하는 부분들을 알리고자 함이다. 이 서류의 개념, 디자인, 그리고 이름은 레지오 에밀리아에서 온 것인데, 이는 아멜리아와 다른 교육자들이 우리에게 소개시켜 주었다. 이 서류의 사용은 우리의 문맥 안에서 스스로 진화하고 있다. 이 문제에 대해서는 뉴포트 교실에서의 협동과 자료에 관한 이야기에서 나중에 다루도록 하겠다.

다시 9월 팀 미팅으로 돌아와서, 샐리는 이 전통을 시작한 이래로 계속 흑백 증명사진을 찍어 준 또 다른 옛 동료이자 훌륭한 증명사진 작가인 조이스 데브린에게 또 한 번 사진을 부탁하기로 동의했다. 크리스티는 학교가 시작하고 한 달이 지나면 면담을 정리하기로 하였다. 자료 속의 자화상 하나와 그래픽 속의 하나를 어떻게 이어갈지는 가을 후반부에 결정하기로 했다.

조이스 데브린이 찍은 어린이들의 멋진 7×8 인치 인물사진은 9월부터 벽에 걸려있었다. 크리스티는 방문하는 부모님들과 다른 가족들이 쉽게 읽을 수 있도록 폰트 사이즈 18로 된 면담을 타이프하였다. 이 면담 내용들은 인물사진 옆에 걸렸고 그 옆엔 또 어린이들이 각자 만든 천과 실, 그리고 비즈와 단추로 된 작은 콜라주도 있었다. 그러다 3월이 되어서는 어린이들이 각자 만든 초상화 역시 걸리게 되었다.

1월과 2월에 걸친 여러 번의 팀 미팅에서 샐리와 크리스티와 나는 자화상 그리기 경험에 대한 구조 틀을 만들게 되었다. 도리스는 단독 교사로 면담을 하였고 그림 그리는 것을 도왔다. 하지만 우리는 모두 그 과정이 궁금했다. 우리는 각자 어린이 집단을 관찰할 기회를 갖고 싶었다. 우리는 한 반을 세 등분 하여 각자 6명의 어린이들을 맡아 관찰하기로 하였다.

지난 모든 경험에 비추어 보아 이번 년도엔 어떻게 하는 것이 좋은가에 대한 구조 틀을 몇 가지 변형하기로 했다. 우리는 각자 한 번에 두 명의 어린이들과 작업하게 되며 팀으로서 어떤 어린이들을 한 팀으로 할지 결정하고 그 과정에서 어린이들이 서로를 격려할 것이라 생각했다. 몇 년 간 한 어린이와 한 교사가 팀을 짰던 경험 본래의 모습을 유지하며 어린이와 교사에게 동일하게 초점을 두고 싶었지만 어린이들 사이에서 일어나는 상호 작용 역시 궁금하였다.

도리스는 작업을 할 수 있는 좋은 장소를 만들자는 아이디어를 처음 제시했다. 우리는 그녀의 생각에 바탕을 두기로 했다. 우리가 어린이들과 함께 산만한 것들에게서 멀어져서 각자 아뜰리에로 갈 수 있도록 정리했다. 즉 어느날 아침엔 나는 교실 안에 있고 크리스티나 샐리는 아뜰리에로 가 있거나 했다는 뜻이다.

어린이들을 면밀히 관찰하는 것뿐만 아니라 어린이들이 무엇을 하고 뭐라고 말하는지를 보고 각자의 노트에 공통된 체제를 사용해 기록한 후 교사들과 팀원 전체와 부모님들과 다른 학교의 교사들과 방문하는 교사들까지도 함께 나눌 수 있도록 했다. 우리는 다음 질문들을 물음으로써 함께 접근하도록 했다:

어떤 재료들을 모을 것인가?
한 가지 종류의 펜을 가질 것인가 여러 종류의 펜을 쓸 것인가?
비슷한 크기의 종이를 사용할 것인가?
어린이들에게 자신들을 그리라고 할 때에 어떻게 말할 것인가?
거울과 어린이들의 흑백 사진 복사본을 사용할 것인가?
그냥 관찰할 것인가 아니면 어린이들에게 질문도 하고 의견을 이야기도 하면서 상호작용하고 격려할 것인가?
어떤 것에 중점을 두고 관찰하며 우리가 보고 들은 것을 어떻게 기록할 것인가?

마지막에 우리는 각자 두 명의 어린이와 함께 두 개 부분을 갖는 시간을 지정하도록 결정했다. 처음에 우리는 거울을 가졌지만 어린이의 사진을 갖지는 않았다. 우선 관찰하기로 하였다. 우리는 어린이들이 자극으로서 단지 질문만으로 무엇을 어떻게 그렸는지 보는 것이 흥미로웠다. 두 번째, 우리는 손거울, 전신 거울, 유아의 흑백 사진을 가져왔다. 우리는 어린이의 첫 번째 자화상을 두 번째 부분으로 가져오기로 결정했다. 우리는 어린이들이 그것을 참고하기를 원했다.

반영을 통해, 우리는 처음부터 이러한 요소들을 갖고 어린이들과 두 개의 연속분분을 계획했다고 생각한다. 왜냐하면 우리는 각 어린이가 최소한 보이는 자극에 관해 진정한 호기심을 나누었기 때문이다. 우리는 어린이들이 메시지 센터나 미니 아뜰리에에서 자발적으로 자신을 그리는 때와 비슷한 시간적 상황에서 관찰하기 원했었다. 우리는 대단히 궁금했다. 짝이 된 어린이들이 서로에게 영향을 미치는지 미치지 않는지, 영향을 미친다면 어떻게 미치는지 궁금했다. 두 번째 활동에서 우리는 경험을 재방문하는 것이 어린이들에게 자신에 대해 좀 더 관심을 갖고 집중하게 될 것을 희망했다. 그리고 자화상을 그리는 과정에서 자신에 대해 좀 더 민감하게 되기를 희망했다.

두 가지의 경험에서, 우리는 각 어린이에 대해 세 가지 영역으로 나누어진 관찰 기록지를 사용하였다: 하나는, 어린이의 그림 과정을 기록하였고, 하나는 어린이가 한 말과 어떻게 어린이가 다른 어린이와 상호작용하는지를 기록하였고, 하나는 교사가 말하는 것을 기록하였다. 우리는 어떻게 교실을 배치할지, 우리가 작업할 책상은 어떤 것인지, 누가 매체를 준비할지, 언제 어떻게 사진을 찍고 비디오 촬영할지 결정하였다.

내가 사고, 준비, 우리 셋이 스스로에게 한 질문의 긴 목록을 쓰면서, 나는 우리 동료 브렌다 파이프(Brebda Fyfe, 1998)가 쓴 논문을 생각하였다. 그 논문에서 교사들은 어린이의 활동을 기록하거나 조직하면서 협력자로 나가기 위해 스스로에게 질문하는 질문목록을 제안했다. 내가 처음 그것을 읽었을 때를 기억한다, "이 모든 과정에 있어 순서와 시간에 대한 감각을 누가 갖고 있나?" 그러나, 우리가 일을 시작하기 전에 이러한 경험을 위해 단지 준비하려고 했던 모든 과정을 생각하면, 우리가 브렌다가 썼던 것처럼 그대로 했다는 것을 안다.

그녀가 설명했던 대로, 가르치는 팀의 성숙 정도대로, 사고의 방법과 준비는 두 번째 성향이 된다. 우리는 그냥 했다. 아마도 그것은 범선의 좋은 승무원이 된 것일 것이다. 우리는 무엇이 만들어져야 할 필요가 있는지 알았다. 우린 각자의 장점을 알았고, 함께 일하는 것의 방법과 특정한 리듬을 받아들였다. 잠시 후, 우리는 함께 일을 잘하는 것이 즐겁다는 것을 알게 되었다. 우리가 범선으로서, 어떤 종류의 상황을 만났는지, 정확하게 어디로 가는지 잘 모른다. 그러나 우리 스스로 여행을 준비하는 것이 좋았고 우리는 대부분의 시간을 즐겼다.

짝으로 된 어린이와 함께 전개한 우리의 경험은 주중 회의에서 우리가 관찰 한 것들을 공유하였다. 우리는 각자의 관찰기록을 볼 수 있었고 어린이들이 어떻게 활동했는지의 과정에 대한 스케치를 볼 수 있었다. 그리고 어린이들이 한 말, 어린이들 사이에서 어떠한 상호작용이 있었는지를 볼 수 있었다. 언어로 혹은 몸짓으로 공유한 이러한 기록은 우리 각자에게 긍지를 북돋울 뿐 아니라 전체로서 상당히 정확한 그림을 주었다. 그리고 우리가 공동으로 한 작업에서 얻은 열매를 공유하였다.

모든 어린이들이 자화상을 그릴 때, 크리스티는 어린이들이 두 개의 자화상 중 어떤 것을 좋아하는지를 물어서 좋아하는 것을 복사하였다(왜냐하면 우리는 메시지 센터와 메일박스에 축소 복사한 것을 놓았기 때문에). 그리고 어린이의 사진 옆에 걸어 두었다.

지금 우리 셋은, 우리가 가시화했던 다양한 과정에 대한 관찰을 하기 원한다. 우리는 부모와 어린이가 알고 이해하기를 바라는 것이 있다. 즉 어린이가 어떻게 스스로 그림을 만들어 내는지, 그것이 어린이에게 어떤 의미가 있는지, 어린이가 만들려고 선택했던 것으로 무엇을 만들어 냈는지, 만든 것이 얼마나 중요한지 등을 통해 어린이의 사고가 갔던 많은 다른 방향에 대한 이해이다.

어린이가 함께 디자인했던 경험에 관한 기록 패널에서 우리는 여섯 집단에서 하나를 선택해 어린이의 자화상 그리기 과정과 자화상을 특징화 하기로 결정하였다. 왜냐하면 18명의 어린이가 작업했던 것에서 몇 가지 방법에 대한 예시를 주기 위해서였다. 그림 3.11은 로간(Rogan), 브리우스터(Brewster), 클레어(Claire)의 것이고, 그림 3.12는 클레어가 자화상을 그리는 과정을 자세히 본 것이다. 우리는 부모와 어린이에 대한 나머지 관찰 기록을 만들기로 결정하고 수료할 때 어린이의 포트폴리오에 자화상을 함께 집으로 보내는 계획을 세웠다. 나는 어린이처럼 그리고 성인처럼 우리자신을 표현하는 과정의 경험을 반영하면서 다니엘 웰시(Daniel Walsh, 1999)의 말을 떠올렸다.

> 목표는 우리 자신을 표현하는 것이 아니라 우리 자신의 언어를 가지고 자신에 대한 묘사로 자신과 다른 사람과의 관계를 세우는 것이다. 우리는 우리 자신에 대한 이야기를 함으로써

우리 자신을 만든다. 그리고 어린이는 무엇인가를 하기 시작할 필요가 있는 시간이 …… 보통 평생 필요하다."(p. 22)

우리가 조금 천천히 진행함으로써, 신중하게 어린이와 시간을 조정하고 있으며 우리가 공유한 관찰에서 샐리(Shally), 크리스티(Christi) 그리고 나는 어린이들이 친구와 함께 종이에 펜으로 그들의 이미지를 구성하고 있는 계속되는 한 부분을 목격했다. 우리는 어린이들의 이야기를 들었고, 이러한 이야기들이 지금은 우리가 공유하게 될 공동체의 한부분이며 우리 모두가 감사해야 할 부분이 되었다. 이 과정을 통해 우리 자신과 서로에 대해서 그리고 어린이를 더 깊은 방면으로 알게 되었다.

## 뉴포트 교실 블록영역에서 만든 솔라드(Soulard) 마켓

나는 경험의 시작 흔적을 찾는 탐정처럼, 이 이야기를 시작하고자 한다. 왜냐하면 이것은 우리가 계획하거나 기대하던 바가 아니었기 때문이다. 뉴포트 교실의 목표선언에서 인용한 부분은 9월에 우리가 본 것과 같은 사물의 모양과 범위에 대한 감(sense)을 줄 것이다.

### 실외 연구

1998-1999에 있었던 실외활동과 어린이의 공간감각에 대한 연구는 여러 가지 면에서 어린이, 학부모, 그리고 교사들을 자극했다(뉴포트 교실 만남의 장소에 있는 패널에서 우리들의 모험과 발견 과정을 읽고 즐겨 달라). 우리는 마치 어린이들이 속한 지역사회나 실외영역에서 그들의 위치를 발견하는 수만 가지 방법들을 알기 시작한 것처럼 느낀다. 그러므로 우리는 1999-2000 학기에 이 연구를 계속할 것을 힘주어 제안한다. 우리는 1999-2000 학기에 걸쳐 여러 가지 제안과 질문을 갖는다.

1. 1998-1999년에 우리의 실외활동은 대부분 빌딩에서 먼 지역에서 이루어졌다. 왜냐하면 우리가 살고 있는 도시는 어린이가 장소에 대해 감각 발달을 이루어 가는데 기본이 되기 때문이다. 올해 우리는 탐색계획에 도시의 실외경험을 더 추가할 것이다. 우리는 다음과 같은 의문을 가졌다.

공원이나 솔라드 마켓, 또는 강변지대나 아치 형태의 건물을 방문할 수 있는가? 어린이는 도시 실외 경험에 대해 어떻게 반응하는가?

어린이는 무엇에 대해 언급하고 주목하고 놀라워하는가?

어린이는 무엇을 즐기고, 어떤 위협적인 것을 발견하는가?

지난해에 어린이가 나무나 잎사귀 같은 것에 흥미를 가졌던 것처럼 올해는 도심의 건축물들에 관심을 가질 것인가?

어린이들은 어떻게 그들의 경험을 표상할 것인가?

이러한 새로운 경험들을 어떻게 잘 기록할 수 있을까?

〈그림 3.11.〉 자화상 만들기 과정: 칼리지 스쿨의 빅 밴드 교실의 이야기

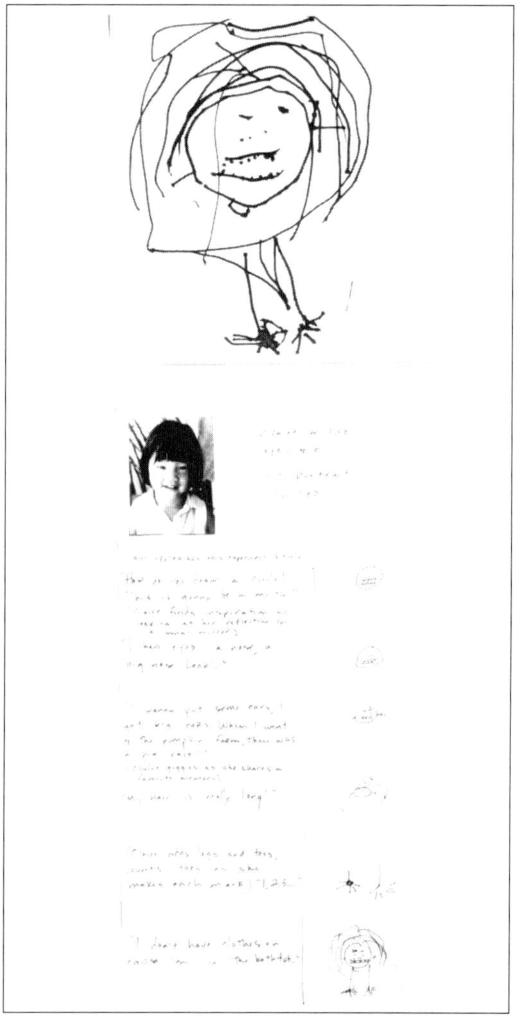

〈그림 3.12.〉 샐리(Shally)가 구성한 클레어(Claire)의 자화상 발달,

2. 왜냐하면, 가족들은 그들이 살고 있는 곳에서 근본을 느끼고 이해하게 된다는 것을 알고 있기 때문이다. 그리고 부모들과의 협력이 우리의 작업에 필수적이기 때문에, 학부모들에게 도심의 실외활동 탐험에서 자녀들의 곁에서 공동 협력할 것을 더욱 권장할 것이다. 또한 이런 경험들을 기록하는 데 학부모들이 우리를 돕도록 격려하여 우리의 지역사회가 여러 관점에서 다양한 방법으로 그들을 이해하도록 할 것이다.

## 도시의 랜드마크 탐색

도시의 실외 명소를 방문하는 우리의 목적을 성취하기 위해, 제니퍼(Jeniffer)와 마크(Mark)는 가을이 완연할 때 솔라드 마켓 가을소풍을 기획하기 시작했다. 우리는 이 소풍의 여러 가지 면을 함께 생각하고 계획을 세웠다. 제니퍼와 마크는 어린이들과 함께 곧 다가오는 소풍에 대해 이야기를 나누며 아이디어를 모았다: 시장을 이미 방문해 본 어린이가 있는지? 시장에서 무엇을 찾아 볼 수 있다고 생각하는지? 무엇을 가져오고 싶은지? 만약 부모님이 오신다면, 어린이는 부모님이 자신들과 함께 무엇을 하기 원하는지? 이러한 생각들을 기록하면서 다시 한 번 1994년에 기획한 현장 학습에 관해 아멜리아가 한 말과 질문을 생각했다. 이 소풍에 얼마만큼 어린이들을 계획에 관여하게 만드는가? 어린이들이 장소의 선택에 관여하는가? 어린이가 자신들이 조사자라고 느끼는가? 만약 당신이 사실상 경험의 중앙에 있는 연구자인 어린이들이 당신과 함께 어떤 장비들을 가지고 가야 한다고 생각하는가? 이제 우리는 어린이와 부모들과 함께 공동 연구자가 되고, 역할을 수행하도록 실질적인 방법을 개발해야 하므로, 함께 어떤 선택을 한다는 관점은 현장학습 계획하기를 위한 과정의 일부이다.

마크는 디지털 사진을 찍고 나는 슬라이드를 만들 것이다. 나는 처음부터 끝까지 한 그룹을 밀착해서 따라 다닐 것이다. 제니퍼는 새로운 영역을 탐구하는 작은 그룹을 이끌며, 우리와 합류하는 대규모의 부모 그룹을 도울 것이다. 그녀는 학부모를 지도하는 역할을 하며, 학부모가 어린이의 경험 활동에 있어서 적극적인 중개인이 됨과 동시에 참관인이 되도록 격려할 것이다. 그녀는 경험활동에 부모들을 협력자로서 초대한다.

우리가 떠나기 전과 마켓에 도착했을 때, 제니퍼는 학부모에게 색감과 섬유의 질감, 향기와 맛을 조사할 때 어린이에게 친구 같은 동반자가 되도록 – 그들의 자녀들과 같이 조사하고, 기회가 된다면 그들이 어떤 말을 하고, 무엇을 했는지 기록하고 – 부탁했다. 만약 마켓에서 기록을 못했다면, 학교에 돌아온 후, 자녀나 다른 부모들과 함께 간단한 기록을 할 수 있다. 어떤 부모들은 카메라를 가져 왔으며, 사진을 우리와 공유했다(학부모인 제니퍼 힐만이 제안한 이 소풍의 개요는 2장에 있다).

솔라드 마켓은 이 도시에서 가장 오래된 야외 시장이다. 이 시장은 세인트 루이스의 구시가지에서 가장 핵심부에 위치하며 강과 가깝다. 상품 진열대가 두 줄로 긴 복도를 이루고 있는 큰 시장이며, 음식점들이 있는 실내 공간도 있고, 아주 유명한 향신료 가게, 정육점, 조제 식품 판매점도 있다. 상인들은 그들이 만든 상품을 팔기 위해 시장에 나온 농부들이다. 솔라드 마켓은 오래된 세인트 루이스같이 느껴지며, 실제로도 그렇다. 수리를 하지 않았으며 규모가 커지지도 않았다.

어린이들은 그들이 보통 가는 슈퍼마켓과는 아주 다른 이곳에 매료되었다. 그들은 과일을 고르고, 돈을 세며, 포동포동 살찐 토마토와 초승달같이 생긴 오이, 붉은색의 조나단 사과와 라임, 연두색 사과를 자루에 담는 데 열중했다. 어린이들은 상인과 고객의 역할놀이를 하기 시작했으며, 생각하고, 상품을 선택하고, 제안하며, 물건을 세고, 더하며, 포장하고 옮겼다.

주일이 지나고 학교에 돌아온 많은 어린이가 그 날의 기억을 그림으로 그렸고, 처음에는 과일과 채소가 색깔과 모양별로 수북이 쌓여있는 상품 진열대에 집중하는 모습을 보였다. 적어도 학급의 반 정도의 어린이가 그림을 통해서 기억해 보기를 제안한 제니퍼의 아침모임에 관심을 보였다.

다음 주 월요일 오후에 있었던 회의에서, 제니퍼, 마크와 나는 솔라드의 생생한 기억을 생각해 내도록 도와줄 수 있는 또 다른 방법과 유아들 방식으로 기억이 남을 수 있는 방법에 대해서 의논했다. 제니퍼는 어떤 유아들은 참고용으로 상품진열대의 사진과 그들의 그림을 사용하여 이젤에서 그림을 그리고 싶어 할 거라고 제안했다. 또한 블록영역에서 시장을 재현하려는 그룹을 격려하고 싶다고 했다.

나타리의 엄마인 제니퍼 힐만은 어린이 중 한 그룹과 함께 굉장히 능동적인 역할을 해냈다. 우리들 중 한명이 그녀의 통찰력에 대해 면담할 수도 있었다. 나도 이것에 동의하는데, 내가 그녀의 그룹에 함께 따라다녔기 때문이다. 우리는 올해 남은 기간 동안에 부모님을 각 기록전문위원에 포함시키기로 결정했다. 그리고 제니퍼 힐만은 어린이들과 함께 그들이 사온 사과로 사과소스를 만들기 위해 언제라도 학교에 오도록 했다. 마크는 제니퍼에게 그녀가 학교방문을 계획하도록 자진하여 전화했다.

## 블록놀이에서 여아들의 시장놀이 엿보기

블록영역에서 솔라드 마켓을 재현하려는 제니퍼의 선동은 우리가 솔라드에 현장 학습을 다녀오고 난 일주일 후 수요일 아침에 시작되었다. 이 의견이 왜 소년이 아니라 몇 명의 여아들의 호기심을 자극했는지는 확실치 않다. 재현모습이 드러나자 여러 가지로 재미있었다. 남아들이 좌지우지하던 영역인 큰 블럭 영역에 막대기로 칸을 막았다. 이 여아들은 마켓만 재현하는 것이 아니다 : 처음부터 시장은 실제로 "장사를 위한 개점상태"가 되는 상품진열대를 갖추고 있어야 되고 그들은 상인으로서 일한다는 아이디어를 가지고 있었다. 이것은 그들이 기획하며, 광고하고, 개점과 폐점, 물건의 공급, 판매, 그리고 판매 기록들을 해야 하는 모험적 사업이 될 것이다. 큰 블록 영역은 활기찬 도시의 현장학습 기간 중에 같이 했던 경험을 매일 재현하는 곳으로 바뀌었다. 건축, 드라마틱한 연극, 읽고 쓰기와 기본적 계산력을 실험적으로 작업하기, 어릴 적부터 가지는 기업가 정신이 독특하게 혼합될 것이다.

곧, 이 아이디어는 생활을 독특하게 변화시켰다. 아침마다, 여아들은 그들이 만든 장소에 돌아갈 것인지를 선택했다. 왜냐하면 뉴포트 교실의 블록 영역은 작은 방에 있으며, 상품진열대는 그대로 서 있었고 시간이 지나면서 점점 장식이 되고 더 새로운 소재로 개선되어 갔기 때문이다. 시장놀이는 거의 두 달 동안 계속되었다.

마크는 이런 종류의 특별한 발전을 좋아하였다. 주간 팀 모임에서, 제니퍼는 그가 활동에 집중할 때 관찰할 수 있도록 도와주고, 아침에는 함께 시간을 조정했다. 그는 여아들의 작업을 단계별로 사진을 찍고, 관찰했으며, 그가 필요한 것들은 기록했다. 마크는 그의 조사 자료와 사진들을 수요일 혹은 금요일 매일 저널을 준비하는 데 사용했다. 그가 이 기록을 책임지고 있을 때 우리의 일상에 부모를 참여시키고 싶어 했다(매일 저널에 대해 자세한 내용은 1장을 보라). 2월 회의에서, 제니퍼는 마크에게 전에 있었던 블록영역의 성과 이외에 블록영역에 있는 솔라드의 성과에 대한 관찰 결과, 사진, 생각 등을 정리할 의향이 있냐고 물었다. 그는 열심히 시도하려 했다.

우리 작업의 주 계획을 고려하여, 우리는 마크가 여아들과 함께 관찰했던 일부 에피소드의 재방문을 언제 할 것인지 시간을 선택했다. 중심인물이었던 세 여아와 함께 블럭 에피소드의 역사를 의논하기 위해 그는 사진과 그가 했던 기록을 이용했다. 또한 제니퍼와 함께 다른 해에 있었던 블록 활동의 발전과정에 대해 이야기했다. 우리 중의 세 명은 블럭 건축물과 패널 작업에 관해 생각하면서, 문서 중에서 블록 이야기에 관한 패널을 보았다. 마크도 어린이와 블럭에 관한 초기 연구를 했다.

이런 연장 경험의 일부가 가장 흥미 거리로 떠올랐다. 지난 몇 년간 여러 차례 있었던 것처럼, 동기 유발된 유아 한 그룹이 특별한 경험을 시켜 주려는 교사의 자극을 받아들였다. 이 어린이들은 계속적으로 드라마가 펼쳐지는 장소를 디자인하고 만들었으며 이곳은 역동적이고 현실적일 뿐 아니라 상상력이 풍부해지고, 기억을 불러일으켰다. 올해, 솔라드 마켓은 여아들이 만들고 운영했다. 이 여아들은 체계적인 법과 진행 절차를 개발했다. 그들이 만든 물리적인 장소와 공들여 만든 체계 내에서 매일의 에피소드와 이야기들을 고안했다. 여아들은 시장을 만들어서 같은 학급의 많은 어린이들이 물건을 사고팔며, 물건 목록을 만들고 기록하며, 주요 신규 사업에서 잘 협조하여 사용 효과를 최대한 올렸다. 아렐만과 존슨(1984)은 블록 책(The block Book)에서 블록놀이에서 가장 진보적인 발달 단계인 7번째에 나타나는 구조물에 이름붙이기와 극 놀이에 대해 설명한다. 그러나 하루하루가 지나면서 구성된 시장의 기능과 유아 간의 공동 작업이 엘리자베스 드레이어의 책 "초등학교의 블록"에 언급된 예에 더 근접한 수준의 작업에 도달한 것 같다.

어린이들이 블록영역에서 건물과 이야기를 창조하던 다른 해와 마찬가지로, 다양한 요소들이 중요한 관계의 네트워크를 형성하므로 시장은 지속적으로 발전하리라고 생각 한다 : 구조나 버팀목들이 한 번에 여러 날 동안 지탱할 수 있는 안전한 받침 같은 작은 공간 ; 돌이나 스프링, 조개껍질, 씨가 들어있는 꼬투리, 솔방울, 헝겊조각, 조그만 바구니들과 같이 블록영역에 있는 다양한 소재들의 집합 ; 어린이들의 작업에 대한 교사와 부모들의 자극과 지속적인 관심 ; 교사와 부모의 경험에 대한 조사와 기록을 담당, 이런 것이 어린이로 하여금 그들의 작업 프로젝트를 보고 생각하게 만든다.

솔라드 마켓 블록 활동에서 발달의 예를 들어 본다면, 마크는 모든 기록과 자료를 위에서 언급된 대화들에서 발췌하여 이용했다. 거기에다 더 보태어 대형 서류철에 수집되어진 사진, 어린이가 그린 그림, 판매 기록, 메모들을 이용하여 그의 첫 번째 패널을 구성하기 시작했다. 부모들의 의견을 반영하기 위한 공동 위원회에서, 그는 솔라드 마켓에 많은 관심을 가지고 있는 여아들 중 한명의 아버지를 면담했다. 그림 3.13과 3.14는 마크가 준비한 기록 패널을 정리한 "창문들"에서 사례들을 보여준다.

〈그림 3.13.〉 파는 것을 기록하는 농부들: "많은 사람이 솔라드에 왔어요. 우리는 사람들이 장사하려고 사는 것을 기록하고 있었어요." 알리스와 사라

〈그림 3.14.〉 가게 문 닫기: "여자 유아들은 힘든 일을 해요. 왜냐하면 사람들은 가끔은 난폭한 것을 좋아하기 때문이에요." 저스틴

## "지속되는 활기"

아틀란타에 있는 컨벤션 센터의 희미하게 빛이 비추는 연회장에서, 나는 몇 마디의 소리를 들었다. 선명하게 들리는 속삭이는 소리가 나를 사로잡았으며, 불편한 플라스틱 의자에 꼼짝없이 앉아 있게 하고, 정신이 번쩍 들게 하였다. 그 점잖은 목소리는 버몬트 대학교 실험실의 수석교수인 바바라 버링턴(Barbara Burrington)이었다. 그는 다음과 같이 말했다 :

> 우리가 선택한 주제에 대한 열정은 자료 정리 수집과정을 통해 우리를 자극시킨다. 나는 훈련을 통해 우리의 일에 몰두하고, 우리의 교수법과 연구는 무엇인가를 자극하고, 인생이나 경이로움으로 간주한다고 생각한다. 우리는 무한한 관점에서 질문을 작성할 수 있다. 연구자로서 뿐만 아니라 실천주의자, 민족 연구자, 문화지리학자와 일하는 협력자로서, 변호사, 지식인, 예술가의 다양한 관점…

나는 우리가 정체성과 기질을 수집하는 과정에서 우리를 본다는 생각을 사랑한다.

이것의 첫 번째는 교사가 아니라 우리와 깊게 연결되어 있는 질문의 구성자이며 탐구자이다. 그것은 우리가 연구의 옆에 나란히 있는 어린이들과 좀 더 긴밀한 동료가 되도록 돕는다. 1991-1997년 동안 워싱톤의 모델 얼리 러닝 센터(Model Early Learning Center)에서 아뜰리에리스타로 일하고 있는, 나의 절친한 동료이자 친구인 제니퍼 아자리티(Jennifer Azzariti)는 교사로서 다양한 이름을 지니고 있다. 그녀는 이것을 "지속되는 활기"라고 부른다.

나는 바바라와 제니퍼가 우리가 발을 디딘 에너지의 장을 묘사하고 있다고 생각한다. 즉 우리 안에 있는 창조적인 힘은 어린이와 작업하는 동안 깊어지고 영감을 얻게 된다는 생각이다. 어린이와 성인들로부터 새로운 아이디어가 생성되는 것을 볼 때마다, 우리가 공동체 여행을 하면서 함께 다른 방법을 생각하고 있다고 느낄 때마다, 밀려드는 흥분을 느낀다.

나는 보기, 말하기, 조사하기, 전적으로 참석하기, 주의하기, 그리고 만들기, 수집, "기록" 공유하기(목록, 사진, 기록, 비디오, 노트, 파일, 위임된 일, 과정 공유하기)는 작업의 중심적인 방법이라고 생각한다. 학습 과정을 공유함으로써 조사기록, 사진, 그리고 수집된 공예품 등을 해석하는 문화인류학자와 같다. 그런 다음 정보해독내용과 자료들을 접근이 가능하고 설득력 있는 형태로 수집하고 구성할 때, 우리는 작가, 예술가, 편집인 그리고 프로듀서가 된다. 아멜리아는 이것을 "영향 만들기(make an impact)"라고 말했다.

우리는 어떤 자료를 기록할 것인가, 어떤 학설을 따를까, 그리고 어떻게 해낼 것인가를 늘 염려해 왔다. 다소 기록이 필요 이상으로 많거나, 우리 일보다 더 많은 기록을 하기도 한다. 이제는 모든 것의 중심점에 있다. 이 중심점은 작업을 추진하는 엔진, 바퀴의 중심점으로 나간다. 그러나 작업의 중심에 있다고 말하는 것은 작업하기가 쉬워진다는 의미는 아니다.

복잡한 삶의 한가운데서, 우리는 관찰과 기록화의 많은 실제를 공유한다. 실제의 약속 내에서, 서로를 따라 움직이고, 서로서로 끌어주고 밀며, 어디론가 가며, 우리 자신의 의미를 만들고, 발견하고, 어린이를 세심하게 바라보며 여행한다. 우리는 매일매일 감동받고 놀란다. 이것이 우리가 붙잡고자 하는 것이며, 우리를 떠나지 않도록 하는 것이다.

## 시간이 지나 자라고 변하기

내가 레지오 에밀리아에 살면서 다이아나 스쿨을 다닐 때를 기억한다. 로리스 말라구찌가 가끔 들르기도 했다. 비록 그의 타이틀이 시립 유치원의 교육 관리자였지만, 그의 주된 직업은 재택 철학자/훌륭한 지도자/ 선동자/ 정치인인 것처럼 보였다.

그는 종종 다이아나 스쿨에 와서 무슨 일이 일어나는지 보고, 베아와 교사들에게 이야기하고, 학교의 실생활연구소(real-life laboratory)에 그의 아이디어를 넣어주었다. 그는 매우 열심히 읽는 독서가였다. 그는 철학, 심리학, 생물학, 그리고 각각 다른 문화의 다른 모양의 정치학 이론들을 읽었다. 그리고 그는 교육, 연구, 유아, 학교, 이 세상의 학교가 있는 곳과 관련된 아이디어를 집어냈다.

나는 그와 그 이외의 다른 교육자들이 읽었던 베트슨(Bateson)의 생각과 자연(Mind and Nature) : 필요한 화합(A Necessary Unity, 1979)과 마투라나(Maturana)와 베렐라(Varela)의 지식의 나무(Tree of Knowledg, 1987)와 같은 몇 가지 작품을 읽었다. 이들 작가의 아이디어와 이론은 흥미롭고 난해하기도 하고 가끔은 그의 주장을 따르기가 어렵기도 했다. 그들 모두의 아이디어는 어떻게 지식을 구성하는가, 어떻게 서로에게 그리고 우주에 연결되는가, 어떻게 우리 자신의 실존을 창조해 나갈 것인가, 어떻게 객관적인 실존이 존재하는 것인가, 우리가 구성요소로서 서로 연결되어 있는 패턴의 네트워크가 있는가. 놀라운 일은 어떻게 말라구찌가 이런 작가들의 이론과 아이디어를 레지오 에밀리아에 있는 학교의 성장을 돕고 실제 생활을 풍요롭게 하도록 재해석하고 재작업하는가라는 것이다.

규칙적인 훈련이 몇 해 동안 진행되면서 말라구찌의 새로운 아이디어, 작업과 작업의 중요성에 관한 새로운 생각, 학생들의 생각을 해석하는 새로운 방법이나 실험에 관한 혁신적인 전략들을 학교 내부에 던지면서 끊임없이 자극을 주었다. 피아제, 듀이, 비고츠키, 몬테소리, 부르너, 하킨스, 그리고 가드너의 교육론을 이미 읽고, 분석하고, 변형하며, 그리고 사용했다.

사람들은 이러한 아이디어들이 이미 거의 숙고되고, 소화되고, 레지오 에밀리아에서 교육의 계속적인 전개 속에서 사용되고 있다고 생각하고 있다.

선동가와 동반자, 도전자와 협력자의 역할을 하며 앞을 내다보는 혁신적이고, 창조적인 사상가로서 말라구찌는 발판을 만들고 다른 사람에게도 같은 일을 하도록 선례를 남겼다. 이 모두는 협력과 정치적 행동주의의 풍요로운 역사가 있는 문화적 배경에서 생겨났다.

## 다이얼로그

몇 년 동안 레지오 에밀리아에 있는 교육공동체의 회원은 작업의 핵심에 놓여있는 것 같은 실제를 발전시켜오고 있다. 이 훈련에는 많은 이름이 주어졌다. 협동; 함께 생각하기, 사고 흐름; 내용이 충실하고 의미 있는 대화, 탐구, 아이디어 공동 개발 혹은 공동으로 의미 만들기와 찾기. 나는 물리학자 데이비드 봄(1996)과 윌리암 아이삭스(1999)가 묘사한 대화의 실제와 레지오 에밀리아에서 함께 작업하는 교육자들의 방법이 너무 닮은 것을 보고 놀랐다.

아이삭스는 다이얼로그를 주변이 아니라 핵심을 가지고 대화하는 것이라고 언급했다. 그것은 우리를 분열로부터 벗어나게 하고, 더욱 훌륭한 상식을 갖게 하고, 그리고 지성과 그룹간의 균형 잡힌 힘에 접근하는 도구가 된다. 가장 오래된 용법 중에서, 로고스는 "함께 모이는 것" 을 의미했다. 다이얼로그는 관련 있는 사람들이 함께 모여서 생각하는 대화이다. 이것은 우리가 확신에 차서 꼭 쥔 손의 힘을 늦추고, 다른 사람과의 관계에서 한 존재로서 성장 가능성에 귀 기울이도록 한다. 우리는 이미 존재하는 완전한 인격체에는 귀를 곤두세운다. — 지속적인 발달과 변화가 가능한 일반적 의미의 협동.

다이얼로그는 토론과 의미는 다르지만, 어원은 비슷하다. 토론의 어원은 진동, 충격, 충돌이다. 토론은 문자 그대로 "분할"이다. 물론 우리는 토론은 의사결정을 위한 여지가 있다는 것을 안다. 이는 여러 가지 형태의 대화를 인식하는 데 도움이 된다.

다이얼로그는 토론과는 완전히 다르다. 아이삭스는 대화의 방법이 우리의 유전인자에 존재하며, 인간과 같이 아주 오래되었다는 것을 상기시킨다, 그러나 분할, 분주함, 효율성의 특징이 있는 현대 생활에서 우리는 모든 것을 소유하나 잃기도 한다. 그리고 목적과 의미의 풍성함이 우리의 삶에 다이얼로그를 가져다 준다.

내가 레지오 에밀리아에 살 때, 나는 아이디어가 펴지고 생활은 말과 몸짓과 목소리로 진개되는 생싱적인 분위기 속에서 언제나 놀라는 마음으로 지냈다. 때때로 내가 어디에 있는지 인식하기가 어려웠다. 비록, 이런 흥분에도 불구하고 아주 정상적이고, 건전하게 속도를 유지하는 듯했다.

"다이얼로그를 위한 용기"라는 아이디어는 아이삭스의 작업에 결정적이었다. 그는 "용기는 그릇이다"라고 기술했다. 그 용기는 "강렬한 인간 행동이 안전하게 부각되는 장치"라고 했다(p. 242). 용기는 물리적 공간이 될 수도 있으나 분위기도 포함한다. 우리가 교사로서 어린이들과, 교사 간에, 부모들과 함께 하는 환경은 이런 용기를 만든다. 이런 공간은 우리의 교실 내에도 있고, 자연에도, 우리의 지역 공동 사회 밖에도 존재할 수 있다. 내가 볼 때 현재 레지오 에밀리아에서의 완전한 공동생활은 아이삭스가 묘사한 다이얼로그의 개념에 기본을 두고 있는 것 같다. 그들이 창안한 "용기"는 넓고도 포괄적이다.

나는 최근에 세인트 루이스 레지오 공동체에 있는 세 학교의 연계가 마치 교사, 부모, 학생 간에 가능성이 풍부한 하나의 확대된 다이얼로그라고 느끼고 있다. 현재는 교육자로서 여러 해 동안 해 온 공동 작업을 통해 비슷한 상태로 성장했다. 작업에 대한 소재, 훈련, 부모, 기술, 섬세한 디테일 등에 관해서 아이디어의 근원을 보는 것은 기분 좋은 일이다.

최근에 세인트 루이스 레지오 공동체에서, 적극적으로 서로를 알고, 서로의 학교를 알고 토론과 다이얼로그로 크고 작은 그룹미팅에 참여하고, 교육자들을 접대함으로써,

교육자로서 성장하고 서서히 용기를 구축해 왔다. 이것이 레지오 교육자들과 레지오 접근법과 함께 다이얼로그를 발전시켰다.

## 기초

세인트 루이스에 있는 학교에서 우리는 마치 우리가 함께 있는 한 발전을 계속할 것 같은 느낌을 가졌다. 이것이 작업의 본질이다. 그러나 어떤 면에서, 우리는 지하에 갇혀 있는 국면에서 벗어난 것이다. 항상 이해가 되었다거나 항상 즐거웠던 것은 아니지만, 우리는 열심히 기초공사를 해왔다. 그러나 이제 어떤 일들은 낮과 같은 빛 속에서 더욱 더 의미가 통하는 것 같다. 그리고 조금의 전망이 있으면 과거의 작업을 심사숙고해 볼 수 있다.

나는 단어 자체가 은유적이므로 '기초' 라는 단어를 좋아한다. 이것은 제일 먼저 끝내야만 하는 일이라는 뜻이고, 기초, 시작, 앞으로 건축물이 들어설 단단한 기초, 반드시 청산해야 하는 옛날 것과 새로운 것을 위한 준비라는 의미이다.

우리가 했던 기초의 일부분은 우리자신 안에 있다, 비록 의도적으로 우리 자신에게 어떤 작업을 시작하지는 못했지만 말이다. 개인적인 변화가 이것의 일부분인지는 아무도 모른다. 가능성이 우리를 사로잡았다는 것을 알 뿐이다. 우리는 우리가 보았던 이상과, 우리가 인식했던 열정, 진실, 그리고 아름다움과 사랑에 빠졌다는 것을 안다. 우리는 이렇게 공유된 열망과 강한 의지로 교육자의 공동체를 형성했다. 캐롤 리 플린더스(Carol Lee Flinders, 1998)는 이렇게 썼다 :

> 계획적으로 의도된 공동사회에서의 삶이란, 보석 수집가가 그들이 가진 원석을 연마하기 위해 사용하는, 물이 가득 담긴 회전하는 실린더 속 안에 존재하는 것과 같다. 해가 지나면서, 거친 모서리의 대부분이 부드럽게 변해간다. 아마도 우리는 조금 더 빛나기 시작할 것이다.

아마도, 우리는 현실성을 원하므로, 서로의 "거친 모서리"를 충분히 문질러야만 한다. 때로는 많이, 때로는 반복적으로 – 서로를 연마하기 위해서. 개인적으로 고통을 겪고, 눈물을 흘리고, 긴장감을 느끼며, 불행하다고 생각할 때도 있을 것이다. 이제, 이런 감정들을 느끼게 하는 모든 시나리오를 기억하기는 어렵다. 만약 우리가 이런 진리를 원한다면, 개인적인 정의는 잊어버려야 한다. 우리는 가까운 동료로서 서로의 의견에 귀 기울이고, 서로 적응하고 용서하며, 서로를 알려고 하고, 받아들이는 학습을 해야만 한다.

지금까지는, 꽤 필요해 보이는 윤리학의 코드에만 적응해 왔다. 우리는 서로의 문제를 직접적으로 다루어야 한다. 작은 문제들이 더 확대되기 전에 조정되도록 노력해야 한다. 상대방의 리듬도 존중해야 한다. 서로의 능력을 인지하고, 서로를 도우며 연마해야 한다. 작업의 균형을 잡아야 한다. 일을 부담하고 돕고, 다른 사람의 건설적인 비평을 받아들여야 한다. 사실상, 해가 지나면서, 유아와 부모를 위해 빌딩을 짓는 공간이 번성하도록, 우리의 작업이 더 심오해지도록, 우리 자신을 늘 체크해야만 한다는 것을 깨닫게 될 것이다.

이 모든 것이 쉽다고 생각하지는 않는다; 좋은 시절에도 이것은 여전히 어렵다. 계속해서 사람과 사람사이의 문제나 전문적인 온갖 종류의 문제에 직면하게 된다. 우리는 언제나 그럴 것이다. 여전히 건설적으로 서로의 말에 귀 기울이고, 반응하며 무한한 존경심을 가지고 상대를 대한다. 뒤를 돌아본다는 것은 우리 각자가 다른 사람에 의해 연마되었다는 것을, 다른 사람을 변화시켰다는 것을, 우리의 일에 더욱 겸손해졌다는 것을 보는 것을 의미한다.

우주의 지배자이고, 힌두교의 신인 시바는 그의 네 개의 팔로 우아하게 몸을 감싸면서 춤을 추는 것으로 종종 묘사된다. 강한 한 다리로 균형을 맞추고, 그는 활력과 기쁨을 구현한다. 주목해야 하는 중요한 것은 그의 발로 밟고 있는 작은 인간의 모습이다. 이 작은 모습은 "나의 것을 짓밟는 그리고 나에 대한 끊임없는 연설을 만드는 우리들 각자의 부분 그리고 '내가 필요한 것'"이라는 자아를 표현한다. 시바의 춤은 우리가 작고 제한된, 세상의 시각에서부터 벗어났을 때 잠시라도 느낄 수 있는 기쁨과 황홀함을 상징한다.

그 춤 안에서 우리는 진짜 우리가 될 수 있다. 움직이고, 붕붕 뜨고, 주고받으며, 발이 가벼워지고, 움직여지고, 그리고 어린이들과 함께 춤추는 것이 하이라이트이다. 그러나 교사로서 서로 함께 춤을 춤으로써 이것이 가능하다. 그리고 이것은 품위가 필요하다. 내가 생각하기론 그것은 우리가 우리들 자신을 죽게 나둘 때 그리고 춤이 시작할 때 우리들이 인수하는 품위의 한 종류이다.

# 제4장

## 4월
## 활기찬 곳에서의 생활

# 4월

## 활기찬 곳에서의 생활

2000년 4월 7일. 싱그러운 봄날 아침이다. 진홍빛 새가 청아한 목소리로 노래하며 싱그러운 아침을 맞이한다. 눈부시게 빛나는 바깥세상의 싱싱한 기운이 내 서재 방안까지 창문을 밀고 들어온다.

글을 쓰기에 앞서, 나는 스케치북과 잡지, 그리고 커피가 가득 담긴 머그잔을 들고 현관 앞 벤치를 향해 걸어 나갔다. 바로 이곳에 생생히 살아나는 사과나무 한그루가 심어져 있다. 이 나무는 원래 우리 집에서 몇 블록 떨어진 어머니의 집 정원에 있었다. 5년 전 쯤 어머니는 오랜 친구인 정원사 존 마섹(John Masek)씨에게 어머니의 침실 창밖에 이 나무를 심어 달라 부탁하셨다. 앙상한 겨울의 가지에서 꽃을 피우는 봄을 지나 열매 맺는 여름, 그리고 붉게 물드는 가을까지, 어머니는 이 나무를 통해 시절의 흐름을 보기

원하셨다. 이 특별한 나무는 심어준 친구의 이름을 붙여 '마섹(Masek) 사과나무'라 이름 붙여졌다. 어머니가 뇌졸중으로 쓰러진 이후 어느 날, 종일 안락의자에 앉아있는 어머니에게 존이 찾아왔다. 한 손에는 그 특별한 사과나무에서 딴 사과로 만든 젤리가 들려있었고 어머니는 환하게 미소를 지으셨다. 비록 소리 내어 표현할 수는 없었지만 선물의 의미를 이해할 수 있었던 것이다.

마섹 사과나무를 우리 집 정원으로 옮기게 된 것은 어머니의 집을 팔려고 내놓기 직전에 결정된 일이었다. 나무를 파고 보니 뿌리가 너무 약해 보여서 나는 걱정이 되었다. 옮기고 나서 나무는 잘 적응하지 못했다. 잎은 다 떨어져 버려서 첫 해 여름은 거의 헐벗은 채로 지냈다. 존이 일부러 찾아와서는 부실한 나뭇가지들을 손질해 주면서 이제 괜찮아질 거라고 말했다. 나무가 잠시 쇼크 상태에 있었으나 이제는 걱정하지 않아도 된다고.

지금 그 나무가 옮겨진 후 두 번째 맞는 4월 초순이다. 나무는 건강해져서 싹이 돋아나고 조그마한 순이 생겨나고 있다. 나는 스케치북에 펜으로 최근 돋아난 어린잎들의 윤곽을 그려나가면서, 연녹색의 살아 있는 작고 보드라운 아기 잎들에게 미소를 보낸다. 레지오 에밀리아에 있는 다이아나(Diana school) 학교의 5살 난 어린이들이 생각난다. 그 어린이들은 새로 돋아나는 잎들을 보고 "요람에 누워있는 아기 같다"고 말했다.

정원 속 참나무의 아직 싹도 나지 않은 가지 위를 나지막이 퍼덕이는 거위 두 마리의 날갯짓 소리에 나는 눈을 들어 바라보았다. 거위들은 우리 집을 가로질러 남쪽으로 향하고 있었다. 그들은 함께 날면서 울음소리를 냈다. 나는 종종 근처에 새가 날고 있거나 지금처럼 울음소리가 들리면 부모님이 항상 나와 함께 계신다는 메시지로 생각한다. 그리고 얼 홀트(Earl Holt) 목사님께서 말씀하신 "인생은 끝나지만 사랑은 남는다."는 말을 이해하게 된다.

느릿느릿 안으로 들어가 할아버지의 낡은 책상에 놓인 나의 새 컴퓨터 앞에 자리를 잡는다. 체리 빛 뚜껑이 달린 책상에는 다양한 작은 찬장이 있는데 그곳에는 내가 수년간 모은 부처모양의 돌, 코끼리 안경, 청동 종, 어치 날개와 같은 자그마한 보물들이 각각 담겨있다. 시대는 다르지만 컴퓨터는 또 다른 멋과 맵시를 풍긴다. 그것은 키보드에 살짝 닿기만 해도 즉각 반응하며 입력된 문구가 즉시 나타난다. 손가락 접촉만으로 단어가 입력되고 사라지며 순식간에 옮겨지거나 대체되기도 하는 현대의 컴퓨터 기술과 낡고 오래된 할아버지의 책상까지 모두가 내게는 귀하고 소중하다. 시대를 따라 내려오며 이 책상에 앉아 삶을 계획하고 고민하며 생각에 잠겼을 가족들의 모습을 상상해본다. 컴퓨터가 놓인 이 책상에 앉아 마음의 소리에 귀를 기울이는 것은 이제 나에게 하나의 의식이 되었다. 쓰고자 하는 이야기와 더불어 그와 연관된, 생각지도 못한 또 다른 이야기들이 계속해서 펼쳐지는 것을 그대로 써 내려가면 되는 것이다.

## 뿌리: 공간의 의미 발달

아멜리아의 격려와 제니퍼의 용기에 힘입어 우리는 강변과 게이트웨이 아치로 여행을 떠나기로 했다. 전철을 타고 시내를 이동할 것이며 특별히 나는 사진 찍는 역할을 맡았다. 가는 도중에, 도심 속 좁은 길을 만나게 된 우리는 서로서로 손을 잡고 걸어갔다. 사만다가 옛 거리의 벽돌문양에 발을 맞추기 위해 아래로 비스듬히 발을 움직일 때, 나는 어린이의 몸이 이리저리 기우뚱거리며 흔들리는 것을 느꼈다. 어린이는 자기 손을 비틀어 빼냈다. 문득 이와 비슷한 경험이 생각났다. 어린이들은 이러한 행동을 통해 마치 이렇게 얘기하는 듯하다. "나만의 공간이 필요해요. 내 방식대로 이곳을 느끼고 싶어요. 나를 내버려두세요." 또 다른 어린이들은 정글짐 같은 놀이기구의 디딤대를 오르거나, 걸어가면서 손으로 건물 벽을 긁기도 하고, 신문을 읽는 모습의 반짝이는 황동여인상과 쾅하고 부딪히기도 한다. 어린이들은 도시에 본능적으로 반응한다. 어린이들은 스스로를 본능에 맞춰간다. 본능적으로 행동하기를 좋아한다. 분명히 알 수는 없지만, 어린이들은 온몸으로, 전인격으로 도시를 받아들인다.

거리의 끝 모퉁이를 돌아 게이트웨이 아치로 둘러싸인 국립공원에 들어서면서 우리는 가장 먼저 우뚝 솟아 있는 철골 구조물을 발견했다. "저기 있다!" 팔을 흔들고 폴짝폴짝 뛰면서 어린이들은 외쳤다. "저기 아치가 있어!"

마치 매년 여름 버몬트에서 세인트 루이스에 있는 집으로 돌아 갈 때, 친숙한 거리표지판을 처음 발견했을 때처럼 어린이들은 소리를 질렀다. 여행의 마지막 코스는 일리노이 주 서쪽의 밀 농장을 정처 없이 거니는 것이었다. 약 15마일 정도 떨어진 곳에, 세인트 루이스의 주요 관광명소이자 도시의 상징인 게이트웨이 아치가 보였다. 미시시피 강 위에 632피트로 세워진 거대한 스테인리스 철골 아치의 바로 남쪽에 위치한 팝라 스트리트 다리(Poplar Street Bridge)를 건너면서 우리는 일리노이 주를 떠났다. 기나긴 하루

여행을 마치고 떠날 때, 서부하늘의 일몰하는 태양빛과 거대한 물줄기가 아치에 반사되어 반짝이는 은빛 섬광을 발하며 우리를 환송해주었다.

기념비가 있는 곳까지는 걸어서 갔다. 아치를 둘러싸고 있는 공원에 심겨진 양물푸레나무가 봄을 맞아 어린 싹을 수줍게 틔우고 있었다. 정오의 빛을 받은 아치가 눈부셨다.(그림 4.1 참조) 제니퍼가 어린이들과 부모들을 멈춰 세우고는 자기주변으로 모이라고 한다.

"루이스가 어젯밤 얘기해 준 것이 있어요. 제 생각에는 여러분들도 알아야 할 것 같아요. 루이스, 당신 가족이야기 좀 해줄래요?"

〈그림 4.1.〉 게이트웨이 아치로 다가가는 어린이들과 부모들과 선생님들

"오래 전 어느 날, 그러니까 한 70년 쯤 전에 저의 할아버지는 인디아나 주에서 기념비를 건립하는 행사에 참석한 후 집으로 돌아오고 계셨어요. 할아버지는 강 위를 달리는 기차 안에서 창밖을 보고 계셨죠. 그때 본 강의 모습은 부서진 집들과 쓰레기, 파편들로 가득차서 형편없는 모습이었어요. 할아버지는 우리 도시가 아름다운 강과 경치를 가져야 한다고 생각하셨어요. 유명한 탐험가들이 서부로 탐험을 하기 위해 떠나는 출발지점으로서 세인트 루이스를 기념하고 기리는 환영기념비를 가져야 한다고 말이에요.

그 날 이후부터 할아버지는 그 꿈을 이루기 위해 열심히 일하셨답니다. 비록 돌아가시기 전에 그 아치를 볼 수는 없었지만 할아버지는 분명 그것이 세워지리란 걸 아셨어요. 할아버지의 성함은 '아치의 아버지' 라고 불리는 루터 엘리 스미스(Luther Ely Smith)이시랍니다."

놀란 얼굴로 부모님들이 나를 쳐다보았다. 평소에 나는 이런 얘기를 자주 하지 않았었다. 그러나 자신의 도시에 많은 것을 바친 할아버지의 자손이고 그의 가문이라는 사실에 깊은 자부심을 가지고 있었다. 아치의 맨 꼭대기 창틈으로 오래된 법원이 보이고 그 법원 앞에는 작은 공원이 보인다. 그곳에 놓인 검은 대리석 기념비에는 이런 글귀가 쓰여 있다. "이 공원은 도시에 비전을 품고, 헌신하며, 온 힘을 다해 사랑한 루터 엘리 스미스씨를 기념하기 위함이다. 그는 미시시피 강 국립공원의 상징인 위대한 아치를 건립하였다."

갑자기, 사만다가 내 팔꿈치를 잡아당기며 말했다. "우리 증조할아버지도 아치를 세웠어요! 할아버지는 바로 여기서 일하셨어요."

사만다의 엄마는 고개를 끄덕였다. "그 애 말이 맞아요. 저희 할아버지는 철강노동자이셨어요. 5년 동안 다른 사람들과 함께 아치를 세우셨죠."

그 말을 듣자 찰스 구겐하임의 다큐멘터리 영화가 떠올랐다. 이 거대한 구조물을 조금씩, 한부분 한부분 채워나간 용감한 사람들에 관한 영화이다. 일생동안 열심히 일하며 꿈을 꾸던 우리의 할아버지들을 생각해 본다. 그 후 거의 50년이나 지난 지금, 우리는 이곳에 서있다. 200년 전의 모험가 메리웨덜 루이스와 윌리엄 클라크가 모험을 시작했던, 서부로의 관문을 상징하는 이 기품 있고 거대한 구조물 앞에 말이다.

제니퍼가 말했다. "어린 시절에 나는 세인트 루이스에 살지 않았어요. 인디아나 주에 살았지만 이 아치는 분명하게 기억해요. 세인트 루이스에 올 때마다 우리는 제일 먼저 이 아치를 보러 오곤 했어요."

그 말을 하고 제니퍼와 나는 어린이들 너머로 서로를 바라보았다. 바람이 뺨을 스치고 지나갔다. 시간과 세대를 뛰어넘어 강물은 여전히 흐르고 우뚝 솟은 아치도 여전히 우리 앞에 서 있었다. 우리는 우리의 본질을 깨달았다. 이 도시는 우리의 것이고, 이와 같은 순례여행을 통해 지금 우리는 씨를 뿌리고 있는 거라고 말이다. 그 씨앗은 지금 여기 우리와 함께 온 어린이들에게 자신의 본질을 찾고 뿌리를 내리도록 할 것이다. 우리는 혼자가 아니라 어떤 커다란 존재의 일부분이다. 시공간을 뛰어넘어 우리는 기다란 고리에 함께 연결되어 있다. 바로 지금 이 순간 우리는 같은 뿌리 안에 있음을 느끼고, 같은 책임감을 갖는다.

우리가 살아가는 곳, 스스로를 발견하는 곳, 그 곳에서 우리는 성숙해진다. 우리가 살고 있는 곳을 소중히 여기고 헌신하면 그곳에서 우리는 자신이 누구인지 가장 잘 발견하게 된다. 그렇게 우리는 우리를 둘러싼 곳과 하나가 되고 우리가 관심을 가진 것들에 닮아가게 될 것이다.

2000년도 레지오 아멜리아 시(市)의 시장인 안토넬라 스파지아리(Antonella Spaggiari)가『레지오 튜타(Reggio Tutta) — 어린이들이 인도하는 도시안내』라는 책에서 이렇게 말했다.

> 레지오(Reggio)는 온통 양적인 도시가 아니라 질적인 도시이다. 도시 전체는 완전하게 보이고 완전하게 여겨지며 완전하게 생활한다. 도시라는 주제는 시민들이 동일한 삶을 살면서 변화하고 발전할 때 이해된다. 여기서 시민들이란 도시에 거주하거나 이사 왔거나 여행 중이거나 직장을 다니는 모든 여자, 남자, 어린이, 노인들을 일컫는다. 우리 것인 도시의 특징과 본질을 이해하고 해석하는 데 있어서 이 취지는 우리 모두에게 좋은 것이다. 왜냐하면 이 사람들은 도시역사의 한 부분이고 실제로 살아 도시를 세우고 매일같이 유지시켜 나가는 존재이기 때문이다. (p.9)

아멜리아와 함께 일하기 시작했을 때, 그녀는 거대한 강을 낀 미국 중서부의 세인트루이스에 독자적인 특별한 학교가 없다는 사실에 놀랐다. 처음에 그녀는 그 이유를 이해하지 못했다. 미국에서 그녀가 방문한 학교들 대부분이 비슷했는데 알고 보니 모두 같은 카탈로그를 보고 가구를 주문해서 그렇다는 것을 알게 되었다. 그녀는 네브라스카의 학교에 있으면서 꼭 뉴욕이나 뉴저지의 학교에 있는 듯 했다고 한다. 우리의 개성은 어디로 갔을까? 우리의 독창성은 어디로 갔을까? 우리의 뿌리는 정말 어디에 있는 걸까?

중요한 질문이었다. 처음에는 어떻게 이런 일이 있을 수 있는지 믿을 수가 없었지만 조금씩 자문하고 자답하며 바꾸어 나갔다. 우리는 우리 자신과 우리의 공간, 환경을 다르게 생각하기 시작했다. 성인으로서 우리는 각자 자신의 뿌리를 찾고 싶어 하고, 그 뿌리가 우리를 지탱하고 길러주는 한, 더 깊이 그것을 느끼고 싶어 한다. 그리고 동시에 어린이들의 친구로서, 특별히 공간이라는 감각 속에서 어린이들이 뿌리를 찾아가는 데에 도움을 주고 싶어 한다.

1998년에 세인트 루이스 레지오 공동체 세 곳의 교육자들이 모였다. 어린이들과 함께 우리들 도시와 환경간의 관계를 탐구하고 알아가기 위한 의식적인 선택을 하기 위해서였다. 우리는 공동체와 자연과 도시 속에서 정체성과 본질을 재발견하기 시작했다. 어린이들과 함께하는 이러한 탐구정신은 상당한 의미를 가졌다. 현재 우리는 우리의 환경과 생활 속 역할들을 당연한 것으로 여기고 있는 것 같기 때문이다.

가족센터에서는 각 가정의 거주 지역에 관한 연구를 시행하였는데 마지막 하이라이트는 다른 가정을 방문하는 것이었다. 3~5세 어린이들과 부모들이 함께 미리 조사하고 계획을 짠 후, 온종일 버스를 타고 지도를 보며 찾아다녔다. 하루를 마무리하며 어린이들과 부모들은 한 어린이의 삼촌이 관리하는 아파트 꼭대기 층에서 자축의 시간을 가졌다. 그 아파트는 "클레이턴(Claton)학교의 모든 것"을 보기위해 새롭게 지어진 건물이었다. 이에 대한 연구를 더욱 넓혀가면서 셰릴 브레이알렌(Cheryl Breig-Allen) 학급의 어린이들은 자신만의 집을 묘사하고자 콜라쥬(collage)를 그렸다. 교실주위에 나란히 걸려있는 이 집들은 어린이들이 고른 질감과 모양과 색감이 너무나 풍부해서 가까이 들여다보고 감탄하지 않을 수 없게 만들어졌다.

한편 세인트 미카엘 스쿨에서는 어린이들과 학부모, 선생님들이 작은 그룹을 이루어 길을 나섰다. 피츠스 루트 비어(Fitz' s Root Beer)와 같은 지방특산품점이나 학교 근처 거북이공원처럼 어린이들이 가장 좋아하는 장소를 찾아가기 위해서이다. 이러한 경험들과 인기 있는 장소들은 어린이들의 글과 그림에서, 어린이가 탐험 후 영감을 받아 만든 거북이 모양의 점토 조각상에서, 루트 비어 맥주 공장과 상점의 직원들 인터뷰에서, 선생님과 부모님들의 감상 속에서 표현되고 나타난다. 이러한 우리고장 탐방활동은 현재 모든 학교공동체가 가진 독자성의 한 부분이자 역사의 한부분이다.

게이트웨이 아치와 도시를 여행한 후 칼리지 스쿨(College School)의 몇몇 학생들은 은박종이로 아치를 표현한 콜라쥬를 만들었다. 올해 초 뉴포트 교실은 온통 검은색 펜으로 그려진 미니어처 아치들로 둘러싸여 있었고 그것은 반 어린이들 모두가 그린 그림들이었다. 은박종이의 아치는 교실 입구 벽에서 반짝반짝 빛나고 있었다.

이러한 경험과 기억을 가지고 사회로, 학교로 돌아가면 어린이들, 선생님, 부모님들은 공간에 대해 새로운 의미를 가지게 된다. 무언가 특별하고 단조롭지 않으며 타인과 공유하는 개념의 공간, 우리를 둘러 싼 공간, 환경은 우리가 누구이며 어디에 살고 있는지를 보여주기 시작한다. 환경 속에서 독창적인 정체성을 발견하기 시작한다. 우리만의 특별한 지역사회 내에서 어린이들, 선생님들, 가족들 모두는 공통된 뿌리를 느끼기 시작한다.

## 공간의 변신 : 우리의 변신

나는 아멜리아에게 "환경에 관한 글을 쓰고 싶은데, 우선 아뜰리에의 발달에 초점을 맞추려 한다."고 말했다. 아뜰리에는 내가 가장 친밀하게 느끼는 공간이기 때문이다. 그러자 아멜리아는 "학교 밖의 공간까지 다룰 건가요? 환경의 넓은 의미에 대해 다룰 건가요?" 하고 물었다.

올해까지 나는 학교에서 공간과 환경의 의미를 직접적으로 함께 다루지는 않았다. 그러나 이제 학교는, 친밀하고 따뜻하며 축적된 하나의 전체를 이루기 위한 제각각의 방법들이 모인 하나의 집합체로서 우리가 사는 거대한 세계의 축소판이 되었다.

"우리가 누구인지"에 대한 의문은 한 개인이 자신만의 환경을 만들어 가는 데 기본적인 바탕이 된다. 그것은 우리에게 중요한 것이 무엇인지, 시공간 속에서 우리 스스로를 발견하는 곳은 어디인지 하는 의문과 필연적으로 연관되어 있다. 만약 그렇지 않다면 우리는 어디에서나 살 수 있을 것이고 누구나가 될 수 있을 것이다. 사실 우리가 만든 학교 환경은 우리의 일부분과 세상의 일부분으로 구성되어 있다. 이를테면 어린이들의 말과 생각, 선생님과 부모들의 말과 생각, 3살 난 샘의 아기담요에서 나온 헝겊조각, 어머니가 수집해 온 단추, 모든 가족들이 꺼내보기 쉬운 선반 위 온갖 문서들, 제니퍼의 어릴 적 소꿉놀이 주전자세트, 5살 에린이 가져온 작은 실패가 놓인 아뜰리에 선반 위에 샐리의 청자색 유약을 바른 컵들, 미조리 동굴에서 가져온 수정 알들이 반짝반짝 빛나는 아뜰리에의 라이트테이블로 재탄생한 제니퍼 남편 마이크의 차고에서 가져온 판자와 같은 것들 말이다.

학교 환경에 대해서 생각할 때마다, 1992년에 칼리나 리날디가 한 말이 생각난다. "어린이들을 위한 최고의 환경은 관계의 질과 양에 있어서 가장 최적인 상태를 말한다." 시간이 흐르면서 우리가 형성해 온 우리의 환경은 항상 변화하고 발전하고 있으며, 매체와 공간과 사람들 사이에서 모든 종류의 관계들이 다양하고 질적으로 우수하게 어우러져 있다. 선불교도 코안(Koan)의 말보다는 그냥 칼리나의 말을 이해하는 것이 나을 것이다. 내가 이해하는 한, 코안은 논리적인 생각으로는 이해할 수 없는 문장이나 질문을 해서 다른 사람들을 정신적으로 괴롭게 하는 사람이다. 그의 질문에 답하려면 뛰어난 통찰력 혹은 뛰어난 불교관련 지식이나 깨달음을 가지고 있어야 한다.

『어린이들과 공간, 그리고 관계 : 어린이들을 위한 환경의 메타프로젝트』(Ceppi & Zini, 1998)는 밀란에 있는 도무스(Domus) 아카데미 연구센터와 레지오 어린이들에 관한 공동연구에 관한 책이었다. 이 책을 읽으며 나는 – 무한한 개념의 공간 – 이라는 주제에 사로잡혔다. 대부분의 사람들이 가장 최상의 환경이라고 생각했던 개념을 이 책에서는 다양한 방식으로 확대하여 해석하고 있었다. 다양한 생각과 가능성들로 이루어진 복잡한 조직망을 작가는 "주요단어(key words)"라고 표현했다. 공간 속에서의 어린이들 이미지, 공간 그 자체의 이미지, 예술, 과학, 설계분야의 현대사조에 관한 이미지 등 무수한 이미지들에 나는 고무되고 흥분하며 믿을 수 없을 만큼 압도당해 버렸다.

칼리나는 우리가 이 책을 가까이에 두고 호기심을 갖고 토론하면서 계속해서 읽어볼 것을 독려한다. 세인트 루이스에서 일하고 생활하는 우리의 공간을 생각해보는 자극제로 이용해 볼 것을 권하고 있다. 그녀는 다른 많은 사람들을 위해서 엄청난 양의 작업과 도전들을 함께 공유하려 한다. 또한 레지오 에밀리아에서의 대부분 작업에서처럼, 이 책은 세상 사람들을 위한 선물이고, 우리의 학교와 생활 속에서 의미있고 연결되며 가치있고 깊이 있는 세상을 상상하고 계획하도록 하는 부름이다.

## 거듭되는 아뜰리에의 발전

『레지오와의 만남, 귀향, 적용(Bringing Reggio Emilia Home)』이라는 책의 서두에서 나는, 1995년 '칼리지 스쿨' 의 아뜰리에가 어떻게 만들어졌고, 어떻게 아름답고 기능적인 공간으로 변형되는지에 관하여 밝혔다. 실로 유치원의 모든 공간과 마찬가지로 아뜰리에는 계속해서 발전했고 그에 따라 우리도 점점 변화했다. 공간의 기능과 우리의 행동 방식은 서로 맞물려 있어서 그것을 분류한다는 것은 어려운 일이지만 해볼 만한 가치는 있다.

나는 마치 공을 앞뒤로 던지는 게임을 할 때처럼 어린이들과 함께 생각하는 말라구찌의 상상법을 좋아한다. 한 명 또는 한 무리의 어린이들이 무엇인가를 생각하거나 그린다. — 들다보면 무엇인지 알 수 있다 — 게임을 시작하면, 우리는 어린이들의 생각에 대해 이상하고 자극적이면서 예측 불가능한 질문을 “던진다(toss).” 그러면 어린이들은 예상할 수 없을 정도로 놀랍게 잘 반응한다. 다음 질문이 어디에서 날아올지는 모르지만 어른, 어린이 할 것 없이 이 놀이는 재미있고 해볼 만하며 많은 상황과 시나리오 속에서 훨씬 더 풍성하게 즐길 수 있다.

나는 공간도 이처럼 될 수 있다고 생각한다. 공간은 실제로 생동적이며(어떤 공간을 이야기하느냐에 따라 그렇지 않을 수도 있다), 우리는 공간과 살아있고 성장하는 관계 속에 있을 수 있다. 만약 우리가 필요한 것들과 재미난 것들로 우리의 공간을 조금씩 꾸며준다면 모든 것이 계속해서 좋아질 것이다. 우리는 변화한다. 그 변화들은 우리의 방식을 바꾸고 새로운 가능성을 불러일으킨다. 또 다른 변화를 위해 우리는 고무되며 변화는 계속된다. 이것이 바로 살아있는 환경이다.

나는 환경을 지겹도록 다시 꾸미거나, 변화를 위한 변화를 주는 것이나, 혹은 반복해서 정리하고 청소하는 것에 대해 말하는 것이 아니다. 내가 하려는 말은 매일, 매달, 매년 공간 안에서 변화하고 성장하는 인간의 방식과 조화를 이루면서, 당신이 원하는 형태의 공간 안에서 살아가라는 것이다. 어른 어린이 할 것 없이 우리 모두는 아뜰리에에서 생활하고 일하면서, 재료들과 어린이들의 작품 우리들의 작품 우리들의 역사로 이루어진 집합체가 서로 어우러지고 즐길 수 있도록 공간을 정리하고 진행하는 데 도움을 주는 추가작업 혹은 변형작업들을 계획했다. 이제부터 그 예시들이 나온다.

### 다이아나 학교에서 얻은 영감

다이아나 학교에서 나는 언제나 아뜰리에에 있는 선반을 보며 감탄했다. 그 선반은 아뜰리에와 베란다 사이에 있는 아치 모양의 창문을 따라 걸려있다. 조개껍질, 돌, 종이나 천에 문양을 찍어낼 나무토막, 무지개 모양의 돌멩이처럼 보이는 이젤에서 가져온 상당한 양의 말라버린 그림물감들 등 선반 위에는 매력적이고 잡다한 것들로 장식되어 있었다. 이런 물건들을 바라보면서 나는 매우 가슴이 설렌다. 내가 이런 물건들이 놓인 선반을 좋아하는 데는 여러가지 이유가 있다. 그저 평범한 물건이었지만, 어디에 두느냐에 따라 그 물건은 특별해진다. 교실에 들어와 맨 처음 보이는 것들이 이런 흥미로운 것들이라면, 어린이들은 보자마자 만지고 떠들며 평가를 내리기도 하고 감상을 하게 된다. 그 물건들은 교실에 들어오는 모든 이의 눈을 사로잡는다. 다양한 감성과 다양한 연령층의 사람들로부터 다채로운 반응을 불러일으키는 이 물건들은 시간이 지남에 따라 점점 의미를 더해간다. 점점 공간의 일부가 되고 지역사회의 일부가 되며 풍경의 일부가 된다. 그들은 더 이상 이질적인 것이 아니다. 시간이 지남에 따라 선반 위 물건들은 더해지기도 하고 없어지기도 하고 다시 정돈되기도 하면서 변화한다. 물건들은 사람들과 생각에 영향을 받으며 점점 진화 되간다. 뾰족한 조개껍질, 부드러운 돌, 무한한 색상과 질감들은 우리들에게 소리를 내고 냄새를 풍기며 다양한 감흥을 제공한다(그림 4.2 참조).

선반과 그 위에 진열하는 물건들의 의미를 생각해 보는 것은, 세피와 지니(Ceppi and Zini)가 정의하고 말한 것처럼(1998), 앞서 언급된 "주요단어"를 생각하게 한다. 무엇보다도 레지오 접근법의 기본 원리처럼 그것은 삶을 이해하고 깨닫는 방식과 가치로 연결되며, 레지오 에밀리아 학교에서 생활하지 않는 우리들이 스스로에게 질문하도록 한다. '이것이 우리가 생각해오던 가치인가?' '우리에게 의미를 주는 생각들인가?' '"주요단어"는 우리가 지지하고 유지하고자 하는 삶의 측면들을 나타내는가?' 세피와 지니는 레지오 에밀리아 시(市) 유아학교에서 쌓아온 경험을 비평적으로 분석한 후에 "유아들을 위한 공간의 바람직한 특성"을 다음과 같이 정리하였다.

흡수 – 공간 그 자체는 혼성적이고 밀집되어 있으며 바깥세상과 서로 '얽혀'있으며 어떠한 것도 고립되어 있지 않다.

부드러움 – 상상력을 자극하며 포근하고 변화가 많은 환경을 의미한다.

다감각성 – 여러 가지 감각들의 경험. 온 몸을 사용해서 얻는 연구와 발견.
인식하고 창작하는 데 있어서 공감각적 역할을 하도록 돕는 네비게이션.
지식과 인격형성을 위한 기본원리.

후성설(※참고: 생물의 발생은 점차적 분화에 의한다는 설)
– 학교 환경은 해를 거듭하며 조정되고 유동적이어야 한다.
이는 마치 살아있는 유기체가 거주하는 문화적 환경에 따라 변화하고 진화해야 하는 것과 같다.

공동체 – 만남, 교류, 공감, 상호작용을 촉진하는 공간의 형태이자 속성.

구성주의 – 연구, 실험, 일을 위한 장소로서의 학교.
지식이 단지 일방적인 것이 아니라, 여러 요소들이 역동적으로 조화하며 발전하는 네트워크로서의 학교.

〈그림 4.2.〉 다이아나 학교 아뜰리에

나레이션 – 환경은 영혼의 틀을 잡아주고, 이차적인 피부형성에 에너지를 제공해 준다. 이차적인 피부란 문서와 그림, 자료, 물건, 그리고 색상에서 나타나는 어린이들의 특성을 말한다. 각 공간에 대한 흡수력을 보여주는 자기표현 속에는 마치 홀로그램 안에서처럼 학교환경을 이루는 모든 것들이 녹아 있다.

풍부한 정규성 – 전체는 서로 다른 부분들이 균형 있게 조화를 이루며 구성된다. 물건과 상황과 도상법과 매체와 같은 다양한 요소들이 상호작용하여 일정한 결과를 나타내고, 각각의 개별적인 부분들이 만나 조화를 이루는 것이다. 이러한 강렬하고 흥미로운 정규성은 환경 혼자서만 이뤄낸 것이 아니라 많은 다른 요소들 간의 균형 있는 조화에 의해서 만들어진다.

오래전부터 나는 다이아나 학교의 아뜰리에에 있는 선반의 특징을 조금 반영해서 '칼리지 스쿨' 의 아뜰리에를 만드는 것을 꿈꾸어 왔다. 분명 단순한 작업은 아닐 거라고 생각해왔다. 다이아나 학교의 것보다 비록 더 작고 낮기는 하지만, 아래쪽 선반에는 집 모양 종이들이나 다른 도구들을 전시하고 윗쪽 선반에는 이런저런 수집품들을 바꿔 놓을 수 있었다. 잔 필럽스씨는 올해 나의 마지막 요청을 받아들였고, 목수이자 정비사인 단 마스터스씨가 1996년 여름에 이 선반을 만들어 주었다. 다이아나 학교의 것처럼 우리 선반도 반대쪽 방과 아뜰리에를 구분 짓는 유리 창문과 접해 있었다. 또한, 다이아나 학교의 경우와 마찬가지로, 이 방은 모든 교실과 실외 정원, 그리고 식당을 연결해 주는 커다란 광장이었다. 우리 경우에는 남쪽을 향하는 아뜰리에 입구 바깥쪽 방은 거실로 들어가는 입구의 통로였다. 두 경우 모두 어린이들과 어른들이 아뜰리에의 내부를 볼 수 있었고 그 안에 있는 흥미로운 어린이들의 작품들을 볼 수 있었다.

요즈음 나는 선반 위에 놓인 어린이들의 순수한 세상을 바라보고 있을 때, 내 눈이 더욱 즐거운 것을 느낀다. 선반 위 물건들은 자꾸만 만져보고 싶고, 가지고 놀고 싶어진다. 그 이유는 아마도 선반이 거의 정확히 어린이들의 눈높이 수준에 걸려있기 때문일 것이다(다이아나 학교의 선반은 이보다 조금 높다). 어린이들도 선반 위 물건들을 종종 만지고 싶어 했다. 바야흐로 선반이 매일같이 "함께 노는 초대장" 으로 발전된 것이다.

1999년에 한 무리의 어린이들과 나는 작은 지점토 상을 가지고 맞춰보기 놀이를 구상했다. 그 지점토들은 코일, 공, 컵 과 같은 것들로 만들어졌다. 나는 새의 사진을 찍어서 격자무늬로 배열해놓고 그 사진을 확대했다. 어린이들과 어른들은 3차원의 지점토 '놀이조각들' 을 8×10인치 크기로 된 사진 옆에 놓고 조각된 모양을 살펴보았다. 그리고 사진과 점토상을 만져본 후에 똑같은 모양의 사진을 발견하면 그 위에 점토상을 올려놓는다. 이 놀이는 어린이들의 연령과 상관없이 매력적인 게임이다. 우리는 다양한 재료를 이용하여 새로운 놀이를 만들 수 있고, 유치원 어린이들의 놀이상자 속에서 완전히 다른 새 놀이를 창조해 낼 수도 있다(그림4.3 참조).

점토게임 옆에는 내가 여행 중에 수집한 돌로 만든 두 개의 칸이 있다. 한 칸은 버몬트에 있는 챰플레인(Champlain) 호숫가에서 가져온 엷은 회색의 부드러운 자갈돌이고, 다른 한 칸은 마이네(Maine) 해안가의 암석이 많은 해변에서 가져온 어둡고 각진 화강암이다. 어린이들과 학부모는 두 종류의 돌무더기를 서로 유사한 것들로 나누고 모으고 정리하며 손질해 주었다. 정리가 끝나자, 마치 돌 위에 새겨진 누군가의 메시지처럼 선반 위 물건들도 사람들의 관심과 칭찬을 기다리고 있는 듯 했다.

그런가 하면 선반위에는 어느 가족이 코스타리카에서 가져온, 나무로 조각된 이구아나 퍼즐도 놓여있다. 그 퍼즐은 마치 할머니 방에 있던 보물들처럼 선반에서 내려와 다시 분해되고 조립됐다. 그 옆에 지난 가을 어린이들이 가져온 넓은 단풍나무 잎 위에 개구리와 도마뱀의 점토상이 놓여 있다. 이 생물들은 몇몇 어린이들이 자신들의 거실 속 사육장의 살아있는 생물들에게 친구를 선물해 주려고 만든 것들이다.

〈그림 4.3.〉 찰흙놀이: 칼리지스쿨 아뜰리에

다음 칸에는 지난 1월에 에린, 마지, 라첼이 선반 위에서 구부리고 접어서 만든 '소녀 세상'의 종이모형이 있다. 이것 역시 움직일 수 있고 덧붙여질 수도 있으며, 가지고 놀 수도 있다. 또한 종이나 다른 재료로 만들고 경험하는 과정을 지켜보는 사람들에게 영감을 제공할 수도 있다. 이 소녀들은 자개나 마분지, 포장지나 호일 등 다양한 종류로 만들어졌으며, 그것은 매우 매혹적인 모습이었다.

이 선반은 계속 발전 중이다. 이 선반에는 생명력이 있다. 선반의 기능은 레지오 접근법, 그중에서도 메타프로젝트의 '주요단어' 속에서 우리가 인지하고 소망하는 가치와 연관된다. 선반, 환경의 이 작은 부분은 홀로그램처럼 우리가 현재 경험하는 모든 특별한 것들을 전부 반영한다.

### 기록보관용 선반

마분지 게시판에 몇 년간 어린이들의 작품과 우리의 감상을 기록하고 구성하고 작업하고 나자 패널판들이 벽장에 쌓여만 갔다. 우리는 뭐가 어디에 있는지 기억하지 못했다. 어떻게 하면 이 패널판들을 다시 살려낼 수 있을까? 어떻게 하면 이것들을 바로 사용할 수 있을까? 이번에도 다시 단 마스터스(Dan Masters)씨가 해결해 주었다. 우리는 기록물을 보관할 선반에 대해 모양, 크기, 위치 등을 구상했다. 우리는 가족센터와 세인트 미카엘 스쿨에서 이 문제에 대한 해결책을 연구했다. 마침내 한 곳을 택해서 28×44 크기의 게시판을 보관할 뿐만 아니라 적합한 크기로 자른 다른 패널들까지 보관할 수 있게 되었다.

단 마스터스 씨는 싱크대에서 아뜰리에 북동쪽 구석의 벽면까지의 거리를 측정했다. 1997년 여름, 그는 바닥에 판자를 댄 선반을 만들었다. 그 선반은 교실별, 주제별, 년도별로 구분되어 지금까지 모든 기록물들을 잘 보관해 주고 있다. 현재 우리는 거듭 봐야 할 과거 작품이나, 어린이나 부모들에게 보여주고 싶은 자료 등 우리의 역사물들을 쉽고 편리하게 꺼내볼 수 있다.

예를 들어, 가을에 샐리와 크리스티와 나는 지난 5년 동안의 패널의 기록들을 연구했다. 우리는 지난 5년간의 생각의 발전을 볼 수 있었고, 각 년도마다 행해진 아이디어들을 볼 수 있었다. 우리는 이 모든 것이 무엇을 의미하는지 크리스티에게 알려 주기 위해 이 패널들을 사용하였다. 또한 기록을 통해 4년이 지나 이제는 유치원에 간 어린이들의 성장과 우리들의 성장을 되돌아 볼 수 있었다.

올해, 마크씨가 블록영역의 발달에 관해 관심을 보였을 때, 제니퍼와 나는 과거의 패널들 중에서 블록에 관한 이야기들을 찾을 수 있었다. 조이스 데브린이 시각매체와 블록과의 관계를 강조한 이야기도 있었고, 어린이들이 그림을 통해 블록을 표현한 것 또 반대로 블록으로 그림을 표현한 것 등의 이야기가 있었다. 또 다른 패널에는 어느 겨울날 커다란 블록으로 '얼음 궁전' 을 지은 이야기가 있었다. 한 그룹의 어린이들은 그곳에서 몇 주 동안 살기도 했다. 과거의 패널들을 돌아보는 것은 우리로 하여금 뉴포트 방의 블록 역사를 다시금 만나게 해주었다. 그리고 마크가 계속해오던 블록패널들을 정리하고 반영하며 구성하기 위한 준비를 할 때와 그 해 지역의 블록 놀이하는 어린이들을 지원할 때 많은 도움을 주었다.

### 선생님의 작업공간

1998년 가을, 학교 내 다른 부서의 기증으로 처음 아뜰리에에 컴퓨터와 프린터가 들어왔다. 이전까지는 집에서 직접 문서를 만들어오거나 친절한 조교의 도움을 받아야 했다. 가정통신문, 소식지, 어린이들과의 대화, 진행 중인 프로젝트에 관한 재고, 소개 등 어린이들과 학부모에게 보내는 문서의 양은 엄청났다.

컴퓨터와 프린터는 버팀 없이 우뚝 서있는 작은 책상 위에 놓았다. 해가 바뀜에 따라 우리는 모든 시스템을 업데이트할 필요가 있었다. 새로운 장비와 진행 중인 문서작업을 지속해 나가기 위해 카운터를 만들었다. 잰(Jan)은 G3 매킨토시 컴퓨터와 엡슨 프린터, 그리고 우리의 첫 번째 디지털 카메라를 구입할 수 있도록 후원해 주었다. 우리보다 컴퓨터를 잘 아는 마크 씨가 새 장비를 사용해서 작업한 것들의 정리를 도와주었다.

붙박이 책상을 만들자는 요구가 받아들여져, 또 다시 단 씨가 컴퓨터 책상으로 쓰기에 딱 알맞은 높이의 회전나무다리가 달린 포마이커(Formica) 책상을 만들어 주었다. 우리는 아직 낡은 회전 책상의자를 사용하고 있다. 그 의자는 처음에 컴퓨터를 구입할 때부터 있었던 것이다. 우리는 빨간 골덴 베개를 덧대어서 푹신하게 만들었다.

책상은 아주 유용하게 사용됐다. 어른, 어린이 상관없이 3명까지 여기서 디지털 사진을 감상하고 부모에게 편지를 작성하며, 대화를 받아 적고 영화를 편집할 수 있었다. 우리는 기록물을 편집하고 보관하는 데 필요한 문서나 사진, 비디오클립과 같은 다양한 파일을 갖고 있다.

인쇄된 문서들은 표지가 너덜해진 몇 권의 공책에 보관된다. 이 공책들은 아뜰리에의 조그만 구석에 기록물보관을 위해 설계된 높은 선반에 꽂혀있다. 때로 나는 이러한 장비와 공동 작업실을 갖기 이전에는 어떤 삶을 살았는지 잊어버린다. 그것들은 우리로 하여금 현재의 기술을 빠르게 따라잡고 부모나 어린이, 다른 사람들과 더 쉽게 의사소통할 수 있도록 해준다. 또한 아뜰리에가 더욱 우리의 중심이 되고 한 팀으로 엮어주는 공동작업장이 되도록 해준다. 이러한 사례는 이 책의 전반에 걸쳐 쉽게 찾을 수 있을 것이다.

### 그림을 돋보이게 하는 가구

페인트 병을 담아두는 페인트수레를 교환함으로써 미술실이 처음으로 개선되었다. 1996년 가을, 우리가 목수에게 도움을 요청했을 때, 학부모이신 대니 하만씨가 자원해서 두 개의 페인트 수레를 만들어 주셨다. 그중에 하나는 아뜰리에에 있으며 다른 하나는 빅 밴드 방에 있다. 얼마 후에 그는 유치원생들을 위해 나무 재질의 커다란 바퀴달린 포트폴리오(그림들을 모아놓는) 상자를 만들어주기도 했다. 페인트 수레는 레지오 에밀리아에서도 보았지만 포트폴리오 상자는 우리가 아는 세인트 미카엘 스쿨의 어느 팀에서 발명한 것이었다. 우리는 대니에게 우리가 원하는 모양과 치수를 알려주었다.

나무로 된 페인트수레는 바퀴가 달려서, 서로 다른 수준의 그림을 그리는 어린이들과 어른들 사이를 자유롭게 이동하였다. 우리는 단지에 담긴 물감과 붓을 크기 별로 정리할 수 있고, 융통성 있으면서도, 이동 가능하며, 튼튼한 가구를 중요하게 생각했다. 그 수레는 2개의 선반을 가지고 있어서 아래 선반에는 1/4갤런 또는 1/2갤런의 새 물감을 보관할 수 있었다. 또한 교사와 어린이들은 싱크대 옆 수레 안에 있는 물감들을 섞거나 뚜껑을 열어 아뜰리에 서쪽 벽 유리에 위치한 이젤 앞까지 굴릴 수도 있었다.

포트폴리오 상자는 24×36인치 회색 마분지로 된 접는 형식이며, 어린이들 각자의 이름이 이니셜로 사진과 함께 붙어있다. 그곳에 어린이들은 완성한 작품이나 진행 중인 작품들을 담을 수 있을 뿐 아니라 예전에 그린 그림, 커다란 그림, 또는 같은 크기의 다른 작품들을 부모님이나 선생님과 함께 다시 꺼내 볼 수 있었다. 상자에 보관된 어떤 작품들은 시각적 자료나 전시에 쓰이기도 한다. 그리고 또 어떤 작품들은 다음 작품을 위해서나 실력을 쌓는 데 영감을 주는 등의 도움을 주기도 한다.

우리는 또 다시 성 미쉘 학교로부터 영감을 받아 전통적인 유아용 이젤 대신에 레지오 에밀리아에서 보았던 커다란 나무재질의 이젤을 사용하게 되었다. 척씨와 가구 제조업을 하시는 세인트 미카엘 스쿨의 학부모이신 존 레쉬씨가 1997년 어느 주말내내 체리나무 재질 이젤을 2개 만들어 주셨다. 1998년 여름, 존 레쉬씨가 다시 우리를 도와주어서 현재 뉴포트 방안이 보이는 아뜰리에의 유리벽 옆 공간에 2개의 오크나무 이젤이 놓여 있다. 잘 짜여진 이젤은 대부분의 어린이들보다 커서 어린이들의 신체크기만한 작업공간을 내어준다. 이렇게 하여 28×44 인치의 새 종이는 크고 넓어 보였고 크기의 제약은 없어졌다. 어린이들은 일부분을 사용하기도 하며 전체를 사용할 수도 있다.

그림을 그리는 어린이들은 유리벽 맞은편에서 다른 물건과 다른 재료를 가지고 노는 다른 교실의 어린이들과도 가까이 있다고 느낀다. 동시에 그들은 조심스럽고 주의 깊게 붓과 물감을 고르고 그림 그리는 일에 열중할 수 있다. 뉴포트 방안에 있는 어린이들 또한 투명한 유리를 통해 그림 그리는 어린이들과 공감할 수 있다. 그들은 펼쳐진 그림을 볼 수도 있고 오전 끝 무렵 그 그림을 보기 위해 호기심을 갖고 그림 주변으로 모이기도 한다. 선생님 역시 어린이들 각자의 시선을 따라 갈 수 있으며 유리 양쪽 면에서 펼쳐지고 있는 기쁨의 순간을 함께할 수 있다.

## 매체에 얽힌 추억들

마치 당신을 끌어당기는 듯한 사랑스러운 느낌의 아뜰리에는 다양하고 풍부한 매체와 색감, 모양, 형태들로 이루어진 작품들에서 비롯된다. 각각의 작품들은 어린이들에 의해 정성스럽고 사랑스럽게 만들어졌다. 이 작품들을 바라보고 있노라면 작품을 만든 어린이들의 이미지가 떠오른다. 그들의 해맑은 얼굴, 집중력, 취향, 눈동자, 손가락 같은 것들 말이다. 어린이들을 따라 학부모들이 방문했을 때 어린이들의 작품을 보고 부모들은 감상하며 놀란다. 그러면서 우리와의 협력관계는 더욱 좋아진다.

선생님들에게 역사와 발전이란 어린이들의 작품을 통해 나타난다. 예를 들면, 어린이들에게 아크릴 물감을 이해하고 목적에 맞게 사용할 수 있도록 도와주던 때가 생각난다. 처음으로 시도한 일은 구리나 철, 알루미늄 같은 다양한 재질의 선을 모으고, 철물점에서 금속 고리나 다른 부품들을 사오는 것이었다. 재료를 가지고 어린이들과 선생님들이 완전히 새로운 표현을 발견할 수 있도록 하기 위해서였다. 그날 모인 사람들은 어린이들이 하나의 정해진 교과과정이 아닌, 스스로 모으고 조합한 지식과 자원들을 가지고 완전히 집중하여 그날의 수업을 이해하고 깨우치는 모습을 볼 수 있었다.

### 곤충벽화

연녹색, 사과색, 이끼색, 라임색, 밝은 노랑, 황금색, 아마색, 짚빛색, 하늘색, 개똥지빠귀 알색, 푸른 하늘색, 진한 빨강, 심홍색, 체리색, 주홍색. 이 색들은 무겁고 깨끗한 플라스틱 위 5×6 피트의 아크릴 벽화그림 속에서 들판의 풀, 야생화, 나비, 벌, 딱정벌레, 무당벌레를 꾸몄던 색상들이다. 추억 속의 생명체들이 아뜰리에의 중간에서부터 복도 전체에 빛을 발한다(page 196, 사진 7).

1997년 봄에 그 작품들을 4-5세 반 어린이들과 함께 했었다. 그리고 여전히 작업 공간 천장의 투명한 낚시 줄에 걸려 있다. 창문보다 큰 것도 있고 작은 것도 있지만 학교 안의 다른 사람들에게 유치원생들의 작품과 일상생활을 보여준다. 안팎으로 우리는 서로를 볼 수 있다. 지금 우리는 반짝이는 한 벽화를 보고 있다. 이 벽화에는 곤충과 4-5세 어린이들, 그리고 그들의 선생님인 제니퍼 스트레인지와 조이스 데블린과의 우정이야기가 녹아있다. 칼리지 스쿨에서 고학년을 담당하는 메리 조 윌리엄 선생님과 동물원 교육자이자 학부모이신 루이스 브레드쇼, 그리고 내가 이들과 함께 벽화를 보고 있다.

벽화가 걸리게 되기까지의 이야기는 벽화 오른쪽에 위치한 2×5 피트의 패널에 담긴 사진과 설명으로 알 수 있다. 이 패널에서 한 해 동안에 어린이들이 좋아하는 곤충을 그리는 것을 누구든지 볼 수 있다. 어린이들은 OHP를 사용해서 그림을 크게 보이도록 했다. 메리 조 윌리엄의 도움으로 이곳에 글과 사진이 남겨졌는데, 이 공간은 미술프로젝트가 그녀의 미술 스튜디오로 옮겨져서 생긴 공간이다.

메어리 조와 나는 6~7명의 어린이들과 함께 작업했다. 어린이들의 원래 그림을 확대한 후, 의견을 조율해가며 플라스틱 "캔버스" 꼭대기 주변에 확대된 그림을 옮겨가며 벽화를 구성했다. 우리는 먼저 어린이들에게 곤충과 들판색을 팔레트에 섞었고, 어린이들은 처음 접해본 아크릴 그림 사용방법을 배워나갔다. 어린이들은 플라스틱 위에 자신만의 곤충들을 그려 넣었다. 이 프로젝트에 푹 빠진 4명의 여자어린이들은 곤충들의 집인 하늘과 꽃과 들판을 완성하는 데 적극 지원했다.

마지막 단계는 완성된 작품이 부모와 사회에 그 모습을 드러내는 것이다. 그들은 작품의 결과에 크게 놀랐다. 레지오 에밀리아에서 5-6세 어린이들과 함께한 양귀비 벽화에 관한 프로그램을 1991년 PBS에서 방송했던 적이 있다. 어린이들이 양귀비 들판에서 경험했던 것을 그린 벽화 근처에 서서 로리스 말라구찌가 인터뷰했었다. "어린이들은 자기를 도와주고 함께하는 다른 누군가와 작업할 기회를 필요로 한답니다. 공동작업을 하면서 개개인의 목소리를 사용하여 조화롭고 아름다운 전체의 소리를 만들어 내는거죠."라고 하였다. 이 곤충 벽화는 세인트루이스에서 완벽하고 생동감 있는 소리를 위해 우리가 만든 이야기이다.

### 어린이들과 정원

창살 아래에서 싹에 물을 주는 어린이들, 부드러운 모종에 거름 항아리를 실은 수레를 밀고 내려오는 남녀어린이들, 노란색과 초록색의 티슈페이퍼로 만든 콜라쥬, 처음 새싹을 틔운 콩잎을 섬세하게 그려낸 그림, 이것은 1992년 재건하기 이전에 아뜰리에 골방 첫해의 추억들로 구성된 작품들이다. 그것은 이젤 근처 창문에 걸려있다. 우리가 과거 칼리지 스쿨에서 만들었던 첫 패널작품들이다. 지금은 투명한 아세테이트로 새롭게 꾸며져 있다.

이 기억들은 우리에게 아뜰리에서의 맨 처음을 떠올리게 한다. 나의 특별한 경험이자, 우리의 과거이고 역사인 이 작품들 중 특별히 선택한 몇 작품들을 이곳에 계속 진열해 왔다. 사진 속 어린이들은 그림을 그리면서 나를 향해 웃고 있으며 우리가 어디서 왔고 어디에 있었는지 생각나게 해주었다. 사진 속의 어린이들 – 밀라, 단, 데이비드 – 이 세 어린이들은 2002년 8학년으로 칼리지 스쿨을 졸업했다.

작은 기억들

닭 모양의 선으로 된 원통, 나무새조각, 리본과 종, 실패로 만들어 색상을 입힌 모빌들은 5년 전에 만들어진 것으로 천장에 매달려 있다. 머리 위의 팬에서 바람이 불 때 마다 찰랑찰랑, 딸랑딸랑 소리를 낸다. 그 옆에 있는 투명한 플라스틱 상자는 1998년에 만들어진 것으로, 연이어 늘어진 은못에서 빛을 내면서 회전하는 종이모양이나 깃털, 구슬로 가득하다. 묶거나 매달거나, 엮거나 붙일 수 있는 모든 것들은 전부 매달 수 있는 재료들이다. 아뜰리에 천장에 매달려 빙빙 돌아가고 떠다니는 이 모든 것들은 자꾸만 쳐다보게 되고, 우리까지 가벼워지는 듯하다. (그림4.4 참고)

문 바로 오른쪽에 걸려있는 작품은 옛날부터 내가 가장 좋아하던 것 중 하나이다. 그것은 빅 밴드 반 어린이들이 1996년에 베스 매킨토쉬(Beth Macintosh) 선생님과 함께 만들어 준 생일 선물이다. 조이 데브린이 찍은 우표 흑백사진들은 보는 사람들을 놀라게 하려는 듯 열려 있는 생쥐크기만한 조그만 창문 앞에 붙어있다.

〈그림 4.4.〉 가족센터에 있는 모빌들

지금 내가 쳐다보고 있는 것은 메디슨이 만든 작은 꽃다발이다. 분홍빛 왁스꽃 잔가지, 주름진 노란색 수선화 꽃잎, 번쩍이는 은빛 문양의 종이, 부드러운 분홍빛 작은 진주알…. 이 모든 것들은 작은 꽃다발 속에서 나를 향해 미소짓는다. 그것은 전등스위치 바로 위에 있다. 스위치를 켜고 끌 때마다 나는 꽃다발을 보고 어린이들을 생각한다.

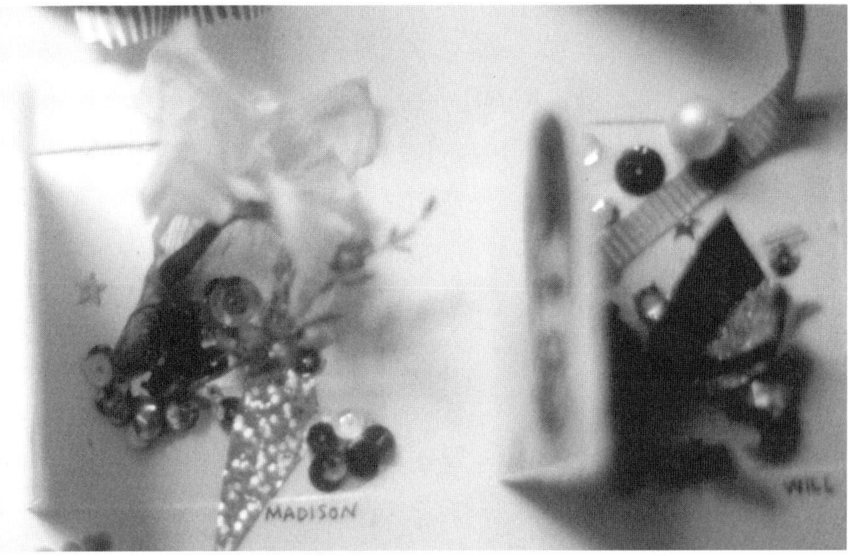


〈그림 4.5.〉 칼리지스쿨의 창문콜라쥬

레지오 에밀리아에서의 기념물들은 싱크대 근처 동쪽 벽 3-피트 구역에 모여 있다. 라 빌레타 학교의 어린이들이 그린, 커다란 눈을 가진 얼룩무늬 고양이가 움츠리는 그림, 네루다 학교의 어린이가 그린 9×18인치 도화지에 다양한 자세로 뛰어 오를 것 같은 호랑이 그림, 1991년 레지오 에밀리아 일간지에 실린 피아짜 상 프로스페로(Piazza San Prospero)에 있는 사자들의 수채화 그림과 우리 아파트에서 보이는 풍경을 그린 그림. 이러한 그림들이 시간을 내어 함께 해주고 재료를 지원해주신 학부모 멜라니 레드러 씨에 의해 유리에 클립으로 고정되어 있다. 이 작품들은 레지오 에밀리아를 추억하게 하고, 우리를 앞으로 나아가게 하며 응원해 주고 자신감을 갖게 해주며, 희망과 영감을 준다. 그것들은 우리를 에워싸고 있으며 또한 우리의 일부분이다.

하나의 퀼트 작품처럼 모든 작품들은 어떤 식으로든 공간 안에서 서로 엉켜있다. 그것들은 우리 주위를 둘러싸고 추억과 기쁨으로 우리를 엮어 준다. 그것들은 놀이를 즐기게 하고 서로를 이어주고 도달하게 하며 연구하고 발명하게 해주는, 억누를 수 없는 창의성과 함께 중요한 의미를 가지고 공간 속에 흠뻑 녹아있다. 장소는 가능성과 잠재성을 가지고 살아있다. 이곳에서 생활하고 있는 어린이들과 선생님들은 이와 같이 살아있는 퀼트를 만든 것이다.

## 쓰레기 정리하기

3월초 캘리포니아에 있었을 때, 나는 조카딸을 방문했고 거기 부엌에서 '펭슈이와 함께 쓰레기 정리하기' (Kingston, 1999)라는 제목의 책을 한 권 발견했다. 그날 오후에 집에 가져와 읽어보았다. 킹스톤은 쓰레기(clutter)에 관한 정의를 하나의 리스트로 정리했다. 아래와 같다.

- 싫증나거나 사용하지 않는 것들
- 정리하지 못한 것들
- 너무 작은 공간에 넘치도록 많은 것들
- 완성되지 않은 것들(p.17)

작가는 또한 물건들이 쓰레기 상태가 되는 몇 가지 이유를 간단히 설명했다. 여기에 적어놓은 목록은 거의 선생님들의 경향이다.

- 언젠가는 쓸모가 있을 거란 생각에 가지고 있는 많은 것들
- 어떻게든 우리의 정체성이 그것들에 의해 연결되어지기 때문에 붙잡고 있는 것들
- 우리가 안하면 누군가가 할 거라고 생각하는 의존주의
- 부족한 것보단 넘치는 것이 낫다는 믿음
- 구두쇠

그녀는 쓰레기(clutter)라는 단어가 '굳어지다' 라는 뜻의 중세 영어단어 clotter에서 기원을 찾을 수 있다고 설명했다. 그녀는 쓰레기를 축적된 에너지와 똑같다고 생각했다. "당신의 쓰레기를 치워서 인생을 정리하는 것은 인생의 생명력에 있어 엄청난 부활과 같다." 고 거듭 강조했다.

교실에서 이 말을 적용해 보면 우리는 바로 '어지럽고 더러운' 것이 무엇인지 알 수 있다. 1992년 '칼리지 스쿨' 에서 일을 시작할 때, 해마다 나온 쓰레기가 우리 주변 어디에나 쌓여있는 것을 보았다. 봄이 되자, 빛과 신선한 바람으로 환기를 시키고 정리하고 싶은 욕구가 강하게 생겨났다. 새로운 밀레니엄 시대를 맞이하는 첫 봄은 수천 년 동안 모아둔 쓰레기를 정리하고 싶게 만드는 에너지를 가진 듯 했다. 이는 교실의 환경과 학교 공간을 새로운 눈으로 보아야 할 선생님들에게 필요한 에너지였다.

레지오 에밀리아의 교육자들이 교실과 복도와 식당을 합친 기본적인 이유는 학교가 편안하고 즐겁고, 정결하고, 흥미로우며, 집과 같은 곳이어야 한다는 생각이었다. 선생님이나 부모님들과 마찬가지로 어린이들도 이런 공간을 가질 권리가 있었다. 우리 모두는 우리 삶을 향상시키고, 성장하도록 해주며, 존중해주는 공간으로 이루어진 학교에서 시간을 보낼 권리를 가진다.

선생님으로서, 관리자로서, 학부모로서 우리는 이러한 공간을 만들어야 한다. 공간을 찾아보고 그곳을 좀 더 생활하기 좋고 친숙한 곳으로 만들어 가면 된다. 천천히, 조금씩 해나가면 된다. 나는 킹스톤이 쓰레기의 정의에서 제일 처음으로 언급한 '싫증나거나 사용하지 않는 것들' 이라는 말에서 총체적 공간의 의미에 대해 생각해 본다. 우리는 우리의 교실 구석구석을 사랑해야 한다. 교실을 사랑하는 우리 자신을 위해 교실은 단순히 물건을 쌓아두는 보관 장소가 아니라, 그곳에서 살고 있는 이들과 함께 호흡하는 장소가 되어야 한다.

세인트 루이스 레지오 공동체에 있는 선생님으로서, 우리는 가능한 한 비판적이면서도 주의 깊게 우리의 교실을 바라보려 한다. 우리는 자문해본다.

> 사용할 수 없고, 부서지고, 무관심해진 것이 있는가?
> 돌보고, 수리하고, 새로 색을 입히고, 조명이 필요하고, 다시 꾸며야 하는 것은 무엇인가?
> 새로운 생명에너지와 새로운 아이디어를 위한 교실을 만들기 위해 해야 할 일은 무엇인가?
> 진행되고 있는 일 중에서 어떤 면이 불확실하거나 설명되지 않은 채 무의미로 남아있는가?

세 개의 세인트 루이스 레지오 공동체에서 가장 으뜸인 규칙은 모든 것이 항상 볼 수 있고 만질 수 있도록 열려 있다는 것이다. '칼리지 스쿨' 아뜰리에에 있는 높은 선반 위에도 다양한 색깔의 헝겊, 리본, 실, 라피아 천이 담긴 투명 상자가 있다. 선반 근처에는 번쩍이는 종이, 무늬가 있는 종이, 손으로 만든 종이, 하얀색과 크림색의 종이 모음 철이 놓여 있다. 아래 선반에는 조개껍질, 단추, 구슬, 선, 작은 솔방울, 말린 장미꽃잎, 꽃 모양의 금속장식, 불빛에 색연필을 반사하는 나선형 칼 등 어른, 어린이 할 것 없이 관심을 끄는 투명한 함이 놓여있다.

어린이들은 물건이 어디에 있고 어떻게 찾을 수 있는지 알고 있다. 선생님과 학부모들도 마찬가지이다. 환경은 실용적이고 무엇인가로 가득 차 있으며 정리되어있다. 이곳에 있는 것들은 모두 사용되고 사랑받는 것들이다. 이러한 분위기는 우리들을 긍정적인 사람이 되게 하고 아이디어, 관계, 가능성과 같은 에너지를 이끌어 낸다.

물건들은 재활용되고, 질시를 가지며, 놀라운 힘을 갖고 있고, 항상 재고되며, 생명력을 지닌다. 마치 하나의 콘서트처럼 수많은 눈과 손이 물건들을 쳐다보고 만진다. 바로 이런 것들이 문화를 발전하게 한다. 3세부터 73세까지, 같은 가치를 가진 사람들의 문화다.

여기 어린이들은 잡동사니 더미로 블록들을 던지곤 했다. 탁자 위에 있는 번쩍이는 금속장식의 작은 상자를 쏟아내기도 하고, 다소 위험하게 어떤 것들을 섞어놓고 무슨 일이 생기는지 지켜보기도 했다. 심지어는 의도적으로 벽이나 테이블에 낙서를 하기도 했다. 지금은 이런 일들이 거의 일어나지 않는다. 어떻게 그런가? 우리는 어린이들은 이곳 문화의 일부분이고 질서와 아름다움과 풍부한 재료들은 어린이들과 우리 모두를 위해 존재한다고 알려주었다. 모든 재료들은 마치 보물처럼 만져지고, 탐험되고, 변형되고, 구성되기를 기다린다. 스토리를 이루고, 발명되어, 축적된 아이디어가 되기 위해서 말이다. 이제 어린이들은 환경의 많은 측면에서 서로 돌보고 존중한다. 이러 식의 가치와 삶과 성장은 우리에게 무한한 가능성을 향하여 더 멀리 더 깊이 나아가게 한다. 결론적으로 우리의 눈과 손은 새로워졌다. 우리의 기준과 기대치는 상당히 상승했다. 천천히 하지만 분명하게 우리는 어린이들과 부모들과 함께, 우리가 살고 있는 공간에 대한 존경, 감사, 상호작용, 배려, 사랑을 이루었다. 그것은 몹시 아름답고 편안하다. 재료들이 전시되고 사용되는 방식과 아이디어가 흘러가고 순환하는 방식은 유사하다. 어른이건 어린이건 그것들은 에너지를 모으고 틀을 이루며 모양을 만든다. 그렇게 점점 분위기는 활발해지고 생생해진다.

## 화보

〈사진 1〉 칼리지스쿨 유치원으로 진입하는 복도

〈사진 2〉 거실에서 바라 본 칼리지스쿨 아뜰리에

〈사진 3〉 재료들이 담긴 팔레트

〈사진4〉 "소녀세상" 만들기

〈사진 5〉 클레이턴 스쿨의 가족 센터에 비치된 매체들

〈사진 6〉 알리의 자화상

〈사진 7〉 곤충벽화

〈사진 8〉 칼리지 스쿨 아뜰리에의 라이트 테이블

〈사진 9〉 세인트 미카엘 스쿨 "향기가 춤춰요."

〈사진 10〉 이탈리아, 레지오 에밀리아, 커튼에서 나온 에너지가 생기는 반지

사물과 공간이 지닌 에너지에 대한 펭슈이의 생각에는 주목해야 할 것이 있다. 만약 우리가 관심을 기울인다면, 그 에너지는 우리의 일과 생활 속에서 춤을 추게 하는 잠재된 힘이 될 것이다. 누가 알겠는가, 심지어는 날아다니게 될지.

## 아뜰리에의 참관수업

많은 학교들처럼 우리의 '칼리지 스쿨'은 모든 학년에서 1년에 한 번씩 한 학급당 두 명의 부모님께 '참관수업'을 요청한다. 제2장에서 언급했듯이, 참관한 부모님들은 이벤트가입이나 교실파티, 소풍 등의 준비를 도와주고, 학교행사에 필요한 여러 도움에 관해 다른 학부모들을 끌어들인다. 연극, 음악, 체육, 미술 선생님들도 어린이들이 다양한 활동을 하는 데 도움을 줄 수 있도록 참관수업을 갖는다. 각 과목의 선생님들은 참가한 부모님들이 적절한 역할을 할 수 있도록 한다. 아뜰리에가 만들어진 후 첫 해에는 참관수업이 없었다. 되돌아보면, 우리는 특정과목에서보다 유치원의 전 영역에서 교사의 역할을 세우기 위해 열심히 일해서 그랬던 것 같다. 다양한 방식으로 나는 교실을 사랑했고, 지금도 역시 그렇다.

### 새로운 시각으로 정리하기

1997년 어느 가을, 소매업을 하셔서 상품을 정리하고 진열하는 데 뛰어난 능력을 가지신, 조니 리즈웨이라는 한 어머니께서 자신이 아뜰리에에 있는 콜라주 재료 선반을 정리하고 싶다고 하셨다. 나는 기쁜 마음으로 승낙해드렸다. 선반이 아주 엉망인 상태는 아니었지만 정리하고 청소할 필요는 있었다. 나는 청소할 때 새로운 배치를 생각하기보다는 원래 자리에 그대로 두는 경향이 있어서, 재료와 선반이 새롭게 배치되는 모습을 간절히 보고 싶었다.

조니가 한가한 시간이면서, 내가 2명의 뉴포트 반 어린이들과 아쉬리와 조니의 딸이 함께 있는 날 오후를 택했다. 제니퍼와 조이스와 뉴포트 선생님들이 이 작업에 함께했다. 우리는 이 과정에 어린이들을 보조로 참여시키기를 원했지만 많은 수를 원하지는 않았다. 조니가 제공해 주는 이 선물은 공간적, 시간적으로 엄청난 이로움을 줄 것이 분명했다. 우리는 모든 어린이들과 함께 이것에 관해 이야기를 나누었다. 함께 참여할 어린이들과 선생님들은 흥분하고 기대했다.

오후에 어린이들과 나는 조니가 각각의 상자 안에 무엇이 들어 있는지 탐색하고, 뒤로 물러서서 선반 전체를 고려하는 모습을 바라보았다. 그런 다음 그녀는 모든 함과 바구니들을 선반에서 내려 8각형의 테이블 위로 올려놓고 그것들을 색깔별로, 구조별로, 형태별로 정리하기 시작했다. 하얀 종이 공 옆에 눈처럼 하얀 깃털, 크림색의 말려진 종이, 진주같은 천사날개빛깔과 같은 조개껍질이 담긴 작은 함. 그녀는 여자어린이들에게 단추를 색깔별로 정리해달라고 부탁했다. 그녀가 하는 일을 보면서 우리는 하얀색 단추를 넣어야 할 곳을 알 수 있었다.

작은 나무접시 안의 씨주머니 속에는 운동장에서 가져온 2인치짜리 오크나무 막대가 들어있고, 낮은 회색빛의 직경 2인치 팔각형의 종이상자 안에는 말린 서양톱풀과 짚꽃들이 담겨 있었다. 조니가 손을 대자, 천연재료들은 서로를 유혹하는 듯 잘 어울렸다. 보관함도 바뀌고 있었다. 천연매체들은 바구니와 나무그릇에 담고 하얀 물건은 투명한 합성수지와 유리병에 담았다.

색색깔의 구슬과 단추, 화려한 깃털, 빛나는 금속 장신구, 다양한 색으로 수를 놓은 비단술은 여분의 보관함과 병에 넣어두었다. 여아들은 여전히 이유식 병에 파랑, 초록, 노랑, 금속, 뼈, 산호, 빨강 단추를 정리하는 것을 즐기고 있었다. 잘 닦여진 선반을 올려다보니 함과 바구니가 새 보금자리에 들어갈 준비가 되었음을 알 수 있었다.

"도와드릴까요?" 여자어린이들이 밝게 이야기했다.

"그래주면 고맙지. 하얀색 물건들이 어디로 가야 할까?" 조니가 물었다.

그 다음날 아침 모임에서 두 여자 어린이는 반 어린이들에게 자신들이 경험한 것을 이야기하고 새로 정리한 단추들을 자랑스럽게 보여주었다. 모든 어린이들이 주의 깊게 선반을 쳐다보고는 그 재료들을 손으로 만져보았다. 어린이들은 우리 모두와 마찬가지로, 새로운 체계를 유지하기 위해 격려와 지원을 받을 필요가 있었던 것이다. 어쨌든, 어린이들은 새로운 체계에 들어왔고 그것을 자랑스럽게 여겼다. 한 부모가 그녀의 관점과 능력으로 어린이들의 공간과 삶을 향상시켜 놓았다. 이것은 관련된 모든 사람들에게 대단한 의미를 지녔다. 다른 학부모들도 이 일을 알게 되었다. 일간지와 주간지에 뉴스로 보도된 것이다.

심지어 단추를 정리하는 매우 하찮은 일이라도 연못에 던져진 한 알의 돌멩이처럼 많은 파장을 불러일으킬 수 있다. 그 물결은 오늘 오후 다른 이들에게 퍼져 나갔다. 나는 조니에게 그 해의 첫 아뜰리에 참관부모로서 앞으로 계속 도와줄 수 있는지를 물었다. 품질, 다양성, 교실에 작은 아뜰리에 만들기, 재료가 늘어났을 경우 메모 남기기 등 재료의 정리를 위한 새로운 아이디어들이 생겼다. 재료에 대한 어린이들의 관심과 배려가 높아졌다. 단지 재료들을 보고 만지기만 해도 우리의 상상력은 자극받고 타올랐다. 이 보물들로 무엇을 만들고 어떻게 잘 활용할지에 관해 상상해보는 것이다. 다른 학부모들은 어떻게 학교생활에 기여하고 공동체의 삶에 기여할 수 있을지에 대해서 생각하기 시작했다. 우리 공동체의 벽 주변이 엄청나게 풍성해졌다.

## 새로운 공간 : 새로운 가능성

1999년 봄, 내가 제1장에서 소개했던 캐슬린 스프롱 씨가 자신이 아뜰리에 학부모가 될 수 있는지 내게 물었다. 나는 정말 운이 좋았다. 조니처럼 캐슬린은 "아름다운 매체(1999년, Topal & Gandini)"가 어떻게 배치되고 사용되는지 고민하고 그것에 대해 순수한 즐거움을 느끼며 살고 있었다. 그녀는 자신의 집을 위해 천을 고르거나 천장과 벽면의 색상을 결정하고 정원을 가꾸며 요리를 하는 일 등에서 뛰어난 미적 감각을 지니고 있었다.

지난 가을에 캐슬린이 처음으로 한 일은 싱크대 위 선반을 재구성한 것이었다. 여러 번 수선작업을 거쳤던 선반들이었다. 어느 날 캐슬린이 턱에 손을 대고 선반을 바라보면서 골똘히 생각에 잠긴 듯한 표정으로 서있는 것을 보았다. "내 생각에는 이게 더 나은 것 같은데, 선반들이 좀 더 기능적일 수 있을 텐데."하며 그녀는 중얼거렸다.

"해보세요. 하고 싶은 건 무엇이든지 시도해보세요."라고 내가 그녀를 격려했다.

아무도 없는 어느 날 아침, 그녀는 모든 것을 내리기 시작했다. 정말 모~든 것을. 선반 위를 비우고 모든 내용물을 보기 시작했다. 그녀는 그것들을 각각의 목적과 기능에 맞는지 생각하기 시작했다. 칸마다 일부는 되돌려졌다. 찰흙 칸에는 일그러진(점토와 물의 혼합으로) 찰흙이 담긴 작은 유리병을 담고, 나무로 된 점토 조각도구들은 희미한 겨자색 단지에 담겨서 다채로운 색과 다양한 크기와 다른 모양을 한 돌무더기 근처에 두었다. 광택이 나는 회색과 황토색 대리석들은 어항에 넣었다. 몇 년 전 한 어린이가 만든 나선형 모양의 달팽이는 돌 앞에 있는 두 번째 선반을 따라서 기어가게 놓았다. 그림도구 칸에는 낮고 입구가 넓은 노란색 세라믹 꽃병에 붓을 채워 세워놓았다. 꽃병은 깨지기는 했지만 손잡이가 굵은 다양한 붓들을 꽂아놓기에 충분했다.

캐슬린과의 6개월 작업을 마친 후, 올해 3월 봄이 되면서부터는 어린이들에게 더 사용하기 쉽고, 더 친근한 아뜰리에를 꿈꾸기 시작했다. 각각의 접시에 콜라주 재료나 그림도구, 선들을 각자 정리하는 것을 생각해 보았다. 그러면 어른, 어린이 할 것 없이 그들이 하고 싶은 작업을 어느 장소에서건 쉽게 가져가고 사용할 수 있을 것이다. 나는 교실에 작은 공간을 나누는 것도 생각해 보았다. 천막으로 경계를 만들고 지금 사용하는 것보다 더 작고 가벼운 테이블을 배치해서 그림을 그리거나 책 읽는 공간을 따로 만드는 것이다. 어떻게 이 모든 것을 운영하고, 어떻게 영역을 정할지는 아직은 몰랐다. 사실 그것이 가능할지도 미지수였다.

휴가를 끝내고 학교로 돌아왔을 때, 캐슬린에게 나의 생각을 이야기하고 함께 구상해보기로 했다. 우리는 바로 실험하기 시작했고, 꿈을 실현시키기 위한 방법을 생각하기 시작했다. 아래는 지난해에 나의생각을 구상해서 계획한 내용들이며 팀원들과 학부모-선생님들과의 회의에서 토론한 내용들이다.

> 아뜰리에는 어린이들을 위해 참신한 방법과 새로운 모습으로 단장하고 있다. 나는 휴가 동안, 어린이들에게 "사용하기 쉽고" 접근성이 큰 다양한 형태의 매체 만들기에 대해 생각해 보았다. 그리하여 아뜰리에가 많은 매체들을 탐구하고 가지고 놀 수 있는 곳, 일종의 재료 놀이터 같은 곳, 상상이 가득한 진지한 꿈들이 형태로 나타나는 곳이 되기를 원한다.

이러한 목적을 가지고, 캐슬린과 나는 교실의 다양한 영역을 바꾸기 위해 작업을 시작했다.

1. 현재 부드러운 것에서 딱딱한 것까지 다양한 종류의 연필을 갖추어 놓은 그림접시가 있다. 그 안에는 여러 종류의 검은색 미술 펜, 차가운 색, 뜨거운 색, 무성 색에 따라 정리된 색연필, 가늘고 두꺼운 수용성 마커펜 따위가 들어있다. 또한 각각의 크기가 다르고 모양이 다르고 형태가 다른 도화지들도 어린이들이 쉽게 이용할 수 있도록 미술용품 바구니에 담아 두었다.
2. 콜라주 접시도 좋을 것 같다. 현재 개발 중이다. 캐슬린과 엘리스 맥브리드가 도움

을 줄 것이다. 여러 가지 매체들이 담길 이 접시는 흥미롭고 매력적이며 계속해서 변화하고 진화하며 늘 준비되어 있는 접시이다.

3. 남쪽의 거실을 향해 있는 창문 아래 4개의 선반에는 다른 매체들이 놓일 것이다. 현재는 종이조각 선반과 뜨개질 선반이 있다. 우리는 철사조각 선반을 추가할 예정이다. 이 선반들은 그해 수업 과정에 따라 바뀌고 발전할 것이다. 철사조각에 대한 관심이 증가하고, 공간이 허락된다면 그 선반들은 점점 풍성해질 것이다.
4. 우리는 한번에 3명의 어린이가 들어갈 수 있는 작은 공간을 계획했다. 이곳은 영상을 위한 공간으로, 아뜰리에 예산으로 구입한 작은 OHP가 벽에 프로젝터 빛을 쏘아올려 어린이들이 투명한 매체와 친숙해지도록 할 것이다. 영상의 질을 높이기 위해 여닫이 형태의 커튼이나 스크린을 걸어야 할 것이다. 어린이들이 볼만한 예술과 사진에 관련된 책들을 놓을 읽기 선반도 계획하고 있다. 한쪽 벽이나 구석에 작은 소리로 이야기할 수 있는 통로도 생길 것이다.
5. 마이크 스트랜지는 아뜰리에 입구 구석에 즉시 둘 수 있는 라이트 테이블을 만들었다. 두세 명의 어린이들이 함께 작업할 수 있을 만큼 충분히 큰 것이었다. 라이트 테이블의 위나 부근의 선반들은 투명하게 만들고, 그림을 비치하여 라이트 테이블을 위한 매체가 어우러지도록 한다.
6. 그리기를 위한 도화지는 싱크대 아래 선반(이젤 반 정도 크기)에 있거나 싱크대 왼쪽 첫 번째 선반(큰 이젤 크기)에 있다.
7. 점토 재료와 판자는 왼쪽 싱크대 아래 선반에 있다. 도구들은 싱크대 위쪽 선반에 있다.

나는 칼리지 스쿨에서 월요일에서 수요일까지, 일주일에 3일을 가르친다. 그래서 캐슬린과 함께 이 새로운 작은 공간을 위해 목요일과 금요일에 만나 일하기로 계획했다.

작업 첫째 날

캐슬린과 나는 손에 커피를 들고 8시 15분에 만났다. 우리는 어린이용 의자에 앉아 교실을 조사하고 생각을 나누었다.

"선반 아래쪽은 어떨까요? 아래쪽 선반들은 모두 떼어내고 거기에 공간을 만드는 건 어때요?" 캐츠린이 말했다. 그 말에 고개를 끄덕이며 생각에 잠겨있는데 캐츠린이 일어나 선반 몇 개를 떼어내기 위해 물건들을 내려놓기 시작했다. "가능한지 한번 해보죠."

그녀는 아뜰리에 구석 남동쪽에 있는, 빅 밴드 교실을 들여다 볼 수 있는 유리벽 선반부터 시작했다. 그녀는 털실과 리본, 실, 줄 바구니를 테이블 위에 두었다.

"플렉시유리 선반이 어디있죠? 지난 해 당신이 주문한거요. 그걸 여기에 그것을 사용하고 싶은데요. 좋은 생각이 떠올랐어요." 라고 말하며 캐슬린은 아뜰리에를 나가 뒤쪽에 있는 벽장으로 향했다. 나는 기록물 보관 선반을 살펴보았다. 지난해에 우리가 주문한 규격보다 조금 작아서 플렉시유리를 보관해 두고 있었다.

"여기에 있어요." 8인치 크기의 정사각형 회색 금속 상자를 가지고 오며 그녀가 말했다. "내가 보기에 이 상자는 메모함으로 사용하면 좋을 것 같았어요. 그런데 아무도 원하는 이가 없더군요." 캐슬린은 꿇어앉고는 구석의 바닥에서 그녀의 생각들을 조립하기 시작했다. 그녀는 금속 상자 위에 플렉시 유리의 균형을 잘 맞춰놓고는 튼튼한지 확인하려고 덜거덕거려 보았다. 그녀는 낮고 투명한 표면을 만들어 냈다. 마치 이전에 계획된 것처럼 그것은 완벽하게 꼭 맞았다. 〈그림 4.6.참조〉

〈그림 4.6.〉 칼리지 스쿨 아뜰리에의 미니 쌓기영역

"블록 좀 몇 개 주실래요? 조개껍질도 몇 개 주세요." 캐슬린이 부탁했다. 그녀는 새로 설치된 작은 공간을 마주보며 책상다리를 하고 앉아 작은 블록과 조개껍질들로 재미있는 조형물을 만들고 있었다. 나는 근처 선반에 있는 두 개의 도마뱀 점토를 꺼내어 그녀에게 건네주었다. 그녀는 그중 하나를 작은 소라껍질 구멍으로 밀어 넣었다.

"어때요?" 그녀가 물었다.

"어떻게 안 어울릴 수가 있겠어요?" 내가 대답했다.

우리는 어린이들에게 새로 설치된 것을 보여주고는 무엇을 하는지 지켜보았다. 우리는 아무것도 하지 않았다. 작업은 계속됐다.

"좋아요. 선반 아래쪽에 대한 아이디어를 계속 진행시켜보죠. 어때요?" 캐슬린이 물었다.

"물론이죠." 나는 고개를 끄덕였다. 우리는 교실의 그 공간에서 대단한 발견을 한 것이다.

"여긴 어떨까요?" 캐슬린은 같은 쪽 벽에 있는 선반을 가리키며 물었다. 가리킨 곳엔 선반 아래 벽 안쪽으로 3×4 피트 크기의 사각 상자만한 독립된 큰 선반이 있었다. 우리는 미술실에서 물려받은 이 깊은 선반을 그림종이와 티슈를 보관하는 데 쓰고 있었다.

"이곳을 영상스크린을 위한 작은공간으로 만들면 어떨까요? 이 종이 선반은 다시 배치하거나 없애고요."

"정말 좋은 생각이에요." 나는 아뜰리에에 설치할 영상스크린에 대한 생각으로 흥분하며 대답했다.

지난 가을 나는 어린이들이 라이트테이블 모형처럼 보이는 곳에서 투명하거나 반투명인 매체를 가지고 노는 것을 발견했었다. 지난해에 이 장비들이 유일하게 사용될 수 있는 공간은 기록물 보관 선반과 선생님의 작업공간 사이였지만 그곳은 이미 복잡했었다.

우리는 상자만한 선반을 끄집어내어 영상스크린이 설치될 공간을 마련했다.

"아, 우리집에 하얀색 커튼이 있거든요." 캐슬린이 말했다.

"수가 약간 놓여있긴 한데, 내가 생각하기에 이 공간에 꼭 맞을 것 같네요. 늘어나는 막대도 있는데 여기에 꼭 들어맞을 거예요. 내일 가져올 테니 한번 맞춰보죠."

"훌륭해! 완벽하군요." 내가 확신했다. "내가 찾아봤을 땐, 적당한 공간이 위쪽이었어요. 하지만 그곳은 너무 작고 빽빽했어요. 이제는 커튼과 영상스크린 뒤에 그걸 두면 되겠군요."

"이제 다른 곳으로 옮길까요? 이곳은 뭘 했으면 하나요?" 캐슬린이 물었다.

우리는 오늘 발견한 것들로 기운이 넘치고 있었다. 마치 우리 둘이서 공간에 대한 회담 속으로 들어온 것 같았다. 즉석에서 새로운 곡을 만드는 것처럼 즉석에서 해결하고 실험하는 노련한 트리오가 된 것 같았다. 캐슬린은 바닥에서 가장 가까운 선반만 남기고 나머지 선반은 비우고 잡아당겨 빼내었다. 나는 깨끗한 스펀지로 그것들을 닦았다. 캐슬린이 직사각형의 회색 판자를 찾아내고는 잘 내려놓았다. 색연필과 그림용 펜이 담긴 작은 병도 내려놓았다.

"이건 어때요?" 나는 이 작은 그림영역에 걸 투명한 잡지받침대를 잡기위해 반대쪽에 있는 교사 도구 선반으로 몸을 젖히며 물었다.

"딱 좋네요." 캐슬린이 종이선반 꼭대기 위의 바구니에서 종이 스크랩들을 꺼내면서 말했다. 그녀는 설명하지 않아도 내 생각이 무엇인지 알았다. 나는 공간에 작은 받침대를 만들어냈고, 그녀가 종이를 덧대었다. 마지막으로, 캐슬린이 빨간색의 새집 모양의 시계에 손을 뻗쳤다. 시계바닥에는 '1999년 12월, 티파니' 라고 적혀있었다.

"티파니와 어린이 엄마 테리가 모든 선생님들께 선물로 만들어 준거죠." 나는 그녀에게 알려주었다.

캐슬린이 새 책상 안쪽으로 그 시계를 놓았다.

"빨간색 시계를 보니 빅 밴드 어린이들에게 빌려준 어머니의 빨간 정원의자가 생각나네요. 다시 받아야겠어요."라고 나는 말했다. 나의 어머니가 보도의 잡초를 제거하시면서 사용하시던, 2피트 높이의 등이 좁은 빨간의자는 새로 만든 책상이나 선반에 꼭 들어맞았다. 모든 것이 항상 거기에 있었던 것처럼 잘 어울렸다(그림 4.7참조).

캐슬린이 나를 보며 "다음은 뭐죠?"라고 물었다.

"이 종이 선반은 어디에 두죠?" 내가 물었다.

"새로 생긴 라이트 테이블 너머에 두죠." 우리는 제니퍼의 남편인 마이크가 목재로 만들어준 3피트 정사각형 상자 옆에 그 선반을 두었다. 그 오래된 선반은 새로운 공간에 딱 들어맞았으며, 4년 동안 쌓여있던 복잡했던 선반들로부터 해방된 것 같았다. 이제 꼭대기 선반은 깔끔해졌다. 이곳은 다양한 크기와 모양의 종이접시를 두는 공간으로 사용할 것이다.

〈그림 4.7.〉 칼리지 스쿨 아뜰리에의 그림그리기 책상

어린이들과 나는 이 작은 라이트 테이블을 즐겨 사용했다. 올해, 제니퍼와 나는 라이트 테이블을 바꿨다. 그녀는 좀 큰 것을 원했고, 나는 작은 것을 원했다. 마이크가 만들어준 작은 테이블은 아뜰리에 북쪽 창문 벽에 있는 2개의 유리사이에 꼭 들어맞았다. 라이트 테이블 위의 창턱은 테이블에서 놀이를 하기 위한 물건들을 보관하는 이상적인 선반이 되었다. 가령, 색을 입힌 플렉시 유리상자나 서쪽에서 가져온 둥글고 부드러운 푸른색 공작석, 거품이 생기는 합성수지 그릇, 깃털, 노랗고 빨간 젤리 같은 장난감들 말이다.

캐슬린이 말했다. "이 작은 라이트테이블에 어울릴 의자를 갖고 있어요. 또 우리집에 이 위에 걸어둘 만한 거울이 있는데 아주 좋을 것 같네요. 한번 걸어보죠. 그리고 아까 선반에서 치워둔 콜라주 재료들을 담을 커다란 접시에 대한 좋은 생각도 떠올랐어요. 그걸 사려면 마켓에 가야 해요. 선생님도 배관이랑 깔대기를 사러 철물점에 가야 하죠? 낮에 철물점에 전화해 보고 내일 같은 시각에 만나는 게 어때요?"

작업 둘째날

금요일 아침, 캐슬린은 집에서 보따리들을 가져왔다. 먼저 가방을 열어보니 인조 모피가 달린 1피트 높이의 하얀색 둥근 의자였다.

"딱 들어맞지 않아요?" 라고 물으면서 그녀는 웃었다.

"라이트 테이블에 꼭 어울릴 거라고 생각했어요. 그리고 이것 좀 보세요."

타올로 감싼 황금색 틀로 된 거울을 캔버스 가방에서 꺼내자 나는 백설공주에 나오는 사악한 마녀의 마법 거울이 떠올랐다.

"거울은 벽에 걸면 되겠네요." 라고 나는 말했다.

사실, 교실과 라이트테이블 구역에 이러한 장식들은 엄청나게 놀랄만한 것들이다. 어느 누가 황금 테두리 거울 아래에 헛간의 판자로 만든 테이블과 하얀색 모피 의자를 생각했겠는가? 여하튼 이 모든 것들이 완성되면 그 완벽한 조화가 우리의 예상보다 훨씬 재미있을 것이다(사진 8 참조).

"당신이 올 봄에 레지오 에밀리아에 같이 갈 수 있다니 상당히 기쁘네요! 엄청난 도전이 될 거예요." 나는 이번 여행에서 캐슬린이 얼마나 많이 보고 배울 것인지에 대한 생각을 하지 않을 수 없었다. 우리가 함께 갈 수 있다는 사실이 믿기지 않아서 꼬집어보고 싶은 느낌이 들었다.

"맞아요. 저도 기다리기 힘들답니다." 흥분된 눈으로 나를 보며 그녀가 말했다.

"그 가방엔 또 뭐가 들어있죠?" 나는 잔뜩 기대하면서 물었다.

"저번에 말한 커튼이 있어요." 캐슬린이 얇고 가벼운 하얀색 커튼과 처음으로 아뜰리에에 투명 스크린을 걸 수 있는 막대를 꺼냈다. "한번 달아볼까요." 나는 유치원에서 막대를 걸 선반을 빌려오기 위해 문 쪽으로 걸어갔다.

내가 돌아온 후, 우리는 바닥에 앉아서 분홍색 플렉시 유리, 플라스틱 머리 빗, 엷은 파란색의 투명한 물고기모양 비누접시 같은 라이트 테이블의 장난감들을 가지고 놀았다. 장난감들의 색깔과 모양이 커튼에 비춰지고 커튼의 모양에 따라 일그러졌다. 빅 밴드 어린이들이 신기한 얼굴로 유리벽에서 쳐다보고 있었다. 그들 중에 한명은 캐슬린의 아들 존이었다.

존이 리얀과 함께 아뜰리에로 들어오면서 "한번 해봐도 되요?" 라고 물었다.

"물론이지. 재미있을 것 같지?" 캐슬린이 일어나면서 물었다.

그 소년들은 새로운 장비를 시험해 보면서 재미있게 이야기하며 놀기 시작했다(그림 4.8 참조).

〈그림 4.8.〉 칼리지 스쿨 아뜰리에의 작은 영상스크린

"이제 마지막이에요." 캐슬린이 커다란 가방에서 고리 손잡이가 달린 크고 편평한 타원형 바구니를 꺼냈다. "제가 약간 투자해서 구입한 것들인데 그만한 가치가 있을 거예요. 좋아하시면 기증하려고 해요. 이 선반에 꼭 들어맞을 것 같아요. 콜라주 재료를 담은 단지들도 잘 보관해줄 거구요." 라고 말하며 선반 위에 그 바구니들을 올려놓았다. "약간 튀어나오기는 하지만 크게 문제되지는 않을 거예요."

우리는 접시모양의 멋진 바구니에 단지들을 정리하기 시작했다. 그녀가 옳았다. 바구니들은 많이 담을 수 있었으며 깔끔하게 정리할 수 있다. 나는 조니와 여기에 있는 그녀에게 정말 감사했다.

아뜰리에는 아이디어, 꿈, 비전, 관점, 개성, 재능, 시간, 관심, 존경, 지식의 축적이다. 모든 아름다움과 에너지와 잠재성과 가능성이 사랑으로 가득 찬 이 유리 방 가운데서 해마다 자라나고 있다.

## 아뜰리에가 상징하는 것

요즈음 나는 아뜰리에가 어린이들, 교사, 학교, 부모, 방문객, 지역사회 등 이 모두를 위한 공간이 되었다는 공상에 빠져 있다. 이런 현상을 문자 그대로 충분히 표현하기란 불가능한 것 같다. 그래서 상징이란 표현기법이 있나보다. 아뜰리에는 또래집단이나 사회집단, 우리가 머무는 모든 공간 안에서 실험하는 공간으로서의 학교, 작업장으로서의 학교, 스튜디오로서의 학교로 상징하게 되었다. 이 공간은 삶의 모든 것을 경탄하는 곳이고, 사물에 대해 거듭 이해하는 곳이며, 언제나 새로운 곳이다.

나는 지금 여기, 우리 아뜰리에에 초점을 맞추기로 했다. 공간에 따라 내가 직접 나의 개성대로 개조하고 변형한 곳이기 때문이다. 그러나 그 모든 과정들은 세인트 루이스 레지오 공동체에서 어떤 형태로든지 간에 모두의 공간에서 일어났다. 사실 이와 유사한 이야기들이 북아메리카와 전 세계에서 일어나고 있었다.

이 책에서 나는 시간에 따라 공간과 사람들의 변화와 성장에 대해 서술했다. 그러나 이 특별한 이야기들은 꿈을 가지고 계속해서 전념하면 어디에서나 일어날 수 있는 변화의 한 예시가 되고 있다.

신화와 전설 속에서, 피닉스(phoenix)는 자신이 만들어낸 불길 속에서 솟아오르는, 무지개 같은 깃털을 가진 거대한 마법의 새이다. 우리의 아뜰리에가 바로 '칼리지 스쿨' 의 피닉스이다. 피닉스가 우리 모두를 데리고 날아오른다. 날아오르며 피닉스는 스스로 빛과 희망과 가능성을 지닌 횃불로 변화해 간다. 친구이자 동료인 소냐 샵타프에게서 이 생각을 듣고는 기뻤다. 정말 그랬기 때문이다. 세계 어디에서건 우리가 이와 같은 일을 할 때 또 다른 이에게 빛이 되고 귀감이 되고 있었다.

친구의 차를 타고가면서, 1995년 제럴딘 E. 도지 시 축제에서 빌 모이어가 게리 신더(Gary Snyder) 시인을 인터뷰하는 것을 들은 적이 있다. 그 시인은 "실제 일어난 일과 당신이 느낀 것을 말하고 싶다면 시를 지어라. 먼저 상상해라. 그것이 당신을 이끌어 줄 것이다. 이미지를 떠올려라. 시를 쓰게 할 뿐 아니라 더 많은 놀이를 하게 할 수 있다. 언어에 매여 있지 말고 남는 것들은 던져 버려라." 고 말했다. 그의 말과 생각을 마음에 간직하며 은유적으로 말하면 아뜰리에는 학교를 성장시키고 비전을 키우는 씨앗이다. 따라서 나는 계속해서 나의 상상력을 따를 것이다. 아뜰리에는 다음과 같다.

바퀴의 중심 – 어떤 요소가 다른 공간, 다른 장소, 다른 연결, 다른 생각으로 뻗어 나가는 중심. 움직임과 이동, 발견을 받쳐주는 축과 같다.

만남의 장소 – 환영의 공간, 관대한 공간, 진화하는 공간, 매체들과 사랑에 빠지는 공간, 인간의 지성 및 창조성과 사랑에 빠지는 공간

알라딘의 보물동굴 – 색깔과 빛과 아이디어로 풍성해지는 공간, 어른, 어린이 모두에게 아뜰리에는 가능성을 지니고 열려있으며 무한함의 세계이고, 기대로 가득 찬 곳이며, 흥분되고 집중되는 곳이고, 의무를 지닌 곳이며 대화할 수 있는, 영향력 있는 곳이다.

세계의 축소판 – 금속과 나무, 흙과 섬유, 색소와 잉크, 그림자와 영상 같은 모든 것들이 담긴 컨테이너와도 같다. 그것들은 투명하기도 하고 불투명하기도 하며 윤이 나기도 하고 없기도 하다. 얇고 가벼운 깃털도 있고 차갑고 무거운 돌도 있다. 이 모든 것을 짜 맞추면 여러 조각들은 하나의 퍼즐이 된다.

축적 – 아뜰리에는 경험과 존경과 분위기와 공간에서 머무는 방식들이 쌓여 있는 곳이다. 들어오는 모든 사람을 편안하게 해주고 마음을 열어 주며 즐기게 하고 감탄하게 하며 호흡할 수 있도록 해준다.

자유 – 날고, 고함지르고, 생각을 교환하고, 창작의 세계로 진입하도록 영감을 주는 장소. 자유롭게 생각하면서 아이디어가 떠오르고 창작의 세계로 들어가는 장소.

꿈의 장소 – 아뜰리에는 세상의 사물을 가지고 즐길 수 있도록 유혹하고, 우리 자신과, 우리가 함께 무엇이 될지에 대해 상상하고 또 상상하도록 손짓하는 공간이다.

# 제5장

## 5월 아동이 학습하는 것은 무엇인가?

# 5월

## 아동이 학습하는 것은 무엇인가?

오늘 아침 해맑은 빛이 내 등 뒤로 높이 달린 남쪽 창문을 통해 흘러들어 온다. 그리고 부엌의 구석진 곳에 놓여 있는 낡은 호두나무 상자 위에 빛이 떨어진다. 내 앞에는 간단한 아침식사가 준비되어 있다.

나는 혼자 식사를 준비할 때 나타나는 규칙적인 반복운동을 좋아한다. 흑갈색의 빛나고 톡 쏘는 커피콩을 갈고, 잘 갈린 가루커피를 작은 금속용기에 담고, 손잡이 달린 컵을 안전하게 고정하기 위해서는 완전한 주의집중이 요구된다. 나는 오른쪽으로 손잡이를 돌린다. 그리고 나면 작은 에스프레소 컵 속으로 두줄기의 가느다란 커피가 흐르면서, 2층에서도 충분히 들릴 만큼 기계가 큰소리로 윙윙거리기 시작한다. 그 다음 나는 손잡이를 왼쪽으로 돌리고, 차가운 우유가 담긴 철로 만든 빛나는 주전자를 든 채,

뜨거운 물이 압축되어 금속 튜브로 떨어지는 소리를 듣는다. 천천히 짙은 색의 커피 속으로 거품이 있는 흰 액체를 붓는다. 그리고 밝고, 부드러운 색이 나타나는 것에 주목하며, 진한 갈색과 맑은 흰색이 섞이는 것을 본다.

나는 어머니의 오래된 오븐 겸용 토스터에 밀로 만든 베이글을 굽는다. 이 오븐은 문의 스프링이 없어져 열었을 때 유리 앞조각이 반대쪽 카운터에 쾅 부딪치지만 여전히 토스트를 잘 굽고, 다 구워졌을 때 믿을만한 큰 종소리를 내기 때문에 우리는 오랫동안 이것을 보관해 왔다. 내 생각에는 30년은 된 것 같다.

마지막으로 맛과 느낌을 기대하면서, 파삭파삭한 베이글의 거친 갈색표면으로 담황색이 사라지는 것을 보면서 버터를 바른다.

지금 내 앞에 베이글과 커피를 두고, 나는 베트남 스님 틱낫한(Nhat Hanh, 2000)의 기도가 생각난다.

> 이 음식은 우주, 지구, 하늘의 선물입니다. 그리고 열심히 일해야 합니다.
> 우리는 그것을 받을 만한 가치가 있기 때문에 그 같은 방법으로 먹을지도 모릅니다.
> 우리는 미숙한 정신 상태를 변화시켜 절제하며 먹는 것을 배울지도 모릅니다.
> 우리들은 오직 우리에게 영양을 주고 병을 예방하는 음식을 섭취할지도 모릅니다.
> 우리들은 이해와 사랑의 길을 깨닫기 위하여 이 음식을 받습니다.

스님과 수녀들은 커피를 마시지 않는다. 엄밀하게 말하자면, 커피는 가장 건강한 음료는 아니다. 그러나 지금까지, 나는 커피의 맛, 느낌, 향기에 감사함과 고마움을 느끼고 있다. 이 식사에 함께 했던 전 우주 – 이 우유, 커피, 파삭하고 둥근 베이글을 만들기 위하여 함께 했던, 태양, 구름, 비, 계절, 들판, 따뜻함, 차가움, 사람과 동물들 –와 함께하기 위하여 먹는 동안 나는 다른 활동에 참여하는 것을 포기하였다. 이 고독한 시간은 태양, 아침의 소리, 경쾌한 공기, 그리고 전적으로 주의 집중하여 이 꾸밈없는 테이블을 즐기는 소박한 아침의 기쁨을 가져다 주는 선물이다.

## "연결된 패턴"

1992년 2월 라 비텔라 학교에 인턴으로 근무한 첫째 날, 나는 아뜰리에에 있는 지오바니 피아자를 보려고 학교의 최상층까지 계단을 3개씩 기어 올라갔다. 그는 굉장한 공간을 가지고 있었다. 이브와 빔으로 버팀을 댄 아래쪽에 다락방 같은 실제 스튜디오가 있었다. 그곳은 학교 뒤의 풀밭을 볼 수 있도록 마루 가까운 아래쪽에 정사각형의 창문이 나 있었다.

그곳 지오바니의 문 앞에서 나는 이탈리아 사람의 시를 발견했다. 나는 이것이 왈트 와이트맨(Walt Whitman)의 '어린이들은 외출하고 있다(There Was a Child Went Forth)' 는 시임을 알게 되었다.

> 매일 외출하는 어린이가 있었습니다.
> 그리고 그가 보았던 첫 번째 사물은, 그가 되었던 그 사물
> 그리고 그 사물은 그날 혹은 특정한 날의 일정기간, 혹은 오랜 세월 혹은 수년의 확대 사이클 속에서 그의 일부분이 되었습니다.
>
> 이른 라일락은 그 어린이의 일부가 되었습니다.
> 그리고 풀과 하얗고 붉은 나팔꽃들, 하얗고 붉은 토끼풀, 그리고 딱새의 노래
>
> 그리고 3개월 된 어린양들, 암퇘지의 활기 없는 혼란, 암컷의 망아지와 암소의 송아지
> 그리고 앞마당 혹은 연못 옆의 진흙 근처에서 떠들썩한 병아리들
> 그리고 저기 아름답고 진기한 물속에서 호기심을 갖고 움직이지 않는 물고기
> 그리고 우아하게 표면에 떠있는 수초들, 모두는 그 어린이의 일부분이 되었습니다.

나는 잠시 멈추어 생각에 잠겼다. 중요한 메시지를 남기는 방의 입구, 문 앞에서 이 시를 발견하다니 얼마나 놀라운 일인가. 부분적으로 이것은 말하고 있었다. 어린이들, 여기에 들어오는 모든 사람들, 그리고 우리 어린이들은 옛날에 존재 그 자체로 평가되었을 때, 심신이 삶 속에서 동시적으로 살았을 때를 기억하라. 이것을 기억하라. 이런 이유로 어린이를 소중히 하라. 그들에게 그리고 그들의 방법에 귀 기울여라. 그들로부터 배워라. 그들 옆에서 배워라.

이 시의 이면의 또 다른 생각은, 서로서로 연결되고 시간을 넘어 연결되어지는 경험 패턴과 관계있다. 소위 "연결된 패턴"에 대한 연구 및 저서로 유명한 그레고리 베이트슨(Gregory Bateson, 1979)의 몇 가지 작품을 읽으면서, 나는 인터넷에서 그에 관한 더 많은 정보를 검색했다. 나는 이탈리아 잡지 알프자타(Alfuzata) 신성함(The Scared)에

대한 그레고리 베이트슨의 생각 – 그것은 우리들에게 건설적으로 사는 것에 대하여 무엇을 말할 수 있습니까? 라는 제목의 빈센트 케니(Vincent Kenny, 1998)가 쓴 기사의 초고 – 를 접하게 됐다. 이 기사의 끝에, 케니는 내가 여기에서 부연 설명할 예정인 어린이에 대한 놀라운 이야기를 전하고 있다.

작자는 이탈리아의 사르티니아 섬의 황폐한 바닷가에서 엄마, 아빠, 그리고 어린 여아를 주의 깊게 관찰했다. 어린 여아는 똑바로 선후에, 방금 자신이 거의 걸을 수 있었다는 것을 깨달았다. 그녀는 여세를 몰아 스스로 몇 걸음 앞으로 걸은 후 넘어졌다. 자신이 넘어질 때 손과 발이 모래에 자국을 남긴다는 사실을 인식하기 전까지 몇 분 동안 이 사이클에 몰두하였다. 그러고 나서 목적을 가지고 젖은 모래 위에 온갖 종류의 흥미로운 자국을 남길 수 있었다. 그 여아는 파도가 자국을 쓸어내기 전까지 이 활동을 하느라 바빴다. 그리고 그 자국은 파도에 의해 씻겨나갔다. 여자어린이는 몹시 놀랐다.

이어서 그 여아는 이 모든 것을 연결하기 시작했다. 일어나서, 앞으로 돌진하고, 자국을 만들고, 잠시 후 파도가 그 자국을 씻어 갔다. 그 다음에 파도에 의해 떠밀려 온 해초 한 조각이 발에 걸려 남겨지는 일이 발생했다. 그녀는 그것을 집어 들고, 빛나는 색을 응시했다.

그러고 나서 그 여아는 자신의 발견에 기쁜 소리를 지르면서 부모를 향해 몇 걸음 거의 돌진하다시피 했다. 케니는 "그러나 그 어린이의 아빠가 이미 해초를 본 것 같았다"라고 썼다. 아빠는 그것을 집어든 후 내던졌다. 그리고 그녀를 빛나는 수상 바퀴에 올려놓고 함께 수영을 하기 위해 물을 헤치고 나갔다.

소녀는 해변가 쪽으로 돌아서서 잡아당겼다. 그리고 모래와 해초가 있는 곳으로 돌아갈 때까지 더 이상 기다릴 수 없었다. 이때 여아는 자신의 놀라운 발견에 직접적으로 참여하고 있는 엄마를 발견했다.

케니는 이것은 소위 "신성한 행동(sacred in action)" 에 대한 이미지를 보여주기 위한 이야기라고 설명하고 있다. 13개월 여아의 경우 자발적으로 자신과 주변의 모든 것 간에 흥미로운 유대감을 발견하는 것이 가능하다.

케니는 계속 이야기 했다. 만약 우리가 행운아라면, 우리의 삶에 깊이 감춰진 전체 체계(whole system)의 경이로움을 느끼는 능력이 남겨져 있을 것이다.

케니의 말을 들으면서 나는 베아 베치(Vea Vecchi)가 전하여 준 1992년 봄 다이아나 학교 아뜰리에에서 있었던 어느날 아침의 이야기를 기억하였다. 마리아 모리(Marina Mori)는 5세 여아 몇 명과 함께 아침에 만들었던 2개의 섬세하고 아름다운 메시지를 들고 왔다. 이 메세지는 반 친구들이나 엄마 아빠에게 보내는 것이 아니라 밀(Mil)에게 보내는 것이었다. 밀은 교실 가까이 학교 바깥쪽에 살고 있는 나무 중 어린이들이 선택한 사과나무의 이름이다. 그 선택은 나무와 식물에 관한 1년 동안의 프로젝트 마지막 에피소드 중 하나였다. 소녀들의 자발적인 메시지는 마리나(Marina)와 베아에게는 다소 색다르고 흥미롭게 여겨졌다. 이곳에 베아가 했던 말 그대로 옮기지는 않지만 그의 말은 다음과 같은 의미를 담고 있었다.

> "만약 당신과 어린이가 어린이들과 성인들의 상상을 사로잡는 무엇인가에 깊숙이 열중하면, 결국 어린이들은 모든 것 속에서 당신이 결코 꿈에도 생각하지 못하였던 연결들을 만들어내기 시작할 것이다. 마치 당신이 의미의 층을 점점 벗겨가면서 깊이 있게 조사할 때, 뿌리에 다다르는 것처럼, 어린이들은 촉각을 뻗어서 하나의 사물을 다른 모든 것들과 연결 짓는 방법을 보기 시작한다. 여기서 그들은 자신들이 알고 돌봐왔던 나무와의 관계를 더욱 확장시키기 위한 방법으로 메시지를 보내는 것을 안다. 이것이 우리가 발생하기 희망하는 일이다. 즉 어린이와 우리에게 발생하기를 원하는 일들이다. 우리 모두 지식의 조각보다는 삶의 벽과 사물과의 관계로 쫓기지 않는가?"

## 세상 만들기

우리는 세상과 연계하여 상호 작용하고, 세상과 놀고, 세상을 알고, 세상 속에 자국을 남겨놓으려는 강렬한 열망을 가지고 태어난 것 같다. 어떤 면에서 세상 속의 이런 흔적들은 거울처럼 우리가 누구인지를 반향한다. 그들은 생생하고 새로운 종류의 삶의 중심코드가 되어서, 경험 속에서 관계를 창조하고, 의미를 만들어내도록 잠재력을 유지한다. 우리는 이것을 하기 위해 마크들, 이미지들, 단어들, 움직임, 그리고 목소리가 필요하다. 이러한 첫 번째 마크들은 그 초기 발달 속에 있는 소리이다. 그것은 우리의 생명줄이다.

"나는 항상 레이첼 카슨(Rachel Carson)의 '경이로움의 감각' 이라는 책속의 말을 기억한다. 그녀는 자연세계와의 사랑을 위하여, 지구의 청지기가 되며, 지구와 우리와의 관계를 이해하겠다고 썼다. 어린이에게도 최소한 2가지가 필요하다. 그것은 안내자로서 자연세계와 깊이 교감하는 성인동반자; 그리고 바깥에서 거닐 수 있고, 자연과 놀 수 있는 약간의 자유시간이다.

나와 세상과의 강렬한 연계는, 그 연계와 결속을 형성하는 인간의 기본적인 충동과 독특한 존재로서 자신만의 특별한 방법으로 느끼고 이해하는 비전과 결합된다. 단어, 노래, 제스츄어, 움직임 속에서의 신체 형태, 펜과 종이, 그림물감과 점토들은 우리들에게 중요한 관계 속에서 우리 자신을 볼 수 있도록 스스로를 성형할 수 있는 기회를 제공한다. 쥬디스 보튼(Judith Burton, 1991)은 우리가 매체를 가지고 우리와 사물과의 특별한 관계를 묘사하려고 할 때 그것을 표상하라고 우리를 상기시켰다. 이처럼 우리는 사물 자체를 그리고, 조각하고, 색칠하지 않는다. 오히려 우리는 우리의 관계를 그리고 조각한다.

나는 척 슈웰과의 대화를 기억한다. 나는 방문한 교육자 집단과 함께 있었다. 몇몇 교사들이 척에게 그날 오전에 말했던 어린이들과 함께 놀이한 그리기 게임에 대하여 좀 더 이야기해 줄 것을 요청했다. 그 게임은 다음과 같다; 척은 한 어린이나 혹은 여러 어린이에게 그림을 그리면서 자신과 게임놀이를 하고 싶은지 묻는다. 그는 순서에 따라 선 만들기를 하자고 제안한다. : "네가 한 선을 만들어." "나도 선 하나를 만들거야."라고 척은 말한다.

"어린이는 활기차게 앞뒤로 흔적을 만들 수도 있습니다. 그러고 나서 나는 천천히 구불구불한 선을 만들 수 있다. 어린이들과 나는 가능한 만들 수 있는 모든 선을 탐색하느라 즐거웠다. 어린이가 그림을 그리는 데 몇 가지 도움이 필요하다. 그리고 이것은 어린이에게 도움을 주기 위하여 발견해 낸 방법 중 하나이다."

교사들이 질문했다. "어린이의 방법대로 작업하는 것을 지나치게 방해하는 것은 아닐까요? 그 게임은 발달적으로 적합한가요?"

척과 나는 이런 질문에 대하여 우리의 입장을 설명했다. 우리에게 선의 속성과 종이 위의 흔적들의 가능성을 가지고 놀이를 하는 것은 자연스럽고, 활동을 기반으로 하는 것이다. 그것은 편지를 쓰는 것처럼 아니 그것 이상으로 우리에게는 자연스러운 활동이다. 이것은 우리의 일부이다. 어린이와 함께 삶을 공유하고자 하는 교사로서, 성인으로서 우리는 어린이에게 자연스러움, 즐거운 광경, 자유로움, 발견의 과정을 제공해야 한다고 믿는다. 우리는 이것을 걷기, 말하기를 배우는 영유아와 그 부모와의 관계와 비교

할 수 있다.

성인들은 모든 게임을 고안하여 소리에 대하여 영유아와 함께 놀이한다.

: 노래하기, 꾸꾸꾸 소리내기, 애기 흉내 내기, 무의미한 음절로 이야기하기, 읽어주기, 이야기하기. 대부분의 사려 깊은 성인들은 소리, 언어, 상호작용하는 것을 즐겁고 재미있는 방법으로 할 수 있도록 환경을 만든다. 그리고 아기들은 그것을 모두 흡수한다. 우리는 유아자신의 강한 소리, 자신만의 독특한 방법으로 말하고 상호작용하는 것이 나타나기를 희망한다.

척과 나 그리고 세인트 루이스 레지오 에밀리아 공동체에서 함께 일하는 교사는 선, 종이, 점토, 블록, 혹은 열광적이고, 즐거운, 그리고 부모가 말로 어린이를 받아들이는 약속과 같이 놀이하고 작업할 가치가 있는 것에 도움을 제공해야 한다고 믿는다.

우리는 어린이에게 선을 만드는 방법이나 그리는 방법을 보여주지 않는다. 오히려 선을 사랑하고, 펜과 연필을 가지고 손과 종이를 이용하여 무엇인가를 할 수 있다는 것에 흥미를 갖도록 하는 데 관심이 있다. 그리고 이 게임이 시작됐을 때, 우리는 발명, 은혜, 금지하지 않음, 그리고 함께 작업한 어린이들의 생생함으로부터 배운다.

다음의 이야기는 많은 요소들 간의 관계에 대하여 말하고 있다. 계획한 사람의 맥락, 잘 판단되고 구비된 환경; 교사와 어린이가 매체와의 경험을 공유하여 함께 의미를 찾으려는 노력; 발견하고, 의미를 만들도록 어린이에게 주는 매체의 힘; 그리고 이러한 이벤트를 해낼 수 있는 시간.

## 아뜰리에에서의 생생한 활동

4장에 설명된 아뜰리에의 변화 후에, 작업을 하고 있던 많은 어린이들이 새로운 미니 영역으로 가기를 열망했다. 지금까지 아뜰리에의 재료와 그 속에서 할 수 있는 발명, 주의집중, 놀이의 가능성에 친숙해진 어린이들은 즉시 미니 아뜰리에 영역에 직접적으로 이런 지식과 기대를 옮길 수 있었다. 어린이들은 자신들을 위해 잘 정비된 아름답고 구조화된 이 작은 공간을 갈망하는 듯이 보였다(그림 5.1을 보시오).

〈그림 5.1.〉 칼리지 스쿨 아뜰리에 미니 영역의 작은 장소

나는 연속적으로 여러 날 아침에 걸쳐, 소집단에 이 영역을 소개했다. 그러고 나서 각각의 어린이는 시작할 장소를 선택할 것이고, 그곳에서부터 일은 전개될 것이다. 나는 이 장소를 사용한 첫 주에 가능한 만큼 어린이의 활동을 관찰했다. 나는 어린이가 그 장소에 강한 매력을 느끼는 것에 흥미를 느끼고, 어떻게 그것을 사용하는지에 호기심을 갖게 되었다.

"우리가 큰 등을 끌 수 있을까, 루이스?" 체이스가 물었다. "그러고 나서 진짜로 우리는 그림자 스크린의 색들을 볼 수 있어."

"좋은 생각이야, 체이스 그렇게 하자" 나는 스위치에 손을 뻗어 천장으로부터 쏟아져 내려오는 밝은 빛을 끄면서 말했다. 한편 그때, 어린이들과 나는 최근에 추가된 아뜰리에 주변의 여러 장소에 위치한 램프의 수집에 열중했다: 종이의 집을 수집하기 위해 재배치된 상자 선반의 꼭대기에 놓인 거위 목 모양의 책상 램프; 구성영역 위의 고정식의 램프; 책상영역의 작고 배터리로 작동하는 랜턴; 컴퓨터 가까이 있는 활동의 스탠드 램프.

오늘 우리가 오버헤드 프로젝터와 라이트테이블을 켰을 때, 방 전체는 백열 빛으로 가득했다. 그것은 모든 세부적인 것을 밝히는 일상의 밝음은 없지만 따뜻함과 신비로움이 느껴졌다. 나는 어린이, 공간, 관계라는 책(Ceppi & Zini, 1998)속의 '빛' 의 섹션과 놀이를 하면서 조명과 빛의 가능성으로 얻을 수 있는 사진에 대해서 생각했다. 지금 우리는 반 조명 혹은 소위 '어둑어둑함' 이라고 부르기도 하는 조명 속에 있다. 그들은 "사실상 빛은 우리들의 심미적 인식의 큰 감정적 구성요소 중 하나이다. 조명으로 밝혀진 공간의 가소성과 풍부함은 빛의 변조에 의한다" 라고 쓰고 있다. 나는 헨델의 수상곡 CD를 틀었다. 투명한 하모니의 작은 폭포가 그 공간에 넘쳤다.

체이스와 루크는 우리에게 빌린 부드러운 페르시안 융단에 무릎을 꿇었다. 어린이들은 표면에 빛을 비추어 커튼에 투사할 여러 가지 물건을 골랐다.

"이것 봐요, 루이스" 체이스가 흥분한 목소리로 말했다. "이것 차갑지 않아요?" 소년은 격자무늬형태로 깃털을 배열했다. 그리고 패턴 사이에 빨강, 노랑, 초록, 파랑의 기학학적인 플랙시 유리를 배치했다.

"왜 깃털들의 색깔이 나타나지 않는지 궁금해?" 라고 나는 물었다.

"나도 몰라요" 루크는 궁금해 하는 목소리로 말했다.

그 소년들은 배치를 바꾸었다. 첫 번째 것은 모두 쓸어버리고, 다시 시작했다. 이번에는, 그들은 오버헤드 프로젝트 표면 위에 투명한 블록을 쌓고 있었다. 어린이들은 이번 계획에 많은 주의를 기울이고 있는 것처럼 보이지는 않았다. 그들은 깨끗하게 채색된 블록을 통하여 굴절된 빛의 강열한 백열 광에 매료된다. 이런 전체 장면은 나에게 어린이, 공간, 관계에 나오는 석호의 조명(lagoonal lighting)의 섹션을 다시 한 번 기억나게 한다. 광원은 아래로부터 어린이의 얼굴 밑을 비춘다. 이것은 오버헤드와 라이트테이블을 제공하여 빛을 지각하는 새로운 방법이다.오늘 아침 라이트테이블에서 알리(Allie)와 사라(Sarah)는 거의 꿈꾸듯이 조용하게 작업했다. 알리는 크기가 큰 초록색의 플렉시 유리 물컵을 거꾸로 세웠다. 사라는 파란색의 투명 보울을 그 위에 균형 잡히게 놓는다. 사라는 라벤다색 보울을 거꾸로 뒤집는다. 그것은 정사각형 라이트테이블 중앙에서 보석처럼 빛난다. 알리는 꼭대기에 작은 고무기린을 놓아둔다. 사라는 조개껍질을 집어서 보올과 기린사이에 둔다. 보티첼리의 비너스처럼 반쪽 조개비 위의 기린은 공중에 떠 있는 것처럼 보인다.

브레우스터는 작업을 하고 있던 작은 책상에서 건너왔다. "테이프가 필요해요, 루이스. 포트폴리오를 만드는 데 필요해요."

"뭐라고" 이때에 이런 말을 듣는 것에 놀라서 내가 물었다. "왜 포트폴리오가 필요하니, 브레우스터?"

나는 그 어린이를 따라 작은 책상으로 갔다. 그곳에서 어린이는 자신의 많아진 그림 수집물을 보여주었다. 그는 2×3인치 종이 3장을 사용했다. "이건 나의 개예요. 그리고 이것은 나고, 그리고 이것은 글을 쓴 거예요. 그리고 난 아직 끝내지 않는 것이 있어요. 나는 내 것을 넣을 포트폴리오가 필요해요."

브레우스터는 오렌지색 마커로 선을 그렸다. 그의 개는 그 페이지에 수평으로 놓여진 머리에 부착된 직사각형 형태이다. 그것은 발을 뒤집는 4개의 다리를 가지고 있다. 그의 그림은 몸이 그 페이지에 수직적으로 놓여진 직사각형으로 그려진 것을 제외하고는 매우 그럴 듯하다. 글씨는 연속적인 구불구불한 선으로 표현되었다. 브레우스터는 "이건 누나를 위한 메시지예요." "그 내용은 비밀이에요"라고 말했다.

나는 브레우스터에게 테이프를 선네준다. 그것은 결국 첫 번째 장소인 책상 위에 있을 것이다. 브레우스터는 상자선반으로 가서 자신의 포트폴리오를 만드는 데 적당한 종이를 선택한다. 그는 갈색 색도화지를 선택했고, 선반 한곳에서 중간색 종이를 발견했다. 그는 다시 책상에 앉아 색종이를 오리기 시작한다.

나는 세 교실의 어린이들 모두가 작고 독립적인 책상을 사랑하는 것에 놀랐다. 그 장소는 진짜 한 어린이가 사용하기에 충분한 공간이었지만, 때때로 2명이 비집고 들어가 나란히 작업하려고 시도하기도 했다. 그러나 대부분의 어린이에게는 그곳에 홀로 있을 기회를 갖는 데 가치가 있는 것처럼 보였다. 나는 이 장소를 어린이들이 때때로 꼭 필요한 개인 작업에 참여하는 개인장소로 제공하려고 생각한다.

이곳에서 지난주에 작업하면서, 저스틴은 작은 정사각형 종이로 책을 만들었다. 그는 책 내용으로 힘찬 디자인과 기하학적인 패턴을 수집하였다. 그는 작은 정사각형의 크림색 티슈종이를 사용했다. 뉴포트 방의 어린이는 1년 내내 책을 만들었다. 순서와 시리즈를 만드는 것에 대한 아이디어가 어린이들 레퍼터리의 일부분이다. 책 만들기는 내가 제안한 아이디어가 아니라 어린이들이 이곳에 앉아서 하고자 원했던 것이다.

얼마 전, 나는 점심을 준비하기 위해 니콜라스가 이 장소를 잠시 떠나도록 설득해야 하는 어려운 때가 있었다. 그는 종잇조각을 잘랐다. 그리고 나서 그것을 함께 세줄의 테이프로 감았다. 콜라주 쟁반에서, 그 어린이는 갈색의 포장 종이조각 주름과 노란색 깃털을 발견했다. 그리고 그것을 첫 번째 구성에 테이프로 붙였다. 그것에 '엄마, 아빠',

'그들을 위하여' 라고 썼다. 니콜라스는 밝게 미소 지었다(그림5.2).

〈그림 5.2.〉 아뜰리에 책상에서 만든 메시지와 그림 샘플

내 생각은 설치된 이야기 관(talking tube)을 통하여 서로에게 이야기하는 노아와 리안에 의해 깨진다. 푸른 깔때기들이 각각의 끝에 확실하게 찔려있는 깨끗한 플라스틱 8피트 조각은 1인치 컵을 거는 갈고리에 달려있다. 그리고 빅 밴드 교실로부터 아뜰리에 작은 방을 분리시킨 창문의 벽을 가로질러 뻗어있다. 노아와 리안은 가까운 구성영역에서 블록과 조개로 성을 세우고 있었다. 그리고 그들은 아뜰리에의 새로운 구성물을 가지고 놀기 위해 그것을 잡아당겼다.

나는 "얘들아, 그것을 가지고 노는 데는 규칙이 있어, 기억하니? 그것은 네가 말하는 것을 그밖에 다른 사람이 들을 수 없도록 작은 소리로 말할 수 있게 하기 위해 만든 거야"라고 말했다.

소년들은 마지못해 돌아서서 나를 쳐다본다. 노아는 "좋아요. 우리는 속삭일거에요."라고 말한다. 그가 하나의 깔때기에 자신의 입을 대려고, 그리고 리안이 남은 한 개의 깔때기에 귀를 대기 위하여 되돌아간다. 비밀이 교환되기 시작한다.

갑자기, 모든 사람의 관심이 그림자 스크린의 움직임에 집중된다. 우리는 모두 둥그렇게 모인다. 체이스와 루크는 투명한 아세테이트 조각을 차곡차곡 쌓아 올리고 있었다. – 바다의 푸른색, 하늘의 푸른색, 풀의 녹색, 루비의 빨간색, 태양의 노란색. 오버헤드 램프의 경계는 색을 가지고 밝게 빛을 낸다. 중앙은 조밀하고 어둡다. 소년들은 오버헤드 스탠드 위에 수직으로 작은 동물원의 동물들 수집물을 놓았다. 그러나 그것은 스크린에 나타나지 않는다. 나는 체이스가 스크린을 쳐다보다 오버헤드 아래를, 그리고 다시 스크린을 쳐다보면서 생각하는 것을 볼 수 있었다. 또 다른 순간, 그는 문제를 이해했다. 그리고 그나 루크는 옆으로 놓기 위하여 모든 동물들의 위치를 바꾸었다. 지금 프로젝터 속에서 동물들은 마치 빛의 무지개 속에서 잠자고 있는 것처럼 보인다. 그러나 그 그림자 모양 속에서 동물들은 스크린의 색들을 가로질러 전속력으로 달리고 있다.

동물들은 살아났다! 그것은 나에게 밀림의 꿈을 생각나게 한다. 남아들은 재료와의 상호작용, 빛, 프로젝션, 그리고 자신의 생각을 나타내며 환상을 창조하였다.

사물들은 때때로 보여주기 위하여 옆으로, 거꾸로, 혹은 알고 있는 다른 방법으로 위치를 바꾸어 주어야 한다. 올바른 방법은 항상 무엇이 보이는 것은 아니다. 나는 그림자가 퍼즐처럼 상영된다고 생각한다. 무에서, 그리고 사라져가는 색과 빛에서 벗어나 감각을 주고받는, 이야기해 주기 위한 장소로서 생각한다.

나는 11시가 된 것을 인식한다. 벌써 점심 먹을 시간이 된 것에 놀란다. 이곳의 분위기는 빛이 켜지고 음악이 사라질 때 변할 것이다. 공간은 유연하고 순응적이다. 그럼에도 불구하고 나는 잠시 동안 정지시키고, 즐거움과 감사의 한순간 장면을 잡는다. 그리고 나서 빛을 켠다.

"정리할 시간입니다"라고 나는 말한다. "얘들아 자기가 만든 구성물은 남겨 놓을 수 있어. 적당한 곳에 쓰지 않는 것을 놓도록 해라. 브레우스터, 너는 재생바구니에 넣을 조각 몇 개를 가지고 있구나."

나는 브레우스터가 책 뒤쪽에 있는 대출카드 포켓을 닮은 작은 포켓 포트폴리오를 만들었던 것을 안다. 그 속에, 그는 4개의 자화상 시리즈, 자신의 개를 그린 그림, 앞서 첫 번째 설명된 것과 유사한 글자 몇 조각을 넣었다.

점심을 찾으려 문 쪽으로 움직이면서, 나는 라이트테이블에 주목하였다. 그것은 색의 팔레트로 배열되어 있다. 여아들은 함께 모든 파란물체, 빨간 물체, 노란색 물체, 초록물체를 놓았다. 하얀 깃털은 플렉스 유리의 입방체 같은 블록에 의해 둘러싸인 깨끗한 플라스틱 판 꼭대기에 놓여있다. 푸른 극적효과를 주는 젤(blue theater gel)처럼 반

투명의 파란색 볼(bowl)속의 하늘색 대리석, 심홍색 유리속의 빨간 블록, 루비 아세테이트, 소방엔진 깃털, 무지개 모양의 물체 팔레트와 빛의 구성은 아침에 두 명의 소녀에 의해 즉흥적으로 만들어졌다.

서로 간에 그리고 환경 속에서 경험하는 우리의 집단경험은 미할리 칙스젠트미할리(Mihaly Csikszentmihalyi, 1990)가 "의식의 흐름"이라고 불렀던 느낌을 가져왔다. 도전하고 완전히 주의집중 할 때 우리의 정신 상태는 완전히 몰두하고, 깊이 있는 참여를 한다. 이 상태에서 우리는 그때의 감각을 가진다. 그리고 주의 산만함은 사라지고 그것은 모든 복잡한 발현과 상호존중, 그리고 이러한 직접적 경험의 가능성에 감사하는 환경이다. 나는 리네이트(Renate)와 제프리 캐인(Geoffrey Caine, 1994)이 쓴 글을 기억한다.

> 두뇌연구는 다양하고 복잡하게 수립되고 확인됩니다. 그리고 구체적 경험은 의미 있는 교수학습을 위해서 꼭 필요합니다. 인간 두뇌의 사용을 극대화 한다는 것은 연결을 하기 위하여 두뇌의 무한한 능력을 사용하는 것을 의미합니다. 모든 복잡한 이벤트는 두뇌에 정보를 간직하고, 학습자의 현재의 경험, 과거의 지식, 미래의 행동을 학습하는 것과 연결됩니다. 그러므로 교육자의 주 초점은 학습자가 내용과 환경에 접할 수 있는 양적, 질적 방법을 확대시키는 것에 있는 것입니다.

내가 그 한 구절을 읽었을 때, 나는 칼리나의 도전의 견해에서 생각나는 말을 인용하였다. — 어린이를 위한 최고의 환경은 관계의 양과 질에 대한 최고의 가능성을 발견하는 것이다 — 나는 아침에 보았던 장면을 곰곰이 생각하였다. 두명의 소녀가 색과 다양하고 투명한 물체 그리고 색환 스펙트럼의 독특한 창조물과의 관계 시스템을 구성하였다. 소년 그룹은 독특한 방법으로 기구(오버헤드 프로젝터)와 매체(극적효과를 주는 젤, 장난감 동물 등)를 사용하여 이야기 속에 물체와 그림자를 가지고 실험을 수행하였다. 한 어린이는 펜과 종이, 그림과 글씨를 사용하여 표상의 순서를 만들었다. 그리고 최종적으로, 면밀하고 주의 깊게 자신의 중요한 수집물을 모으려는 상자를 정교하게 만들었다. 또 다른 집단의 어린이들은 무게와 균형, 부분과 전체, 구성과 스토리를 생각하고 상상하면서 작은 블록과 다른 물체를 사용하여 이야기를 구성하였다. 각각의 어린이와 각각의 그룹은 다른 사람들과 자신의 주변 환경에서 전개되어지는 것을 인식하였다. 그러나 각각의 어린이는 완벽하게 자신이 행하는 것에 몰두하였다. "집단의식"이 우리가 느꼈던 양질의 흐름을 산출했고, 증가시켰다.

## 점토의 세계

우리들은 어린이들이 계속적으로 모래상자에서, 소꿉영역에서, 블록영역에서, 페인트와 점토를 가지고 이야기하는 것을 관찰하였다. 이야기 속에서, 마치 여러 가지 구슬들을 구리철사 고리에 거는 것처럼, 자신의 개인사의 부분과 조각들, 지식, 직관 그리고 삶에 대한 현재의 의아함은 함께 연결되어 있는 듯 보인다.

여러 해 동안, 가장 흥미 있었던 이야기는 점토에 나타난 것이다. 우리 모두에게 점토가 지니는 이야기의 신선함과 깊이, 그 매체가 가지고 있는 생명력을 상기시키면서 빛나고, 강렬한 비스크처럼, 이러한 점토이야기는 아뜰리에에 얼마동안 남아있었다.

### 에미의 정원

우리는 월요일 오후 교사회의에서 옥외 아뜰리에에서 5월의 다음 몇 주 동안 어린이들과 점토작업을 하기로 결정했다. 오늘은 화요일 오후 1:45이다. 나는 어린이들이 휴식시간을 끝내고, 바깥영역에서 작업하는 것이 가능한지를 알기 위하여 제니퍼(Jennifer)와 상의한다.

"보세요. 에미, 나타리, 저스틴과 그래그는 어때요? 좋은 시작점이 될 것 같아요. 당신은 어떻게 생각하세요?" 라고 그녀는 묻는다.

"좋은 생각이에요, 그 어린이들을 데려올께요" 라고 나는 말했다.

우리 중 5명은 벽돌 건축물의 북쪽을 안고 돌아, 바깥 아뜰리에의 갑판을 둘러싼 낮은 나무 울타리 문을 통하여 검은색 금속 계단 쪽을 향하여 내려간다. 이 옥외 방은 1996년 가을 샐리, 마크 스트랜지, 그리고 학부모 자원봉사자 그룹에 의해 건설되었다. 그곳은 실용적이지 않아 실제적인 기능을 하지 않는 낡은 땅의 일부분이었다. 제니퍼는 그곳을 아름답고 기능적인 바깥 공간으로 변화시키려 했다고 생각한다. 그녀의 남편인 마이크는 여러 번 자원봉사를 지원하였다. 마이크의 지도에 따라 부모와 교사위원회는 3.5피트 높이의 울타리가 있는 8×8 피트 갑판을 만들었다. 각각의 모서리에는 7피트 빔을 놓았다. 이 빔들은 차례로 그래이프 바인을 위해 교차된 철선 4개로 두개의 광장을 지탱한다. 이런 배치는 지붕이 여전히 하늘로 향해 열려있는 듯이 생각하게 한다.

1년 후 1997년에 보수를 담당하는 댄 마스터는 고정 이젤과 약 6명의 어린이가 앉기에 충분한 양옆에 긴 의자가 달린 직사각형 테이블이 있는 코너를 추가했다. 그 후 매년, 부모들은 공간을 유지하고 개선시켜 왔다. 어떤 해에는, 어머니들이 날씨 때문에 손상되었던 테이블과 이젤의 나무표면을 덮을 작은 반점이 새겨진 완벽한 리놀륨을 발견했다. 매년 봄마다, 부모들은 테라코타 항아리에 제비꽃을 심기 위하여 그리고 가을에는, 국화를 심기 위하여 자원한다. 이곳은 우리가 소집단으로 이야기를 나누거나, 매체를 가지고 작업하기 위한 추가적인 장소로 날씨가 좋은날 사용할 수 있는 야외공간이다.

오늘은 산들바람이 불고, 따뜻하고 상쾌하다. 저스틴은 깨끗한 플라스틱 백으로 빨간색 점토를 운반하는 것을 돕는다. 아침 일찍 학교와 가까운 크루에거(Krueger) 도기 제조소에서 가져온 새로운 묶음 12파운드가 있다. 에미와 나타리는 2×2 피트 정사각형의 합판을 운반한다. 그래그는 점토도구 항아리를 나른다. 그리고 미끄러운 몇 개의 항아리와 점토판 위의 내 공책과 어깨에 있는 내 카메라의 균형을 잡는다.

"오늘은 어떻게 석판 위에 구성해 보겠니? 전에 나와 함께 그리고 혼자서도 그것을 했었지. 나는 시작하는 것이 흥미로운 방법일 것이라 생각해. 너는 어떻게 생각하니? 나는 네가 점토를 굴릴 수 있도록 도울꺼야. 그러고 나서 너는 만들고 싶은 것은 무엇이든지 나머지 점토를 사용하여 만들 수 있어."

"나는 점토 굴리는 것을 좋아해요 루이스. 혼자서 굴릴 수 있어요" 저스틴이 말했다. "훌륭해요!" "자 시작합시다."라고 나는 말했다.

출발점에서 열광하는 모든 어린이들이 서로 번갈아 가면서 축축한 점토가 두꺼운 반인치 두께의 판이 될 때까지 굴린다. 그 점토는 마치 우리가 덩어리를 개조하여 납작한 슬래브들을 만들 수 있을 것처럼 신선하고 매력적인 품질을 가지고 있는 것 같았다.

"왜 너는 작업하고 싶은 모양을 선택하지 않니? 우린 어떤 형태로도 자를 수 있어"라고 말한다. 대부분의 어린이들은 직사각형을 선택한다. 그리고 함께 그 판의 모양을 만들 나무 날로 만든 도구들을 사용한다. 어린이들은 작업하면서 모든 것에 대하여 행복하게 말하기 시작한다. 그들은 각각 자신의 석판 위에서 구성하기 위하여 테이블 중앙의 블록으로부터 작은 점토조각을 가지고 간다. 어린이들은 자기 손을 이용하여 그 작은 조각을 가지고 형태를 만든다.

각각의 어린이는 다른 스타일을 가지고 있다. 저스틴은 큰 점토덩어리를 가지고 가서, 자신의 평판 슬리브에 길고 높은 모양을 만들기 시작한다. 그는 거기에다 거칠게 자신의 손가락 자국을 남겨둔다. 나탈리는 흥미를 가지고 많은 조각을 붙여가면서 작업을 한다. 그녀의 조각은 저스틴의 수직조각보다 좀 더 수평적인 평면의 모양을 갖춘다. 루크는 그것을 부착하기 전에 점토의 각 조각들을 천천히 납작하게 만드는 작업을 한다 (그림 5.3).

〈그림 5.3.〉 바깥 아뜰리에에서의 점토 작업

에미는 여러 가지 기법들을 사용한다. 처음에, 그녀는 구슬크기의 작은 공들을 만든다. 그러고 나서 손바닥에서 평평한 점토 몇 조각을 부드럽게 만든다. 다음, 그녀는 3인치 길이의 자신의 판에 코일을 굴린다. 그녀는 석판에 몇 개의 조각들을 부착하기 시작한다.

자신이 만든 점토에 몸을 수그리면서 "나는 할머니 농장을 만들고 있어"라고 말한다. "이 부분은 우리들이 즐거운 것을 만드는 곳이야." 그리고 함께 모아둔 자신의 점토 이곳저곳을 가리키면서 "이것은 뒤쪽의 광이야, 이곳은 정원이야"라고 말한다. "음, 이곳은 나의 집 뒤쪽의 정원이야," 에미가 말한다. "그리고 이것은 내가 좋아하는 나무야, 그리고 이곳은 수영장이야"

산들바람이 분다. 그리고 새롭고, 부드러운 오크 잎들이 바람에 날려서 바깥 아뜰리에의 책상 위에 떨어진다. 에미는 하나를 주어서 자신의 정원 한구석에 수직으로 놓여 있던 두꺼운 고리 꼭대기 조각에 부착한다.

"보세요, 나무가 잎들을 가지고 있어요." 그녀는 매우 기뻐하며 우리를 흘끗 쳐다보면서 미소 지었다. "어쩌면 여기 이 나무는 집에 있는 당신의 나무에게 잎 메시지를 보내고 있는 것일지도 몰라요" 나는 크게 놀랐다.

에미는 일어서서 문밖을 서성였다. 그리고 엎드려서 지난 가을에 떨어진 도토리와 작은 막대기 몇 개를 집어 올린다. "내가 제비꽃 한 송이를 선택할 수 있어요, 루이스?" 변명하듯이, 나에게 물어본다.

"물론 할 수 있지, 에미," 어떻게 내가 반대할 수 있겠니? 그 어린이는 자신의 조각을 장식하고 설치하기 위해 자연물을 수집해서 자신의 테이블로 돌아간다. 에미는 점토조각과 그 의미를 꿰어 맞추는 것처럼 계속해서 말을 한다(그림 5.4).

〈그림 5.4.〉 정원조각물을 만드는 에미

"이곳은 작은 길입니다. 그 길은 내 사촌들이 가는 곳과 연결되어 있습니다. 이곳은 내가 사는 곳입니다. 두 그루의 나무가 있습니다. 이것은 큰 나무에서 내게 떨어졌던 나뭇잎 메시지를 놓는 곳입니다. 이것들은 여기에 있는 가게들입니다. 그리고 이것은 커크우드 풀(Kirkwood Pool)입니다. 그리고 바로 여기에 내 차가 있습니다. 이것은 이웃사람의 차입니다. 그리고 이것은 그들이 가지고 있는 사과나무 중 하나입니다.

이것 전체가 나의 정원입니다. 우리가 만든 문이 달린 비밀 클럽 하우스에 대하여 말할 수 있습니다. 나는 진짜 큰 나무 몇 그루를 가지고 있습니다. 그리고 그것에 문이 있는 비밀 터널을 만들었습니다. 이것은 사실상 앞, 뒤, 옆 뜰, 그리고 이웃입니다. 지금, 나는 이 작은 깃털을 내가 발견한 정원에 놓을 것입니다. 만약 내가 어떤 것을 발견한다면, 나는 내 콜라주에 깃털 장식을 하는 것을 좋아합니다(그림 5.5).

〈그림5.5.〉 "나의 정원", 에미

나는 바람 부는 봄날, 야외 아뜰리에에서 에미가 점토와 자연물을 가지고 자신의 기억과 생각을 구성해 나가는 것을 기쁨을 가지고 지켜본다. 에미의 정원이 비스크 테라코다로 구워 진후에, 굽는 과정에서 제거되었던 도토리, 잎사귀, 깃털들을 재부착한다.

에미는 타이틀을 선택하여, 세워진 카드에 그것의 철자를 쓴다. "나의 정원, 에미". 조각과 카드는 지금까지 창문아래 아뜰리에의 대화형 선반에 간직하고 있다.

정원의 조각물을 만들면서, 에미는 자신의 직접적 세상을 만드는 주변, 그리고 공동체의 감각뿐만 아니라 가정에서의 경험까지 가져왔다. 그녀가 만든 조각은 엄밀하게 따지면 정원, 뒷마당, 가정 혹은 이웃을 닮지 않았다. 그녀가 만든 점토조각은 그녀가 개인적 의미를 부여하였기 때문에 여기에서 중요하게 고려된다.

『레지오와의 만남, 귀향 그리고 적용』에서 장미정원과 미로정원에 대하여 서나드 로

버슨(Seonaid Robertson)이 들은 이야기를 전한다. 로버슨은 어린 소녀가 부드러운 점토로 만든 매력적인 장미정원과 유사한 조각에 대하여 말한다. 어찌됐던 점토는 어린이에게 아이디어를 구체화 해 볼 매우 중요한 기회를 제공하는 것처럼 보인다. 이것은 우리가 비록 어린이가 말하고자 하는 것을 점토 속에서 볼 수 없다고 할지라도 사실이다. 몇 가지 방법으로 어린이는 점토의 추상적인 형태, 일정치 않은 연필의 흔적들, 혹은 페인트를 닦은 제스처와 같이 보이는 아름다움과 중요성, 그리고 그 속에 담김 힘과 의미를 우리에게 보여줄 수 있다. 신화의 창조자들이 단어를 사용하기 때문에, 어린이는 그들이 이 왕국에 초대한 매체를 가지고 작업을 하면서 자신이 말하기 원하는 것과 필요로 하는 이야기를 구성할 능력을 가지고 있다.

### 점토에서 다른 유아의 관점을 기억하기

오늘 만들어진 점토의 광경은 내 기억 속에 있던 지난 1998년에 4세아가 만들었던 점토조각을 생각나게 한다. 우리가 1992년 이래 점토를 가지고 여러 가지 방법으로 작업해 왔지만 그해에 우리는 많은 의도를 가지고 팀으로 점토를 연구하기로 결정하였다. 동료 샐리(Sally)는 자신의 스튜디오에서 작업하는 도예가이다. 그녀는 교사들과 어린이들 모두에게 매체에 대한 지식과 사랑을 전수한다. 제니퍼는 여러 해 동안 점점 더 점토에 관심을 가졌고, 매체와 그것에 대한 유아의 반응에 관하여 좀 더 많이 학습하기를 원했다. 1998년 가을 팀모임에서, 우리는 뉴 포트 교실에서 어린이들과 점토활동으로 그 해를 시작하기로 결정했다. 동료 브렌다 파이프가 교육과정 고문의 역할로 우리와 합류했다. 우리는 다음과 같은 질문들을 고려하였다.

한 그룹에 몇 명을 편성해야 할까?
어린이가 각각의 그룹에 참여하는 것을 어떻게 결정할까?
아뜰리에, 교실, 바깥 아뜰리에에서 그룹과 만나야 하는가?
첫 번째 경험을 하는 동안 자유롭게 해주어야 할까 혹은 아닐까?
자연매체 혹은 다른 유용한 매체를 사용해야 하나 혹은 점토만 사용해야 하나?
점토는 어떤 종류의 모양이 될까?
어린이들과 함께 준비하나?
누가 노트를 가져갈 건가?
누가 녹음 테이프를 책임질 건가?
누가 사진을 찍을 건가?

언제 우리들은 함께 어린이들의 작업에 대해 생각할 것인가?

그룹으로서, 우리들은 올해 첫 번째 경험은 오직 점토만을 가지고 시작하기로 결정했다. 반성적 사고를 통해, 우리는 과거에 너무 많은 선택요소를 제공하였다는 것을 알게 되었다. 우리는 점토만을 가진 채로 무슨 일이 발생할지 보기를 원했다. 우리는 환경을 준비하기로 결정하고 각각의 유아가 비슷한 크기의 점토조각을 가지고 시작하도록 배달된 직사각형 점토에서 3×4인치 블록형태를 잘라내었다. 이렇게 해서, 우리는 어린이들이 비슷한 출발점으로부터 점토를 가지고 얼마나 많은 활동을 할 수 있는지 더 잘 알 수 있었다. 우리는 시작하면서 매우 간단한 것들을 제안하였다. "당신은 이 점토를 변화시킬 수 있습니까, 어떻게 그것을 변화시킬 수 있을까요(Cadwell, Miller, & Strange, 1999)".

우리들은 정말 무엇을 기대해야 할지 몰랐다. 이것은 이전에 이 어린이들이 가지고 작업했던 것보다 많은 점토이다. 그것은 특정한 모양을 가지고 있었다. 우리는 종종 우리의 공동계획에서 만들어진 명쾌하게 표현된 질문으로 시작하지 않았다. 우리내부에서 설렘을 느꼈다.

첫 번째 그룹은 제니퍼의 도움을 받아 작업을 하였다. 그동안 나는 사진을 찍고 공책에 기록하였다.

테일러의 가정. 나는 분명히 그날 아침을 기억한다. 테일러는 제니퍼 근처에 있는 커다란 성인크기의 테이블에 앉아 있었다. 우리들은 큰 치즈조각 같은 블록에서 점토를 얇게 베어냈다. 어린이들은 그것을 좋아했다. 그러고 나서 어린이들은 그것을 자르려고 했다. 양끝에 가벼운 철사를 잡고 있다가, 그것이 습기 있는 점토를 통과하도록 당겼다.

각각의 어린이가 이 상당한 큰 조각의 점토에 직면했을 때, 제니퍼는 흥분한 목소리로 물어보았다. "이 점토를 변화시킬 수 있다고 생각하니? 어떻게 이 점토를 변화시킬 수 있다고 생각하니?" 가을에 새로 들어온 테일러는 이전에 점토로 작업해 본 적이 없다. 그녀는 자신의 점토 블록에서 오렌지 크기의 점토를 떼어내면서 조용히 확신에 찬 목소리로 "예, 나는 그것을 바꿀 수 있어요."라고 말하였다. 곧, 그녀는 그것을 매끄럽게 만들기 시작하였고, 손으로 모양을 만들기 시작하였다. 단계적으로 그것을 둥글고 얇은 자몽에서 크게 떼어낸 껍질모양으로 구부렸다. 그녀는 두 번째는 조각을 떼어내서, 비슷하게 어떤 것을 만들기 시작했다. 그러나 이 조각은 약간 더 두껍고 평평하게 남겨놓았다. 그러고 나서 그녀는 자신의 판에 평평한 조각에 껍질 같은 조각을 수직으로 배치했다. 그리고 자신의 손가락을 이용하여 조각들을 부드럽게 연결하였다.

이때 테일러는 자신이 이제까지 사용했던 방법이 아닌 내가 다른 어린이들의 관찰하면서 보았던 것처럼 점토를 약간 비틀어 떼어내서 점토를 가지고 첫 번째 하였던 몸짓을 반복하면서 손안에서 점토를 납작하고 부드럽게 만들기 시작하였다. 그러고 나서 그녀는 세워놓은 구부러진 점토조각 위에 일렬로 겹쳐서 나란히 이런 조각들을 부착하기 시작했다. 이때까지 그녀는 거의 침묵 속에서 작업을 하였다. 지금, 그녀는 이 동굴 같은 조각에 대해 자신의 집이라며 이야기하기 시작하였다. 그녀가 벽 뒤라고 불렀던 구부러진 구조 안에는 작은 조각들을 덧붙였다. 테일러는 이것은 자신의 굴에 있는 소파들, 자신의 침실에 있는 침대, 그리고 부모방의 침대라고 설명하였다. 그녀가 1시간 반 후에 작업을 끝냈을 때, 자신의 조각에 대하여 다음과 같이 말하였다.

> 나는 여기 큰 벽 뒤에서 활동을 시작하였습니다. 나는 처음에는 무엇을 할지 몰랐습니다. 그 다음에 나는 이 아이디어를 갖게 되었습니다. 그리고 점토조각을 떼어내서 그것을 밑 부분에 부착하기 시작했습니다. 지금 그것은 내 집 같습니다. 내 침실은 안쪽에 있고, 엄마, 아빠 침실도 있습니다. 여기에 굴과 소파가 있습니다. 그것은 작은 선반과 재료들입니다. 출입문이 있습니다(그림 5.6).

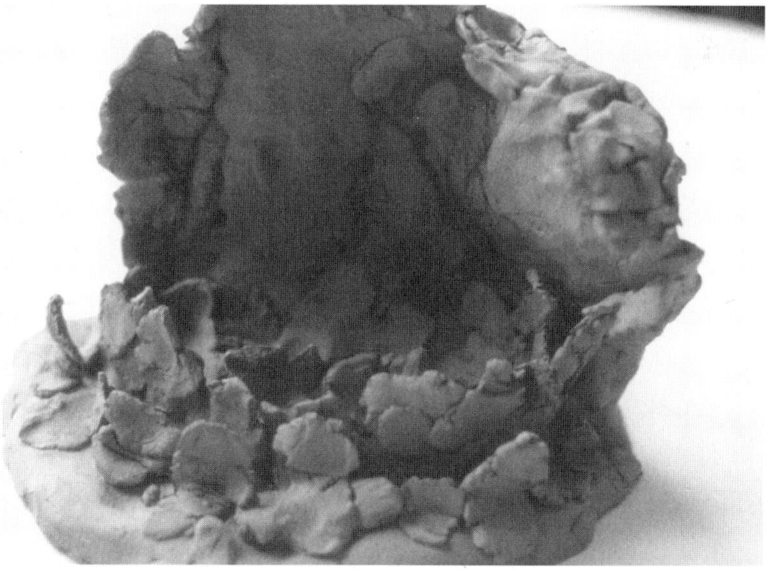

〈그림 5.6.〉 "나의 집", 테일러

제니퍼와 내가 그날 아침 발견한 테일러가 조각으로 작업하는 방법은 우리가 전혀 기대하지 않았던 것이고, 따라서 우리를 놀라게 하였다. 우리가 사용했던 메모들, 사진들, 그리고 반성적 사고를 사용하여 우리가 보았던 것을 토론할 때, 우리는 테일러가 주변의 어린이들, 재료에 대한 자신감, 경험의 초점과 의도, 그리고 어린이들과 교사가 공유했던 흥미로운 일이 그날 아침 발생할 것이라는 기대에 의해 지지되었다고 예측하였다.

우리는 또한 그녀의 이상한 기법과 그 기법을 어떻게 알게 되었는지에 대해서도 토론하였다. 나에게 그것은 말벌이 종이처럼 얇은 층 조각을 덮어서 둥우리를 짓는 방법과 유사한 것으로 보였다. 제니퍼는 테일러에게서 전에 보지 못했던 혁신적이고, 조용하고 생각하는 측면을 보았다. 샐리와 나는 그런 유사한 기법을 배를 만드는 폴루스 베렌손(Paulus Berensohn, 1972)의 책 '점토로 만드는 법"에서 보았다. 명백하게 요업제품을 만드는 예술가들은 여러 세기에 걸쳐 이 기법을 사용하였다. 그러나 테일러는 이것을 알고 있지는 않았다. 그녀는 혼자의 힘으로 그것을 발명하였다. 그녀가 이 기법으로 만든 구조물은 조개같이 휘어지고 부드러운 보호 장소, 즉 피난처이다. 그녀가 작업해 나감에 따라, 그것은 그녀가 상상하는 집이 되었다.

**윌리암의 독수리 둥지.** 어느날 아침 윌리암은 아뜰리에에서 자신의 그룹을 만들었다. 오늘 아침 나는 작업하는 3명의 어린이와 함께 있었다. 그리고 제니퍼는 아뜰리에에 들어왔다 나갔다 했다. 그래서 아뜰리에에서 무슨 일이 발생하면 합류할 수 있었다. 윌리엄은 컬리지 스쿨 3학년이다. 그래서 이미 점토에 익숙했고, 이 연성매체로 많은 것을 발명할 수 있다는 것을 이미 알고 있다. 점토를 변화시킬 수 있느냐는 질문을 받고, 그는 곧바로 "나는 이것을 부분 부분으로 나눌 거예요"라고 말하였다. 윌리엄은 최초의 점토블록을 잘라서 많은 조각으로 만들기 시작했다. 그리고 그것은 판위에 무작위한 방법으로 배열하였다.

그리고 나서 지문이 있는 고리를 여러 개 만들기 위해서 누르는 기법을 사용하여 많은 조각을 모으기 시작했다. 그는 블록 같은 모양의 다른 형상을 만들었다. 그것은 마치 윌리암이 조각을 다시 모으기 위해서 큰 조각을 분해하는 것처럼 보였다. 결국, 그는 자신의 점토고리와 블록을 가지고 다른 형태의 정사각형을 만들기 위해 원래의 조각을 모두 사용하였다. 작업을 하면서, 그는 독수리와 그들에게 만들어 주고 있었던 둥우리에 관해 이야기하기 시작하였다(그림 5.7). 다음은 후에 우리에게 둥우리를 만든 과정과 중요성을 설명하면서 윌리엄이 말한 코멘트이다.

루이스 : 작업을 시작했을 때를 기억합니까?
시작할 때 점토는 어떤 모양이었습니까?

윌리엄 : 그것은 블록이었고, 이만큼 높고 두꺼웠어요.
(손으로 6×6×4 인치 블록모양을 보여줌)

루이스 : 어떻게 이런 독수리 집을 만들 아이디어를 얻었습니까?

윌리엄 : 음, 나단과 아담이 자신의 점토조각을 가지고 나를 만나러 왔을 때, ─그것은 집, 학교 또는 그 밖의 것이었습니다─ 그것에서 아이디어를 얻었습니다. 그들은 자신의 조각이 독수리를 위한 것이라고 말했습니다.

루이스 : 비록 아이디어를 그들로부터 얻었다고 할지라도, 당신의 것은 그들의 것과 완전히 다릅니다. 어떻게 시작했습니까?

윌리엄 : 음, 나는 독수리들과 함께 시작했습니다. 엄마, 아빠, 손님들. (한 부분을 지적하며) 이방에는 손님이 있습니다. 그리고 중앙에는 알들이 있습니다. (가운데 부분을 지적하며) 이곳은 둥우리 방입니다. 실제로 이것은 모두 둥우리입니다.전부 다 중앙에는 특별한 알을 위한 방이 있습니다. 나는 이 사람을 손님방에 머물도록 했기 때문에 그는 약간의 프라이버시를 지킬 수 있습니다.

루이스 : 집/둥우리, 독수리들에 대해서 좀 더 설명해 주시겠어요.

윌리엄 : 좋아요. 독수리는 비행기와 같은 종류입니다. (효과음을 내면서 주위에 점토 조각을 날리며). 그리고 친구들이 있어요. 만약 날지 않는 친구가 있다면 (열린 곳을 가리키며), 그들은 이 문으로 옵니다. 당신은 독수리들이 이 집을 짓기 위해 매우 영리했다는 것을 압니다.

루이스 : 윌리엄, 시작할 때 계획이 있었나요?

윌리엄 : 나는 이렇게 보일 것이라고 생각하지 않았습니다. 시작하면서는 무엇을 해야 할지 몰랐어요. 나는 단지 시작하였고, 덧붙였고, 멈췄습니다. 당신은 이러한 조각들을 잔가지나 막대기로 가장할 수 있습니다. 그리고 그것은 정말로 새들이 자신의 보금자리를 만드는 방법입니다. 나는 즉석에서 그 생각을 했습니다. 다시 방 수를 계산해야 한다고 생각합니다. 1, 2, …, 14. 14개의 방이 있습니다. 나는 계속해서 그것을 재배치합니다. 그렇지만 지나치게 그것을 움직이지 마세요. 당신은 독수리와 놀아주세요. 나에게는 규칙이 있습

니다. 당신은 어떤 것도 만질 수 없습니다.

루이스 : 당신은 점토가 독수리의 둥우리를 만드는 데 좋은 재료라고 생각합니까?

윌리엄 : 예, 나는 점토 블록 이외의 것으로 그것을 만들고 싶지 않습니다. 당신은 블록점토를 접고, 분해할 수 있습니다. 당신은 독수리들이 축하해 주고 있다는 것을 압니다. 그들은 3명의 새로운 아기를 얻었습니다. 많은 손님이 왔습니다. 그러나 어린이들은 올 수 없습니다. 아기들이 안전하고 그곳에 있는 것을 좋아하기 때문에 중앙에 아기들을 위한 둥우리 방을 만들었습니다(그림 5.7).

〈그림 5.7.〉 윌리암이 독수리 둥지의 기능을 설명

우리는 테일러와 윌리엄의 작업에 놀랐다. 무엇보다도, 테일러와 윌리엄 모두 자신의 내부 어딘가에 있던 강렬한 아이디어를 꺼내 온 것처럼 보였다. 우리는 점토의 모양과 양, 도전(provocation), 자신의 개인적인 경험, 그리고 강하고 본능적인 충동에 의해 매체를 가지고 모양을 만들고, 그 과정에서 의미를 부여해 갔다고 추측하였다. 그들은 각각 여러 가지 기법들을 사용했다. 예를 들면, 점토 블록에서 시작해서 1시간 30분 동안 석판들, 코일들, 블록, 부착, 배열, 재배열, 각색, 애니메이션, 이야기, 순서

(sequence)를 구성했다.

에미의 정원처럼, 점토조각 그 자체는 그다지 중요하다고 보이지 않는다. 그러나 그것은 테일러와 윌리엄에게는 구조물을 만들게 하였고, 교사인 우리에게는 호기심을 자아내 질문하게 하였다. 다음은 윌리엄의 작업에서 야기된 우리의 생각이다.

윌리엄의 점토판에서 점토조각을 배열했던 방법은 아동의 그림이나 색칠에서 자주 볼 수 있는 만다라 형태를 연상시킨다. 그것은 깨끗한 중앙부분과 그 부분에서 방사선형으로 뻗어져나가는 나머지 부분으로 구성되어 있다. 어떤 충동에 의해 어린이들이 재료를 이런 형태로 만들었을까? 왜 모든 문화 속의 어린이들이 이렇게 하는 걸까?(Kellogg & O' Dell, 1967) 윌리엄의 경우, 그것은 외부적인 모델의 관찰로부터 영향받은 것이 아니라 자신의 상상으로부터 왔다. 중앙은 윌리엄에게 특별한 중요성을 가진다. 그것은 가장 안쪽에 있는 방이다. 그 방은 아기와 알들이 보호받는 곳이다. 왜 아기, 알, 태어남에 대한 상상이 아동에게 강하게 나타날까? 그것은 반복해서 보여지며, 종종 특별하고 신비한 의미를 가지고 있다(Cadwell, 1997).

윌리엄의 구성은 판을 완전히 채운다. 윌리엄이 이것을 본능적으로 했을까? 이것이 그의 스타일일까?

윌리엄의 둥지는 기하학적인 도형패턴처럼 보인다. 그것은 부분과 전체로 구성되어 있다. 정사각형 모양은 모두 방으로 만든다. 이 기하학적 감각은 윌리엄에게 본능적인 것일까? 또는 이전에도 했을까? 우리가 알기로는, 그는 그날 처음으로 점토를 가지고 작업하면서 이런 방법을 발명하였다. 윌리엄은 블록형태의 점토를 형태에서 벗어나 형상의 형태를 만드는 정렬된 조각으로 사용하였다. 구조물일 뿐만 아니라, 윌리엄의 독수리 둥우리는 분해되고 다시 모을 수 있는 퍼즐이기도 하다. 그는 둥우리를 가지고 어머니, 아버지, 아기들의 독수리 가족과 방문한 손님들에 관한 재미있는 극화활동을 계속한다. 이것은 복잡하고, 상호작용적이며, 계속되는 이야기이다. 이 점토구성은 놀이, 변화, 새로운 장면, 새로운 발명을 초래한다. 그것은 정지상태의 완성물이 아니다. 윌리엄의 점토구성과 이야기는 계속적으로 전개된다.

### 에미, 테일러, 윌리엄은 점토구성을 통해 무엇을 배웠습니까?

세 아동 모두 점토와 함께하는 경험을 통해 많은 것을 배웠다. 자신만의 독특한 질과 개성; 재료에 대한 지식 혹은 직관; 그리고 형태, 아이디어, 느낌을 소유하는 잠재력; 자신의 점토를 매개체로 접촉했을 때 야기된 일화와 정서들; 복잡한 전체에서 점토의 부분뿐만 아니라 경험의 다양한 조각을 통합하는 능력 등. 이러한 능력은 어린이들이 자신의 공간을 조각하기 전에 학습했다는 것을 증명한다. 그리고 아직까지 이런 방법으로 점토를 접하지 않았다면 우리는 어린이들에 대하여 이러한 것들을 알지 못하게 되었을 것이다. 그리고 어린이들은 자신 속에서 이러한 질과 능력을 발견하지 못하였을지도 모른다. 만약 이런 점토공간이 우리 교사들이 상상할 수 있는 가장 지지적인 환경으로 구조화되도록 조심스럽게 고려되지 않는다면 그런 명백하고 놀랄 만한 방법이 나타났을지 의심스럽다. 더 나아가서, 교사가 호기심과 주의를 기울여 어린이가 작업하는 과정을 듣고 기록화 하지 않았다면 교사뿐만 아니라 어린이 역시 이러한 이벤트의 지속적인 중요성을 발견할 수 없었을 것이다(그림 5.8).

〈그림 5.8.〉 윌리엄, 젝슨, 그리고 젝슨의 아버지가 윌리암의 경험이야기를 칭찬하다.

공간으로 판명된 구성물을 조각하는 어린이들을 관찰할 때 나는 전에 존재하지 않았던 새로운 감각 속에서 일종의 탄생 – 많은 요소들이 새로운 관계 속에서 활동하고 따라서 새로운 의미를 펼치고 있다는 점에서의 탄생 –을 목격하고 있다고 느꼈다. 창조자와 창조물이 완전히 지지되고 평가받는 맥락 속에서 세상에 이러한 공간을 가져올 때, 나는 에미, 테일러, 윌리엄이 스스로를 중요한 가공품과 아이디어의 구성자이며 발명가로 인식하리라고 확신한다. 그들은 점토를 구성하고 발명하면서, 자신의 아이디어의 복잡함을 유지하고 전달하는 매체로서 신뢰하는 것을 배우고 있다. 그들은 중립적인 매체를 상징적인 것으로 변형시키는 것을 배우고 있다. 그들은 관계의 시스템을 창조하는 것을 배우고 있다. 그들은 또한 세상 속에서 자신의 경험과 특정한 재료를 가지고 공개적인 대화에 참가하여 즐기는 것을 배우고 있다.

## 냄새 프로젝트

1998-1999년 학기 동안, 씨 씨 톰킨스(C. C. Tompkins)라는 젊은 여성이 우리 학교 아뜰리에의 인턴이 되었다. 그녀는 막 시카고 아트 인스티튜트를 졸업하였고, 『레지오와의 만남, 귀향 그리고 적용』을 읽은 후 레지오 에밀리아 접근법에 관심을 갖게 되었다. "이것이 내 삶을 통해서 하기 원했던 일이다." 라고 그녀는 말했다. "이 방법을 배우려면 어디로 가야 하나요?" 그녀는 그곳의 방과전후 프로그램에 참여하였고, 그곳에서 유급직으로 근무한 후, 세인트 미카엘(St. Michael) 학교에서 1년 동안의 인턴으로 근무할 것을 제안받았다. 척 슈웰은 아뜰리에리스타의 역할을 철저히 가르쳐 주기 위해 매일 그녀에게 작업을 시키는 것에 동의하였다.

가을 동안에 씨 씨는 우리의 세인트 루이스 레지오 공동체에 참석하였고, 레지오 접근법에 대한 많은 책과 기사를 읽었다. 그녀는 대학을 방문하여 나와 함께 작업을 하였고, 클레이턴 스쿨의 가족센터에서 관찰을 하였다. 조금씩, 그녀는 우리의 작업방법을 받아들이기 시작했고, 자신이 발견한 맥락 속에서 점점 더 기여하기 시작하였다.

1999년 겨울, 척과 씨 씨는 냄새와 향기라는 주제로 진행하는 프로젝트에 관하여 세인트 루이스 레지오 공동체의 교사들과 자신의 관심을 공유하기 시작했다. 우리들 중 많은 사람이 이 프로젝트를 진행시키는 방법에 대하여 호기심을 갖고 듣기를 열망하였다. 그 이후, 나는 3장에서 설명한 하버드 프로젝트 제로 의정서(protocol)의 틀로 사용하도록 청중에게 이 프로젝트를 제시할 때 보조하는 역할을 맡았다.

처음 그것이 제안되었을 때, 나는 1999년 5월 세인트 루이스에서 '구성주의적 가르치기' 를 위한 국가회의에 참석한 세인트 루이스 레지오 공동체 4개 집단의 일원이었다.

그날 브렌다, 제니퍼, 로리, 그리고 나는 기록자로서, 진행자로서, 그리고 토론진행자로서의 서로 다른 역할을 맡았다. 척은 "발표 교사" 였다. 우리는 완벽한 효과에 놀랐다. 나에게 그것은 세인트 루이스의 프로젝트 작업에서 가장 강한 인상을 준 사례 중 하나이다. 나는 이 이야기와 학습의 외부관찰자이며, 숭배자로서 나의 관점에서 그것을 나누고자 한다.

우선, 나는 어린이들의 작품 사본을 사용하는 발표 교사의 태도 속에서 이야기를 시작할 것이다; 프로토콜의 틀에 이어서, 해석 없이 발생했던 일들을 설명할 것이다. 우리가 청중을 참여시킬 시점에서, 나는 우리와 함께 사고과정에 참가했던 몇몇 사람의 반응을 제시할 것이다. 당신이 읽고 스스로 생각해봐도 좋다.

> "내가 어린이와 교사가 행하고, 말하는 것과 관련하여 알고 있는 것은 무엇입니까?" "어떤 질문을 가지고 있습니까?"
> "어린이가 배우고 있는 것이 무엇이라고 추측합니까?"
> "이것은 나의 작업에 어떤 관련이 있습니까?"

## 시작

휴일에, 씨 씨는 3, 4세반에 오일 버너와 태울 수 있는 향기 나는 오일 콜렉션을 주기로 결정하였다. 그녀는 아로마 치료를 연구하고, 교사 프렌시스 로날드(Frances Roland), 수잔 브랜드샤우(Susan Brandshaw), 어린이들과 함께 향기와 그것의 긍정적인 효과에 관한 자신의 열정을 공유하기를 원했다.

1월에, 교실은 특별하고 매력적인 향기로 가득했다. 소그룹의 아동들은 그날의 향기를 선택하려고 순서를 확인했다. 라벤더, 귤, 로즈우드, 자스민, 생강. 그때 교사와 어린이는 함께 버너의 불을 켜고, 오일방울을 떨어뜨리고, 그리고 선택한 아로마와 자신의 코의 힘에 매혹되기를 기다린다.

이런 모든 일이 일어날 때, 교사인 카렌 슈나이더(Karen Schneider)와 멜리사 기라(Melisa Guerra)와 4-5세반 어린이는 주위 환경 속에 배어든 향기에 매혹되고 있었다. 그들은 몇 주 후에 그 경험을 연결하였다. 그리고 2개의 반에 오일버너를 나누어 주기 시작했다. 교사들은 향기에 관해, 그리고 오일버너와 그것을 사용하는 것에 대한 어린이의 코멘트를 기록하기 시작했다. 2월초에, 카렌, 멜리사, 척과 씨 씨는 어린이들 그리고 교사가 주의를 기울였던 향기 만들기에 대한 기쁨과 호기심을 팀 회의에서 다룰 것을 결정했다.

다음은, 첫 번째 공식적인 회의에서 대화를 나눌 때 나타난 질문들이다.

> "어린이는 어떻게 향기를 감지합니까?"
> "어린이가 자신이 느낀 향기를 전달하기 위해서 발견한 방법은 무엇입니까?"
> "향기는 어린이가 세상을 이해하는 데 어떤 역할을 합니까?"
> "어린이가 향기를 탐색하도록 지지하는 언어와 재료는 무엇입니까?"

또한, 이 그룹에 속했던 교사 4명이 이러한 질문을 가지고 계획적이고, 구조화되고 집합적인 연구에 착수하기로 결정하였다. 그들은 흥분하였다. 그리고 약간 불안해하였다. 그들은 어린이와 함께 발견한 것에 대한 모험을 시작한다는 공유된 느낌을 가졌다.

연구를 시작하기 위해서, 교사들은 양쪽 반에서 4명의 어린이로 소집단을 구성했다. 이렇게 구성된 "냄새 맡기 세션"에서는 면봉에 묻힌 향기 나는 오일의 냄새를 맡을 기회를 얻을 것이며, 또 다른 세션에서 허브, 양념, 잎들과 같은 말린 재료를 냄새 맡을 기회를 얻을 것이다. 교사들은 어린이의 반응을 얻고 어린이와의 대화를 자극할 매체로 냄새를 계획했다. 교사들은 어린이에게 각각의 냄새에서 연상을 하도록 요구할 것이다. 각각의 향기에서 맡은 냄새는 무엇이니? 그것은 무엇을 기억나게 하니? 그것이 어디로부터 왔다고 생각하니?

교사들은 몇 가지 이유 때문에 두 개의 다른 방법을 선택했다. 오일은 교실에서 냄새 맡은 최초의 향기이다. 따라서 어린이들은 관련된 몇 가지 경험 및 관련성을 가지고 있다. 교실경험에도 불구하고, 어떤 시각적 단서 없이 향기를 연상하게 하는 것에 도전할 수 있다. 교사들은 이런 도전과 관련된 아이디어를 좋아했다. 그리고 그들은 면봉에 분리된 향기들이 어린이들이 독특하고 중요한 냄새와 관계를 반영할 수 있도록 추진하는 가설을 설정했다.

그들은 어린이에게서 보이는 반응의 차이를 적고, 어린이에게 향기를 지닌 세계와 실재 사물을 연결해 주기 위하여 이러한 향기(허브, 양념, 잎)의 출처를 냄새 맡는 경험을 포함하기로 결정하였다. 이들 교사들은 여러 가지 방법으로 어린이와 조사를 시작할 수 있었다. 4명의 소집단으로 이러한 방법을 시작해 보고자 선택하였다.

냄새 맡기: 오일

4명의 어린이로 구성된 각각의 그룹은 작은 병에 담김 오일을 면봉에 묻혀서 4가지 각각 다른 오일의 냄새를 맡았다. 냄새 맡은 기름은 딸기, 바닐라, 오이, 카모마일, 로즈마리, 레몬 그리고 자몽이었다. 4개의 그룹은 몇 주 동안 척 또는 씨 씨와 스튜디오에서 만났다. 척과 씨 씨는 대화를 녹음하여 전사하였다. 그리고 동료들과 그것을 공유하였고, 이 프로젝트를 위해 시작된 공동수첩에 담아두었다. 다음은 아이샤, 안, 가브리엘 그리고 페트가 딸기 향에 관하여 이야기한 것을 발췌한 것이다.

척 : 사람들은 저 작은 병을 볼 수 있을까?
그리고, 그 속에 무엇이 있는지 알 수 있을까?

아이샤 : 예

척 : 병 안의 것은 너희들이 교실에서 냄새 맡은 오일과 같은 기름이야.
기름은 냄새가 나. 너는 정말로 코를 사용해서 냄새 맡을 수 있니?

아이샤 : 거기에 손을 넣을 수 없어요.

척 : 음, 그것에 손을 넣을 수 없어. 맞아! 모두들 주의집중하자.
씨 씨는 작은 점안기를 가지고 있어. 그리고 나는 면에 오일 몇 방울을 섞을 것이며, 각자 항아리에 담아볼 수 있도록 면봉을 줄꺼야(척은 항아리를 전달합니다).

아이샤 : 그것은 어떤 종류의 냄새예요?

척 : 냄새 맡은 것이 무엇인 것 같니?

아이샤 : 선생님은 그 냄새가 무엇인지 알고 있어요?

척 : 무엇 같니?

아이샤 : 솜사탕.

가브리엘 : 선생님은 그 냄새가 무엇인지 알고 있어요?

척 : 무엇 같니?

가브리엘 : 면실유

척 : 면실유 같은 냄새가 나니?

앤 : 흡입하는 4마리의 개구리처럼 냄새를 맡았어요.

척 : 코를 사용했니? 가브리엘! 코를 사용했니?

아이샤 : 그것은 솜사탕 냄새가 나요. 우리는 함께 서커스에 가요. 그리고 솜사탕을 얻었어요. 누나는 좋아했지만 나는 그렇지 않아요.

척 : 좋아. 여기에 피터가 말하는 것을 들어보자.
피터 너에게는 무슨 냄새가 나니?

피터 : 콘 아이스크림

척 : 가브리엘, 코를 사용한 후 나에게 말해 봐, 다른 생각은 없니?

가브리엘 : 면실유

척 : 또 다른 방법으로 말해볼까?

피터 : 이것은 아이스크림 같은 냄새가 나요, 그리고 마치 아이스크림처럼 보여요.

냄새맡기: 허브

유아가 냄새 맡은 건조한 재료들은 로즈버드, 유칼립튜스, 정향, 페퍼민트, 오레가노, 계피, 코코아, 오렌지껍질, 커피콩, 라벤더, 홀 스타 아니스(Whole Star Anise), 셀비아, 노란 겨자씨, 그리고 자마이카 올스파이스를 포함하고 있다. 다음은 페퍼민트, 유칼립튜스, 셀비아에 대한 소그룹 어린이들의 반응이다.

**페퍼민트**

아이샤 : 사탕막대와 그 밖의 냄새가 나요.

가브리엘 : 풀 같은 냄새가 나요.

한나 : 나의 집과 어른용 치약에서 떨어져 내리는 하늘의 별처럼 빛나요.

이사벨라 : 칫솔 같아요.

**유칼립튜스(Eucalyptus)**

한나 : 강한냄새가 나요.

조크 : 야!

런스포드 : 난 이것을 좋아하지 않아요. 그것은 독이든 담쟁이 덩굴이라고 생각해요.

니콜 : 코끼리 같은 냄새가 나요.

**셀비아(Sage)**

애니 : 해바라기 같은 냄새가 나요.

앤 : 뼈가 없는 사람같은 냄새가 나요.

경찰견 게임

냄새 맡은 이후, 어린이들은 말린 재료를 섞어서 새로운 향기를 만들어내기를 원하는 것처럼 보였고, 교사는 그것을 격려하였다. 몇몇 어린이들은 자신의 포푸리 이름과 라벨을 원했다. 이 라벨링에 대한 바람은 교실의 다른 어린이 사이에도 점점 증가되었다. 교사와 어린이는 높아진 감수성을 가지고 비록 미세하다고 하지만 향기를 인식하기 시작하였던 것처럼 보인다. 몇몇 어린이는 자신이 발견할지도 모를 냄새를 발견하려고 학교주변 사물을 냄새 맡기 시작했다. 한 어린이가 자신의 개에 대한 지식, 특히 경찰견은 냄새를 맡는 데 전문적 능력이 있다는 지식을 공유하면서 이 게임이 만들어졌다. 이 공유된 지식과 흥분은 어린이가 경찰견인 것처럼 가장하도록 격려한 것처럼 보인다. 어린이들은 교사에게는 매우 이상한 물체로 보이는 것들을 냄새 맡기 시작했다. 책상, 의자, 문, 선반, 전화 등. 그들은 학교 전역에 걸쳐 경찰견 순회를 할 수 있는지 물어 보았다. 교사들은 모든 종류의 사물을 냄새 맡고자 하는 일부 어린이의 강한 열망에 매혹되었다. 팀 모임 후에, 교사들은 어린이에게 바깥영역에서 소그룹으로 경찰견 게임을 하도록 권유하기로 결정하였다.

바깥에서, 교사는 냄새 맡은 것을 탐색하는 어린이탐정을 따라가는 탐정들이었다. 홀로 그리고 짝을 지어, 나무껍질, 가지들, 꽃, 담쟁이덩굴, 수풀들, 자동차들 그리고 별들을 냄새 맡았다. 교사들은 디지털 카메라와 슬라이드로 처음부터 이런 경험을 기록하기 위하여 사물을 선택하고 냄새를 맡는 어린이들의 사진을 찍었다. 그들은 또한 어린이들의 코멘트, 예를 들면, '벽돌은 점토냄새 같아.' 그리고 '잎에서는 햇빛 냄새가 나' 등을 기록했다.

## 지금까지의 작업에서 나타난 반응

이것은 냄새 프로젝트에서 발생했던 것에 대한 결론이 아니다. 프로젝트 제로에 의해 개발한 프로토콜을 사용하는 것을 부모와 교사그룹에 제시하면서, 우리는 발생한 것들에 대한 반성적 과정에 참여하기 위해 프로젝트의 특정한 부분에서 멈추는 방법을 적용했다.

우리는 교사와 어린이가 조사의 전환점에 온 것처럼 보일 때 잠시 멈춘다. 그때는 새로운 종류의 예측이 경험의 경계에서 깜박거리기 시작한다. 이것이 발생할 때, 모든 사람이 "다음은 무엇이지요?", "우리는 지금 어디로 갈 수 있습니까?", "우리는 어떻게 좀 더 넓고 깊이 있는 조사를 할 수 있을까요?"라고 묻는 것 같다.

다음은 냄새 맡기 프로젝트의 프리젠테이션 중 이러한 관점에서 질문에 대답한 사례이다.: 당신은 무엇을 알게 되었습니까? 궁금하거나 질문할 것은 무엇입니까? 어린이들이 학습한 것은 무엇이라고 추측합니까? 이러한 반응은 레지오 접근법에 대한 워크샵에 참가한 오레곤, 오하이오, 펜실바니아의 교육자로부터 수집되었다. 그것은 참가자들이 아이디어를 말하는 것을 기록자가 적은 메모로부터 얻은 것이다(어린이의 작업을 검토하면서 프로젝트 제로의 프로토콜 과정을 통하여 움직이는 실제 경험에 대한 대화는 3장을 참고하라).

■ 당신은 무엇을 알게 되었습니까?

- 교사에 의한 최초의 계획
- 소그룹의 어린이
- 기록과 녹음을 하는 교사
- 교실 바깥의 어린이
- 교생에 의해 시도된 조사
- 자연물
- 어린이는 모든 사물에서 냄새를 발견함
- 어린이와 교사의 호기심에 대한 반응
- 실제경험과의 연결
- 관찰하고 질문하고 가설을 세우는 과학적 연구방법의 초기단계
- 세상을 탐색하는 것
- 전체시간 동안의 과정 개발
- 교사입장에서 위험을 감수하는 것
- 자유롭게 이야기하는 어린이

- 어린이들의 시, 언어 속의 정서
- 교사가 정답이나 정확한 이론을 제시하지 않음
- 어린이에 의한 아이디어의 발명 : 경찰견 게임
- 듣고, 관찰하는 교사와 어린이들
- 매혹된 어린이들
- 교사의 질문은 어린이가 여러 가지 관점에서 듣는 것을 격려함
- 여러 가지 얼굴 표상
- 기억을 불러일으키는 냄새
- 촉진자와 지원자로서의 교사
- 허가 받는 어린이들

■ 질문이나 궁금한 것은 무엇입니까?

- 이것은 교육과정의 한 부분입니까?
- 이 프로젝트는 어린이와 교사의 개인적 삶에 영향을 미쳤습니까?
- 교사는 정답을 제시했습니까?
- 면실유를 설명할 때 무슨 일이 발생했습니까? 냄새 맡기의 메카니즘을 따르게 되었습니까?
- 부모의 반응은 무엇입니까?
- 그룹은 어떻게 선택되었습니까? 이 프로젝트는 얼마나 시간이 걸렸나요?
- 부모참여가 있습니까?
- 다른 어린이들은 무엇을 했습니까?
- 불쾌한 냄새를 다루었습니까?
- 교사는 어린이에게 미치는 여러 가지 냄새의 효과를 인지했습니까?
- 여러 가지 냄새는 어린이들의 행동에 영향을 미쳤습니까?
- 경찰견 게임은 다른 동물게임으로 전이됐습니까?
- 어린이는 대답하기 위하여 교사들을 고려합니까?
- 포푸리에 어떤 일이 발생했습니까?
- 언어와 관련하여 냄새를 탐색했습니까?
- 다른 감각으로 조사하도록 했습니까?

- 프로젝트는 어느 방향으로 진행됐습니까?

■ 당신은 어린이들이 무엇을 학습한다고 생각합니까?

- 명백하지 않은 영역에서 식별하는 것을 배우고 있는가; 우리는 냄새 맡기 위하여 주의를 기울이지 않는다.
- 자신의 기억과 함께 향기를 표현하고, 그렇게 하기 위하여 많은 묘사적인 단어를 사용하고 있다.
- 향기는 많은 것을 이야기하지 않으나 매우 실재적인 것이라는 것을 배우고 있다.
- 언어로서 향기에 관하여 학습하고 있다.
- 냄새가 어떻게 작용하는지 학습하고 있다.
- 생리학과 해부학 연구를 시작하고 있다.
- 인과관계에 대하여 배우고 있다.
- 한 가지 감각을 분리해서 그것을 가지고 생각한다.
- 한 가지 감각을 가지고 발견하는 것을 배우고 있다.
- 냄새 맡는 것은 어렵다. 연상을 하는 것은 미묘하다. 어린이들은 그것을 학습하고 있다.
- 시각이나 촉각처럼, 그들은 다른 감각을 사용하고 있다. 한 가지 감각을 분리하는 것은 어렵다.
- 설명적인 말과 은유를 사용하기 위하여 언어사용을 늘이는 것을 배우고 있다.
- 존중감을 느낀다.
- 자신의 아이디어를 충분하게 표현하는 것을 배우고 있다.
- 그룹으로 학습하는 것을 배우고 있다. 그들은 또 다른 아이디어를 형성한다.

## 냄새가 움직이는 방향을 그리기

프로젝트의 다음 단계는 교사들의 또 다른 미팅 후에 시작되었다. 발표된 계획의 한부분에는 카렌, 멜리사 그리고, 척이 유아의 이론에 대해 갖고 있는 공동의 호기심이 포함되어 있었다. 교사들은 어린이들의 이론을 어떻게 이끌어 낼 수 있을까? 교사들은 삶에 영향을 미치는 어린이의 이론을 공식화하고 명료화 하도록 어떻게 지원할 수 있을까?

이미, 어린이들은 냄새를 탐색하는 데 이론을 가지고 있었다. 어린이와 교사는 그것을 우연히 발견하였다. 이 때가 냄새에 대한 그들의 아이디어와, 어떻게 그 냄새가 나게 되었는지, 코는 어떻게 작용하는지에 대해서 물어볼 때이다.

척은 경험을 혼합하면서 그래픽 언어를 포함시키길 원했다. 그는 어린이들이 냄새를 따라 연필과 펜을 사용하라는 규칙을 어길지도 모른다는 느낌이 있었다. 그는 냄새를 묘사하라고 어린이에게 요청하는 것에 흥미를 느꼈다. 그래서 어린이들이 냄새와 관련된 더 많은 경험을 발견할 수 있는 맥락을 제공하고자 했다. 그와 교사들은 그런 맥락을 만들 수 있는 방법, 무엇처럼 보일 것인지에 대하여 주의 깊게 생각하였다. 함께 브레인스토밍 한 후에 그들은 다음과 같은 게임을 생각해 냈다.

척과 씨 씨는 한 번에 한 집단 4명의 어린이들과 함께 반복적으로 작업할 수 있을 것이다. 그들은 자극하기 위하여 구별되는 향기를 가진 꽃을 사용할 것이다. 교사들은 스튜디오 중앙테이블에 꽃이 있는 꽃병을 배치할 것이다. 그 후, 그 그룹을 꽃으로부터 멀리 떨어진 그 방의 문 쪽에서 움직이게 할 것이다. 척은 질문할 것이다. "꽃 냄새를 맡을 수 있니?" 그 그룹은 조금씩 다가와서 멈추기를 반복할 것이다. 매번 그들이 약간씩 다가올 때 마다 교사는 "꽃 냄새를 맡을 수 있니?"라고 묻는다. 결국 어린이들이 테이블에 다가왔을 때 교사는 "펜으로 냄새가 움직이는 길을 보여줄 수 있니?"라고 묻는다. 다음은 척이 이야기한 어느날에 있었던 일이다.

척은 항상 목소리에 떨림을 가지며, "나는 어린이들과 함께 스튜디오에서 흥미로운 날들을 보내고 있어요. 그러나 이것은 나에게 가장 놀랄만한 일 중의 하나입니다. 나는 아침나절의 영상물을 갖고 싶었지만, 내가 그것을 찍지 않았기 때문에 슬라이드 속에서, 그리고 유아의 언어 속에서 발생한 것들을 알리기 위해 최선을 다할 것입니다."라고 이야기 한다.

나에게는 린드세이(Lindsay), 니콜(Nicole), 사만타(Samantha)를 포함한 소녀그룹이 있다. 부모가 꽃다발을 구입하는 데 자원해 주셨다. 분홍과 노랑의 줄무늬 알스트로메리아(alstroemeria), 흰색과 라벤더색의 국화들 그리고 분홍의 카네이션. 나는 스튜디오 안의 흰색의 종이와 꽃으로 덮은 탁자 주변에서 프로젝트를 시작하였다. 우리가 지금까지 여러 사물과 여러 맥락에서 물어왔듯이, "어떻게 이 꽃의 냄새를 맡니?"라고 물었다.

린드세이 : 벌꿀처럼 냄새를 맡습니다.

사만타 : 딸기들

니콜 : 햇빛과 포도(보라색 국화를 지적하며)

사만타 : 크림과 딸기

린드세이 : 정원 딸기

척 : 냄새 맡기 위해 문 저편에 서는 방법을 생각해 보았니?

소녀들 : 네.

척 : 음, 한번 시도해 볼까?(척과 소녀들은 문 저편으로 걸어간다)
너희들, 여기에서 꽃냄새를 맡을 수 있을까?

소녀들 : 아니요(실망했지만 동시에 매우 흥미를 갖게 되었다. 그들은 아주 조금씩 가까이 움직여왔다. 1명의 교사와 4명의 여아들은 호기심을 가지고 5개의 코가 이끄는 대로 동시에 움직였다).

척 : 지금 냄새 맡을 수 있니?

사만타 : 아니요, 여기서 다시 좀 더 가요(그들은 가까이 걸어간다). 이제 우리는 그 냄새 를 맡을 수 있어요. 냄새가 여기 있어요!

척 : 어떻게 냄새가 꽃에서 너희들 코로 간다고 생각하니?

니콜 : 호흡은 항상 여기에서 오고, 항상 뒤로 옵니다.
(자신의 아이디어를 설명하기 위해 꽃으로 걸어가고 다시 자신의 원래자리로 돌아오면서, 자신의 코로 숨을 들이쉬고 내쉬는 몸짓을 합니다.)

린드세이 : 냄새는 여기 주변에 머물러요(테이블의 꽃을 지적하며).
냄새는 그곳으로 가고, 냄새는 다시 와요. 그리고 만약 선생님이 중앙에 그 꽃을 놓는다면, 그것은 여기, 여기로 갈 거예요(두가지 방향을 가리킴). 만약 선생님이옆으로 그 꽃을 놓는다면 냄새는 옆으로, 뒤로, 앞으로 갑니다.

나는 유아들이 말하는 것을 인정했다. 그들은 우리가 꽃의 냄새를 맡는 것 뿐만 아니라, 냄새나는 꽃에 관하여 냄새를 얻고 그것을 다시 가져오기 위하여 움직이는 숨쉬기에 대하여 이야기하고 있었다. 그들의 아이디어는 서로서로 연결된 것처럼 보였다. 그리고 다소 순환적이고 상호적이었다. 그들이 꽃과 꽃향기 주변을 움직일 때, 그것은 마치 감각적으로 그 길을 느끼는 것 같았다.

나는 그들에게 향기가 어떻게 움직였는지 꽃병이 놓여있던 탁자를 덮었던 종이 위에 펜과 연필로 보여줄 수 있는지 물어보았다. 나 스스로는 여러 가지 흥분과 예측으로 가득 찼다. 나는 소녀들이 느낄 수 있었다고 생각한다. 소녀들은 마커와 연필을 가지고 부드럽고, 유연한 몸짓으로 모든 종류의 선을 그리기 시작하였다. 그들은 감상적인 선으로 종이를 가득 채우기 원했다. 그리고 그들은 그렇게 했다. 소녀들은 그리면서 춤추고 노래하였다.

그때 마치 환상 속에서처럼 린드세이가 말했다. "(친구와 듀엣으로 꽃병바닥 주변에 원을 만들며) 주변에 둘러놓은 것은 매듭과 리본, 점토, 그리고 담요들입니다. 색은 삶에 안식을 줍니다. 그리고 이러한 종류의 색이 주위에 만들어집니다: 분홍색과 자줏빛이 함께 움직입니다. 당신이 숨 쉬는 한 그것은 함께 합니다. 그리고 지금 즐거움이 시작됩니다 — 냄새들이 춤을 춥니다."

나는 이때 당황했다. 여아들이 선반으로 가서 파스텔 분필을 가져오기로 결정하는 것을 보았다. 나는 이것은 예측하지도 않았고, 심지어 이 경험에서 파스텔 사용을 생각해 보지도 않았다. 그러나 스튜디오와 친숙한 소녀들은 파스텔이 있는 곳과 사용법을 알았다. 나는 그들이 향기가 이동하는 것을 보여주기 위해 부드러운 재료가 필요하다는 것을 직관적으로 알게 되었다. 선으로는 충분하지 않았다.

## 이론 형성하기

척과 씨 씨는 소그룹과 함께 꽃으로부터 향기의 움직임에 관련된 재료를 물어보고 보여주는 게임을 계속하였다. 이 과정에서 어린이들은 숨쉬기, 냄새, 공기, 그리고 신체와의 관계, 세계 그리고 우리가 그것을 아는 법에 관한 생각을 계속하였다.

4명의 교사가 척, 씨 씨와 함께 그래픽 경험 시 발생했던 것을 검토하기 위하여 다시 모였다. 그들 모두 냄새 맡기 활동에 관한 이론을 만들 준비가 되었다. 그러나 카렌은 후각을 분리하는 더 강력한 경험을 제시해야 한다고 생각했다. 따라서 소그룹의 어린이들과 함께 또 다른 종류의 게임을 하고 싶다고 제안했다. 그것은 눈 가리기 게임으로, 소그룹 어린이에게 눈가리개를 한 후선생님의 행동을 예측해 보게 하는 게임이다.

그녀가 이 게임을 어린이들에게 소개했을 때, 대부분의 어린이가 참여하기를 원했다. 참여를 원치 않는 어린이는 관찰하는 것으로 대신했다. 사실상, 관찰하였던 어린이들은 함께 토의에 참여하였고, 그것은 그들에게 중요한 경험이 되었다. 다음은 3명(데이비드, 엘리자, 사라)의 경험을 전사한 것 중 발췌한 것이다.

데이비드는 눈가리개를 하고 있었다. 그리고 다른 2명의 어린이들은 그 상황을 관찰하고 있었다. 카렌은 데이비드 앞에서 양파를 자르기 시작했다.

카렌 : 내가 무엇을 하고 있다고 생각하니?
데이비드 : 음, 이건 무엇이지요? 양파지요. 냄새가 나요
카렌 : 데이비, 양파라는 것을 어떻게 알게 됐니?
데이비드 : 왜냐하면 냄새가 났어요.
카렌 : 어떻게 냄새 맡을 수 있니?
데이비드 : 냄새가 코로 들어왔다가 나가요.
엘리자 : 냄새는 코로 들어갔다가 입으로 나가
카렌 : 어떻게 양파에서 너의 코로 냄새가 갔니?
데이비드 : 그것은 양파에서 나와서 내 코로 와요.
사라 : 아주 작은 것이야.
데이비드 : 냄새는 단지 저기에서 얻어요.
엘리자 : 어쩌면 양파 한 조각이 코에 들어갔을지도 몰라
데이비드 : 그렇게 느껴지지 않는데
엘리자 : 그러고 나서 네 입으로 나와
사라 : 아주 작고도 작고도 작은 조각이야.
카렌 : 어떻게 냄새 맡을 수 있을까?
사라 : 난 모르겠어요.
엘리자 : 추측컨대 양파 한 조각이 코로 들어가서, : "안녕하세요, 양파예요"라고 말할지 몰라
데이비드: "이것은 양파의 머리입니다"
엘리자 : 어쩌면 양파는 "안녕하세요, 안녕하세요, 안녕하세요."라고 말할지 몰라

결국 어린이들은 소그룹활동으로 눈 가리기 게임을 경험하였고, 이론을 형성하기 위

해 이야기나누기와 좀 더 많은 토론 시간을 가졌다. 카렌과 소집단 어린이들은 이때 자신의 질문에 답변을 계속해 나가면서 아이디어를 개발해 나가기 시작했고 이론을 구체화했다. 어떻게 코로 냄새를 맡을 수 있을까? 어떻게 냄새 맡는 일을 하니? 모든 것에 냄새가 있을까? 다음의 5가지 이론은 어린이들이 이런 과정에 참여하면서 생각했던 것들을 보여준다.

로비는 2개의 이론을 개발했다. 하나는 사람그림과 그 코에서 사람의 외부로 향했다가 다시 되돌아오는 고리모양의 선 그림이다(Figure 5.9). 로비는 다음과 같이 그 그림을 설명하고 있다.

〈그림 5.9.〉 로비의 이론 1

냄새는 입으로 들어간다. 그리고 배로 간다. 그리고 다시 다리로 나간다. 그 다음에 입속으로 다시 돌아와서 코를 통과하여 뇌까지 올라간다. 뇌는 그것이 들어왔던 것을 기억한다. 뇌는 잠자지 않는 한 잊을 수 없다고 말한다. 그리고 뇌는 잠자지 않는다.

2번째 이론에서, 로비는 뇌에 대한 자신의 첫 번째 생각을 따른다(그림 5.10). 그는 두뇌와 냄새 맡은 것이 연결되는 방법에 대해 이야기한다.

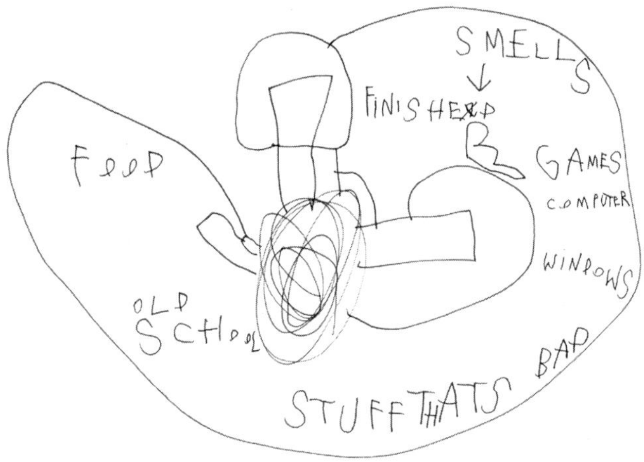


〈그림 5.10.〉 로비의 이론 2

이 커다란 것이 뇌이다. 음식, 모교—같은 모든 단어는 이곳에서 기억한다. 기억은 뇌에 가두어져 있기 때문에 나갈 수 없다. 숫자 3이 밑으로 내려가 다리쪽으로 간다. 그리고 뇌는 입에게 "이것은 레몬 같은 냄새야"라고 말한다.

플라너리(Flannery)는 말과 표상을 가지고 또 다른 복잡한 아이디어를 개발했다(그림 5.11). 그것에 대하여 다음과 같이 설명하고 있다.

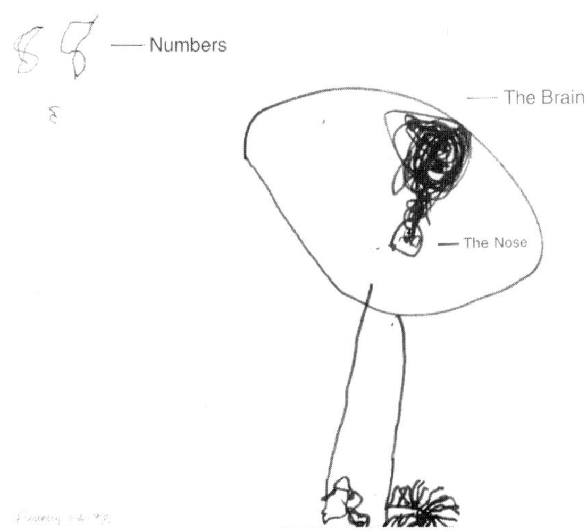


〈그림 5.11.〉 플라너리의 이론

냄새가 뇌까지 올라간다. 뇌가 냄새를 기억할 때까지 그것은 주변을 순환한다. 그러고 나서 그것은 종을 울리러 간다. 그리고 당신은 냄새를 기억한다. 뇌 속의 기억장소는 눈 사이에 있다. 냄새를 맡으려면 아주 열심히 냄새 맡기를 해야 한다. 이미 냄새 맡았던 것은 코로 나간다. 그리고 냄새 맡고 있는 것은 코로 간다. 이 숫자는 얼마나 냄새가 머무는지를 보여준다. 그것은 8개월간 머물 수 있다. 그러고 나서 다시 냄새 맡아야 한다. 내가 다랑어를 좋아하기 때문에 다랑어는 8개월이 아니라 영원히 냄새 맡아야 한다. 나는 뇌가 일종의 플라스틱으로 만들어진 것이라고 생각한다. 코는 가죽과 뼈로 만들어졌다. 과일 및 내가 냄새 맡는 모든 것에서 냄새가 만들어진다.

로비처럼, 린드세이도 2개의 다른 상반적인 이론을 개발했다. 그녀는 다음과 같이 자신의 첫 번째 이론을 설명한다(그림 5.12):

〈그림 5.12.〉 린드의 이론 1

공기는 레몬의 특정한 냄새를 발견하려고 한다. 공기는 레몬을 만진다. 냄새는 레몬을 통하여 흐르고 있다. 공기는 쥬스를 발견하려 하고 있다. 공기는 쥬스를 코로 떨어뜨린다. 그러나 그것은 아주 작은 방울이라서 볼 수도 느낄 수도 없다. 공기는 조그만 방울을 가지고 간다. 그리고 이마로 재빨리 나른다. 그러고 나서 그 방울들은 머리, 근육, 신장으로 간다. 그러면 레몬냄새를 강하게 맡을 수 있다.

2번째 이론에서 린드세이는 심장과 냄새의 연결에 대한 아이디어를 고심하여 만들어 냅니다(그림 5.13). 그녀는 다음과 같이 자신의 생각을 설명하고 있다.

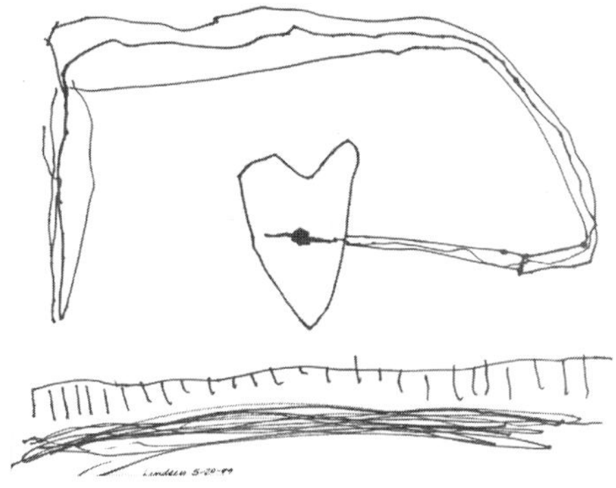

〈그림 5.13.〉 린드세이의 이론 2

기저선은 공기이다. 그 위 작은 선은 내 몸 속이다. 그리고 그것은 내가 숨 쉴 때마다 오르내린다. 만약 당신이 숨을 쉬지 않으면, 냄새 맡을 수 없다. 공기는 허리를 가로질러 곧바로 간다. (갈비뼈를 만지며) 거기에 뼈가 있다. 그것을 느낄 수 있다. 그 후 피는 냄새를 집어 올려, 심장으로 그것을 가져간다.

이 프로젝트의 정점에서, 어린이와 교사는 함께했던 경험에 대한 책을 편집하였다. 그 책은 대화의 전사, 교사의 이벤트 순서에 대한 설명, 컬러와 흑백의 사진들, 그리고 각각의 어린이가 그래픽과 말로 표현하였던 하나의 이론을 포함한다. 가족들은 연말에 냄새 맡기 프로젝트에 대한 책의 복사본을 받았다.

씨 씨와 척, 그리고 어린이들은 그 책과 함께 선물할 것에 대하여 계획했다. 각각의 어린이들은 조그만 가방에 여러 가지 말린 향기를 리본으로 묶은 포푸리를 구성하기로 선택하였다. 각각의 어린이는 벽돌가마 속에서 구울 수 있는 점토로 포푸리 항아리를 만들었다. 이것은 학기말에 부모에게 주기 위해 각각의 어린이가 만든 카드와 함께 상자로 포장하였다. 냄새 프로젝트를 한 다음 해에, 세인트 미카엘 스쿨의 교사들은 학교에서 판매하기 위하여 소규모의 학내 출판물을 만들었다.

## 의미 만들기

이 장의 앞부분을 읽었을 때 우리들처럼, 교육자와 부모들은 종종 냄새 프로젝트에 대해서 들을 때, "정답을 어린이에게 말해 주나요?" "어린이들이 정답을 물어오나요" "다양한 이론을 갖게 하고 정답을 이야기해 주지 않는 것은 어린이를 오도하는 것은 아닐까요?" 라는 질문을 했다. 이러한 질문은 자연스럽게 나타난다. 이러한 질문들은 친숙하고 기계론적이고 합리적인 "교사는 지식을 가지고 있다." 라는 세계관으로부터 온다.

어린이들의 냄새이론과 관련하여, 이러한 질문들은 우리를 불일치상태로 만들었다. 어린이들의 이론을 읽었을 때, 우리는 근거 있는 질문, 흥미를 불러일으키는 경험, 그리고 경청의 맥락 속에 담긴 다양한 세계관을 느꼈다. 즉, 이론들은 생태학적 맥락 속에서 발전하였다(카프라, 1996, p.35). 이 이론은 "시스템 혁명" 의 작은 단면이다. '정답' 질문과 관련하여, 나는 다시 카프라를 인용하려 한다.

> "시스템 접근법을 과학으로 바꾸는 것을 가능하게 하는 것은 지식이 존재한다는 것에 대한 발견입니다. 이러한 통찰은 모든 현대과학에 결정적인 영향을 미칩니다. 옛 패러다임은 과학지식의 확고함(고정화)이라는 데카르트의 믿음에 바탕을 둡니다. 새로운 패러다임에서 모든 과학적 개념과 이론은 제한적이고 접근 가능한 것이라고 인식합니다. 과학은 결코 완전하고 결정적인 이해를 제공할 수 없습니다."

카프라의 생각에 따라, 나는 백과사전에서 '냄새' 를 찾아보았다. 나는 거기서 다음과 같은 구절을 발견했다.

"생리학자들의 생각은…" 그것은 그렇게 시작된다. 아마도, "아직 알려져 있지 않다." 냄새에 대해 일시적이고 불확실하게 진술된 것에 대해 나는 매혹되었다. 그래서 "어떻게 냄새를 맡는가?" 의 정답은 무엇일까? 그 답은 하나가 아니다.

이러한 명백함에 더하여 다음의 관찰 속에서 과학적 질문을 시작한다. "오스믹의 크기 특성" 을 다룬 장 속에서 케피와 지니(Ceppi & Zini, 1998)는 다음과 같이 서술하고 있다.

> 후각은 뇌의 가장 오랜 부분(후뇌부)과 상호작용합니다. 그러므로 가장 깊이 있고, 가장 직접적인 정서는 냄새와 관련됩니다. 냄새의 지각은 강력한 연상의 가능성을 가집니다. 따라서 냄새는 이미지와 기억의 장소를 즉시 불러일으킵니다.

이 모든 것을 볼 때, 어린이의 이론이 얼마나 근거 있는지 더 놀랍지 않은가? 어린이들은 우리가 냄새 맡기 위해 순서대로 해야 할 요소들, 기억에 미치는 냄새 맡는 것의 역할, 우리의 삶 속에서 향기의 연상 작용, 그 신체와 환경적 시스템과 기능에 대하여 직관적으로 알고, 호기심을 가진다. 어린이들의 이론은 자신의 개인적인 경험, 조직적인 생각, 그리고 종종 열정적이고, 매우 다른, 응집력 있는 이론을 수집하여 같이 구성해 보려는 기꺼운 마음에 뿌리를 두고 있다. 맥락이 풍부하였기 때문에 어린이들의 생각은 생생하다. 왜냐하면 그들은 안전, 에너지, 가능성의 감각으로 둘러싸여 있는 것을 느끼기 때문에, 그들은 과학자 팀, 작곡가들, 행위예술가, 작가들, 발명가들이 되었다. 그들은 여러 가지 이론이 있다는 아이디어를 가지고 생각한다. 그것이 질문에 대하여 모든 어린이의 생각을 풍부하게 한다. 린드세이와 로비는 각각 2개의 이론을 가지고 있었다. 두 번째 이론에서, 그들은 자신의 첫 번째 이론의 한 부분을 더욱 공고히 하고 집중하였다. 주어진 맥락 속에서, 왜 그들은 첫 번째 생각 이상으로, 아이디어를 깊이 있게 유지하지 않았던 걸까? 왜 한 사람의 경험 요소에서부터 벗어나 새로운 결합의 가능성을 생각하지 않는가?

전반적으로, 어린이와 교사는 질문과 관계를 창조하고 있다. 나는 질문과 스스로 냄새 맡는 것과 서로간의 관계를 만드는 또 다른 맥락에서 이 프로젝트의 에피소드를 이해한다. 관계는 전면으로 다가온다. 분리된 부분과 놀이자는 배경으로 멀어진다. 어린이는 의미와, 공유된 경험과 조사를 이해하는 방법을 탐색 중에 있다. 교사는 자신이 목격한 것에 대해 생각하고, 궁금해하며, 다시 계속해 나가는 방법에 대하여 생각하는 탐구활동을 하는 중에 있다.

나는 칼리나 리날디의 학습에 대한 정의를 좋아한다. 그들은 새로운 사고방식으로 우리들을 유인한다. 나는 "학습이라는 것은 변화되고, 바뀌는 것이다"라고 말하는 것을 들었다. 나에게, 이것은 진짜 학습이란 것은 축적이나 동화하는 것 이상이라는 것을 암시한다. 진정한 학습이란 진보와 변화로 우리를 이끌어간다. 또 다른 칼리나의 정의는 이것이다. : "어떤 것을 안다는 것은 어떤 것을 사랑한다는 것이다." 한 친구는 "내가 처음으로 칼리나 리날디가 이렇게 말하는 것을 들었을 때, 내가 들었던 지식에 대한 가장 예상치 못했던 정의라고 생각했어."라고 한다. 나는 이제 깊은 애착이나, 정체성과 충돌 없이 "지식 같은 것은 없다"라든가 혹은 "마음 없는 정보는 쓸모없다"는 의미를 이해한다.

나는 냄새 프로젝트에 참가했던 성인과 모든 어린이들이 전보다 냄새와 서로간의 관계에서 더 깊이 있고, 복잡하고, 놀랄 만하고, 세련되고, 지적이고, 호기심이 있는 관계를 구성하였다고 생각한다. 나는 사르니아 해변의 작은 소녀에 대한 빈세트 케니의 관찰을 기억한다. 그리고 자신이 선택한 나무(Mil)에게 메시지를 썼던 소녀에 관한 베아베체의 코멘트도 기억한다. 나는 "하루 동안, 그날의 일부분 동안, 혹은 몇 년 동안 혹은 수년간의 순환은 우리의 일부분이 된다."는 왈트 와이트맨의 말을 기억한다. 나는 린드세이가 노래하고 춤추는 것처럼, 펜과 분필로 꽃향기의 움직이는 길을 보여주기 위해 만든 관련성의 범위에 놀랐다.

> 친구와 둘이 꽃병 바닥 주변에 원을 그리며) 둘러놓은 것은 매듭, 리본, 점토, 담요입니다. 색은 삶에 휴식을 줍니다. 그리고 이런 색은 주위에서 만들어집니다. 분홍과 보라는 함께합니다. 당신이 숨을 쉬는 한 그것은 함께 할 것입니다. 그리고 이제 즐거움이 시작됩니다. -냄새는 춤추고 있습니다.

# 제6장

## 6월 이탈리아로 돌아옴

# 6월

## 이탈리아로 돌아옴

나는 올 봄 좋은 친구이자 아뜰리에 부모교사인 캐슬린 스프롱(Kathleen Sprong)과 함께 레지오 에밀리아로 여행하게 된 것을 행운으로 여긴다. 그녀가 학교 환경을 보고, 어린이들의 활동을 보고, 교사들을 만나고, 이탈리아 부모들을 만날 수 있을 것이라는 기대에 나는 가슴이 두근거린다. 나는 그녀가 새로운 시각으로 이 모든 것들을 경험하고 싶어 할 거라고 생각한다.

이전의 다른 레지오 에밀리아 여행에서 나는 교육자 집단들을 위하여 교수법을 해석하고 조직하는 역할을 기꺼이 맡았는데, 대부분은 세인트 루이스 동료들과 함께였다. 세인트 루이스에서 온 여행자 하나하나는 선물을 가져와 우리에게 전달하였는데, 미국 교육자로서 성장하도록 도전하고 계속 전진해 나가는 계기가 되었다. 캐슬린과 내가 레지오 에밀리아에서 보낼 한 주는 도전일 뿐 아니라 놀라움과 기쁨으로 가득 찰 것이며 우리 모두는 부모, 교사, 아동들과 공유할 소중한 것들을 가지고 돌아갈 것이다. 나는 방문한 교육자 집단들에게 할 수 있는 모든 방법을 동원해 기꺼이 돕겠지만, 이번 여행에서는 자유를 만끽하며 교사로서의 경험과 협력자로서의 부모 학습 경험에 자유롭게 초점을 맞출 기회를 즐기려고 한다.

## 첫째 날: 작은 도시와 교육자 집단과의 만남

밤새 비행기를 타고 이탈리아 밀라노에 정시에 도착했고 말펜자 공항에서 버스에 오른다. 이 버스는 레지오 에밀리아로 향하는 대규모 학술여행에 참가하는 250여명의 참가자들을 운송하기 위해 준비된 버스들 중 하나이다. 버스에 탄 사람들 대부분과 마찬가지로 캐슬린과 나는 1시간 반 동안의 여행 대부분 잠을 잔다. 나는 이번 주 학술발표의 주 장소인, 아스토리아 호텔 정문에 버스가 정차할 때서야 눈을 뜬다. "내가 살았던 곳이네요." 나는 호텔 건너편 아파트 건물을 가리킨다. "폭이 좁은 발코니가 있는 3층을 보세요." 나는 천천히 눈을 뜨면서 기지개를 켜고 있는 캐슬린에게 말한다. "이탈리아 광장 쪽으로 길이 나 있는 건물 아래 쪽 가게에는 과일·야채 가게 아가씨인 테레사(Teresa)와 이발사 프랜세스코(Francesco)가 있어요. 나중에 소개시켜 줄게요."

우리들은 다른 여행자들과 함께 버스에서 내려서 이번 학술여행의 책임자 중 하나인 파올라 리코와 인사를 나눈다. 미소를 지은 채로, 레지오 어린이들의 로고가 새겨진 노란 천으로 된 가방 안에서 1주 동안의 교재를 꺼내 건네면서(로고는 아동으로 묘사된 빨간 색과 파란 색 질주하는 말 3마리이다), 파올라 리코는 "안녕하세요!"라고 이탈리아어로 홍분하여 소리친다. 우리는 봄에 좀 늦게 등록했기 때문에, 오늘 첫째 날 밤 도시 안에서 방을 얻지 못했다. 캐슬린과 나는 파올라 리코가 추천한 도심 조금 밖의 작은 호텔에서 머물고 있다.

이탈리아 시간으로 오후 12시 반에 우리는 호텔에 도착한다. 피곤했지만 우리는 흥분 상태에서 쉴 수 없었고 호텔 바로 옆의 레스토랑으로 향한다. 우리는 흰 색 테이블보가 덮여진 테이블들 중 하나에 앉아서 메뉴판이 없는 관계로 어린 여종업원에게 오늘의 메뉴를 듣는다. 여종업원은 우리에게 만두형 파스타인 카펠레티를 권한다. 토르텔리 베르디나 토리텔리 주카 등의 토르텔리 파스타도 있다.

캐슬린이 나를 쳐다 본 후 여종업원에게 "카펠레티로 할래요."라고 말한다. 나는, 우리의 안전한 도착과 앞으로 다가올 기회를 자축하며, 이탈리아에서의 첫 번째 식사를 즐긴다. 음식이 나오자 나는 카펠레티와 묽은 살코기 스프를 맛보는 캐슬린의 얼굴을 유심히 본다. 나는 토르텔리를 맛보면서 그녀와 기쁨을 나눈다. 내가 세인트 루이스에 있을 때 꿈꾸던 맛이다.

점심 식사 후 우리는 도보로 시내를 여행한다. 지금은 2시 반 경인데, 상점들이 오후를 위해 문을 닫고 있어서 거리는 조용하다. 4시 경이 되면 다시 열 것이다. 우리는 시 공원을 거닐었는데, 공원은 나무에 만개한 꽃향기로 가득 차 있다. 기온은 적당하다. 나는 여기로 처음 여행 와서 지금같이 조용한 오후에 다이아나 학교를 처음 보았을 때를 기억하고 있다. 이 학교는 지붕이 낮고 잘 보이지 않는 상태로 시 공원 한 가운데 있었으며, 아치 모양으로 우거진 삼나무 가지 아래에 위치하고 있다.

오늘, 교직원으로 보이는 사람들이 검은 옷을 입고 학교 밖에 서 있고 반짝거리는 검은색 차 몇 대가 보인다. 우리는 오늘 UN 아동 권리 위원회 모임이 있다는 사실을 나중에 알게 된다. 그들은 국제적으로 명성이 있는 우수한 학교들을 미리 보기 위해 온 것이었다.

우리는 조용한 거리 여기저기를 배회한다. 자갈밭에 타이어를 쿵쿵 부딪치면서 자전거를 타는 사람이 보인다. 우리는 폰테나시 광장에 멈추어 섰는데, 얼룩무늬 사각형 타일이 깔리고 나무들이 격자 형태로 심어져 있다. 우리는 햇볕이 내려 쬐는 벤치에 앉아서 광장 바닥에서 돌차기 놀이를 하고 있는 어린이들을 지켜보면서 레몬 샤베트 콘을 먹는다. 햇빛이 비추는 조용한 오후와 새콤한 레몬 향 속에서 시간이 멈춘 것 같다(그림 6.1 참조).

그날 밤 우리는 아스토리아 지하 회의장의 큰 회의실에서 아멜리아 감베티와 파올라 리코의 환영을 받는다. 그들은 이번 주 일정에 대해 조심스럽고 열정적으로 설명한다. 나는 반가운 친구 몇 명을 만나는데, 바몬트 대학교의 진 골드하버(Jeanne Goldhaber), 캘리포니아 주의 오클랜드에 있는 밀스 대학의 수잔 리온(Susan Lyon), 이번 주 행사를 돕고 있으며 레지오 에밀리아로의 대표단 연락을 맡고 있는 안젤라 페르라리오(Angela Ferrario), 피츠버그에 있는 쉐디 레인(Shady Lane)에서 온 페니 팔맨(Penny Fahlman), 오레곤 주의 포틀랜드에서 온 주디 그레이브(Judy Graves), 일리노이 대학교에서 온 릴리안 캐츠 등과 더불어 세인트 루이스에 있는 우리 학교를 방문한 적이 있는 다른 교육자들이다.

〈그림 6.1.〉 이탈리아, 레지오 에밀리아의 지붕 선

아멜리아와 파올라는 자신의 도시와 학교들로의 방문에 따뜻하게 맞이해 준다. 우리 250명 모두는 여기 있는 것에 흥분하고 있으며 함께 있는 것에 감사하고 있다. 우리는 이번 주를 흥분과 감사로 가득차서 학수고대하고 있다.

## 이튿날: 학교에 대한 새로운 시각

캐슬린과 나는 시 교외의 방에서 아주 잘 잔다. 우리는 아래층 아침식사 방에서 요구르트, 딸기잼을 바른 신선하고 따뜻한 크로와상 빵, 두꺼운 흰색 컵에 담긴 카푸치노 등으로 하루를 시작한다. 또 간단한 이탈리아 식사 관습으로 대접받는다. 8시 30분에 우리는 가방들을 들고 택시를 타고 아스토리아로 간다.

오전은 아스토리아 회의실에서 시작하는데, 이번 주 모임의 주장소가 될 것이다. 아멜리아는 우리 모두를 따뜻하고 친근한 미소로 반겨준다. "안녕하세요. 잘 주무셨나요? 오늘 준비는 되었나요? 오늘 오전에는 레지오 에밀리아의 시립학교 교장인 세르지오 스포지아리의 강연을 듣게 됩니다."

세르지오가 강연을 시작하자, 나는 1991년 봄 그의 사무실에서의 처음 만남이 생각난다. 나는 1991~1992년 동안 레지오에 인턴으로 오는 허가를 받고 있었다. 내가 1990년 가을에 공문 편지를 발송하기는 했지만 이것이 우리의 첫 만남이었다. 나는 그가 선뜻 동의하려 하지 않았다고 기억한다. 나는 그에게 벽에 붙은 파리로 만족할 것이며 환경을 어지럽히거나 방해하지 않겠다고 말했다. 그는 즉시 "하지만 우리는 벽에 붙은 파리들을 좋아하지 않습니다. 우리는 파리들을 내리치는 것을 좋아하는 것 같네요." 놀랍게도 이러한 정떨어지는 말이 끝나자마자, 그는 내가 가족과 더불어 한 해 동안 올 수 있는 방법을 그 즉시 알려주었다.

수년간에 걸쳐 세르지오와 많은 시간을 보낸 것은 아니지만, 내가 가지고 있는 인상은 그가 자신이 관장하는 업무에 점점 더 명료해지고 열정적이 되었다는 점이다. 오늘 우리에게 하는 그의 강연이 이러한 훌륭한 예이다. 그는 우리에게 인사말을 건넨 뒤 원고 없이 이태리어로 말하기 시작한다. 우리는 그가 통역자를 위해 속도를 조절하면서도 자신의 목소리에 의도와 정서를 전달하려고 하는 것을 느낄 수 있다. 그는 인본주의로 인해 어린이들의 특별한 힘과 잠재성이 과소평가되어 왔다고 믿는다고 우리에게 말한다. 그는 듀이("지식은 축적되는 것이 아니라 연구되는 것이다.")와 부르너("의미는 받아들여지는 것이 아니라 구성되는 것이다.")를 인용한다. 그는 어린이들이 스스로 의미를 만들어 가는 데 있어 필수적으로 필요한 지지를 해줄 것을 우리에게 요구한다.

그는 "교사의 임무는 부대자루에 채우는 것이 아니라 불을 비춰주는 것이다."라는 플르타치(Plutarch)의 말을 인용한다. 다시 세르지오는 "거의 강박관념에 가까운 호기심, 놀라움, 경이로움, 매혹, 열정의 불"을 우리 내부에 불사를 것을 요구한다. 그는 우리가 여전히 무지하고 배울 것이 많다는 점을 우리에게 상기시킨다. 배울 수 있는 한 가지 방법은 생텍쥐베리(SaintExupery)의 '어린 왕자'가 알고 있었던 것을 아는 것이다. 다름 아닌 "꼭 필요한 것은 우리 눈에 보이지 않는다."라는 것이다. 어린이들과 어린이들이 하는 행동에 주의를 기울임으로써 우리는 매일매일 나타나는 새로운 것들 속에서 만족과 즐거움, 경이로움, 호기심을 발견하게 된다.

세르지오는 계속해서 두 번째 주제인 '공동과 협동'에 대하여 강연한다. 그의 힘찬 목소리를 통해 우리는 학교라는 존재에 대해 새로운 방식으로 생각하게 된다. "우리가 호기심을 갖고 학습하고자 하는 욕구가 생기는 것은 대화와 교류를 통해서입니다. 우리가 함께 작업하지 않는다면 우리 에너지와 힘은 소모되고 말 것입니다." 그는 배테슨의 조직에 관한 연구물을 인용한다.

> 세르지오는 다음과 같은 강력한 도발적 내용으로 연설의 결론을 짓는다.
> 벌과 같이 되십시오. 벌은 복사하지 않습니다. 벌은 필요한 것을 얻기 위해 이 꽃 저 꽃을 날아다니지만 자신의 집에 꿀을 만듭니다. 당신의 학교에 꿀을 만드십시오. 당신이 우리 같아지려면 우리를 복사하지 마십시오. 우리는 아무것도 복사하지 않았습니다. 우리 같아지려면 당신만의 것이 되십시오.

동시에 우리는 기립 박수를 보낸다. 우리는 세르지오의 말과 직접적이고 감동적인 연설, 커다란 외침에 감동받는다. 그의 연설로 인하여 이번 주를 정말 힘차게 시작하게 된다. 나는 이렇게 명쾌한 문장으로 간단명료하게 정제되어 제시된 레지오 접근의 본질로 여겨지는 내용을 듣고 감명 받는다. 또 나는 듀이, 부르너, 배테슨, 생텍쥐베리등에 대한 간결하고 적절한 참조에 감사한다. 세르지오는 여러 학문 분야에서의 최근의 사고뿐 아니라 먼 과거 철학자들의 지혜를 인용한다. 나는 세르지오의 최근 연설에 의해 관심이 증대되고 있다. 나는 다음과 같이 자문해 본다. "'복사' 라는 것이 무엇을 의미하는가? 우리가 세인트 루이스에서 레지오 접근법을 '복사' 하고 있는가? 이러한 생각에 고취되어 완전히 나만의 것이 된다면 어떤 모습일 것인가?"

우리와 함께 박수를 치면서 아멜리아가 연단으로 올라간다. 박수갈채가 끝나자 아멜리아는 세르지오에게 감사를 표하고 우리를 배정된 토론그룹으로 안내한다. 아멜리아는 우리에게 자기소개를 하고 우리의 배경에 대한 소개를 하였고 이 도시와 세르지오의 강의에 대한 인상을 공유하자고 제안한다. 오늘 오후에 우리는 여러 학교를 방문하고 교사들을 만나기 위해 이곳에서 다시 만날 것이다.

## 토론그룹

나는 아스토리아 회의 장소 3층에 원형으로 의자들을 배치한 작은 방으로 간다. 우리는 의자에 앉아 토론을 시작한다. 자기소개를 한 후, 우리는 25명 각자가 지리적으로 또 직업상에 있어서 다양한 배경을 갖고 있다는 것을 알게 된다. 우리들 각각은 알라스카에서 맨해튼까지, 버몬트에서 캘리포니아까지, 위스콘신에서 조지아까지, 대륙을 빙빙 돌고 있었다. 직업에 있어서 우리는 정치인, 아뜰리에리스타, 교사, 행정가, 초등 및 유치원 교사, 특수아 교사, 대학원생, 교사 교육자, 교육 조정자 등으로 다양하다. 연령적으로는 22세에서 72세까지 포함한다. 우리는 공립학교, 사립학교, 헤드스타드 프로그램, 대학 등에서 가르치고 있다. 개인적으로 이야기를 시작하면서 다음 문제들이 제기된다.:

우리는 행동으로 옮기고 이러한 생각 중 몇 가지는 달성할 수 있는 용기가 필요하다. 우리는 우리의 이미지가 강력하다고 생각할 필요가 있다. 우리는 그러한 강력한 힘을 정치 분야로 확장할 필요가 있다. 우리는 가시화하고, 가치 절하된 우리 이미지를 새로운 이미지로 변화시켜 알릴 책임이 있다. 우리는 가르치는 것이 정치적이고 도덕적인 행위라는 점을 인정할 필요가 있다. 우리는 어린이의 사고를 억압하고 있는가, 아니면 최대한으로 지지하고 있는가? 우리는 다음과 같은 질문들을 계속한다.: 이 접근법의 본질은 무엇인가? 세르지오가 교사로서의 삶에 있어서 별을 비유한 것은 무엇을 의미하는가?

집단적으로, 자신의 개인적 경험에서의 좌절과 승리 둘 다를 말하면서, 우리는 활기를 얻게 된다.

시간이 빨리 지나서, 전체 참가자들이 간단히 공유할 시간을 갖기 위해 대회의실로 되돌아 갈 시간이 된다. 그룹 대표가 한 명씩 발언하는데, 그룹 대화 시간에 나왔던 중요한 생각들 몇 가지씩을 공유한다. 나는 교육자로서의 강력한 정체성을 형성하게 하고 교육자의 역할 변화를 생성하는 것으로 보게 하는 세르지오가 말하는 에너지라는 것을 종합하기 시작한다. 나는 우리의 질문들을 공유했다. 우리의 환경 내에서 우리가 갖게 되는 강력한 가치와 이상으로부터 영감을 얻은 교육자로서, 어떻게 우리가 우리 자신을 꿈을 만들어가는 별로 여길 수 있는가?

다음은 진 골드하버가 제안한다. 우리는 이번 주의 토론, 생각, 경험들을 집에 가져갈 수 있는 팔찌로 만들 수 있는 하나하나의 구슬로 생각할 수 있다고 한다. 그녀는 자신의 토론 그룹이 이미 묶어 놓은 구슬 몇 개를 소개한다: 서두르지 말고, 심사숙고하며, 반성하고, 상상하며, 즐길 가치가 있는 생각을 의미한다. 살아가는 데 필수적인 성분으로의 경이로움을 의미한다. 레지오 에밀리아 어린이들이 가능한 것은 성인 또한 가능하다는 제안을 말한다.

주디 그레이브가 자신의 토론 그룹 생각을 요약 발표한다. 이곳에는 가슴으로부터 말하는 진짜 사람들이 있습니다. 이러한 것이 이 지역사회의 일부분이라는 것이 의아스럽습니다. 우리는 여기에서 가르치는 것이란 정치적 행위이며 모든 사람들의 목소리가 전달되는 것이라는 것을 봅니다.

리리안 캐츠가 경청하기에 대한 자신의 토론 그룹 생각을 설명한다.

듣기와 경청하기의 차이점은 무엇입니까? 당신이 어린이들에 귀 기울인다면 이유가 무엇인가요? 우리가 어떻게 효과적으로 귀 기울이기 시작하고, 동료들과 발견한 것을 공유하기 시작할 수 있습니까?

나는 집에 가져갈 수 있는 팔찌의 구슬들로 비유한 진과 토론 그룹의 생각이 좋게 생각된다. 나는 캐슬린과 내가 세인트 루이스에 있는 우리 교사, 동료들과 같이 끼고 공유할 팔찌를 만들기 위해 사고와 생각, 의문들을 실에 꿸 것이라는 것을 알 수 있다. 우리는 오전 내내 토론했고 여행으로 약간 지쳐있다. 아멜리아가 우리 모두에게 감사를 표하고 점심식사 시간을 갖자고 한다. 우리는 3시에 다시 시작할 것인데, 아동들이 귀가한 후에 학교들을 방문하게 될 것이다.

## 스콜라 알렌데(Scuola Allende) 학교

캐슬린과 나는 몇몇 학교로 향하는 크고 편안한 버스들 중 한 대에 몸을 싣는다. 우리 둘은 각각 다른 학교에 방문할 수 있기 때문에 나중에 노트를 교환할 수 있다. 나는 방문한 적이 없었던 알렌데(Allende) 학교로 가는 15명에 속한다. 10분쯤 후에 우리는 학교에 도착하는데, 이 학교는 도시 외곽의 운동장 중앙에 위치해서 동네 정원 같아 보인다. 교사와 부모 몇 명이 환영해 주고 학교를 둘러 볼 수 있게 해준다. 우리는 오후 간식시간에 모일 것이다.

학교 내부에서 자유롭게 물리적 공간을 경험하는 것은 좋은 일로 여겨진다. 마음껏 조심스럽게 즐기면서 교사, 아동, 가족들에 대하여 이야기한다. 건물 내부는 내가 방문했던 어떤 학교보다도 원목으로 더 정성들여 만들어져 있다. 캐나다나 스위스에서 본 학교 같은 느낌이 든다. 몇 개 방에서는 큰 공간을 작은 영역으로 나누는 자연 소나무 칸막이들이 있다. 또 몇 개 방에서는 견고한 나무 격자들이 천장에 달려있는데, 미니 아뜰리에 공간을 구성하게 된다. 교실들에서는, 윤기 나고 페인트칠하지 않은 참나무 선반에 여러 가지 자연 재료들이 있고, 진흙 인물상이 진열된 장식된 반 선반이 벽에 걸려 있다. 나무뿐 아니라, 라피아 야자와 잎, 씨앗과 꽃잎, 잔가지와 바구니들이 보인다. 학교는 주위 환경을 반영하며, 개방되어 있고, 유혁 색과 밤색, 암갈색과 적갈색과 같은 부드러운 색으로 조직되어 있다.

나는 노트에 기억하고 싶은 공간과 자료들에 관한 생각들을 스케치하기 시작한다. 나는 조용하고 반성적이며, 안목 있게 천천히 보고, 주목하며, 노트하는 것을 즐기고 있다. 내 눈은 현재 내가 있는 방(3~4세 유아의 교실로 보인다)을 두리번거리다가 천정에 걸려있는 모빌을 보기 위해 멈춘다. '조각 콜라주 작품' 이라고 부를 수 있는 다양한 형태들이 걸려있는 2피트 길이의 얇은 구리철사 네 가닥을 지지하고 있는 두꺼운 철사로 된 삼각형 모양을 펜으로 대충 묘사한다. 나는 금속 너트들이 달린 놋쇠 철사로 된 원형, 손가락 크기의 달구어진 붉은 점토 코일들, 다른 색깔의 진주들이 달린 철사, 달구어진 점토 공 등을 위쪽에서 아래로 그려간다. 이 모든 조각들은 구석의 넓게 트인 상단 창문에서 교실로 들어오는 미풍에 가볍게 빙빙 돌아가고 있다.

나는 계속 간단한 그림을 그리고 단어와 구절을 적어 넣는다. 보고 그리는 과정을 통해서 항상 나는 사물들이 함께 걸려있는 방식, 철사가 실제 구부러진 것, 금속의 광택, 이탈리아 붉은 질그릇의 무광택 등을 인지할 수 있게 된다. 사람들의 특별한 모양과 사물들 사이의 관련성을 눈과 펜으로 따라가다 보면 이러한 사물들을 마음의 눈으로 새겨둘 수 있게 된다. 나는 이러한 단순한 그림들을 통해, 몇 구절 메모한 것과 더불어, 재방문할 경우 이러한 경험들을 아마 사진보다 더 생생하게 다시 떠올릴 수 있게 될 것이다.

나는 학교 뒤 쪽의 4, 5세 유아 교실로 향한다. 내가 교실로 들어 설 때 매혹적인 광경이 펼쳐진다. 문은, 바깥쪽으로 넓게 열리는데, 햇빛이 들어오고 바람이 순환될 수 있게 된다. 열린 문 근처에, 라피아야자 섬유 양탄자에 둥그렇게 햇빛이 비치고 있는데, 작은 잔가지 세공 탁자가 파란색 체크무늬 테이블로 덮여 있다. 어울리는 냅킨, 은그릇, 중국 컵과 접시, 카페띠에라(에스프레소 커피 메이커) 등이 테이블에 놓여 있다. 두 개의 잔가지 세공 의자가 오후의 차파티에 참가할 사람들을 위해 준비되어 있다. 내가 의자에 비해 너무 크지 않기를 바란다(그림 6.2 참조).

〈그림 6.2.〉 스콜라 알렌데 학교에서의 차파티에 사용할 잔가지 세공 테이블 세트 스케치

이 교실 구석의 반사 테이블에는 빨간색 야생 양귀비가 든 유리꽃병과 그림 그릴 잉크들이 비치고 있다. 여러 가지 색깔의 필로덴드론(열대 토란과 식물) 줄기와 잎들이 서까래 위 화분들에서 늘어져 내리고 있다. 중앙 벽의 중간 부분을 비추는 그림자가 내 주의를 끈다. 내가 어떤 물건의 그림자인지 보니 구석 OHP에 놓인 파란색과 초록색 병들이 보인다. 이 벽을 따라 여러 가지 따뜻한 색, 차가운 색으로 작은 유리병들이 들어 있는 화장대에 시선이 간다. 화장대 위 마호가니 목재 틀을 한, 3×4 피트 크기의 커다란 거울 귀퉁이에 유리구슬들이 달려있다. 내가 이러한 것들을 스케치할 때, 몇 명의 교육자들이 이리 저리 돌아다니고 있다. 분위기는 조용하고 편안하다.

시간이 남아 있어서 나는 '아뜰리에' 로 가는데, 거기에서 특별하고 매력적인 방식으로 배치되고 사용되는 커다란 것들과 자연물들을 본다. 대나무 기둥들로 만들어진 특대형 방은 포도원에서 가져온 포도나무 덩굴들로 엮고 마른 레몬 조각들을 묶어서 매단다. 분홍색 장미와 짙은 선홍색 모란 꽃 잎들이 유리 테이블에 펼쳐져 있다. 바닥에는 높이가 낮은 나무상자에 옥수수가루, 작은 나무껍질들, 개암나무 열매들, 회녹색 잎과 매끄러운 흰 색 돌들이 가득 차 있다. 이런 자연물들은 상자 중간 부분부터 펴져 있어 만다라 형태로 배열된다.

문을 열면 옥외의 아뜰리에 테라스로 연결된다. 다른 방들과 똑 같은 커다란 창문이 있어서 열면 신선한 공기를 마실 수 있다. 잠시 나는 불교의 선종(Zen) 정원에 온 것 같이 느껴진다. 모든 요소들이 서로서로 보완하고 있다. 사고하고 상상할 많은 공간이 있다. 전체 환경이 안정적이고, 자극적이며, 평화롭게 느껴진다.

나는 칼리지 스쿨의 우리 아뜰리에를 떠올려 본다. 너무 꽉 차 있지 않은가? 사고하고, 상상하고, 꿈꿀 수 있는 충분한 공간이 있는가? 나는 이곳을 기억에 담아 두었다가 새로운 시각으로 사고할 것이다. 나는 오늘 아침 세르지오의 연설을 기억하고 있다. 나는 벌 같이 할 것이다. 나는 벌들이 꽃에서 꽃가루를 옮기는 것처럼 이곳의 이미지와 분위기를 모아 갈 것이다. 내가 나의 벌집으로 돌아가면 그러한 것들은 꿀을 만드는 데 사용할 것이다.

## 3일 째: 이론과 실제

우리는 어제 아침에 느낀 것보다 더 마음 편하고 안정된 상태에서 다음 날을 시작한다. 아멜리아는 청중 앞에서 여느 때와 다름없는 유머로 다시 우리를 반긴다. 그녀는 우리를 치켜세우고, 말을 걸며, 웃음을 준다. 그러고 나서 시 영유아 센터와 유치원의 교육학 자문인 칼리나 리날디를 소개한다.

우리는 칼리나에 익숙한 상태이다. 우리 대부분은 그녀의 강연을 들은 적이 있는데, 그녀는 항상 자극적이다. 그녀는 우리가 보고 있는 작업과 레지오 교육자들의 사고 뒤에 숨어 있는 개념들에 대한 넓은 맥락을 만들어 낸다. 그녀가 제시한 사고들을 이해하는 것이 쉽지만은 않다. 그녀의 사고들은 단순하게 들리지만 응용 범위가 넓고 심오하다. 칼리나는 우리가 어떤 것을 '이해한다.' 고 말할 때, 그것은 우리가 이론을 만들어 냈다는 것을 의미한다는 점을 상기시키고 시작한다. "우리의 이론들은 매일의 삶에 있어 '이유' 에 대한 대답을 주며, 모든 이론들은 일시적인 것이라는 점에 대한 만족스러운 설명들이다."라고 그녀는 말한다. 그리하여 이론들은 계속해서 확장될 수 있다(Rinaldi, 2000a).

그녀는 어린이들에게 질문하는 것이 중요하다고 말하는데, 그 이유는 그렇게 함으로써 "마음 속에 있는, 아마 오래된 표현하지 못한 모든 사고와 질문들을 모으고 종합할 가능성을 제공할 수 있기 때문이다(Rinaldi, 2000a)". 칼리나는 성인들과 어린이들이 대답을 찾아가면서 선천적으로 가지고 태어난 미적, 지적, 정서적 욕구를 만족하게 된다는 점을 우리가 알 수 있도록 계속해서 돕는다. 그녀는 어제 세르지오의 생각들을 반복하고 확장한다. 교사로서의 우리 임무는 배우는 것이며, 우리는 우리의 학교를 가르치는 학교에서 배우는 학교로 변형해야 한다는 것이다. 귀 기울이기 위해서 우리는 "차이와 불확실성을 인정하고 여러 가지 진실들이 있다고 인정"해야 한다고 칼리나는 말한다. 이러한 것은 우리가 진실로 귀 기울이려고 한다면 변할 수 있다는 것을 의미한다. 칼리나는 다음 말들로 자신의 연설을 마친다.

> 삶에 있어 우리가 할 수 있는 모든 것은 사진들을 해석하는 것이다. 그리고 우리는 이렇게 하기 위해서 타인에게 귀 기울이는 것이 필요하다. 서로에게 귀 기울임으로써 우리 각자가 진정한 우리이게 하는 우리 사이의 보이지 않는 관계가 만들어지게 된다.
>
> 우리 사이의 귀 기울이기라는 구슬들은 거미줄 같이 타인들과 우리를 연결해 주는 패턴을 형성한다. 우리 개개인의 지식은 전 인류를 결합하게 하는 의미의 작은 부분이다.

칼리나가 연설을 마치자 우리는 기립 박수를 보낸다. 나는 올해 밀스 대학에서의 그녀의 이전 강연을 기억하고 있다. 이러한 생각들은 칼리나가 캘리포니아에서 3월에 연설했던 내용과 관련되어 있다. 그 때 그녀는 레지오 에밀리아의 교육자와 지역사회 구성원들이 주관성과 차이, 참여와 민주주의, 놀이, 즐거움과 정서, 학습과 지속적인 개인적 · 전문적 개발 등을 가치로 선정했다고 말했다. 오늘 칼리나가 말한 것을 완전히 이해하려고 노력하면서, 강연장 내의 모든 사람들은 자신들이 지금까지 이론과 실제를 발전시켜 왔음에도 불구하고 이러한 것에 더 박차를 가할 수 있는 복잡하고도 매우 실제적인 생각들을 타인과 공유하려는 그녀의 노력에 감명 받게 된다. 나는 특별히 나의 사고의 팔찌에 꿰어 넣을 문장 하나에 심취한다. "우리 개개인의 지식은 모든 사람들이 공유할 의미 중 작은 부분에 불과하다." 이러한 것은 칼리나의 불교 선종 '코안스 Koans' 사고의 하나이다. 논리적인 사고가 아니라 명상에 의한 사고라고 할 수 있다.

## 베아 베치 - 극장 커튼: 변신의 팔찌

캐슬린과 나는 오늘 오후에 베아 베치의 발표를 듣기 위해 등록했다. 그녀는 시에서 가장 역사가 깊은 극장 중 하나인 아스토리아 극장의 커튼 이미지를 디자인하려고 한 아동들과 교사들 이야기를 발표할 것이다. 나는 베아 연설을 듣고 우리와 공유할 이미지들을 보고자 열망하고 있다. 나는 또한 이러한 경험을 캐슬린과 공유할 수 있어서 황홀하다.

오늘 오후 발표는 9개로 이루어지며 각 집단은 25명쯤으로 구성된다. 연구 여행에서 이렇게 집단을 나누는 것은 흥미로운 일이다. 베아 집단에 속함으로써 상당히 친밀한 집단에 소속되었다는 특권으로 여겨진다. 나는 다른 참가자들도 똑 같이 생각할 것이라고 본다. 전체 집단과 소집단 행사를 기술적으로 조화롭게 함으로써, 우리는 소집단 경험을 느낌과 동시에 크고 강력한 교육자 집단으로의 경험도 느낀다.

점심 식사 후에 우리는 아스토리아 극장 1층의 우리 소집단 방을 찾아 간다. 베아가 도착하고 우리는 서로 따뜻하게 인사를 나눈다. 통역자는 빠른 속도로 이탈리아어로 말하는 베아와 박자를 잘 맞춰가면서, 프로젝트의 배경에 대해 설명한다. 베아는 이 프로젝트가 지역사회 구성원들, 시 기관들, 학교들 사이의 여러 해에 걸친 협력에 의해 전개되어 왔다고 말한다. 그녀는 근처 극장에서 연극과 연주에 참여한 일부 교사들과 아동들에 대한 최근의 관심이 다이아나 학교의 어린이들이 아스토리아 극장의 커튼을 디자인할 수 있다는 생각과 맞아 떨어졌다고 말한다. 지역 예술가들이 커튼을 디자인 해 왔듯이 어린이들도 할 수 있었다. 매년 예술가들과 아동들은 특별한 이벤트로 말라구찌의 생일을 축하한다. 커튼의 디자인은 학교와 아동들이 축하하기 위한 큰 선물이 될 수 있었다.

교사들은 이러한 모험이 커다란 도전이라는 것을 알고 있었지만 추진하기로 결정했다. 그들은 다이아나 학교의 25명의 5, 6세 유아들로 시작했다. 커튼 이미지를 마지막까지 디자인 한 어린이들은 8명이었지만 말이다. 먼저 어린이들은 소집단으로 극장 외부를 탐색했다. 교사들은 그들의 풍부한 움직임을 볼 수 있었는데, 관람석 사이 공간을 달리면서, "건축의 리듬, 텅 빈 공간과 가득 찬 공간, 빛과 그림자 등을 몸으로 느낀다." 우리가 어린이들의 자발적 전략들을 이해한다면, 현재 상황처럼, 교사로서 우리는 다른 상황에서도 적용할 수 있게 될 것이다. 어린이들과 교사들이 조용한 극장 안으로 들어

설 때, 그들에게만 조명이 비치는데, 어린이들은 황홀해 한다. 어린이들이 건물 외부를 탐색하는 방식을 기억하고 있는 베아는 마찬가지로 극장 내부 둘레를 둘러보고, 손과 몸으로 극장 내부 모양을 느끼고 만져보게 한다. 어린이들은 극장 내부를 계란 모양, 원형 모양, 환영 모양 등으로 불렀다. 베아가 이 극장의 새 커튼을 디자인하자고 제안했을 때, 어린이들은 곧바로 신기해하고, 의심스러워하며, 흥분했다.

그들이 극장 공간을 탐색하고 커튼을 디자인하는 생각에 많은 시간을 보내고 난 후, 커튼 주제에 대한 생각 모으기 시간이 되었다. 학교로 돌아와서, 교사들은 어린이들에게 자신들이 생각한 것이 적절하다고 생각하는지 물었다.

어린이들은, 식물과 꽃, 태양과 달과 별, 메뚜기와 잠자리, 행복과 평화와 같은, 아름답고, 중요하고, 재미있는 것들을 그려야 한다고 제안하였다. 베아는 이러한 기회를 그림을 그릴 때는 한 가지 주제로 귀결되는 여러 부분들 간의 관련성을 이해할 뿐 아니라 조사하고 있는 것과 자신과의 관련성을 확립하는 데 충분한 시간을 보내고 집중하는 것이 중요하다는 점을 강조할 수 있는 기회로 삼았다. 이러한 생각을 하면서 나는 빅토르 로웬펠드(Victor Lowenfeld, 1964)와 주디스 부르튼(Judith Burton, 1991)의 프로젝트를 떠올린다. 베아는 그레고리 배테슨을 인용하는데, 그는 교사들이 삶에 대한 흥분과 사물간의 관련성을 제거해 버린다면 학생들에게 잘못된 정보를 제공하는 것이라고 학교를 비판한다. 베아는 "어린이들이 그림을 그릴 때, 그리고 있는 외관이 주제와 유사한지 보다는 어린이들이 삶에 대한 흥분과 그들을 둘러싼 모든 것과의 관련성을 느낀다는 사실에 주의집중해야 한다."고 주장한다.

교사들의 관점이 더해지면서, 커튼에 대하여 적절한 주제로 제안했던 아름답고 중요한 것들을, 서로와의 관련성 속에서, 떠올리는 데 도움을 받게 되었다. 첫 번째 커튼의 실물 묘사도를 그릴 때, 어린이들은 책과 사진들을 참고할 뿐 아니라 가능한 경우 실제 사물들을 관찰할 수 있었다. 어린이들과 교사들은 학교 주변에서 이러한 자료들을 모았다.

베아는 다음과 같이 설명했다. 한 어린이가 "내 식물은 변신 단계에 있어. 다른 것으로 변신하고 있는 중이야."라고 소리쳤는데, 잎 중간에 나타나는 눈을 그렸다. 또 베아는 "때때로 어린이들이 하는 어떤 말은 프로젝트 과정에 영향을 끼치고 프로젝트를 이끌어 갑니다. 이 경우가 그런 경우의 하나죠."라고 말했다. 다음은 베아가 한 말들을 내가 기록한 내용 중에서 프로젝트 과정에 대해 기술한다.

이런 생각은 어디에서 나왔을까? 아마 어린이들이 갖고 있는 변신하는 게임과 장남감에서일 것이다. 어린이 자신들도 성장하는 변신 단계에 있다. 아마 주인공이 변신하는 TV 쇼에서 나왔을 것이다. 동화에서도 나왔을 것이다. 변신은 생물과 마술 사이의 중간에 있다. 색, 형태, 구조 등은 식물과 동물 모든 종(種) 간에, 우리와 환경 간에 정보를 전달한다. 모든 것들 간에 연결을 창출하면서 말이다.

우리는 어린이들에게 "변신이 뭐니?"라고 물었다. 어린이들은 토론 끝에 "두 가지가 있는데요. 하나가 다른 것으로 되는 거예요."라고 말했다. 그리고 함께 생각한 다음에 "주인공은 변신하고자 할 때 변신하고 원래 모습으로 되돌아가고 싶으면 그렇게 할 수 있어요."라고 부가했다. 어린이들의 그림 속에서 우리는 변신에도 불구하고 대상물의 본래 모습의 일부는 남아있다는 것을 알 수 있었다. 이러한 사실은 물리적 세상에서의 에너지와 성분에 관한 어린이들 입장에서의 강한 통찰력을 나타내는 것 같다.

이러한 관점에서 사물들은 어렵고 미묘해졌다. 우리는 어린이들이 그린 많은 그림들을 가지고 있었다. 이러한 그림들을 의의와 중요성에 따라 어떻게 종합할 수 있는가? 우리는 그림들을 조직하기 위해 두 집단이 두 가지 방식으로 실험해 보기로 했다. 한 가지는 전통적인 방식이었고 또 한 가지는 성인과 어린이 둘 다에게 상당히 새로운 방식이었다. 전통적인 친근한 방식을 사용하는 집단은 그림들을 표면으로 끌어 내 작품을 이해할 수 있게 하였다. 사고를 구성하는 새로운 방식을 사용하는 집단은 컴퓨터와 포토샵, 페이지 메이커 등의 프로그램을 사용하여 아름다운 것들의 그림들을 합성해서 새로 만들어 낼 수 있었다.

이 시기에 우리는 디지털 기술이 학습을 변형시킬 수 있는지, 그렇다면 그 방법은 무엇인지를 알아내고자 하는데, 나는 디지털 기술이 도움을 주고 풍부하게 하는 과정뿐 아니라 전통적 교육이 가능하고 촉진하는 과정에도 진지하게 심사숙고할 가치가 있다고 믿는다. 이러한 방식으로서만 우리는 아직 발견하지 못한 영역, 즉 두 개를 결합해야 만들어지는 관련으로의 영역을 알아낼 수 있다.

컴퓨터에 있어서도 우리가 학습 전략을 관찰해서 그러한 전략을 사용하는 방식을 "가르치는" 것은 중요하지 않았다. 이러한 것은 어린이들이 극장 공간을 탐색할 때 우리가 한 행동과 유사하게 적용된다. 이전에 말했듯이, 어린이들이 어떤 맥락 속에서 사용한 전략을 알아차리고 주의 기울인다면 같은 전략을 다른 맥락에서도 사용할 수 있게 된다. 이러한 방식의 학습은 우리의 계획을 변형시켜서 어린이들의 생각, 자연스러운 삶의 방식과 좀 더 조화를 이룰 수 있게 된다. 메뚜기, 달, 은하수 등을 스캐닝 한 이미지로 어린이들은 프로그램을 최대한으로 시험하였다. 메뚜기를 얼마나 크게 만들 수 있었을까? 스크린 상에서 그림 일부분 밖에 볼 수 없을 정도로 크게 만들었다. 하지만 어린이들은 괴물 메뚜기의 다른 부분을 보기 위해 마우스를 조작하여 이동하는 방법을 알아내었다. 어린이들은 "어디 보자, 정말 크구나! 우리가 너의 내부를 보고 있어."라고 말했다.

메뚜기를 얼마나 작게 만들 수 있었을까? 점만큼 작게 만들었다. 이 상태에서 부분 하나하나를 볼 수 있었을까? 몇 번이나 이미지를 복사할 수 있었을까? 여러 번 할 수 있다는 것을 알게 되었다. 여러 가지 곤충들이 스크린에 등장했다. 그것들이 서로 겹칠 수 있었을까? 그렇다. 메뚜기 등은 여러 층으로 겹쳐서 나타났다.

우리는 어린이들이 대상물들을 서로 관련지으면서 작은 이야기들을 만들고 있다는 것을 알게 되었다. 사실 대상물들을 배열하고 구성하면서 이런 방식으로 작은 이야기를 말하는 것은 두 집단 모두(전통적 집단, 디지털 집단) 유사하였다. 이야기 만들기는 어린이들에게 기본적인 수단이었다.

교사들은 이 시점에서 두 집단 어린이들의 활동과정에 대한 기록화를 수행했기 때문에 나중에 동료들과 이러한 과정들에 대해 토론할 수 있었다. 이 때 우리는 어떻게 진행해야 할지 몰랐다. 어둠 속에 있는 것처럼 느껴졌다. 우리는 흥미로운 것들을 갖고 있기는 했지만 어떻게 그것들을 극장 커튼에 담을 것인가?

활동을 수행한 것은 교사가 아니라 어린이들이라는 점을 기억하는 것은 중요하다. 성인은 어린이들이 수행하도록 격려만 한다. 프로젝트가 진행되는 동안 우리는 우리의 생각들을 명료하게 하기 위해서는 다른 동료들의 관점들을 필요로 한다는 것을 자주 느낀다. 말라구찌가 우리와 함께 있을 때, 우리는 모임을 통해, 여의치 않으면 전화상으로라도 그의 의견을 묻곤 했다. 그러한 경험에 관하여 구성한 기록화 자료를 보면 유선형으로 보이며, 진행 순서가 물 흐르듯이 쉽게 흘러가는 것처럼 보인다. 하지만 그러한 일이 쉽지만은 않다는 것을 강조하고 싶다. 길을 잃고 어린이들이 흥미를 잃어버릴 수 있다. 때때로 우리가 어디로 가야할지 찾아 헤매면서 손전등을 들고 어둠 속에 있는 것처럼 느껴질 때가 있다.

심사숙고한 끝에, 우리 교사들은 두 집단의 어린이들이 대상물들 간에 관련짓기 위해 사용했던 방법인 이야기 말하기를 계속해 나가기로 결정했다. 우리는 한 어린이가 선택한 대상물들에 관한 이야기를 시작하면 또 다른 어린이가 계속해 나가는 방법을 제안했다. 우리는 이러한 이야기들을 녹음했다.

이 시점까지는 반의 모든 어린이들이 프로젝트를 소집단으로 수행하였다. 이 때 우리는 남아 넷, 여아 넷, 8명의 더 작은 집단으로 구성하기로 결정했는데, 어린이들의 흥미, 기술, 능력, 차이점 등을 고려하여 구성하였다(8명을 넘으면 교사는 지시자, 어린이는 수행자의 역할이 강요되기 쉽다는 것을 우리는 과거 경험을 통해 배워 왔다.). 반의 나머지 어린이들은 가정과 학교에서의 규칙들에 관한 책 활동을 계속했는데, 어린이들의 흥미를 끄는 주제였다.

우리가 4명의 남아 집단이 이야기하는 것을 관찰할 때, 어린이들이 속삭이기 시작했다. "옛날에 겨울 내내 태양 에너지로 들어간 나비가 있었어요. 그래서 나비는 더 작은 나비로 변했고 달 에너지 방으로 가서 열을 식혔죠. 에너지가 너무 강력해서 메뚜기로 변했어요. 장미는 또 다른 장미로 변신했고 태양으로 들어갔어요. 이것이 변신 고리예요. 변신 팔찌, 에너지 팔찌죠." 우리는 비디오로 녹화해 두었다. 이것은 지금까지의 경험들과 과정들이 순서대로 나타나는 또 다른 순간이었다. 어린이들은 모든 요소들을 팔찌로 배열했고 모두 연결되어 순환하고 있었다. 마지막 커튼 이미지의 순환 형태는 어디에서 온 것일까? 극장 내부 공간의 순환(원형) 형태와 천장 구조에서 온 것이다. 극장의 공간적 대칭 구조가 어린이들의 기억 속에 강하게 남아 있었다는 점은 분명하다. 나는 다음과 같은 또 다른 가설 하나를 추가할 것이다. 장미 팔찌 게임이나 시의 반복되는 리듬이 어린이들의 변형 팔찌 표상에 얼마나 영향을 미쳤을까?

여아들은 직물에 가까운 배열을 만들었다. 식물, 동물, 태양, 달이 분리되어서 줄로 이어진 패턴을 만들었다. 남아들은 자신들이 만든 것이 더 좋다고 말했다. 여아들은 동의하지 못하고 투표해서 둘 중 하나를 선택하기 원했다. 하지만 곧바로 토론을 통해서 남아들의 에너지 팔찌가 역동적이고 커튼에 더 잘 맞는다고 결정했다. 이러한 결정은 현명한 것 같았고 교사들은 여아들의 선택에 감명 받았다.

베아는 슬라이드 이미지를 통해 이 프로젝트의 다음 장면에 대한 연설을 계속한다. 어린이들은 소집단 공동 작업을 통해 디자인에 색을 칠하고 실제 커튼의 스크린 인쇄에 사용 가능한 크기로 바꾸어 놓았다. 어린이들은 극장의 꼭대기 층 큰 방에서 작업할 수 있었다. 말라구찌의 생신을 기념하는 시간에, 교사와 어린이들, 지역사회 구성원들이 모든 반 어린이들, 다른 커튼을 제작한 미술가, 시 공무원, 가족, 지역사회 구성원들과 함께 거창한 첫 공개회를 계획했다. 기념식은 짧은 기념 연설, 많은 박수갈채와 더불어 토요일에 개최되었다. 물론 약간의 다과도 마련되었다(p.195 〈사진 10〉을 보라).

베아가 자신의 이야기를 끝마치자 청중 속의 교육자 모두가 이 프로젝트와 발표에 충격을 받은 듯 앉아 있다. 베아는 올 봄 스톡홀름에서 이 주제를 하루 종일 다루었으며 몇 시간 다룰만한 가치가 있다고 말한다. 그녀는 또한 이 프로젝트가 '극장 커튼: 변신의 팔찌' 라는 이름으로 책과 비디오로 출판될 것이라고 말한다.

커튼에 관한 이 야망에 찬 프로젝트가 우리에게 무엇을 말해 주는가? 나는 교사들이 어디로 가야할지 선택의 기로에서의 어려움, 교사들이 어둠 속에서 느꼈던 방식에 관한 명료한 표현, 어린이들을 기다려 줄 필요성 등에 관한 베아의 강조에 매료된다. 나는 극장 공간에 대한 어린이들의 탐색과 컴퓨터가 이미지들을 가지고 할 수 있는 것에 대한 어린이들의 발견을 추진하면서 교사들이 취한 방식에 매료된다. 나는 세인트 루이스에서 어린이들에게 어떤 제안들을 했는지 생각하게 된다. 나는 어린이들의 탐색 전략들을 발견하고, 이러한 전략을 추진하고 주의 집중하는 데 있어 우리 마음 중심에 이런 의도를 가지고 있는지 의아해 한다.

최종 결과물(어린이들의 에너지 팔찌)은 우리가 사는 세상의 모든 부분들 간의 깊은 연관성에 관한 어린이들의 통찰력 중 특별한 예를 보여준다. 에너지 팔찌는 어떤 것도 혼자 존재할 수 없으며 상호 관련된 전체의 일부로만 존재한다는 불교의 상호존재 개념을 떠올리게 한다(Badiner, 1990, p.242). 에너지 팔찌는 물리학의 카오스 이론을 떠올리게 하는데, 물리학자들은 이 이론을 통해 무질서하게 보이는 혼돈 상태에도 모든 물질과 에너지가 상호 관련되는 방식을 기술한다. 이것은 또 만다라 형태와 고대의 나선형 이미지, 우리 아들의 물리학 교사를 떠올리게 하는데, 그는 우리가 실제로 성진(腥塵)으로 구성된다고 설명한다.

베아의 커튼 프로젝트 발표는 오늘 오전 칼리나의 연설 내용을 대표적으로 예시해준다. 칼리나는 삶에 관한 질문들에 답하는 이론들(타인이 주의 깊게 들을만한 해석들)을 형성하고 표현할 필요성에 관하여 이론적으로, 열정적으로 말했다. 베아는 세상에 관하여 생생하게 탐색하고자 하는 어린이들의 정서적, 지적, 심미적 욕구들을 만족시키는 우주 이론, 과학 이론, 환상 이론을 형성한 어린이집단에 관한 실제 프로젝트 이야기를 해주었다.

이제 어린이들의 '대답'은, 아동기 이론을 대변하면서, 그들 도시에서 가장 오래되고 아름다운 극장 중 하나에 큼직하게 걸려있다. 이것이 이곳에서 성장하는 그들에게 무엇을 의미하는가? 지금 그들에게 무엇을 의미하는가? 어린이들의 삶의 질문에 대한 대답이(어린이들의 에너지 팔찌) 가장 명예롭게 생각하는 중요한 장소에 걸려있는 레지오 에밀리아 시민들에게 어떤 의미인가? 칼리나가 우리에게 일깨워 주었듯이, 에너지 팔찌는 '우주 전체 의미의 일부' 에 불과하다. 나는 매년 시행되는 말라구찌의 탄생 기념식에 대해서 생각해 본다. 말라구찌의 에너지와 창의성은 아스토리아 극장에서 어린이들의 팔찌 속에 매년 반복해서 계속 살아있을 것이다.

## 4일 째: 더 심오해지는 날

오늘은 학교들을 여행하는 날인데, 오전에는 어린이들과 교사들을 관찰할 것이다. 오후에는 일종의 오픈 하우스가 될 것인데, 버스를 타고 10개 학교를 순회할 것이다. 오전에는 다른 10개 그룹이 방문할 것이다. 그래서 우리는 25명그룹으로 나누어서 어린이들과 교사들을 관찰하기 적당하게 학교로 방문하게 되며, 우리는 이것을 만족스럽게 생각한다.

## 다이아나 학교

캐슬린과 나는 다이아나 학교를 방문하기 위해 사인한다. 학교로 들어가 아뜰리에로 가서 우리는 베아 다음에 아뜰리에리스타를 맡고 있는 이사벨라 메니노를 만난다. 베아의 이름도 원래는 이사벨라지만 어린 소녀였기 때문에 베아라고 불려 온 것이다. 새 이사벨라는 매력적이고 영어를 꽤 잘한다. 내가 하는 일이 어떠냐고 묻자, 그녀는 이렇게 어려울 줄은 상상도 못했다고 말한다. 하지만 그녀는 이 일을 좋아하며 오랫동안 관심을 갖고 있었다고 말한다. 베아는, 교사일 때처럼, 여전히 그녀를 돕고 있다. 그녀는 매일 이해가 깊어가고 있다. 다른 대표들이 도착하고, 전화 통화를 마친 후 작은 사무실에서 나온 베아가 관찰 시간 전에 간단히 몇 분 동안 소개 시간을 갖기 위해 아뜰리에로 모이자고 제안한다.

우리는 아뜰리에의 큰 책상 주위로 모이는데, 일부는 앉고 일부는 선다. 책상 중간에는 어린이가 만든 도자기 화분이 놓여 있는데, 심홍색 야생 양귀비가 들어 있다. 점토, 그림, 사진, 그래픽, 조개껍질, 철사, 나무, 이야기 등이 우리를 둘러싸고 있다.

아뜰리에의 외부 문을 열면 운동장과 공공 정원으로 연결된다. 유리문에서 천장 끝까지 계속 창문으로 되어 있다. 밖으로는 황록색 관목 잎들과 학교 지붕으로 뻗어나가는 청록색 레바논 삼나무 침엽들이 보인다.

베아는 따뜻한 말과 몸짓으로 우리를 반기며 학교를 마음껏 살펴보도록 권한다. 그녀는 3개의 교실이 있는데, 각 교실에는 유아 26명과 교사 2명이 있다고 말한다. 3개 교실의 유아 연령은 각각 3~4세, 4~5세, 5~6세이다. 한 명의 특수교사가 있는데, 대부분 학교에 다니는 특수아동들을 포함한 소집단 아동들과 활동한다.

나는 이 학교에서 세르지오, 칼리나, 베아 등 어제 발표자들의 연설에서 들었던 물리적 환경과 실제 환경을 마음껏 즐기는 자유를 누리는 것이 행복하게 느껴진다. 나는 다이아나 학교에서 집에 있는 것처럼 느껴지는데, 1991년부터 1992년까지 나의 연수생 시기의 대부분을 보낸 것이기 때문이다. 나는 공간의 조직, 아침 햇빛이 중앙 피아자로 쏟아지는 방식, 교사와 유아들이 학교 내를 이동하는 데 있어서의 안락함, 하루 일과의 리듬감 등 모든 것이 내 기억 속의 일부라는 점을 깨닫게 된다.

## 입구

캐슬린과 나는 학교 입구로 되돌아가서 다시 들어오기로 하는데, 입구에는 학교에 관한 정보와 행사 일정표들이 있다. 우리는 칼리지스쿨에 있는 이와 비슷한 부모 게시판을 개선하고 싶어 한다. 우리는 또한 세인트 루이스 레지오 공동체 교사들이 우리가 발견하는 조직에 흥미를 보일 것이라고 생각한다.

우리는 학교 피아자에서 8×15 피트 통로로 거꾸로 걸어 나가는데, 이 통로는 공공정원에서 학교 내부로 연결하는 통로이다. 이 통로 방 양쪽에는 유리문이 있다. 한 쪽 문은 밖으로 다른 한 쪽 문은 학교 내부로 연결된다. 지역사회-유아교육 위원회의 큰 행사 일정표가 위원들 명단 오른쪽으로 흰색 게시판에 게시되어 있는데, 넓은 그래프용지에 적혀있다. 위원회는 학교 교사들과 직원들 뿐 아니라 선출된 지역사회 구성원들과 수에 제한을 두지 않는 각 학교의 부모들로 구성되는데, 돌아가면서 모임에 참석한다. 위원회의 임무는 교육 문제들에 있어서의 학부모와 지역사회의 공동책임을 촉구하고 모든 가정의 참여를 촉구하는 것이다. 우리는 여기에 게시된 월간 모임 시간과 주제들을 보는데, 공공에 개방되어 있다.

다음에 우리는 다이아나 학교의 행사 일정을 담고 있는 일정표를 살펴본다. 이 일정표에는 개최된 날짜 옆에 모임 사진들이 붙어 있어 활력이 느껴진다. 우리는 2월에 반당 한 번씩 3번의 부모 모임이 개최되었다는 것을 알게 된다. 저녁에는 꼭 흑백의 우표딱지만한 사진들이 날짜 옆에 붙여진다.

3월 16일에는 모든 사람들이 특별히 초대되었던 위원회 모임이 있었다. 참석자들은 레지오 투타: 아동들의 도시로의 초대' 출간을 축하하였다(Davoli & Ferri, 2000). 3월 27일에는 베아가 모든 학교의 부모들에게 '커튼' 프로젝트에 대한 발표를 했다.

캐슬린과 나는 둘 다 노트를 꺼내, 본 내용을 누가 기록할지 결정한다. "행사 일정표 오른쪽에 밀착 인화지나 작은 사진을 붙이는 것은 흥미로운 일입니다. 날짜와 실제 행사를 관계 지어 주고 부모 참여를 강조해 주죠. 나는 실제로 이 아이디어를 좋아합니다. 행사 일정표를 생생하게 해주기 때문이죠. 이렇게 함으로써 역사를 기록하는 기록뿐 아니라 행사에서 기대하는 것을 강조하게 됩니다."라고 캐슬린이 스케치하면서 말한다.

"행사 일정표를 생생하게 꾸미는 것, 그것은 진 골드버의 토론 그룹이 생각해 낸 '파워 팔찌 사고' 를 생각나게 하는 사고입니다."라고 나는 동의한다. 행사 일정표 아래에는 즉흥적으로 찍은 교사와 직원들의 흑백사진들이 게시판에 엇갈려가며 게시되어 있고, 근처에는 거울이 있어서 들어서는 사람이 얼굴 표정을 짓게 한다. 나는 칼리지 스쿨 정문의 길고 가느다란 거울들이 이곳의 영향을 받은 것으로 기억한다.

## 3~4세 유아 교실

우리는 섹션 A인 3~4세 교실로 이동하기로 하는데, 방문객들이 그리 많지 않기 때문이다. 교실 밖에서부터 나는 '태양과 사과나무' 라는 프로젝트의 단순한 기록화를 보고 감동하는데, 운동장 나무를 주제로 한 프로젝트였다. 나는 이 작품에 대하여 베아가 소개한 글을 읽는데, "주의 깊게 들으시오" 라는 제목이 붙어 있다. 베아는 어린이들의 모든 사물들과 자연스럽고 공감할 수 있는 관계, '약동적인 삶과 지구와 하늘의 살아있는 생물들 간의 관계를 파악하는 능력' 에 대해 기술하고 있다. 교사로서 우리는 어린이들의 이러한 귀중한 소질을 발달시키고 '생태학적 사고방식' 을 발달시키기 바라는데, 그러기 위해서는 "겉보기에 분리되어 있는 것처럼 보이는 요소들 간을 연결시키는 능력, 상호간 주의 깊게 경청하고 이러한 경청을 개발해 나가는 능력을 형성해가야 한다." 고 그녀는 제안한다. 말과 자료들을 이용해 계속 경험하고 대화함으로써 교사들은 어린이들에게 다음과 같은 의문점들을 제기해 왔다. 나무와 친구가 될 수 있는가? 그렇다면 어떻게 할 수 있을까? 나무는 친구가 있을까? 있다면 누구일까? 사과나무가 무엇을 좋아할 거라고 생각하는가? 사과나무는 무엇을 싫어할까? 나무와 태양은 친구일까? 그렇다면 왜 친구일까? 달도 친구일까? 베아는 교사들이 한 질문들이 어린이들의 질문들을 주의 깊게 경청하고 어린이들의 상호작용을 관찰한 결과라는 점을 여러 번 상기시켰다. 그러한 질문들이 닥치는대로 선정된 것은 아니다. 질문들은 미리 조정되고 조직되지만 융통성이 있고 항상 실제 대화 장면에서 사용되는 것은 아니다. 실제 사용 여부는 사건이 발생하는지에 달려있다.

이 프로젝트에서 나는 다시 '관련성 패턴' 을 보는데, 교사들은 주로 요소들 사이의 관련성에 초점을 맞춘다. 이 프로젝트에서 교사들은 살고 있는 세상의 요소들에 대한 3~4세 어린이들의 자발적인 감정이입을 지지하고 있다. 더욱이 교사들은 특별한 나무와 세계와의 관계뿐 아니라 어린이 자신들과의 관계에 관한 어린이들의 사고와 이론들을 따르고 있다(그림 6.3 참조)

〈그림 6.3.〉 다이아나 학교에서 태양과 사과나무는 친구이다.

나는 기록화 쪽에서 3~4세 유아 교실 문 쪽으로 향하는데, 엄청 큰 인쇄물에 반 유아들의 이름들이 열거되어 있다. 그 글자와 이름들은 작은 어린이들의 존재를 외치는 듯하다. 교실로 들어서자, 나는 정면으로 서서 이러한 이름들에 부합하는 활기찬 집단과 만난다.

3~4명의 남녀 어린이들이 커다란 튜브를 주제로 한 이야기 짓기를 하면서 교실에서 왔다 갔다 하고 있는데, 이 튜브 중 몇 개는 안으로 들어갈 만큼 컸으며 플라스틱, 마분지, 특수 아크릴 수지 등으로 만들어졌다. 유아들의 이야기는, 내가 알아듣지는 못하는데, 교실 한 쪽 구석의 낮은 나무교단으로 옮겨간다.

머리와 눈이 까만 한 어린 여아가 한 손에는 장미 꽃잎을, 다른 손에는 따뜻한 색상의 투명 종이를 들고 라이트테이블에 서 있다. 이 여아의 얼굴은 라이트테이블 불빛에 비쳐서 홍조를 띠고 있다.

네 명의 어린이들은 많은 양의 회색 점토와 그들보다 크고 테이블을 가로질러 놓여있는 꽤 큰 플라타너스 가지들과 더불어 교실 중간에 있는 사각 테이블 주위에 앉아 있다. 어린이들은 플라타너스 가지에 점토를 붙이는 작업에 정신을 빼앗기고 있다. 교사 한 명이 점토 작업을 관찰하면서 기록하고 있다. 근처 테이블에서는 네 명의 어린이들이 구리 철사로 정사각형 금속들을 조립하여 커다란 철사 칸막이를 만든다. 두 번째 교사가 다른 어린이들의 활동도 관찰하면서 필요한 경우 이 어린이들을 격려하고 도움을 준다.

나는 캐슬린과 합류하는데, 캐슬린은 가사 영역에서 교실 구석의 커튼이 드리워진 직물 집 밑에 몸을 숨기고 있는 여아들을 발견했다. 우리는 어린이들이 가지고 놀 재료들이 선반 위에 잘 배열되어 있는 것에 주목한다. 재료들은 파란색 꽃문양이 있는 중국 접시, 차 마실 때 먹는 과자를 찍어 내기 위한 작은 틀, 깡통들, 항아리들, 작은 정리함 속의 은제품들, 파스타 만드는 도구들, 음식물의 무게를 달기 위한 저울, 유모차, 전화기, 둥근 손거울이 달린 분장 상자, 여러 가지 모양의 색 병들이었다. 향수병과 스카프를 모아 교실 바닥을 장식한다. 여아들은 교실 바닥에 앉아 대화에 심취하고, 스카프를 써보며, 품위 있는 시간을 갖는다.

나는 이러한 교실 활동이 가정에서의 생활과 많이 다르지 않다는 생각이 든다. 바쁘며, 친구들과 함께 자료들을 가지고 옮겨 다니며 작업하고 자신만의 세상과 이야기들을 만들어 낸다. 그러한 작업 중 일부는 교사가 인식하여 기록하지만 일부는 간과된다. 행복감과 생동감이 교실을 흠뻑 적신다.

우리는 교실 맞은 편 게시판에서 나뭇잎에 관한 제목과 나뭇잎들을 탐색하고 있는 어린이들의 클로즈업 사진들을 보게 된다. 3세 반 교실을 나가기 전에 우리는 이 기록화 내용에 대해 공부한다. 나는 캐슬린을 위해 번역하고 캐슬린은 스케치한다.

'나뭇잎들의 언어' 라는 제목이 공공 정원에서 나뭇잎들에 심취하고 있는 어린이들 사진과 나란히 큰 글씨체로 쓰여 있다. 하위 제목으로는 '이론들' , '나뭇잎들로 놀이하기' , '종합 기록들' , '가족 선물' 등이라고 붙어있다. 우리는 나뭇잎들의 삶에 관한 어린이들의 몇 가지 이론들을 읽고 하위 제목들 밑에 교사들이 수기로 기록한 내용들 몇 개를 훑어본다. 우리는 검은색 액자에 나뭇잎, 식물 씨, 나무껍질, 나뭇가지 등으로 만들어진 어린이들의 콜라주 작품을 보고 감탄한다. 우리는 모든 학급 어린이들의 주요 작품들과 더불어 교사들의 반성과 코멘트가 담겨있는 책의 책장을 급히 넘긴다. 이 책은 이번 학년 겨울 축제 파티에서 가족들에게 배포되었다.

이 책은 9년 전에 내가 이곳에 있을 때 교사들이 사용한 기록화 형태와는 달라져 있다. 지금 보고 있는 책은 형식이 더 단순하고, 글자들이 덜 촘촘하며, 더 눈길을 끌고, 교사와 어린이가 어떤 주제에 관하여 활동하는 과정들이 더 명확히 나타난다.

다시 나는 어제 오전에 칼리나가 한 말이 생각난다. 이 교사들은 어린 어린이들에게 그들의 삶(나뭇잎의 삶 뿐 아니라 그들 자신의 삶)에 관한 이론에 대하여 질문하고 있다. 교사들은 어린이들의 대답에 귀 기울이고 있다. '대답'은 어린이들의 말과 콜라주 구성에 분명히 나타난다. 어린이들의 활동 과정에 관한 교사들의 생각들은 기록화의 결론 부분에 직접적이고 솔직한 형태로 포함된다. 책은 공동연구에 관한 패널 형태보다 훨씬 더 자세한 것들을 포함하고 있어서 더 많은 호기심을 자극하고 있다.

## 피아자

우리는 3~4세 교실을 나가 피아자로 향하는데, 거기에서 활동을 관찰하게 된다. 우리 머리 위로 폴리에틸렌 플랜카드가 미풍에 흔들거리고 있다. 단어 하나하나가 의미를 가지고 있는데 각각 다른 색깔로 칠해져 있다. 나는 단어들을 크게 읽고 나서야 이 단어들을 합치면 칼리나가 지난 3월에 밀스 대학에서 말한 가치의 무지개(rainbow of values)가 된다는 것을 알게 된다. 각 단어는 *Ascolto, Acoglienza, Valori, Responsibilita, Discussione, Scambio, Riunione, Participare* 등(주의 깊게 듣기, 환영, 가치들, 책무, 토론, 대화, 만남, 참여 등)이다.

네 명의 어린이들이 전체 학교의 액세서리 대부분을 넣어두는 4피트 높이의 하늘색 반원형 나무 안에 있다. 우리는 혼합 연령 집단으로 보이는 어린이들을 들여다보지만 어린이들은 우리를 알아채지 못한다. 이 어린이들은 공상에 잠겨서 액세서리들을 끼웠다 뺐다 바쁘다. 한 남아는 마루에 앉아서 구두 뒤쪽에 빨간색 물갈퀴 끈을 잡아당기고 있다. 한 금발 여아는 빨간색 실크 잠옷 위에 노란색 재킷을 찰칵 채워 입어보고 있다. 그 옆의 친구는 면사포 같이 머리 뒤 쪽으로 치마를 늘어뜨리고 초록색 렌즈 큰 안경을 쓰고서 우리에게 미소 짓는다. 나는 이런 거친 복장을 한 어린이들에게 어떤 일이 일어나게 될지, 어떤 이야기가 전개될지 의아해 한다.

몇 몇 어린이들은 피아자 한 쪽 구석의 슈퍼마켓 영역에서 놀이하고 있다. 계산대 뒤의 한 남아가 두 여아에게 토마토 페이스트 통조림과 바릴라 파스타(Barilla pasta) 상자를 쇼핑 바구니에 넣어 준다. 물품 하나하나는 숫자로 가격이 매겨져 있다. 이 남아는 초록색, 빨간색, 노란색 칩으로 지불할 것을 요구하는데, 각 칩은 1s, 5s, 10s 가격을 대신한다. 그 다음 거스름돈을 내어 줄 수도 있다. 교사는 조금 떨어져 앉아 어린이들을 관찰하고 그들의 행동을 기록하고 있다.

이사벨라는 피아자의 다른 쪽 구석에서 3명의 어린이들과 작업하고 있다. 이들은 묘목상자에 드리워진 가지에 대해 활동하는 중인데 옆에는 커다란 황토 덩어리가 있다. 이사벨라는 노트를 들고 그들 옆 의자에 앉아있다. 지금 이사벨라는 어린이들이 무엇을 생각하고 있는지, 앞으로 무엇을 할 것인지에 관하여 열심히 대화하고 있다. 이 상황을 정확히 알 수는 없지만, 그들 옆에 있는 내부 정원의 식물과 나무들을 공부하는 것처럼 보인다. 기회가 있다면 나중에 이 상황에 관하여 물어보려고 한다.

이사벨라 그룹 맞은편에 내부 정원으로 가는 문이 열려 있고 우리는 그 문으로 걸어 나간다. 이 내부 정원들은 비밀 정원과도 같다. 봄에는 담쟁이덩굴, 버지니아 덩굴 식물, 제비꽃 등으로 무성한 이 공간들은 학교 중앙에 야외 시설을 구현한다. 이 공간들은 한 해 중 많은 날 중앙 피아자로 쏟아지는 자연광의 원천이 된다. 이 설계는 레지오 에밀리아 시에서 1970년대에 세워진 많은 학교들에 있어 주된 생각과 변형물 측면에서 반복된다. 내가 알고 있는 바에 의하면, 이러한 구상은 레지오의 건축가들에 의해 고안되고 개발되었다. 국제적으로 인정받고 있는 건축가인 투리오 지니(베아의 남편이다.)는 수 년 간에 걸쳐 레지오 학교들의 친구이자 후원자였다. 그는 공간의 개선을 위해 함께 일해 온 교육조정자들, 교사들, 디자이너들에게 보수 없이 도움을 주고 아이디어를 제공해 왔다.

레지오 학교의 구상과 느낌은 세상 대부분의 학교 설계들과는 반대된다. 일반적으로 학교들은 독립된 상자 같은 교실로 들어가는 길고, 창 없는 복도들을 특징으로 한다. 이러한 설계 유형을 통해서는 교사들이나 아동들이 인접한 교실의 교사나 아동들과, 혹은 바깥세상에서의 삶과 관계를 형성할 기회를 갖기 어렵다. 다이아나 학교의 건축은 이러한 지역사회가 살아가는 삶과 학교로의 접근을 자연스럽게 반영한다. 이러한 접근은 인간 존재가 서로와의 관계, 복잡성이나 아름다움, 실제 삶의 현실과의 관계 속에서 배우고 성장해 간다는 관점이다.

나는 레지오 에밀리아의 공간과 건물에 관한 생각들과 놀랄 만큼 아주 유사한 몇 몇 건축가들을 알게 되었다. 그 중 한 사람이 크리스토퍼 알렉산더인데, 영국 출신으로 지금은 캘리포니아의 버클리에서 가르치고 저술 활동을 한다.

알렉산더(1979)는, 영원한 건축의 길(The Timeless Way of Building)이라는 책에서, 우리가 사는 공간과 장소는 그가 '살아 있는' 이라고 부르는 것이 된다면 우리를 최선으로, 가장 신실 되게, 전념할 수 있게 해 주지만, 그가 '죽은' 이라고 부르는 것이 된다면 우리를 억압하게 된다고 주장한다. 그는 우리의 삶이 생기발랄한지 건조한지는 실제로 살아가는 장소들에서의 삶에 달려있다고 믿는다.

> 어떤 장소, 어떤 도시, 어떤 건물, 어떤 방에 산다는 것은 그 곳에서 열정을 느끼게 하고, 속삭임을 들으며, 우리의 과거 순간들을 회상하게 한다는 것을 뜻한다. 우리의 삶의 질과 우리의 환경의 질 사이의 관련성은 단지 유추나 유사성 문제가 아니다. 하나가 다른 하나의 원인이 된다는 사실인데, 어떤 질의 장소가 우리 속에 삶의 질을 결정한다는 것이다. 그리고 우리가 우리 속에 삶의 질을 가지게 될 때 그 것을 영위하도록 돕는 장소와 건물에 살게 되는 것은 당연하다. 이런 식으로 자립하고, 자급하며, 질을 산출해 나가는 것이다. 그리고 우리는 단순히 우리 자신을 위하여 우리의 환경을 추구해야 하며, 그렇게 함으로써 우리 자신이 살아가게 되는 것이다.

알렉산더는 우리의 배경, 교육, 문화가 어떻든지 간에, 우리는 공간 속에서 느끼는 방식으로 이러한 삶의 질을 인식한다고 믿는다. 그는 우리가 삶의 질을 추구하기 위해 공간 속에서 필요한 것을 인식하는 능력을 우리 안에 이미 유전적으로 각인된 채로 태어난다고 믿는다.

그는 영원한 건축의 길(The Timeless Way of Building)과 패턴언어(A Pattern Language, 알렉산더, 1977)에서, 그가 패턴이라고 부르는, 건축과 설계의 요소들에 대한 여러 가지 예들을 들고 있다. 이러한 패턴들은 역사를 통해 다른 문화 속에서 다른 구성들로 짜 맞추어지는데, 그가 말하는 살아있는 질을 산출해내는 것 같다.

건물에 있어 그가 추천하는 패턴들로는 다음과 같은 것들이 있다. 실내조명, 내부 창문, 스며 나오는 불빛, (벽장 형태의 작은 방과 그가 '아동 동굴' , '비밀 장소' 라고 부르는 것과 같은) 큰 공간 속의 작은 공간인 '마음속의 일상 공간' , 작업 공간 칸막이, 개방된 선반, 유리문, 통해서 들어오는 방, 연속된 앉을 곳, 야외 방 등이 그것이다. 알렉산더의 책을 읽는 동안, 그가 언급한 패턴들 중 얼마나 많은 것들이 레지오 에밀리아 학교들의 특징인지 파악하고 싶은 호기심이 생겼다.

사실, 알렉산더의 책 내용 중 많은 부분이 이탈리아 교육자들이 어린이를 위한 최적의 학교 환경에 관하여 생각하고 아이디어를 개발해 온 방식과 많은 부분 일치한다.

> 살아있는 건물에서는, 삶의 순간들 사이에 정거할 장소는 없다. 장소 하나하나가 거기에서 삶이 완전히 향유될 수 있는 방식으로 만들어진다. 건물의 일부분 하나하나가 어떤 가치 있는 목적을 갖고 있으며, 살고 있는 사람의 삶의 한 순간을 지지할 수 있기 때문에 건물의 모든 부분이 전체이다(알렉산더, 1979, p484).

레지오 에밀리아의 학교들에 밀접한 관련을 맺어 왔던 교육자들과 건축가들은 어린이들, 교사들, 가족들을 위하여 구성하는 공간들에 관한 유사한 믿음들을 가지고 있다. 리날디(칼리나 리날디, 1998)는 다음과 같이 쓰고 있다.

> 교육기관, 영아 센터, 유치원 등은 고동치고, 변화하고, 변형하고, 성장하고, 성숙하는 '살아있는 유기적인 조직체'로 여겨진다. 개인과 거주 환경 사이의 관계의 질은 상호작용적이며, 그래서 개인과 환경 둘 다 능동적이고 서로에게 영향을 미친다. 이러한 것은 건축에 기초한 상호작용 과정이다. 감정이입적인 환경은 거주하는 사람들의 의미를 이해하게 할 뿐 아니라 그들의 삶에 의미를 제공한다(p.118).

오늘, 여기 햇볕 내리쬐는 내부 정원에 서서, 캐슬린과 나는 이곳의 고동침을 느낄 수 있고 알렉산더와 레지오 교육자들, 디자이너들의 이론에 대한 살아있는 실제를 느낄 수 있다. 우리는 남쪽 벽에 시선이 모아졌는데, 벽에는 4, 5세 어린이들이 만든 조작 점토 나뭇잎, 나뭇가지, 작은 동물들이 벽을 타고 오르는 실제 나무줄기와 나뭇잎을 휘감고 있다. 이 조각 나뭇잎들은, 햇빛에 반짝이면서 움직이는 것 같은데, 올리브, 스쿠아, 에메랄드, 라임 나무 그늘에서 반짝이고 있다. 벽은 타고 오르는 넝쿨식물과 얽혀있는 어린이들의 조각 나뭇잎들로 인해 훨씬 더 살아있는 듯하다. 학교 중앙부에 있는 이 비밀 정원은 이 곳 아동들의 목소리들로 노래하는 듯하다. 초목이 푸릇푸릇하고, 에너지가 넘치며, 강하고, 건강하며, 성장하고 있다(그림 6.4 참조).

〈그림 6.4.〉 다이아나 학교의 내부 정원

## 4, 5세 교실

우리는 다시 천천히 피아자로 움직여서 B섹션인 4, 5세 교실로 간다. 페루 플루트 음악 같은 소리가 교실에서 흘러나오는데 성량이 낮고 신비롭다. 교실 안쪽은 낮은 불빛으로 그림자가 있고 희미하게 빛난다. 주 교실은 OHP로 비춰지고 있는데, OHP는 교실 입구 근처의 짐수레에 놓여있다. OHP는 교실 반대편 실물 크기 스크린에 비춰진다. 두 명의 여아가 문과 같은 방향에 있는 선반 꼭대기의 여러 물건들 중 몇 개를 골라서 OHP에 얹어 놓는다. 이러한 것들 중에는 내가 생각하지도 못한 흥미로운 것들이 있다. 다양한 색깔의 샹들리에 크리스털 유리, 해마 가족들, 다양한 종류의 레이스 달린 산호 세공품, 의상용 보석들, 손목시계와 괘종시계의 내부 부속들이 그것이다. 빛과 그림자로 만든 여아들 작품의 색깔과 실루엣 모양은 스크린에 크고 흐릿하게 나타나는데, 전체 교실의 변화된 광경을 연출하는 것 같다(그림 6.5 참조).

〈그림 6.5〉 다이아나 학교에서의 OHP로 영사된 교실

이 교실은 3세 반보다 더 조용하다. 우리가 교실로 걸어 들어갈 때, OHP 반대편의 라이트테이블에서 수채화 그림물감과 장미들을 가지고 작업 중인 소집단 어린이들을 지켜보게 된다.

우리는 교실로 걸어 들어가 라이트테이블 위 쪽 벽에 걸린 기록화 패널을 본다. 이것은 A 섹션에서 본 '나뭇잎들의 언어' 기록화와 유사한 형태로 구성된다. 하지만 이 기록화 내용은 이 교실에서 키우는 재스민 식물에 관한 것이다. '재스민의 삶' 이란 제목이 붙어 있다.

기록화 내용은 두꺼운 글씨체의 제목과 재스민 식물을 아동들이 둘러싸고 있는 큰 사진으로 시작한다. 그 사진 바로 아래로는 제본용 송아지 피지에 인쇄된 재스민에 관한 아동들의 직접적인 인용문들이 붙어있다. 그 아래 패널들은 소제목을 붙여서 각각의 내용을 전달하고 있다. '방향제', '껍질', '재스민의 춤' 등이다. 이 패널들은 재스민 식물을 조사하는 데 몰두하고 있는 아동들 사진들, 나뭇잎과 꽃을 그린 선 그림과 수채화, 이 식물의 삶에 관한 어린이들의 관찰 내용 · 해석 · 이론들, 교실 내에서 춤추고 빙빙 도는 아동들의 사진들을 전시하고 있다.

나는 기록화 내용의 마지막 부분에 교사들이 해석한 것들을 캐슬린에게 크게 읽어준다.

우리는 처음 본 것들을 넘어서 지식을 형성하는 과정에서 어떤 형태를 띠게 된다는 접근을 통하여 어린이들이 사물들을 알고자 하기를 바란다. 어린이들은 우리의 바람에 부합하는 민감한 안테나를 갖고 있으며 가지고 태어난 매력과 능력이 있다. 이러한 매력과 능력을 발휘하게 하기 위해, 우리는 어린이들에게 모든 감각들을 동원해 교실의 재스민을 탐색하는 활동에 참여할 것을 요구해 왔다.

어떤 시점에서 우리는 "친구들이 말로, 그림으로 재스민 이야기를 해 왔잖아요. 어떤 다른 방법으로 말할 수 있을까요?"라고 어린이들에게 물었다. 어린이들은 놀이를 통해서 혹은 춤을 통해서 할 수 있다고 생각한다고 말했다. 우리의 가설은 모든 감각들을 동원함으로써 아동들은 더 높은 수준의 지식을 구성할 수 있게 되고 그들이 호기심, 협력, 강렬함을 가지고 접하는 사물들과 대화할 수 있게 된다는 것이다.

"나는 교사들이 **협력**(solidarity)이라는 단어를 사용하는 방식을 좋아합니다."라고 캐슬린이 말한다. "교사들이 명확하고 당연하게 **협력**으로 해석 한다는 것은 흥미롭습니다. 나는 이 작업에서 그런 면에 관해서는 많이 생각하지 못했습니다."

"나는 그러한 점이 이러한 접근의 주요 사고들의 하나라고 생각합니다. 어린이들과 성인들이 자신과 사물들과의 관련성을 깊이 느끼고, 실제로 보고, 말하고, 춤으로 표현하는(이 기록화 패널에서처럼) 접근 말입니다."라고 충분히 생각한 후에 나는 말한다.

우리는 교실로 더 걸어 들어가 **미니 아뜰리에**로 가는데, 관찰 시간이 거의 끝나가기 때문이다. 미니 아뜰리에의 문은 열려 있고 바로 밖으로 두 명의 아동들이 이젤에 그림을 그리고 있다. 그림의 주제는 얇은 꽃이 개화되고 있고 가느다란 줄기들을 구부려 흐느적거리는 춤을 추고 있는 야생 양귀비들이다.

페인트를 실은 카트를 외부로 끌어 어린이들(남아 1명, 여아 1명) 옆에 놓고 있다. 카트의 맨 위 선반에는 빨강, 분홍, 산호 빛, 연한 자주색 등 24가지 이상의 색들이 들어 있는 넓은 병들이 있다. 나는 5세 어린이들이 심사숙고하여 선정하고 봄 들꽃들의 느낌을 꽃 봉우리, 꽃의 만발, 꽃잎들이 떨어지는 마지막 단계 등으로 주의 깊게 표현하는 것을 보면서 '커튼' 프로젝트를 떠 올린다.

어떤 점에서는, 우리가 오늘 목격한 것들과 같은 경험들을 충족시키기 위해 매일 학교에 오는 어린이들이 아스토리아 극장의 커튼 그림 그리기를 '아름답고 중요한 것' 으로 생각했다는 점은 놀랍지 않다. 어린이들이 살고 있는 삶의 진실이고 어린이들이 다니는 학교를 이끌어가는 철학의 근본이 되기 때문에, 우주의 부분 하나하나가 연결되어 나타난다는 '에너지 팔찌' 같은 것을 설계하게 되었다는 것과 같은 관점으로 볼 수 있을 것 같다.

## 5, 6세 교실

시간이 다 되어 가지만 캐슬린과 나는 C 섹션(5, 6세 교실)을 들여다보고 싶어 한다. 이 때 쯤, 많은 어린이들이 점심식사 전 놀이를 위해 밖으로 나갔다. C 섹션에서 우리는 교사 라우라를 보게 되는데, 큰 이젤 크기의 종이에 그린 작은 벌집 모양 그림을 옮기는 남아와 아직도 작업하고 있다. 이 어린이는 원래 그림 이미지를 따라 그리고 있는데, 아세테이트 지에 사진 복사한 다음 OHP로 이젤에 투사된다. 라우라는 이 어린이가 베끼고 나면 그림에 색칠을 하고자 할 것이라고 설명한다.

그들 옆에는 엄청난 구성물이 구성 영역으로 사용되는 작은 방을 가득 채우고 있다. 이 구성물이 나에게는 무대 세트처럼 보인다. 여러 가지 색깔의 아세테이트 지들이 장소를 쉽게 이동할 수 있는 마루의 채광창 시설 옆에 놓여 있다. 나뭇가지들이 투명 낚시줄로 천장에 매달려 있다. 기타의 것들(공작 깃털들, 여성복 장식 레이스들, 나뭇잎들)은 줄을 걸어 놓고 빨래집게로 걸려있다. 바닥에는 블록, 튜브, 동물, 원뿔꼴들이 퍼즐 형태로 균형을 이루고 있다. 바닥에는 낮은 극장 조명이(지금은 빨간색 아세테이트지로 덮여있다) 비쳐서 전체 모습이 잠깐 나타나는 그림자 형태의 이미지로 보이며, 검은색 벽에 빨간색이 비춰진다.

라우라는 교사로서 몇 해 동안 빛과 구성물을 이용해 놀이하는 어린이들을 관찰해 왔다고 설명한다. 나뭇가지 등을 천장에 매다는 것 뿐 아니라 다양한 형태의 빛을 추가한 것은 교사들이 어린이들의 행동과 의도들을 계속해서 관찰한 결과이다. 지난 몇 개월 동안 어린이들은 구성 영역에 점점 더 다양한 것들을 겹쳐서 추가하게 되었고, 결과적으로 극 놀이나 이야기로 전개할 가능성이 점점 증가하게 되었다.

나는 당황스러움을 느끼기 시작한다. 이러한 상황은 내가 여기에 돌아올 때 자주 일어나고 있다. 집에서와 마찬가지로 느끼게 되면, 교사들의 사고 속에서, 어린이들의 작업 속에서 환경에서 나오는 훌륭한 새로운 사고들을 접하게 된다. 3, 4세 교실에서 오늘을 시작할 때의 편안하던 내 감정은 어리둥절함과 놀라움으로 변형되고 말았다.

## 질문과 대답들

아뜰리에로 모일 시간이 되고 우리는 약간 늦는다. 베아가 '커튼' 프로젝트를 발표할 때의 통역자를 통해 첫 번째 질문에 대답하고 있다. 질문은 그 프로젝트의 조직화와 계획, 방법에 관한 것이다. 베아는 다음과 같은 답변을 통해 조직화 형태의 예를 보여준다.

> 우리는 우리의 작업을 조직화하기 위해 여러 가지 다른 도구들을 사용합니다. 우리는 진행되고 있는 프로젝트들, 교사와 어린이들의 새로운 생각들, 타 학교나 연구자들과의 공동 연구 등에 기초하여 초기 가설들을 설정합니다.
>
> 초기 가설과 함께, 우리는 매달, 매주 가설들을 설정합니다. 우리는 현 상태, 아동들, 가족들을 고려합니다. 현 상태를 고려하여 우리는 어떤 프로젝트를 계획합니다. 우리는 어떤 어린이 집단이 무엇을 할 것인지, 어떤 남아가 혹은 여아가 할 것인지, 우리가 없는 것들이 있다면 우리가 필요한 자료들은 무엇인지 등을 계획합니다.

다른 교사가 두 번째 질문을 한다. "집으로 가져가는 교실에서 제작한 책들에 대해서 말해주세요? 언제 만드나요?" 베아가 다음과 같이 대답한다.

> 우리는 대상에 따라 몇 가지 형태의 출판물들을 만듭니다. 기록화와 교사 개발에 중요한 역할을 하는 '연구 · 학습 노트'라고 부르는 것이 있습니다. 또 학기말, 학년말에 가정을 대상으로 만드는 책이 있습니다. 또한 레지오 어린이들이 출판하는 지역사회를 대상으로 하는 출판물이 있습니다.

나는 기록화 형태에 있어서의 변화의 속성에 관하여 질문한다. 그러한 변화 형태는 어디에서 기원한 것인가? 있다면 변화 형태의 새 지침들은 무엇인가? 베아는 미소 지으면서 답변을 시작한다.

> 프로젝트 활동에서 어린이들이 무엇을 하고 있었는지 교사들이 무엇을 관찰하고 있었는지 이해하기 위해 방문객들이 작은 인쇄물을 읽어 보려고 길게 목을 빼고 2시간 동안이나 시간을 보내고 있는 것을 말라구찌는 못마땅해 했습니다. 우리는 몇 년 동안 여러 학교에서 기록화의 새로운 형태를 실험해 왔습니다. 여러분들이 여기서 보신 것들은 올해의 최신의 것입니다. 우리는 신문처럼 제목을 강조해서(신문 제목 같이) 기록화 형태를 조직하려고 노력합니다.

그런 다음 프로젝트를 수행한 작업에서 가장 중요한 것을 단락 제목으로 부제를 붙입니다. 역시 신문처럼 말이지요.

이 때 우리는 작업한 것을 종합적이고 이해 가능한 방식으로 게시해서, 보는 사람이 우리가 무엇을 했는지, 얼마나 빠르게 했는지 느낄 수 있게 합니다. 우리는 앞에서 말한 연구 · 학습 노트에 프로젝트의 세부 내용 하나하나를 조직합니다. 연구 · 학습 노트를 만드는 과정을 통해 우리는 많은 도움을 받습니다. 우리는 우리가 해석한 내용들을 쓸 수 있습니다. 동료 교사들에게도 해석한 내용들을 쓰게 할 수 있습니다. 부모나 방문객이 관심을 갖는다면, 연구 · 학습 노트를 벽에서 꺼내어 안락하게 의자에 앉아서 읽을 수 있습니다.

또 다른 참가자 한 명이 관찰과 관찰을 시작하는 방법에 대하여 계속 질문한다. 베아는 답변한다.

최근에 기록화 작업에 관하여 우리가 수행한 연구를 통해 또 다른 수준의 관찰을 발견하게 되었다고 생각합니다. 우리는 가드너(Howard Gardner)가 이끄는 하버드 대학교 연구자들과 공동 연구를 하게 되었는데, 기록화 과정에 많은 관심을 갖고 있었습니다. 우리는 세 명의 교사가 같은 어린이 집단을 관찰하는 상황을 기록하기로 했습니다. 우리는 개발한 관찰 양식에 관찰한 것을 각자 기록하였습니다. 이 양식은 첫 번째 열에 각 어린이가 행동하고 말한 것, 두 번째 열에 교사의 관찰들, 세 번째 열에 해석을 기록합니다.

같은 상황에 대한 각 교사의 관찰은 각기 달랐습니다. 우리는 이런 방식으로 각자의 기록화를 기록함으로써 우리 모두가 보는 것들을 객관화 할 수는 없다는 점을 이전보다 더 깨닫게 됩니다. 우리는 볼 준비가 되어 있는 것을 봅니다. 불가피한 주관성을 극복할 수 있는 것은 타인과의 대화를 통해서 뿐입니다. 내가 한 기록들은 나의 해석 뿐 아니라 다른 사람들의 해석도 가능하게 합니다. 이렇게 함으로써 우리가 진정한 이해를 시작할 수 있는 기반을 만들기 시작할 수 있습니다. 우리가 일어난 일을 눈으로 본 것은 진실이 아닙니다. 천천히 조금씩 보는 방법을 배워갑니다. 이사벨라 , 이것에 관해 말해 보실래요?

베아와는 테이블 반대편 의자에 앉아 있는 이사벨라가 말을 시작한다.

우리는 졸업할 때 기억에 담아두고 싶은 것에 관해 5세 어린이들과 프로젝트를 진행하고 있다. 어린이들이 정원에 있던 잘려진 통나무에 강한 연대의식을 느끼고 있다는 것을 알게 되었는데, 그 나무는 병에 걸려 베어 버렸었다. 어린이들은 통나무를 거기에 있는 살아있는 나무와 연결하고 싶어 했는데, '포옹 다리'라고 부르게 되었다.

토론을 거친 후에, 어린이들은 그들이 묘사한 연결을 하기 위해 이 나무에 진흙다리를 만들기로 결정했다. 그들은 한 번 만들어 본 뒤 마음을 바꾸었다. 지금은 다리를 투명하게 만들고자 한다. 그래서 진흙과 나무껍질들을 섞고 다리가 윤이 나고 번쩍이게 하기 위해 유리 조각들까지 섞었다. 우리는 크기를 재는 데 3일이 걸렸다. 지금은 또 다른 다리를 만들기 시작하는 중이다.

나는 어린이들에 주의를 기울이는 방법을 아직 학습하지 못했다는 점을 깨닫고 있다. 주의를 기울이는 것이 의미하는 바를 내가 이해하고 있는지 교사들이 질문했을 때 나는 그렇다고 대답했다. 하지만 나는 이해하지 못했다. 그것은 이론과 실제를 겸비해야 하는 도전이다. 나는 관찰하고 나의 노트를 베아와 공유하고 난 후에야 발생한 다른 더 중요한 일들이 있었다는 점을 깨닫게 되었다. 내 미숙함 때문에 프로젝트를 망칠 수도 있었다. 이제 다른 동료들의 도움으로 프로젝트는 살아나고 있다. 주의 기울이기로의 이러한 접근은(기록화의 공유) 오랜 시간이 걸리지만 끝없이 흥미로운 것이라고 나는 이해한다.

"와!" 캐슬린이 내 귀에 속삭인다. "나는 알고 있어요. 이전 보다 기록화의 실제에 있어 발전하는 방법에 관하여 교사들이 더 명확히 표명합니다. 베아와 이사벨라가 막 기술한 프로젝트의 일부가 「학습을 가시화하기: 개인과 집단 학습자로의 아동들(Making Learning Visible: Children as Individual and Group Learners)」이란 책에 인용될 것입니다. 이 책은 하버드 대학교의 가드너 그리고 제로 프로젝트(Project Zero)와 공동 작업해 왔습니다."라고 나는 조용히 말한다. "나는 기록화 형태에 있어서의 이러한 변화를 더 잘 이해하기 원합니다. 새로운 기록화 형태는 발생한 일을 더 쉽게 이해할 수 있게 합니다. 교사들의 역할과 최초의 질문은 명확합니다. 프로젝트들 자체는 더 단순해지지 않지만 의사전달 형태(기록화 양식)는 더 명확해집니다."

## 라 빌레타 학교

날씨는 매우 덥고 우리 스케줄은 빡빡할 뿐 아니라 강도가 세다. 주의 중반에 이르자 우리 모두는 즐기고 있는 것과 동시에 피로의 징후를 보이고 있다. 나는 아스토리아 정문에서 출발하는 라 빌레타학교로 향하는 마지막 버스에 탄다. 나는 다른 학교와 1991~1992년 연수생 시절 함께 일했던 교사들 몇몇을 얼핏 보고 운이 좋다고 생각한다. 나는 도심에서 차를 타고 나가면서 즐거워하는데, 겨울 · 봄 시즌에 라 빌레타로 자전거를 타고 간 자전거 여행이 생각난다. 우리는 학교 옆문 가까이 멈춰 서는데, 일렬로 선 교육자들이 버스를 열을 지어 서게 한다.

우리 대부분은 '새들을 위한 놀이공원' 프로젝트(포먼 & 간디니, 1994를 보라)의 일부인 분수와 작은 연못을 보기 위해 학교 뒤뜰 큰 나무들 아래의 그늘로 향한다.

오늘, 우리가 어린이가 설계한 우산들로 만든 분수를 자세히 보기 위해 몸을 구부리고 있을 때 환영의 스프레이에서 뿜어진 물이 환영하듯 우리 얼굴에 튀긴다. 나는 이 소형 연못에 떠있는 작은 나무배들 중 하나를 잡아보려고 연못 속에 내 손가락을 끌어본다. 나는 오래 지켜본 후, 어린이들이 나무로 만든 동물과 새를 위한 '먹이 통' 이 연못을 따라 생겼다는 것을 알게 된다. 이러한 것들은 계속되는 프로젝트의 일부임에 틀림없다(그림 6.6 참조).

〈그림 6.6〉 라 빌레타 학교의 우산 분수

버스가 30분 후면 우리를 태우기 위해 다시 올 것이기 때문에, 우리는 안으로 향한다. 나는 피아자로 곧장 가 있는 캐슬린을 발견하는데, 둥근 노란색 플렉시 글라스(특수 아크릴 수지)로 만든 의상소품(액세서리) 영역을 스케치하고 있다.

"다이아나 학교에서 의상소품 영역을 그리지 못했어요. 그래서 이곳에서 사용하는 자료들과 영역의 치수를 알고 싶어요. 그리고 여기에서 보는 의상소품들과 오전에 본 소품들의 목록을 적으려고요. 이 물갈퀴 좋아하지 않았나요?" 캐슬린은 자신의 노트 상단을 가리키며 말한다.

다른 일보다도 먼저 나는 2층으로 가서 지오바니 피아자와 이야기를 나누기로 한다. 나는 층계에 오르면서 줄자로 재고 있는 계단 하나하나를 세는 어린이가 쓴 숫자들을 보게 된다. 두 번째 층계참에 학교 내부 그림이 크게 걸려 있는데, 바로 이 계단과 숫자들을 그리고 있다. 이 계단들을 매일 세면서 5, 6세 교실에 도착할 때 부모와 교사들이 흥분하면서 이 프로젝트가 시작되었다는 것을 나는 알고 있다.

층계 맨 꼭대기에서 나는 회반죽으로 만들어 색 줄무늬를 입혀 넣어 생생하게 칠한 5피트 높이의 물결모양 조각품을 보게 된다. 오른쪽으로 돌아 문 쪽으로 향하니 내가 좋아하는 왈트 휘트만의 시가 여전히 보인다. 지오바니는 떠날 준비를 하고 있다. "안녕하세요!(Ciao, cara!)" 그는 부드럽게 말한다.

그는 중요한 모임이 있어서 가야한다고 미안해 한다. 나는 내가 지금 여기에 있으며 이 방에 대한 많은 기억과 여기에서 보낸 시간 때문에 얼마나 행복한지 모른다고 그에게 말한다. 우리는 다시 만나자고 말하는데, 그 전에 만나지 못한다면 마지막 날 밤이 될 것이다. 나는 지오바니가 떠난 후 잠시 떠나지 않고 망설이는데 이 스튜디오를 자세히 살펴본다. 지오바니와 어린이들이 만든 수도시설이 갖추어진 플렉시 글라스 물받이 돌림띠, 어린이들의 키 큰 점토 조각품들을 올려놓은 큰 사각 테이블, 엄청난 양의 잘 정비된 재료들, 컴퓨터 · 카메라 · 책 등이 있는 지오바니의 책상 등이 보인다. 동료 한 명이 이 방은 3차원 속에 창의적인 영재의 마음이 표현된 것 같이 느껴진다고 말한다. 그녀는 이 방으로 걸어들어 올 때 '아름다운 정신' 으로 만든 환경에서 숨 쉬게 된다고 말한다.

계단을 내려갈 때 나는 잠시 교실들을 돌아보기로 하는데, 다이아나 학교에서의 토론 이후 관심이 생긴 기록화의 새로운 형태들을 중점적으로 보려고 한다. 5, 6세 교실의 커다란 게시판에서 진행 중인 경험들, 가정과의 공유, 프로젝트 등의 3가지 범주(소제목)를 보게 된다. 이러한 소제목 하에서 어린이들의 대화 내용과 해석뿐 아니라 사진도 붙어있다. 나는 이러한 것이 다른 형태의 경험들을 구별하고 아동, 교사, 부모를 위하여 가시적인 방법으로 진행 중인 작업을 조직하는 방식이라고 생각한다.

아래 층 4, 5세 반에서 나는 사진 한 장에 여러 진행 중인 경험들의 제목이 붙은 커다란 게시판을 보게 된다. 예를 들면, 연못 주위에 어린이들이 있는 사진 아래에는 '새들을 위한 놀이공원' 이라는 제목이 붙어있고, 실내 경기장에 있는 어린이들 사진 아래에는 '실내 경기장 방문' 이라는 제목이 붙어 있다. 전체 게시판은 일종의 색인의 역할을 해야 하며, 이를 통해 부모 · 어린이 · 교사들이 교실을 방문해서 패널 하나하나에 대한 제목별 요약을 읽거나 연구 · 학습 노트를 보기 전에 전체라는 느낌을 받을 수 있다. 연구 · 학습 노트는 라 빌레타 학교에서도 교실마다 걸려있다.

우리는 내려오라는 요청을 듣게 된다. 버스가 와 있다. 벌써 갈 시간이 된 것이다. 나는 부족한 시간에도 불구하고 가득 채워진 느낌이다. 학교에서 진행 중인 경험들을 명확히 가시화하고 이해 가능하게 하는 이러한 새로운 기록화 포맷들은 나에게 새로운 도전이고 흥분이다. 베아가 기록화를 신문에 비유한 것은 훌륭하다. 다이아나 학교와 빌레타 학교에서 주 경험들은 사진과 대 제목(헤드라인 제목)에서 곧바로 분명하게 나타난다. 각 학교의 교사들은 자신들의 작업을 표현하기 위한 새로운 기록화 포맷을 실험해 왔고 스스로 해결책을 만들어 냈다. 나는 이러한 새로운 기록화 포맷이 세인트 루이스 학교들에서의 우리 작업을 명료하게 하고 의사전달 하는 데 도움을 줄 수 있을 지 궁금하다. 나는 세르지오의 별이 다시 생각난다. 이러한 새로운 아이디어들이 어린이, 교사, 부모들이 진행하고 있는 작업을 더 분명하게, 실제적으로, 완전히 의사전달 하고자 하는 우리에게 어떻게 영감을 줄 수 있을까? 우리가 모든 부분들 간의 의사전달과 대화를 더 용이하게 하기 위해 어떤 수단과 체계들을 만들어 낼 수 있을까?

## 부모들과의 만남

잠깐 눈을 붙이고 만찬이 끝난 후에 캐슬린과 나는 활기를 되찾아 학교들의 부모 몇 명과 만나고 싶어진다. 이러한 만남은 교사, 행정가, 페다고지스타와는 다른 관점을 듣는 기회가 될 것이다. 캐슬린에게는 또한 자신의 선거구민과 접촉할 기회가 될 것이다. 우리는 아스토리아 호텔의 지정 방에 도착해서 막 미팅을 시작한 작은 수의 사람들을 보게 된다. 여기에 있는 대부분의 부모들이 영어를 할 줄 알지만 통역자들 중 한 명이 이곳에서 도움을 주고 있다. 다음이 저녁 대화 내용의 일부이다. 이곳의 장학사인 파올라 칼리아리가 시작한다.

> 학교 기관 내에서 우리는 끊임없이 민주주의를 위한 연구에 관여하게 된다고 생각합니다. 우리 학교들은 선택적 가치로서 협력의 문화에 기반하고 있습니다. 우리는 협력이 우리 지역

사회의 미래를 위한 필수적인 가치라는 점을 잘 알고 있습니다. 우리는 오늘밤 여러분의 질문들을 잘 조직할 것입니다.

각 학교의 부모들이 자신을 소개하고 어느 학교에서 왔는지, 자녀의 나이는 몇 살인지 말한다.

"어린이들이 사이좋게 지내지 못하고, 이 어린이들의 부모가 어떻게 해야 할지 모르고 걱정한다면 어떻게 해야죠?" 라고 캐슬린이 묻는다.

친구 관계는 어린이들에 있어 중요한 문제이기 때문에 친구관계에 관한 섹션별 모임을 가질 필요가 있습니다. 어린이들이 친구를 사귀기 위해 사용하는 전략들을 토론할 수 있습니다. 부모와 교사들이 어떻게 어린이들의 친구관계를 격려할 수 있습니까? 이 같은 교류 속에서 우리는 가능한 문제들을 해결하기 위한 해결책들을 제안하고 이러한 상호 교류 속에서 다양한 관점들을 제안할 수 있게 됩니다.

한 부모가 장학사의 생각에 부언한다.

자신의 어린이가 걱정되는 부모가 이런 모임에서 아무 말도 못할 수 있습니다. 그럼에도 불구하고 이 부모는 다른 부모, 교사들과 공동체감을 느끼는 동시에 자신의 자녀를 돕는 방법에 관한 아이디어들을 얻게 됩니다.

캐슬린은 답변한 둘에게 감사한다. 대화가 '공동체감이라는 단어' 로 옮겨간 후 캐슬린이 낮은 목소리로 "다른 문제가 되었네요." 라고 말한다. "여기에서 공동체감이라는 단어는 완전히 맥락이 다릅니다. 나는 여기에서 공동체감 단어가 교류를 의미한다고 생각합니다."

"사실입니다." 라고 나는 말한다. 그 순간 나는 재스민 식물과의 공동체감이 부모들과의 유대감에 비유되는 방식, 민주주의와 칼리나가 그 단어를 사용한 방식, 다이아나 학교의 천장에 걸려있는 플래카드들(주의 기울이기, 참여, 만남, 교류, 토론, 책무)의 가치들에 관해 생각한다.

한 참가자가 부모들은 기록화에 대하여 어떻게 생각하는지에 관해 질문한다. "기록화를 읽나요? 기록화가 중요하다고 생각하나요?" 말이 없던 한 어머니가 앞으로 몸을 구부리면서 자신의 생각을 공유하고 싶다고 말한다.

> 나는 기록화에 감동을 받습니다. 나는 기록화를 읽을 때 큰 기쁨과 즐거움, 흥미로움, 즐거움을 발견하게 됩니다. 나는 기록화가 일종의 의사전달의 순환을 시작하게 한다고 생각합니다. 교사들은 일어난 일의 맥락을 설명하기 위해 자주 부모들과 만납니다. 교사들은 또한 부모들의 제안에 귀를 기울입니다. 교사들은 섹션 모임에서 부모들과 많은 시간을 보냅니다. 따라서 부모들은 전개되고 있는 프로젝트에 숨어있는 철학을 이해하고 발생한 일이 어떻게 전개될지 배우게 됩니다.

토론이 계속되고 끝날 시간이 다 되어간다. 몇 몇 부모들은 결론적으로 말하는데, 다음은 내가 가장 잘 기억하고 있는 내용이다.

> 나는 오늘과 같은 시스템의 일부인 것을 아주 자랑스럽게 생각합니다. 나는 다른 사람들과 함께하는 상황에서 주인공이라고 느낄 때마다 행복을 느낍니다. 나는 내 어린이가 주위의 타인들과의 관점에서 자신이 가지고 있는 잠재력을 표현할 수 있다는 것에 감동을 느낍니다. 나는 가능한 최선을 다하는 이러한 시스템에서 성공을 경험해 왔다고 생각합니다. 이것이 우리 모두의 참여를 통한 교육입니다.

나는 2월에 칼리지 스쿨에서 온 교육자들에게 말한 부모 패널들을 기억하고 있다. 나는 두 곳에서의 교사, 아동, 부모들 사이의 지역사회 네트워크에 대해 생각하고 있다. 이탈리아 부모들 중간에서 내 옆에 앉아 있는 캐슬린과 더불어 나는 지금 두 지역사회를 연결하는 끈을 느끼고 있다. 오늘 밤 이곳의 우리 모두는 우리 목표들을 확실히 인식하며 우리 어린이들이 살 미래에 대한 희망을 느끼고 있다.

## 5일 째: 휴식과 반성의 날

나는 잠을 깰 때 세인트 루이스에서 출발한 후 캐슬린이 걸렸던 것과 유사한 감기 증세를 느꼈다. 하지만 다행히도 캐슬린은 지금은 괜찮은 상태이다. 나에게는 휴식이 필요하다고 생각했기 때문에 오늘은 캐슬린 혼자 행동할 것이다. 나는 오후에 몸이 좋아지면 레지오 아동 사무소의 아멜리아를 만날 것이다. 아멜리아는 세인트 루이스 레지오 공동체 교육자들과의 작업에 대해 되돌아보면서 나와 대화의 시간을 갖자고 제안하였다. 캐슬린은 오전에는 내가 여기 있었을 때 다이아나 학교에서 함께 일했던 교사인 파올라 스트로찌의 의상 소품에 관한 발표에 참가하고 오후에는 영유아 센터를 방문할 것이다. 우리는 오늘 하루 종일 25명씩 나뉘어 움직인다.

## 의상 소품

캐슬린은 특히 의상 소품에 관심이 있다. 캐슬린은 샐리와 칼리지 스쿨에서 일해오고 있는데, 샐리는 올해 캐슬린의 아들 존을 포함하여 3세아들의 의상들을 만들었다. 캐슬린은 존이 뉴포트 교실로 들어갈 때 제니퍼를 돕고 싶어 한다. 제니퍼는 또한 극놀이와 동극에 관심이 많고 내년에 반 활동에 그러한 것을 포함하고 싶어 한다. 제니퍼는 극놀이 전개에 용이할 뿐 아니라 어린이들이 이야기를 만들고 변형해가는 과정과 그러한 과정에서 사용하는 전략들에 다른 교사들이 부응할 수 있도록 교실 환경을 개조하거나 만들 계획이다.

오늘 오전, 발표는 오페라 하우스와 아스토리아 극장 근처의 한 작은 박물관에서 개최될 것이다. 내가 아는 바로는, 참여자들에게 새로운 경험이 될텐데, 어느 한 학교나 아스토리아 호텔이 아닌 지역사회의 한 장소에서 발표를 보게 되는 것이다. 다른 장소들로 이동할 기회를 통하여 우리는 전체 도시에 대한 감각을 증진하고 시 학교들과 지역사회 간 연계에 관한 명확한 아이디어를 얻게 된다. 캐슬린이 아침 식사를 위해 내려갈 때 잘 다녀오라고 말한다.

1시 쯤 되어 캐슬린이 돌아오고 나서야 나는 오전 내내 잤다는 것을 알게 된다. "오늘 발표 어땠어요?" 나는 잠결에 묻는다.

"아주 재미있었죠!" 캐슬린은 흥분이 가시지 않은 상태이다. "파올라는 복장, 얼굴 색칠, 신체 색칠에 있어 다른 문화의 사람들 사진으로 시작했어요. 그녀는 다른 사람이 되고자 하는 충동은 수 천 년 전에 시작되었다고 말했죠. 그리스 신화를 언급하면서 변신의 아이디어에 대해 말했어요. 그녀는 현재의 초인들도 그리스 신화처럼 변신할 때 특별한 힘을 갖게 된다고 말했습니다. 나는 이곳에 있는 교육자들이 각자의 역사적, 심리학적 배경을 가지고 시작하는 방식을 좋아합니다. 오늘 발표는 단지 어린이에 관한 것만은 아닌 것 같습니다."

"파올라는 거울을 들여다보며 얼굴을 찌푸리고 모자를 찾으려고 하는 어린 어린이 사진들을 보여주며, '이 어린이들은 누구일 수도 있고, 누구일지도 모르며, 누구이길 원할 수 있습니다.' 라고 말했어요. 그녀는 우리가 누구인지 정체성을 발견하는 어려움을 지적하면서, 우리 각자가 아동기와 청소년기를 통해 우리의 정체성을 발견해 가는 방식에 관해 말했죠. 이러한 것은 정체성과 실험이라는 커다란 맥락 속에서 나에게 많은 의미를 줍니다. 나는 내가 행동한 것을 의미합니다." 캐슬린은 웃는다. "이것은 단순히 다른 역할을 하고 시도하는 것만 의미하는 것이 아닙니다. 내 노트를 좀 보고 말할게요." 그녀는 이렇게 다른 역할들을 선택해서 동화함으로써 정체성을 찾는 것이 이야기하기(다른 사람들과의 대화)로 여겨질 수 있다고 말했다.

"그러한 것이 정체성 찾기의 새로운 방식일 수 있죠." 내가 말한다.

"다음은 파올라가 학교들의 의상소품 영역 사진들을 보여주었어요. 그녀는 교사와 부모들이 공간을 유지하는 것뿐 아니라 의상과 의상 소품들을 유지하고, 깨끗이 하며, 수선하고, 새롭게 하며, 전시하는 데 있어 많은 시간과 가치를 투자한다고 말했습니다. 교사와 부모들은 공간이 융통성이 있어서, 어린이들이 극놀이를 할 수도 있고 지켜볼 수도 있게 하기를 원했다고 파올라는 말했습니다. 최근에 교사들은 어제 다이아나 학교에서 본 것들과 같은 조명 이미지들을 갖춘 환경으로 변화시켜 왔습니다. 그녀는 융통성 아이디어를 의상과 소품에서 계속해 나갔는데, 케이프(어깨에 걸치는 망토)가 낙하산, 면사포, 힘의 상징 등으로 사용될 수 있는 것과 같은 것이었어요. 결론은 다른 '자기 자신' 을 실험하고 시도해 볼 시간과 장소를 제공받을 모든 어린이들의 권리에 관한 것이었습니다."

"파올라가 발표한 역사적, 문화적 관점을 통해 우리는 더 많은 배경과 본질을 알게 되고 학교들에서의 지난 며칠 동안의 우리 경험들을 정리하는 계기가 되네요."라고 내가 의견을 말한다.

"정말 그래요.", 캐슬린이 동의한다. "나는 지금 많은 아이디어들이 생겨났어요. 엄청나게 교실 배치도를 스케치 했죠. 제니퍼가 적용하여 자신의 교실을 재배치하기 위한 아이디어를 내가 갖게 되었다고 생각해요. 제니퍼가 좋아할 거예요."

## 아멜리아와의 대화

오후 4시 경 나는 온종일 자고 나서 한층 좋아진 것을 느낀다. 나는 준비하고 피아짜 델라 비토리아(Piazza della Vittoria)에 있는 레지오 아동 사무소로 조금 걷는다. 나는 몇 백 년 된 건물의 돌계단들을 올라 아멜리아의 사무실로 이어지는 복도에 들어선다. 아멜리아는 자신의 책상 뒤쪽에서 나를 맞이한다. "우리 어디서부터 시작할까요? 루이스가 질문하는 것으로 이야기를 시작해 보죠."

루이스 : 당신이 1994년부터 2000년까지 3개 학교를 거치면서 세인트 루이스에서 우리와 함께 일할 때 어땠나요?

아멜리아 : 내가 세인트 루이스에서 일한 것은 미국에 머물게 된 것과 관련이 있지요. 당신과 내가 레지오에서 함께 일할 때 미국에서 일하는 것의 가능성에 관해 생각하기 시작한 것을 기억하고 있습니다. 나는 1992년 가을에 메사추세스에 있었고, 당신은 세인트 루이스에 있었습니다. 나는 1993년 봄에 처음으로 간다니, 포먼 교수와 함께 세인트 루이스로 간 것으로 기억합니다.

당신은 미국으로 돌아 온 첫 해에 여러 가지 것들을 탐색 중이었고, 나 또한 미국에 온 첫 해 동안 여러 가지를 탐색하는 중이었습니다. 나는 변화의 시기를 겪는 중이었습니다. 우리 둘 다 사적으로, 직업적으로 엄청나고 중요한 변화들을 겪고 있었지요. 그리고 나는 나의 미래에 관하여 알지 못했습니다. 나는 기존의 삶과 다른 삶을 살고 있었습니다. 어떤 점에서는 이탈리아의 뿌리를 떠났습니다.

그럼에도 불구하고 나는 세인트 루이스에서의 일과 우리가 함께 일할 수 있을지도 모른다는 생각에 매료되었습니다. 내가 진정 일하기를 원했을 때, 세인트 루이스에서 당신들이 불러 주었고, 나는 당장 응했습니다. 나는 1994년에 세인트 루이스 레지오 공동체에 속한 3개 학교들과 일하기 위해 세인트루이스로 돌아왔지요.

나는 세인트 루이스에서의 당신과의 일을 역사의 일부로 느낍니다. 나는 또한 이러한 경험의 뿌리는 당신이 레지오에서 살 때인 1991년에 시작된 우리 관계에 기초하였다고 생각합니다. 나는 세인트 루이스에서 일한 경험으로 인해 당신 역사의 일부가 되고 다른 뿌리들을 발견할 수 있는 새로운 이야기를 시작하게 될 가능성을 부여받게 되었다고 느낍니다. 메사추세스, 워싱턴, 세인트 루이스의 경험을 통해서 나는 새로운 경험의 순환 중 일부를 느낄 기회를 갖게 되었습니다. 나는 새 나무 밑에서 새로운 뿌리 시스템을 구축하기 시작했습니다.

나는 그러한 뿌리들을 필요로 했습니다. 나는 당신의 경험에 대단히 감사함을 느끼는데, 그러한 경험으로 인해 내가 수년에 걸쳐 뿌리들을 내릴 수 있는 가능성을 갖게 되었기 때문입니다. 그래서 나는 우리가 함께 했던 역사의 일부, 경험의 일부가 나를 위해서는 진정 꼭 필요한 것이었다고 느낍니다. 나는 순환의 일부, 모든 성취들의 일부를 느낍니다. 우리는 많은 목표들이 있었고 달성하려고 노력했습니다. 또 그러한 목표들을 성취하기 위해 싸웠습니다. 우리는 어떤 곳에 가고자 했습니다. 계속해서 나는 당신과 연구하는 중이었습니다.

루이스 : 나는 초창기에 당신과의 유대를 기억하고 있습니다. 나는 당신이 오게 되면 의지하곤 했습니다. 내가 세인트 루이스 레지오 공동체의 동료들보다도 당신과 더 가깝게 느꼈을 정도였죠.

아멜리아 : 내가 당신 꿈의 일부였지 않나요? 나는 당신이 꿈꾸었고 실현하고자 했던 레지오에서 세웠던 일종의 정체성 중의 일부였지요. 얼마 되지 않아 당신은 또 다른 정체성을 찾아갈 필요가 있다는 것을 깨닫게 되었을 거예요. 당신은 어렴풋이 그리고 있었던 레지오에 관한 이러한 꿈을 갖고 있었지요. 당신은 새로운 곳에서, 새로운 경험 속에서 굳건히 자리 잡을 뿐 아니라 꿈을 이어갈 필요가 있었던 것이지요.

루이스 : 나는 또한 우리 방식대로 정립해 가고 있었던 시기를 기억할 수 있는데, 그때 우리는 세인트 루이스에서 레지오 접근과의 대화를 함으로써 우리의 맥락과 경험을 통해 더 심오해지기 위해 힘을 키워가는 중이었습니다. 당신은 세인트 루이스 레지오 공동체의 우리 모두를 위한 원천이었습니다.

아멜리아 : 어떤 면에서는 이러한 것이 우리가 공유한 또 다른 유사성이었죠. 나 또한 나 자신과 레지오 에밀리아 밖에서의 작업을 위한 새로운 맥락을 만들어 가려고 노력하는 중이었습니다. 나는 지금도 1992년 가을에 말라구찌가 쓴 편지를 가지고 있어요. 나는 그에게 내 자신의 맥락에서 점점 멀어져가고 있는 것 같다는 패배주의적인 내용을 담은 슬픈 편지를 썼었죠. 그는 내가 새로운 정체성을 정립해 가고 있고 나 자신의 새로운 삶을 만들어 가고 있는 단계에 있다고 말했습니다. 그는 "새로운 동료들과 친구들을 알게 되고 새로운 어떤 것을 만들어가게 될 거예요."라

고 말했죠. 또 그는 "당신도 모르는 사이에 새로운 삶 속에서 당신은 그 세상의 일원이 되어 갈 거예요."라고 썼어요. 나는 이 말에 감명을 받았습니다.

당신이 세인트 루이스에서 시작할 때에도 기준점은 여전히 레지오에 있었어요. 당신은 그러한 관점에서 내가 얼마나 도움이 되고 있었는지 깨닫게 되었죠. 당신은 내가 없을 때는 아무 일도 할 수 없었기 때문에 스스로에게 화나 있었던 것 같아요. 당신은 새로운 맥락 속에서 스스로와 동료들을 믿기 시작해야 했어요. 처음에는 당신이 사랑에 빠진 경험을 위한 통로로 여전히 나를 사용했지요. 이러한 것이 우리 관계와 우리가 함께 일하는 힘의 일부입니다. 그러나 이러한 힘은 타인들로 확장될 필요가 있었고, 그렇게 되었습니다.

우리 역사에 있어서 다른 장(章)들이 있습니다. 칼리나가 1997년 협의회에 왔을 때를 기억하나요? 학교를 바라보는 칼리나의 방식을 사용함으로써 내가 전에는 보지 못했던 것들을 볼 수 있게 되었다고 깨닫게 된 시점이 있었습니다. 나는 3개의 세인트 루이스 학교들이 레지오의 학교들과 얼마나 많은 유사성을 공유했는지 알게 되었습니다. 3개의 학교들 중 가장 독창적인 것은 세인트 미카엘(St. Michael) 스쿨이었습니다. 세인트 미카엘 스쿨이 기초를 이루고 있다는 사실이 여러 가지 문제들에 대해 독창적으로 해결하는 데 있어 장점으로 작용한 것 같습니다. 하지만 나는 일하면서 약간 실망했습니다. 아마 나는 내 스타일을 너무 많이 전달하려 했던 것 같아요. 당신이 독창적인 경험을 만들어 내려고 하는 것을 도울 수 없었던 것 같아요.

루이스 : 당신은 3년 동안 왜 돌아오지 않았나요? 우리가 조금 거리를 유지하고 각자 노력할 필요가 있다고 생각했던 것 같은데요.

아멜리아 : 내가 약간은 거리를 유지할 필요가 있다고 생각한 것 같아요. 내 존재가 너무 강한 것이어서 한 걸음 물러섰던 것 같아요. 그러한 일은 꽤 고통스러운 것이었는데, 하고 있는 일에 애착을 느끼고 있었기 때문이지요. 어린이들이 집을 떠나 자신의 길을 가야 할 때와 같은 심정이었을 거예요.

그런 후 지난 3월 돌아왔을 때, 너무 행복해서 날아갈 것만 같았습니다. 당신을 보았기 때문이었죠. 나는 당신이 당신만의 것들을 만들어 놓은 것을 보았습니다. 나는 당신이 여러 가지 것들과 싸워 온 방법들을 보았습니다. 당신은 문제들을 해결하고 공유하는 당신만의 협력적인 방식을 만들어 냈습니다. 그것은 진정한 협력

방식인 세인트 루이스 레지오 공동체였습니다. 당신은 레지오의 경험을 준거점으로 사용하는 당신만의 방식을 발견했던 것입니다.

루이스 : 당신이 말라구찌에 대해 말했던 것에 호기심이 생기는데요. 말라구찌가 당신에게 조언한 것 중에서 가장 중요한 것을 말해 주실 수 있나요?

아멜리아 : 하나만요?

루이스 : 꼭 하나일 필요는 없습니다.

아멜리아 : 그러면, 다음과 같은 것들입니다.

포기하지 말라
삶을 존중하라
당신 자신과 당신의 일 속에서 가치를 발견하라
매사에 만족하지 말고 계속 탐색하라
당신 지능을 나타내는 것으로 창의성을 사용해라
당신이 하는 일에 관해서 엄격하고, 전문적이며, 진지하라
당신이 하는 일을 잘 알고 있되 당연하게 여기지 말라
융통성을 발휘하라
주의 깊게 듣는 법을 배우고 말하는 법을 배워라
협력하라
당신 일의 모든 면에 있어서 기쁨과 만족을 발견하라
당신 일의 일부, 그리고 당신 삶의 일부로서 감동을 표출하라
당신의 일과 삶을 구분하지 말라.
모든 상황을 부분으로 보지 말고 전체로 보라
하고 있는 일에 전념하라.
당신의 믿음에 따라 행동하라
자발적으로 하라
타고난 성향에 따르라
삶에 관해 긍정적이며 낙천적이자
경이로워하고 놀라는 방식을 알라
지금의 당신을 받아들여라

자연스럽게(자기답게) 처신해라

루이스 : 하지만 그러한 것들은 당신이 다른 사람들에게 강조해 온 것들인데요.

아멜리아 : 그래요. 그가 가르침을 준 것에 대해 내가 계속 책임감을 느껴 왔기 때문이라고 생각해요.

루이스 : 그리고 우리는 당신이 가르침을 준 것에 대해 책임감을 느낍니다.

아멜리아 : 끝없는 체인(쇠사슬) 같네요!

루이스 : 나는 이러한 작업이 유아교육보다도 더 확장성이 있고 더 광범위한 것이라고 느낍니다. 미국에서는 특히 사람들이 원천, 계속 솟아나오는 샘물과 같은 것에 매혹됩니다.

아멜리아 : 레지오 칠드런이 생긴 이후로 이탈리아와 다른 58개국에서 학술여행 차 우리를 방문한 사람들이 1만 명이 됩니다. 세계 각국에서의 교육부장관, 정책 결정자, 국회 의원, 투자자, 행정가들의 방문자 수가 증가하고 있습니다.

이러한 때, 우리는 사고가 교류될 수 있는 세계 각국에서 온 사람들에게 레지오가 제안하는 것을 말할 수 있을 것입니다. 세계 각국에서 온 사람들은 우리를 방문해서 이해하려고 하지만, 그들 스스로 이해하게 되는 것이라고 생각합니다. 무엇보다도 나는 다른 사람들이나 우리들 사이의 차이점을 이해시킬 준비가 되어있다고 생각하지 않습니다. 나는 영어 이외에도 새 언어를 배워야 했습니다. 다른 사람들과의 만남에 있어서는 개방성, 차이점에 대한 존중, 사고와 지식의 교환 등이 필요합니다.

나는 레지오에서 우리가 문을 개방하고 다른 사람들이 제공하는 경험들에 가치를 부여하는 방법을 배웠다고 생각합니다. 나는 우리들 중 다수가 현 시점을 교육자로서 우리가 하고 있는 일에 훨씬 더 책임감을 느끼고 우리의 삶이 지속될 수 있게 하는 새로운 개발들이 시작될 수 있는 맥락 속에서 살아가는 시기로 느낀다고 생각해요. 말라구찌는 우리가 미래에 대하여 동경할 필요가 있다고 말하곤 했습니다. 이 말이 나에게는 낙천적이어야 하고 일어나는 모든 일을 삶이라는 여행의 일부로 받아들여야 한다는 것으로 들립니다. 나는 이러한 태도를 계속 경주할 필요가 있다고 생각해요.

우리의 대화는 끝나고, 나는 대화하며 기억을 되살릴 기회를 준 아멜리아에게 감사했다. 나는 여기 레지오와 세인트 루이스에서 헌신적인 동료들과 함께 오랫동안 아멜리아와 일할 기회를 갖게 되었던 것에 감사한다. 내가 1991년부터 1992년까지 여기에 있었던 이후로 일어난 모든 일을 믿기 어려울 때가 가끔 있다. 그 때 이후로 매년 여기의 교육자들은 만남의 장소, 영감과 희망을 발견하는 장소, 미래를 내다보는 장소로 세계의 많은 사람들에게 자신들을 개방해 왔다. 호텔로 천천히 걸어가면서, 이번 주 수많은 맥락들 속에서 경험한 것들과 대화한 것들을 통해 많은 생각들이 내 머리를 휘감는다. 말라구찌가 '미래에 대한 동경' 이라고 말했듯이, 레지오 에밀리아의 예는 내가 다다를 수 있는 만큼의 강력한 촉진제이다.

## 6일 째: 미래에 대한 동경

우리는 이번 주의 마지막 날이라고 생각하지도 못한 채로 잠을 깬다. 다행히도 나는 훨씬 좋아졌다. 우리는 5일 전에 처음 도착했던 아스토리아 호텔에서 모두가 다시 모일 것이다. 그런 후에 오후는 자유시간이다. 오늘 밤에는 시 외곽의 회랑에서 음악, 토속 음식과 더불어 환송 축하 저녁파티가 있을 것이다. 부모들과 지역사회 주민들뿐 아니라 우리가 방문했던 학교의 교사들이 함께할 것이다.

오늘 오전에 우리가 이제 친근해진 대회의실 의자에 앉자, 아멜리아가 다시 한 번 인사를 건넨다. "많이 보셨어요? 많이 배웠어요? 더 많은 의문이 생기셨나요? 우리는 항상 사람들이 도착했을 때보다 더 많은 의문들을 주머니 속에 넣고 떠나기를 바랍니다. 오늘 오전에는 이전에 속했던 토론그룹으로 참여하세요. 주머니 속에 넣고 갈 것에 관해 이야기하세요. 그것은 통찰력일 수도 있고 사고일 수도 있고 의문일 수도 있지요. 그런 다음, 첫날처럼, 여기에서 다시 만나 공유하도록 해요."

### 주머니 속에 넣고 갈 사고들

공유할 시간이 되자 그룹별 대표들이 한 명씩 연단에서 발언한다. 우리의 맥락 안에서 진행되어 온, 집에 돌아갈 때 가지고 갈 생각들을 주장하듯이, 토론 그룹에서 모아진 생각들이 쏟아져 나온다. 지니가 시작하면서 에너지 팔찌(변신 팔찌) 은유에 대하여 다시 언급한다. 주제어와 사고들을 나타내는 팔찌 구슬들 중에 그녀 그룹에서는 속도 줄이기, 주의 기울이기, 엄밀하고 심오하기 등을 추가했다고 말한다. 우리는 이러한 의미를 아는데, 주의집중해야 하며 주의집중을 유지할 필요가 있고 어렵고 가치 있는 일은 시간이 걸리며 전념할 필요가 있다는 것이다.

다른 그룹이 '팔찌 구슬 사고'와 집으로 가져 갈 의문들에 대해 계속 토론한다. "우리는 우리가 꿈꾸어 왔던 것처럼 자신의 경험에 국한해서만은 살 수 없습니다. 우리는 읽고, 토론하고, 함께 사고하고, 원탁에서 공유해야 합니다. 우리는 가치들을 소유하고 있습니다. 우리가 어떻게 각 나라의 가치들을 최대한으로 향유할 수 있을까요? 몇 가지 의문에 있어서는 끝나지 않을 것입니다. 더 심오해질 필요가 있을 거예요."

그 외에도 여러 가지 사고들이 흘러나온다. "우리는 좌절을 딛고 일어나 긍정적으로 만들고자 합니다. 우리는 어린이들의 진실한 의문들에 대해 귀 기울일 필요가 있습니다. 우리는 모든 의문들에 대해 존중해 주기를 바랍니다. 우리는 생각할 시간과 정서들을 처리할 시간이 필요합니다. 어떻게 우리가 진실한 환경을 만들 수 있을까요? 우리는 물리적인 빈 공간을 포함하여 빈 공간에서 출발할 필요가 있습니다. 성공적인 경험들은 모든 문화들에 걸쳐 발생합니다. 이러한 성공들의 대부분은 스스로나 타인들에 대한 진실한 믿음에 기반합니다."

경청하면서 나는 말라구찌가 가르침을 주었다고 하면서 아멜리아가 사용했던 어제의 말들이 생각난다. 당신의 일 속에서 가치를 발견하라, 일 속에서 만족을 찾아라, 깊게 사고하라, 긍정적이고자 노력하라, 꾸준해라, 포기하지 말라 등의 말들이다.

우리 그룹은 첫날 "우리를 닮으려고 한다면 복사하지 마세요. 우리는 누구도 복사하지 않았습니다. 독창적으로 하세요."라고 말한 세르지오의 말에 동감하면서 몇 개의 사고들을 만들어 낸다. 우리가 이러한 접근으로 우리 내에서 필수적인 것을 인식할 수 있을까? 인정받고 알려진 중요한 방식들로부터 무엇이 생겨날 수 있을까? 우리는 어떤 '복사'는 포옹하고 실험하려는 시도일 수 있다고 생각한다. 우리는 또 어떤 '복사'는 어둠 속에서 길을 찾으려고 하는 노력일 수 있다고 생각한다. 우리는 지금도 나만의 것이 되기 위한 방법을 배우려고 노력하고 있다. 우리는 분리된 각각의 사회에서 총체적 세계관으로 가는 길을 발견하려고 노력 중이다.

호텔로 다시 걸어갈 때 꽃이 만발한 나무 아래에서, 첫 날 세르지오가 이야기들과 표상과 은유를 사용한 것이 생각난다. 이러한 종류의 사고를 통해 나는 포틀랜드, 오리건의 교육자 집단도 생각나는데, 그들도 레지오 접근을 이해하기 위해 많은 은유들을 만들어내었다. 그들은 총체적 접근은 다음과 같다고 말했다.

> 그물망
> 오페라나 교향악
> 태양계의 확장
> 물 순환, 비 웅덩이나 만조(이러한 것은 주변의 것들에 의해 변화되고, 다시 변형함으로써 주변의 것들을 변화시킨다.)
> 연못 속의 낙숫물, 연쇄작용
> 수프, 조리법 이상의 것, 지역사회 경험
> 여름 토마토, 타고난 아름다움, 작은 것 속의 모든 것들

은유적으로 표현된 이러한 사고들은 복사와 따라하는 것을 문제시하지 않는다. 이러한 사고들은 정적이지 않고, 살아 움직이는 시스템이며, 계속 변화한다. 이러한 시스템들은 우리를 둘러싸고 있다. 그것들은 우리의 일부이고 우리는 그것들의 일부이다. 이 시스템들은 전개되어가고 부단히 변형되어 가는 관계의 네트워크 안의 세상을 표현한다. 우리는 본질적으로는 이미 존재하고 있는 것을 복사할 수 없다. 보석으로 장식한 힌두교 인드라 망에서의 불교신자 이미지가 떠오른다. 조안나 메이시(Joanna Macy, 1990)는 다음과 같이 쓰고 있다.

> [인드라 망]은 우주를 홀로그램으로 기록하여 보는 것과 유사한, 구조화된 현실의 환상장면이다. 따라서 각각의 존재는 망에서의 하나하나의 마디이고, 각각의 보석은 모두에게 반사하고, 빛을 받아 다시 반사한다. 이는 부분이 전체를 포함한다고 보는 시스템이론과 유사하다(p.61).

이런 방식으로 세상 안의 자신을 경험하는 것은 자신의 관점에서 세계관, 우주관, 삶의 망 관점으로 변화하는 것이다. 이러한 견해가 삶에 적절하며 어린이들과 학교에서 살아가는 방식에 적절하다고 인식하게 되면 우리는 복사하는 것이 아니라 직관적으로 진실이라고 알고 있는 것을 포용하고 그러한 것으로부터 진보해 가게 된다.

## 환상들

캐슬린과 파티에 가기 전에(파티는 오후 8시에 시작 예정이다) 호텔을 배회하다가 광장을 가로질러 구석에 있는 간이식당 테이블에 앉는다. 비둘기들이 광장 가운데로 날아와서 대성당 지붕으로 날아 올라가 날개를 퍼덕거리고, 구구거리며 내려온다. 제비들은 부드러운 밤공기를 가로질러 급강하하다가 날아오른다. 구운 에스프레소 콩의 향기가 간이식당에서 광장으로 흘러나온다. 광장은 힘찬 이탈리아 말들로 가득 차 있다.

작은 남자 어린이가 웃으면서 자갈 위를 왔다 갔다 한다. 이 어린이의 엄마는 어린이와 옆 친구에게 번갈아 가면서 이야기하며 걷고 있다. 개가 짖는다. 자전거 바퀴들이 딸깍 소리를 내며 굴러간다. 남녀 한 쌍이 손을 잡고 페달을 구르고 있다. 밤의 한가로움과 정적이 밀려온다. 나는 나의 동료 캐슬린과 함께 내가 사랑하는 장소에서 이번 주를 보내고 있다는 것이 얼마나 행복한지에 관해 생각하고 있다. 우리는 이러한 모든 것을 집으로 가져갈 것이며 천천히 머릿속에 넣을 것이다. 우리는 세인트 루이스 레지오 공동체 사람들과 이러한 경험을 계속해서 공유해 갈 것이다. 우리는 미국 전역의 사람들과 새로운 네트워크를 갖고 있다.

나는 이제 충분히 방문한 것 같다. 나는 가족과 함께 여기에 살면서 다이아나 학교와 라 빌레타 학교에서 수습교사로 근무했었던 이후로 거의 10년이 지난 후에, 좋은 친구이기도 한 부모님과 여기에 방문했었다. 나는 어린이들, 부모님, 그리고 동료들과 함께 한 10년간의 작업에 대해 생각하고 있다. 나는 여기 앉아 있으면서, 어떤 이유에서인지 수년전 교사 워크숍에서의 경험이 떠오른다. 삶에 있어서 진정 하고 싶은 것이 무엇인지에 대한 질문에 나는 사람들을 감동의 눈물을 흘리고 울게 하고 싶다고 대답했다. 나는 어떤 일이든 상관없이, 사람들을 감동시키고 나를 감동시키는 꼭 필요한 일에 참여하고 싶다고 생각했기 때문에 이렇게 말했다고 생각한다. 오늘 저녁 교육 분야에서의 내 경력과 세계 여러 문화에서 온 수많은 교육자들의 경력에 비추어, 우리 모두에게 있어서 이러한 일이 틀림없이 일어날 것이라고 생각한다.

이탈리아의 작은 도시, 레지오 에밀리아의 유아를 위한 학교들이 인본주의를 위한 희망의 횃불과 같다고 생각한다. 이러한 희망은 삶의 새로운 방식이자 함께 존재하는 새로운 방식이며, 유아들뿐 아니라 모든 사람들이, 각자 격리된 상태가 아니라 서로와의 관계 속에서, 우리가 진실로 누구인지를 배우고 발견해 가는 열린 방식으로의 희망이다.

# 에필로그

2002년 1월 이 책을 끝내기 위해 되돌아보는 일은 우리의 학습을 공유하는 소중함과 착잡함에 깊이 감사하고 재방문할 기회가 되게 한다. 이는 또한 북미와 우리 간에 수많은 질문을 공유하면서 새로운 관점으로 사물을 재고할 수 있는 기회를 주었다. 가장 어려운 질문은 기준과 평가에 대한 것이었다. 아마 가장 기본 질문은 어떻게 우리가 유아들과 함께 구성적이고, 발현적이며, 융통성 있는 작업에 몰입할 수 있으며 동시에 유아가 만나게 될 기준을 어떻게 보장할 것인가 하는 문제였다. 이 질문에 대해 교사집단과 함께한 관계 속에서 그리고 특정한 프로젝트와 관련된 관계 속에서 제기된 질문들은 재고할 가치가 있기 때문에 나는 세인트 미카엘 스쿨에서 냄새 프로젝트를 수행한 교사들에게 나와의 대화에 참여할 것인지를 물었다.

냄새 프로젝트를 시작한 네 교사는 상호 관계가 있는 냄새 프로젝트, 평가, 기록화 과정과 같은 몇 가지 주제에 대해 함께 생각하기 위해 만나는 데 동의하였다. 우리는 미팅을 위한 준비로 기록작업을 통한 학습의 가시화: 개인과 집단 학습자로서의 어린이(Giudici, Rinaldi, & Krechevsky, 2001)에 나오는 두 장을 함께 읽기로 하였다. 우리는 칼리나 리날디(Carlina Rinaldi, 2001)가 쓴 "기록과 평가: 관계 형성이 무엇인가?" 와 스티브 시델(Steve Seidel, 2002)이 쓴 "기록화의 이해는 가정에서 시작된다" 를 읽었다. 그 내용들은 우리에게 공동의 참조점이 되었다. 우리가 제기하고자 하는 중요한 질문은 "우리는 냄새 프로젝트에서 유아가 학습한 것이 무엇인지 평가할 수 있는가?" 였다.

우리는 3장에서 기술한 바와 같이 대화를 조정하기 원했기 때문에 이 주제에 대한 개인의 경험, 직관, 느낌, 사고를 경청하며 기울인 노력을 공유하고 탐색하기 위해 만났다. 아이작(Isaacs, 1999)이 대화가 일어날 수 있는 심미적 공간 또는 "장소" 를 창안할 필요가 있다고 한 것처럼 우리는 집단으로서의 안정감, 에너지, 가능성을 만들었다. 우리는 유아, 부모, 다른 사람들과 매일의 삶에 직접 관련된 이슈를 가지고 집단의 이해를 새롭게 하는 곳이면 언제든 대화가 이루어지기를 기대한다.

우리는 1월에 일과 중 오후 1시부터 3시까지 세인트 미카엘 스쿨에서 만났다. 교실에 있는 유아들은 다른 교사와 함께한다. 교사들이 참여하는 정기적인 회의 시간을 이와 같이 정하고 교사들이 매주 이 날 이 시간에 함께 모여 생각하는 데 익숙하게 되었다. 교사들로 하여금 매일의 생활 속에서 우리가 갖게 되는 주제에 대해 나와 함께 반성하도록 하였으나 함께하는 두 시간은 쉽게 지나가곤 하였다. 교사가 변화되고 관련 사항들을 명료화하게 된 대화 장면을 편집하여 다음에 전사하였다. 이 전사본의 흐름과 순서는 원래 대화에 충실하게 제시하였다.

루이스 : 미국의 맥락에서 냄새 프로젝트를 평가하는 것이 어려운 이유 중 하나는 당신들이 가르칠 기술과 도달할 목표의 목록을 계획하지 않고 시작하였기 때문인 것 같다고 나는 생각한다. 당신은 냄새라는 주제가 탐색을 통해 의미 있는 경험과 자극을 줄 수 있는 가능성이 풍부하다는 생각에서 출발하였으며 유아들은 아마 냄새와 냄새 맡기에 관련된 이론과 아이디어를 발달시켰을 것이다.

카렌 : 만약 우리가 한정된 기술을 평가하는 것으로 시작했다면, 그것은 프로젝트를 이끌어낼 만한 가치를 가지고 시작하는 것과는 차이가 있었을 것이다. 기록작업을 통한 학습의 가시화: 개인과 집단 학습자로서의 어린이 책의 83쪽에서 칼리나(2001)는 집단의 맥락 내에서 다양한 방식으로 "자신의 정신적 이미지를 표상함으로써" 유아들은 "자신의 이론과 개념적 지도를 수정하며 풍부하게 한다."라고 썼다. 이것은 레지오에서 교사가 갖는 첫 번째 목표인 것 같다. 그것은 거대하지만 단절된 것이 아니다. 우리는 가치와 커다란 목표를 설정해야만 하며 그 이후에 "그래 좋아. 만약 이 경우라면 우리는 하나의 틀 내에서 가치를 촉진할 수 있는 교육과정을 할 수 있어"라고 말한다. 그러면 당신은 몇 가지 평가 결정을 하지만 그러나 그것은 유아의 강한 이미지에 기초한 것이어야 하며 어떻게 조니(Johnny)가 연필을 잡는가 등과 같은 기술적 판단을 만드는 것이어서는 안 된다. 이탈리아 교사들도 그러한 기술을 인식하고 유아들과 활동하지만 레지오 교사들의 기록과는 차이가 있다. 이는 모든 사람들은 강점과 약점을 가지며 모든 사람들은 서로 다름을 말하는 것이다.

루이스 : 내가 레지오에서 인턴을 하면서 다이아나 스쿨에 있었던 그 해 가을에 유아들은 점토로 곤충을 만들었다. 보다 큰 맥락에서 전체 어린이는 나무와 곤충 간, 점토와 곤충 간, 그리고 우리가 경험하는 생태와의 상호 관계를 탐색하고 집단 유아가 관심을 갖는 관련 사항들을 알아보았다. 어린이들은 구체적인 소근육 운동기술

을 발달시키기 위해 점토를 사용하는 것은 아니었다. 미국의 우리는 보다 작은 것에 초점을 두어 상부에서 하부로 내려오는 경향이 있다. 우리는 상부에 소근육 운동 기술을 놓고 흔히 무의미한 세부운동 기술발달을 위한 활동들을 디자인한다. 이와 달리 레지오 교육자들은 하나의 큰 그림을 가진다.

카렌 : 학교에는 성인과 어린이가 추구하는 의미 있는 일들이 많이 있다. 의미 있는 맥락 속에서 기술이 학습될 때 적합한 위치를 찾을 수 있다.

멜리사 : 당신은 학습이 일어나는 전체 생태학적 맥락에 대해 이야기 하였다. 우리는 "봐, 그래, 거미는 다리를 몇 개나 가지고 있지?" 에 대해 생각하는 것을 좋아한다.

척 : 그래, 학습을 위한 맥락. 레지오 접근법에서는 맥락에 많은 초점을 둔다. 루이스가 말한 바와 같이, 특정한 대상물은 우리로 하여금 이성을 잃게 한다. 예를 들어, 우리는 어떻게 어린이의 그림을 평가할 것인가 또는 거미가 얼마나 다리가 많을까? 등의 문제와 같이 주요한 맥락의 주변을 걷는 경향이 있다. 그래서 우리는 실제 환원적인 사고방식으로 생각하는 경향이 있다. 그러나 이탈리아 교사들의 맥락은 어린이가 하는 경험에 둔다. 큰 맥락은 언제나 어린이의 경험으로서 피아자, 비, 도시를 탐색하는 것 등이다. 어린이 삶의 풍성한 맥락은 아이디어를 창안하며 사고 발달을 자극하므로 보다 중요하다. 학습을 위한 맥락과 평가 간에는 언제나 관계가 있다. 우리는 친숙한 맥락을 관찰해야 한다. 레지오에서 교사들은 언제나 어린이의 삶 속에서 일어나는 학습을 이야기하며, 그것이 전부이고 그것을 활용한다. 우리에게 그것은 훨씬 잠재되어 있다.

루이스 : 가능성을 투사하고 예측하는 레지오 학교에서의 프로제타지오네(Progettazione)는 교사가 맥락에 대해 보다 깊게 사고하도록 함으로써 스스로와 유아들을 더 크고, 깊고, 복잡하게 되도록 하는 것이라 생각된다.

척 : 냄새 프로젝트는 우리가 맥락에 대해 더욱 깊이를 가지고 명확하게 진행하도록 하였다. 예전에 우리는 이러한 방식을 많이 시도했지만 냄새 프로젝트에서야 심화시킬 수 있었다. 이를 위해 우리는 함께 협력하고 추적하였다.

카렌 : 아마 냄새 프로젝트는 우리와 어린이들의 큰 질문에 편안하게 초점을 두도록 하였기 때문에 그것을 가능하게 한 것 같다. 우리는 사고의 발달이 중요하며 그 속에서 기술이 생길 수 있음을 신뢰하였다.

멜리사 : 앞서 당신이 언급한 "기록 작업의 이해는 가정에서 시작한다."라는 장에서

스티브 시델(2001)은 "미국에서 사정(assessment)의 과정은 평가(evaluation)와 동의어로 생각되어지고 평가는 다른 활동과 관련하여 한 활동이 일어나거나 측정되고 판단되는 과정이다. 흔히 기록화는 기록책 속에 흔적을 남기는 것처럼 여긴다[pp.304-305]"라고 하였다.

카렌 : 아멜리아가 기록화에 대해 이야기를 시작할 때, 나는 그간 엄격하게 한 가지 방식으로만 그 단어를 사용해 왔음을 깨달았다. 어떤 사람이 "당신이 어린이가 한 모든 것을 기록하기를 원한다."라고 말하면 그것은 어린이가 문제를 가지고 있음을 의미하고 어린이의 모든 것을 기록한다는 것은 어떤 도움을 전제로 하는 것이며 특정한 개입이 그 어린이에게 제공되는 것으로 이해하는 경향이 있다. 아멜리아는 완전히 다른 방식으로 그 단어를 사용하였다. 그 당시는 1993년 이었는데 그때부터 나는 생각을 바꾸었다.

루이스 : 냄새 프로젝트를 하면서 나는 일종의 나선적인 어떤 것을 볼 수 있었다. 모든 사람의 지식이 모든 순환에 함께 적용되어진다. 당신들은 한 가지 일을 함께 하고, 그 후 다음의 일로 진행한다. 피트(Pete)가 알게 된 것을 어떤 다른 사람이 알게 된 것과 비교하여 평가하려 하는 것은 실제 분리하여 다루기 대단히 어렵다. 미국의 맥락에서 흔히 혼란을 갖는 또 다른 점은 예를 들어 냄새 프로젝트에서 우리는 어린이들이 가지고 있는 "정확한" 답이 무엇인지를 판단할 수 없다는 것이다. 대신 우리는 어린이의 해석과 이론에 관심을 갖는다.

나는 우리가 무엇을 하고 있으며 왜 하며, 어디에 서 있고, 기록과 평가간의 유사점과 차이점은 무엇인지 이 모든 것을 구체화하고자 계속 노력하는 것이 대단히 중요하다고 생각한다. 부모와 방문객들이 우리에게 기술 발달에 대해 물을 때 우리는 "유아들은 의미 있는 맥락 속에서 읽고 쓰고 셈하기를 학습하고 있다. 그 대단한 것이 도대체 뭘까?"라고 생각한다. 그러나 그 대단한 것은 우리가 창안하고자 하는 맥락과는 다르며 동시에 우리 사회가 갖고 있는 요구와 기대를 만족시키고자 하는 것이다. 내가 추측컨대 이것은 좋은 일이지만 그러나 이탈리아 어린이들은 이러한 기술들을 학습하지는 않는다.

멜리사 : … 또는 이탈리아 어린이들은 미국 어린이들보다 훨씬 영리하다.

루이스 : 어린이들은 지능 면에 있어서는 똑같다.

멜리사 : 나는 우리가 무엇을 하며 왜 해야 하는지 그리고 그것을 구체화 할 수 있는지

에 대해 생각하는 것은 정말이지 중요하다는 데 동의한다. 어느날 한 방문자가 이곳을 관찰하고 있었다. 우리는 점토를 갖고 있었고 그것을 블록 계단 위에 놓았다. 유아들은 농장을 구성하고 있었는데 돼지를 가장할 대체물을 필요로 하였다. 방문자는 나에게 말하기를 "나는 그렇게 할 수 없다고 생각해. 우리는 농장을 가장할 수 없어. 우리는 트럭을 가지고 있을 때에만 트럭을 가장할 수 있으며, 그 다음 트랙터도 그렇게 할 수 있어." 이것에 대해 생각해 보자. 얼마나 많은 서로 다른 물건들로 그 트랙터를 가장할 수 있겠는가.

카렌 : 그 방문자는 어린이들이 어떤 방법으로 어떻게 연관 짓는지를 놓치고 있다. 당신은 이 모든 트럭을 알고 있어야 하지만 트럭은 독립되어 존재하지는 않는다.

멜리사 : 그 후 그녀는 "당신이 지금 현재 하고 있는 것은 내가 집에서 어린이들과 하고 있는 바로 그것이야"라고 말했다.

카렌 : 아마도 매우 자연적이고 복잡한 환경이 집과 같다는 말일 것이다.

루이스 : 어떤 특정한 시간에 만일 사물들이 대단히 복잡하다면, 당신은 어린이들이 학습하는 것을 우리가 포착할 수가 없거나 평가할 수 없으며 교사는 그 대상물들을 잊어버리게 된다고 생각하는가?

카렌 : 이 접근법에 따른 활동을 시작할 때 나는 목욕물 속으로 아기를 던져 넣는 것과 같은 느낌을 받았다. 나는 약간의 균형을 회복해야만 했다. 그것은 실제 하나의 균형감이다. 당신이 언제나 "어떻게 이 어린이가 소근육 기술을 사용하는가?"만을 본다면 당신은 레지오 교육자들이 하는 것처럼 어린이를 강하고, 풍부하고, 잠재력이 충분한 것으로 사고할 수는 없다. 보다 긍정적으로 어린이를 모든 순간 지속적으로 학습하는 존재로 생각해 보자. 어린이는 지속적으로 관계를 만들고 있다. 『당신은 뇌 발달에 대한 마인드의 마술 나무』(Magic Tree of the Mind)[Diamond & Hopson,1998]를 읽었는가? 그 책은 무엇을 말하고 있는가. 내가 유치원 어린이들을 그렇다고 생각할 때 나는 스스로 그러한 감각을 갖게 된다. 그것은 대단한 관계이다. 마인드의 나무는 성장하고 꽃을 피운다.

멜리사 : 어린이는 살아있는 수목과 같다.

카렌 : 그렇다. 내가 유치원 어린이들을 가르쳤을 때, 발달에 대한 신뢰를 가지고 가르쳤다고 말할 수 있고 이후 3세와 4세 어린이들도 똑같이 가르쳤던 것 같다.나는 "어린이들은 자신의 이름자를 알까?"라고 생각하며 걱정하였다. 대부분의 어린이

들은 엄마와 함께 알파벳 책으로 기술을 배우는 훈련을 통해서는 알 수 없으며 여름 내내 학습한 것 모두를 아는 어린이는 없다. 즉 우리가 관련된 많은 이슈들을 다루는 데 있어서도 발달을 신뢰하게 된다는 것을 우리는 알지 못하였지만 레지오 교사들은 알고 있다는 것이다.

루이스 : 우리가 지금 이야기하고 있는 이 모든 것들이 우리가 가지고 있는 어린이의 이미지에 영향을 주었을 뿐 아니라 사람은 내부에 지식에 관련된 마술 나무를 가지고 살아가는 존재인지 또는 학습이 정확하게 분리된 작은 조각으로 나누어져서 이루어지 등에 대한 우리의 이미지를 나타내 주고 있다.

멜리사 : 우리가 레지오 접근법에 따라 활동을 시작할 때 조차도 "자, 이제 내가 무엇을 해야 하는지 말해 봐. 그 공식을 나에게 줘."라고 생각했던 것을 기억한다. 그것은 우리가 학교에서 배워 온 방식이다. 이것은 공식이며 우리는 이러한 방식으로 행한다. 여기에는 위아래나 앞뒤의 방향성이 없다. 왜냐하면 그것은 당신이 해야만 하는 방식이라고 생각하기 때문이다. 대신 레지오 에밀리아 교사들은 대부분의 경우 "여기가 문제야. 우리가 어떻게 그것을 해결할지 살펴보자"라고 말하며 접근한다.

카렌 : 맞아. 연구자로서 교사인 당신은 부모참여 부족의 문제를 어떻게 해결할 수 있지? 어린이들이 블록 영역에 몰입하지 않는 이 문제를 어떻게 해결할 수 있지? 어린이와 함께 학습을 위한 의미 있는 맥락을 어떻게 구성할 것이며 그에 따라 일어날 일은 무엇인가? 를 항상 연구한다. 교사는 연구자와 같다. 그것이 커다란 차이점이다.

척 : 당신이 기술해 온 이 모든 것들은 굉장하다. 기록작업을 통한 학습의 가시화에서 칼리나(2001)가 쓴 글의 85쪽에는 "맥락에 담겨있는 의문점과 불확실성들이 '기록자'가 감당해야 하는 맥락의 부분이다. 여기에는 어린이뿐 아니라 교사 모두에게 진정한 자유의 변증법(didactic freedom)이 적용된다. 그것은 어린이와 교사간의 학습과정에서 구성되는 의사소통 관계가 형성되는 곳에서, 예측될 수 있는 것에서부터 예측되지 않는 공간 사이에 놓여있다"라고 쓰여 있다. 이는 어린이와 교사의 새로운 발견에 영감을 줄 맥락은 계속적으로 발견되고 창안될 것임을 나타내고 있다.

프란시스 : 나는 전통적인 학문중심의 교사들이 기관장의 역할을 하도록 놓아두어서는 안 된다고 생각한다. 그 사람들은 학문적 기술 목록을 대부분 대조하여 표시해

야 한다고 생각한다. 교사들은 특정 연령에서 획득해야만 하는 전통적 기술 확립에 대해 걱정하느라 너무 바쁘기 때문에 신뢰가 없고 기대하지 않은 것은 실제 행해지지 않아야 하는 것으로 생각한다. 우리 스스로를 단기적으로 보게 한다. 우리의 이탈리아 동료들로부터 내가 들은 것은 어린이들의 참여 과정에서 이루어지는 타협점, 재능과 기술은 무엇이며 어린이들이 가지 못하는 곳은 어디이며 교사가 개입하고 지시해야 하는 곳은 어디인가가 중요하다는 것이다. 그들은 체크리스트를 가지고 시작하지는 않는다. 교육자들은 어떻게 자신들이 반성할 것인가조차 협상한다. 교사들은 현재 진행되는 학습을 평가하기 위하여 다른 자원들을 기록하고 실천과 이론을 끊임없이 언급한다. 그들은 평가에 지속적으로 참여하지만 체크리스트 형식은 아니다.

루이스 : 칼리나는 평가를 "무엇에 가치를 둘 것인지를 결정하는 것" 이라고 부른다.

프란시스 : 그리고 교사는 질문목록 형태로 집어넣음으로써 학습의 가치를 즉각적으로 떨어뜨린다. 말하고 있는 것을 듣는 것은 그 기본적인 지식이 무엇이든지 대화, 경험, 관계와 관련된 기술이다. 풍부하고 역동적이고 다차원적인 학습이 일어나는 맥락을 창안하고자 하는 우리의 시도는 집단 속에서만 이루어질 수 있다. 기록화는 한 집단 어린이들의 경험과정에 대한 것이며 그 경험을 유발하는 각 개인에 가치를 두는 것이다.

미국의 맥락에서 우리는 관계형성을 가장 먼저 보지 않는다. 미국에서의 평가는 한 개인에 초점을 둔다. 한 어린이의 인생에서 2개월에서 12개월간 연구자가 관찰한 내용은 부모와 함께 공유하고 학습하게 된 것을 아는 데 유용하며 그것은 그 준거가 무엇인지를 말해 준다. 학문적 기준은 중요한 학습의 종류만을 나타내는 것이라 생각하는데 우리는 이러한 기준에서 도출될 수 없는 것들에 주의를 기울일 필요가 있다. 우리는 학교에서 인생의 보다 풍요롭고 큰 그림을 창안하는데 우리 자신과 부모를 지속적으로 교육시킬 필요가 있다.

카렌 : 이러한 기준은 모든 사람은 동일한 속도로 동일한 내용을 학습한다는 가치에 기초한 것이다. 같은, 같은, 같은.

루이스 : 우리가 가치를 두기를 원하는 것에 기초하여 우리의 기준은 도출되어야 한다. 나는 그것이 우리 고유의 특성, 커다란 가치 그리고 일에 대한 반성으로 시작될 수 있다고 생각한다. 중등학교 교장인 한 친구가 나에게 그란트 위긴스와 재이 맥

티(Grant Wiggins & Jay McTighe)가 쓴 『디자인되어진 이해(Understanding by Design, 1998)』라는 책을 보내 주었다. 그 책은 고등학교와 중등학교 교사들을 위해 쓰여졌지만 정확히 우리가 말하고 있는 것을 제안하고 있다. 그들은 학생과 교사의 흥미, 몰입, 연구, 사고를 자극하는 본질적이고, 개방적이며, 혁신적인 질문으로 시작하여 이해가 지속되도록 촉진하는 것을 "역행된 디자인(backward design)" 이라고 불렀다.

카렌 : 먼저 당신이 믿는 것을 발견해야 한다. 만일 우리가 유아는 모두 다르다는 것을 믿는다면, 만일 우리가 유아 모두는 자신의 독특한 경험과 흥미를 가지고 학교에 오며 학습에 열중한다는 것을 믿는다면 그 후 우리는 무엇을 해야 하는가? 어떤 종류의 학교가 유아를 위해 창안되어야 하는가? 우리는 유아가 무엇을 학습하기를 원하는가? 어떻게 성인은 유아의 학습을 지원할 수 있는가? 우리는 어떤 매체를 제공할 것인가? 어떤 경험을 제공할 것인가?

루이스 : 냄새 프로젝트에 당신들이 부여하는 가치는 무엇인가? 당신들은 어떤 가치를 가지고 그 프로젝트를 시작하였나?

프란시스 : 우리는 유아 자신이 가지고 있는 지식을 이해하고, 그 지식을 표현할 수 있고, 유아가 얻은 새로운 지식을 스스로 표현하기를 원하였다.

카렌 : 우리는 유아가 경험한 것을 한 가지 언어에서 다른 언어로, 한 가지 유형의 경험을 다른 유형으로 전환하기를 원했다. 예를 들어, 유아들이 냄새를 감지했을 때 이론을 이끌어내고 그런 후 어린이들은 함께 보고 의사소통하고 사고한다.

프란시스 : 우리는 어린이가 다른 사람의 관점 위에 자신의 관점을 더하고 관점들을 상호 교환할 수 있음을 알기를 원했다.

척 : 그리고 어린이가 결코 진정한 가치를 가지지 못했던 성인들과 진정한 관계 속에서 무언가를 탐색하기를 원했다고 나는 생각한다.

프란시스 : 그 순간에 나는 시간이 더 많이 주어지기를 원했었다. 프로젝트라는 단어는 재빨리 행해지지 않음을 의미한다. 나는 어린이들이 "다 했어요. 이젠 무얼해요?" 라고 말하기를 원치 않았다. 즉 그 프로젝트라는 단어가 의미하는 것은 그러한 종류의 상호교환을 가질 수 있는 시간을 보내는 일종의 선물인 것이다. 진행된 후에 우리는 "그래, 우리가 원하는 것은 이것이었어" 라고 말했다.

카렌 : 우리는 5개월을 보냈고 시간에 대한 압력이 우리에게는 없었다. 여기에 씨 씨

가 있었던 것이 우리에게는 하나의 선물과도 같았다.

프란시스 : 나는 씨 씨에게 놀랐다. 왜냐하면 그녀는 교사의 권리를 넘나들었기 때문이다. 그녀는 자연스러운 사람이었고 어떤 가식도 없었다. 냄새는 그녀 인생의 한 부분이었고 냄새를 거부하지도 않았다. 자기가 살고 있는 지역에서 지각되는 냄새를 인식하였고 그것을 지역사회로부터 받아왔다. 그녀는 무언가를 그저 소개만 하지는 않는다. 왜냐하면 그것은 과학과 관련되어 있고, 자신과 관계를 맺고 있는 사람이 제공하는 무언가가 있음을 알았기 때문이다. 그녀는 그저 단지 그것을 가져오기만 하는 것이 아니다. 그녀는 그것을 자신만의 선물로 삼지 않고 우리를 끌어들인다. 그녀는 제안서를 만들었다. 그녀는 스스로 책임질 수 있도록 만들었다.

척 : 몇 가지 점에서 우리는 이미 가지고 있는 것을 알고 있다. 그것은 대단한 것이었고 "우리는 이것에 주의를 기울여야 해."라고 말했었다. 나는 그 해에 나의 목표를 세우기 위해 한두 가지 일을 기록했었고, 그 목표 중 한 가지는 어린이를 관찰하고 어린이의 이론을 묻는 것이었다. 나는 "이 학교에서 어린이들의 이론은 어디에 있는가? 어린이는 사고하고, 여기에서 살아간다. 어린이는 여기서 몇 시간을 지내고 이곳은 우리가 어린이의 이론을 발견하는 곳이어야만 한다."라고 생각했던 것을 나는 기억한다.

카렌 : 그리고 우리는 어린이들의 이론을 이끌어내고 추출하는 실천을 우리 스스로 해야만 한다고 느꼈다.

프란시스 : 그것은 한 사람의 열정이 모든 사람을 참여시키는 곳에서 일어나는 예이다. 그때부터 우리는 하나의 공유된 관점을 가지고 사람들이 우리에게 줄 수 있는 보다 많은 재능을 취해야 했다. 결국 우리는 진정으로 다른 사람의 관점을 발견하는 쪽으로 변화되었다.

루이스 : 당신은 어린이가 학습한 것을 관찰하기 위하여 어떤 방향으로 체크하였으며, 어린이가 무엇을 학습하기를 원하는지 말할 수 있을까? 나는 당신이 매시간 새로운 지평을 깨고 개방된 상한선을 가지고 있다고 느꼈다. 그것은 어쩌면 사람들을 혼란시키는 것일까? 사람들은 "당신이 목적이나 목표를 가지고 있지 않은 것 아니야?"라고 말하기도 한다.

카렌 : 우리는 어린이와 함께 연구하기를 원하며, 함께 질문 목록을 만드는 것으로 시작한다. 내 생각에는 그 답을 연구하는 것이 우리의 목표가 되었다.

프란시스 : 우리는 어린이들이 알고 있는 사실을 확인하기를 원한다. 어린이들은 냄새를 알고 있었고, 우리는 어린이들이 알고 있는 것을 조명하기를 원했다. 우리가 냄새에 대한 관점을 공유하기 시작하자, 우리는 더 많은 것을 알기 시작했다. 왜냐하면 이제 우리는 '네가 지각하는 것을 알고 너는 나를 아는 관계' 가 계속되기 때문이다. 만일 내가 충분히 돌보고 발견하고, 경청한다면 우리의 지식을 변화시킬 것이다. 만일 내가 어린이에게 무언가 주기를 원한다면 그것은 몇 가지 분명한 정답이 있는 아이디어이겠지만 우리가 결정하기에 따라 의미 있는 시간이 될 수도 있다. 만일 우리가 먼저 결정한다면 당신은 내가 의미하는 것을 알까? 만일 우리가 명료한 대답에 만족한다면 바퀴는 발명되지 않았을 것이고 지구는 여전히 편평할 것이다. 우리는 실제 구성되어지는 힘과 강도와 가치에 믿음을 갖고 있다. 우리는 이해를 명료히 하기 위하여 지식을 상호교환하고 공동구성하는 가능성을 믿는다.

척 : 당신은 무엇이 서로 같은지 알고 있는가? 냄새 프로젝트는 3차원이다. 레지오 학교에서는 다양한 관점으로부터 많은 것들이 나온다. 당신이 만일 과학 기준이나 문해 능력 기준의 목록을 살펴본다면 대화는 어쩌면 직선적으로 거슬러 올라가서 좋은 단어가 될 것이다. 칼리나(2001)가 말하기를(p.87) "기록은 객관적인 사건을 제시하는 데 목적이 있는 것이 아니라 의미를 만들어가는 노력을 표현하는 데 있다" 고 하였다. 냄새 프로젝트는 냄새를 주제로 어린이와 교사가 함께 의미를 만들어가는 것이었다. 어떻게 우리는 물건의 냄새를 맡고, 냄새는 무엇이며, 냄새는 어디에 있으며, 어떻게 냄새는 우리에게 영향을 주는가. 어린이와 성인은 언어, 대화, 제스처, 창안된 게임, 그리기, 이론을 사용하여 "의미를 만든다".

우리는 이전에 알고 있었지만, 주제의 기준, 교육과정, 평가, 기록에 대한 대화를 통해서 우리에게 여전히 도전점이 있고 생각하는 데 어려움이 있으며 한없이 복잡함을 또다시 학습하였다. 우리는 상호관계 속에서 이루어지는 레지오 에밀리아의 개념과 기록의 실천을 통해 미국의 실천을 평가하고자 투쟁하였다. 우리에게 그리고 많은 사람들에게 이들 아이디어와 실천은 그대로 끼워 맞추거나 씌울 수 있는 것이 아니라는 것은 이제 명확하다. 같은 공식으로 적용하는 것은 어렵다. 그러한 시도는 정사각형의 구멍에 동그란 못을 박고자 시도하는 것과 같은 좌절감을 가지고 올 것이다. 교사들은 이제 학습에 대해, 인생에 대해 또는 우리가 현실을 어떻게 지각하는가조차도 동일한 퍼즐이나 동일한 체제로 해석될 수 있다고 보지 않는다. 그것은 혼란을 가져오기 쉽다. 기록작업을 통한 학습의 가시화[Giudici et al., 2001]에서 이탈리아와 미국 교사 연구자의 해석을 읽고 또 읽을 뿐 아니라 다른 저자들이 쓴 책을 수집하여 내 책상에 쌓아올렸던 일들은 나로 하여금 또 다시 이러한 것들에 대해 생각하게 도왔다.

그 많은 지식들은 레지오 에밀리아에서 공유했던 유아, 교사, 부모와의 경험을 통해 성장하였고 우리 학교에서는 불가능하지 않았고, 어려웠지만 측정되고 양화되었다. 이러한 주제에 대한 주디스 버턴(Judith Burton, 2001)의 힘 있는 말이 생각난다.

> 기준은 어린이들이 무수히 많은 사실들을 엮어서 중요한 이야기를 어떻게 구성해내는지를 검사하기 위하여 쓰여지는 것이 아니라 어떻게 어린이가 매체를 조작하여 지식을 통합하는지 그리고 자신의 상상력과 관계를 형성하고 있는 세계를 중재하는지 또는 어린이가 어떻게 친숙한 것을 넘어서는지를 알고자 하는 것도 아니며 새로운 가능성을 검토하는 것도 아니다. …… 예술로서의 학습을 실제로 구성하는 다양성, 다 차원성, 복잡성을 인식하며 평가 저자나 기준 설정자를 넘어서서 나타나는 지식의 한 가운데에 존재한다(P42).

이러한 주디스 버턴의 생각은 베아 베키가 말한(2001) "지시자의 허위성"에 대한 언급을 나에게 상기시켜 주었다.

> 지시자가 내리는 학습 주제와 과정은 대부분 표현적인 힘을 심화시키는 과정과 연결되어 적용되기는 거의 어렵다(그것은 단순히 문제해결만을 포함하지는 않는다). 뿐만 아니라 지시자가 내리는 태도와 개념은 일차적으로 정한 시간에 생겨나기를 기대한다. ……. 우리의 생각에는 이러한 종류의 학습은 유아와 교사 모두에게 보다 보편적으로는 문화에 큰 차이를 가져온다. 관계형성의 질에 지속적으로 주의를 기울이는 접근은 지시자의 수단에 의해 활성화되기는 어려울 뿐만 아니라 구체화될 수도 없음을 의미한다. 어떤 점에서 관계의 언어는 경청하고, 이해하고, 평가할 수 있도록 우리 스스로 말하는 방법을 알아야 할 필요를 느끼게 한다(p212).

만일 우리가 이탈리아 사람들의 기록 개념을 통하여 우리 스스로와 유아의 학습에서 도전점을 구체화 한다면 우리는 버턴과 베키가 말한 보다 깊고 복잡한 지식에 가치 두기를 시작해야 한다. 우리는 "관계의 언어"를 포함하여 모든 종류의 학습을 가시화 할 수 있도록 만드는 새로운 방식을 창안해야 한다. 또한 우리의 전체 경험 과정에서 우리가 학습한 것은 무엇이며 유아가 학습한 것은 무엇인지를 스스로 물어야 한다. 성인과 유아가 평등하게 참여할 때 연구는 포개지고 상호 연결되어진다. 성인과 유아는 서로의 학습에 영향을 줄 뿐 아니라 진행되어질 공동 연구 과정에 영향을 준다. 미국 교사들은 지식, 유아, 교사를 각각 하나의 독특한 영역을 가지는 명확하게 분리된 실체로 보며 이러한 관점은 계속적으로 진화하면서 관계의 한 체제로서 현실을 구체화 하고자 하는 우리의 능력에 장애가 된다.

피터 센지(Peter Senge)와 동료들(2000)이 쓴 『학습이 일어나는 학교』(Schools That Learn)에서는 "체제 개혁"을 예견하였는데 "현실의 본질적 특성은 사물이 아니라 관계"라고 주장함으로써 기계적 사고와 산업화 시대 학교인 뉴턴시대를 대신하는 우리 세계를 보는 방식의 변화를 초래하였다(pp.52-53). "체제 개혁"은 그레고리 베이트슨(Gregory Bateson, 1979), 매튜라나와 바레라(Maturana & Varela, 1987)의 연구로 부터 로리스 말라구찌가 영감을 받았던 개념에서 이끌어 낼 수 있다. 그러한 개념으로 말라구찌는 학문 간을 연합하여 예전과 다른 진화를 가져오는 교육학으로 용감하게 전환시켰다. 프리쵸프 카프라(Fritjor Capra, 1996)의 『인생의 조직망』(The Web of Life)에서는 시스템 사고(Systems thinking)를 다음과 같이 설명하고 있다.

> 금세기 초반 동안 유기체 생물학자에 의해 생겨난 "시스템 사고" 개념은 연결, 관계, 맥락의 관점에서 새로운 사고방식이 탄생하는 데 도움을 주었다. 시스템의 관점에 따르면 유기체나 살아 있는 시스템의 본질적 속성은 부분으로 존재하지 않으며 전체적인 특성을 가진다. 이러한 속성은 그 체제가 물리적으로나 이론적으로 분리된 요소로 나누어질 때 멸망된다. …… 시스템 사고는 "맥락적"인 것으로 분석적 사고의 반대이다. 분석은 어떤 것을 이해하기 위하여 분리하여 다루는 것을 말하며 시스템 사고는 전체의 맥락으로 보는 것을 말한다(pp29-30).

세인트 루이스 스쿨에서 우리가 나눈 대화에는 평가와 기록화를 서로 다른 두 개의 세계관으로 보는 우리의 현재 이해를 나타내 준다. 첫 번째는 분석적이며 연역적이고 탈맥락화되어 있으며 두 번째는 전체적이고 역동적이며 관계적이다. 학습과 학습 연구에 있어서 반대되는 이 두 가지 접근을 수용하는 것은 어렵지만 그것이 바로 현재 우리가 보고 느끼는 것이다. 우리는 여러 가지 방법에 있어 학교에서 일어나는 일상적인 삶에서 이 두 가지 방식 사이를 연결시키고자 노력한다. 카렌과 프란시스 모두 부모와 함께하는 토론에서 기준과 기술의 준거 사용을 제안하였는데 결국 교사와 부모는 유아가 있는 연결선상에 존재하는 "미국 맥락"이다. 카렌은 스스로 덜 관심을 기울이며 보다 조망적인 준거로 관찰하는 "발달에 대한 신뢰"를 학습하였다고 말한다. 유아가 또래집단에 적합한 기준을 넘어서 의미를 추구하는 데 즐거워하며 몰입하는 것을 우리의 경험에서 보아왔다. 그랜트 위긴스와 동료(Wiggins & McTighe)들이 고안한 교육과정 영역에서 다소 현재와 같이 사고하는 방식은 이탈리아 교육자들의 사고와 유사하다.

세인트 루이스 레지오 공동체 학교에서 이루어진 냄새 프로젝트의 세계관은 조각과 부분으로 분절되지 않았다. 오히려 그것은 맥락과 의미를 만드는 일에 몰입하고 전체적이며 역동적이고 관계적이다. 만약 우리가 삶에서 "의미 만들기"의 본질적 장소에 대한 우리의 신념, 세계관, 가치를 명료화하게 구체화 할 수 있다면 그리고 그 후 어떻게 이것이 유아와 교사의 경험 이야기로 펼쳐질 수 있는지 보여줄 수 있다면 우리는 유아들의 부모와 연결될 수 있을 뿐 아니라 카프라(Capra, 1996)가 "현실세계의 새로운 비전은 생태학(p12)"이라고 한 말을 주장할 수도 있을 것이다. 이탈리아 사람들은 교사는 이러한 방식의 삶을 실천해야 한다고 말한 의미가 이것과 아주 유사함을 전적으로 확신하는 정책적 입장을 갖는다. 우리는 기준 바깥에 있는 방식을 주장하고 있으며 그것은 인류의 미래를 위하여 극히 결정적이다.

우리 모두는 함께 새로운 20세기로 진입하였고, 그것은 우리 모두를 위하여 지켜져야 할 약속이고 우리가 직면한 거대한 지구의 도전들 중 하나이다. 내가 가졌던 깊고 심오한 희망을 우리 모두가 함께 할 수 있도록 함으로써 이 작고 활기 넘치는 이탈리아 북부의 작은 도시의 교육적 지혜가 우리의 실천과 사고에 커다란 영향을 지속적으로 줄 것이다. 나는 그것이 우리 스스로를 과거와 미래로 연결하고 모든 부분이 연결되어 있는 우주의 한 부분으로 이해하도록 계속적인 영감을 주기를 바란다. 세계 모든 곳의 우리는 우주 공간에서 분명하고 커다란 빛을 자아내는 레지오 유아의 비전인 "에너지의 원"의 한 조각으로 스스로를 인식하게 되기를 바란다.

# References

Alexander. C.(1977). *A pattern language: Towns, buildings, construction*. New York: Oxford University press.

Alexander. C.(1979). *The timeless way of building*. New York: Oxford University press.

Apelman, M., & Johnson, H.(1984). Appendix 1. Stages in block building. In E. Hirsh (Ed.), *The block book* (rev.ed.). Washington, DC:National Association for the Education of Young Children.

Badiner, A. (Ed.).(1990). *Dharma Gaia: A harvest of essays in Buddhism and ecology*. Berkeley, CA:parallax press.

Bateson, G.(1979). *Mind and nature:A necessary unity*. New York:Bantam Books.

Berensohn, P.(1972). *Finding one's way with clay:Pinched pottery and the color of clay*. New York:Simon & Schuster.

Bohm, D.(1996). *On dialogue*. London and New York: Routledge.

Bruner, J.(2000). Citizens of the world, excerpt from speech on receiving honorary citizenship from the mayor and City Council of Reggio Emilia. In M. Davoli & G. Ferri (Eds.), *Reggio tutta:A guide to the city by the children* (pp.122-123). Reggio Emilia, Italy: Reggio Children S. r. l.

Burton, J.(1991). Some basic considerations about "basic art." *Art Education*, 44(4), 34-41.

Burton, J.(2001). Lowenfeld:(An)other look. *Art Education*, 54(6), 33-42.

Cadwell, L. B.(1997). *Bringing Reggio Emilia home: An innovative approach to early childhood education*. New York:Teachers College Press.

Cadwell, L., Miller, S., & Strange, J.(1999). *Stories in clay*. Presentation given at the Martha Holding Jennings March Invitational, Columbus, Ohio.

Caine, R., & Caine, G.(1994). *Making connections: Teaching and the human brain*. Menlo Park, CA: Addison-Wesley.

Capra, F.(1996). *The web of life*. New York: Anchor Books.

Carson, R.(1956). *The snese of wonder*. New York: Harper & Row.

Ceppi, G., & Caine, & Zini, M. (Eds.).(1998). *Children, spaces, and relations: Metaproject for an environment for young children*. Reggio Emilia, Italy: Reggio Children S. r. l.

Csikszentmihalyi, M.(1990). *Flow: The psychology of optimal experience*. New York: Harperperennial.

Dahlberg, G., Moss, P., & Pence, A.(1999). *Beyond quality in early childhood education and care: Postmodern perspectives*. London: Falmer.

Davoli, M., & Ferri, G. (Eds.).(2000). *Reggio tutta: A guide to the city by the children*. Reggio Emilia, Italy: Reggio Children S. r. l.

Department of Education, City of Reggio Emilia.(1990). *Cenni di storia*[An historical outline, data, and information]. Reggio Emilia], Italy: Center for Educational Research.

Diamond, M. C., & Hopson, J.(1998). *Magic trees of the mind: How to nurture your child's intellingence, creativity, and healthy emotions from birth to adolescence*. New York: Eutton.

Dreier, E.(1984). Blocks in the elementary school. In E. Hirsh (Ed.), *The block book*(rev. ed.). Washington, DC: National Association for the Education of Young Children.

Edwards. C.(1993). Partner, nyrturer, and guide:The roles of the Reggio teacher in action. In C. Ewards, L. Gandini,&G.Forman(Eds.), *The hundred languages of children:The Reggio Emilia approach to early childhood education*(pp.151-170). Norwood, NJ:Ablx.

Edwards. C., Gandini, L., & Forman, G.(Eds.).(1993). *The hyndred languages of children:The Reggio Emilia approach to early childhood education.* Norwood, NJ:Ablx.

Edwards. C., Gandini, L., & Forman, G. (Eds.).(1998). *The hundred languages of children:The Reggio Emilia approach-advanced reflections* (2nd ed). stamford, CT:Ablx.

Entsminger, V.(1994). *Teachers' Perceptions of a pedagogic innovation:Barriers and mechanisms for successful implementation.* Unpublished doctoral dissertation, St. Louis University, St. Louis, Mo.

Finders, C. L.(1998). *At the root of this longing:Reconciling a spiritual hunger and feminist thirst.* New York: HarperCollins.

Forman, G., & Gandini, L.(Eds.).(1994). *The amusement park for the birds* [vidio]. Amherst, MA:Performatics.

Fyfe, B.(1998). Questions for collaboration: Lessons from Reggio Emilia. *Canadian Children, 23*(1), 20-24

Gambetti, A.(1997, April). *Presentation to parents of the St. Louis-Reggio collaborative*, St. Louis, Mo.

Gallas, K.(1994). *The languages of learning: How Children talk, write, dance, drew, and sing their understanding of the world.* New York: Teachers College Press.

Gallas, K.(1995). *Talking their way into science: Hearing childrens questions and theories, responding with curricula.* New York: Teachers College Press.

Gardner, H.(2000). *The disciplined mind: Beyond facts and standard tests, the K-12 ducation every child deserves.* New York: Penguin Books.

Gandini, L.(1993). Fundamentales of the Reggio approach to early childhood education. *Young Children*, 49, 4-8.

Gardner, H.(2001). Final reflections: Making our learning visible. In C. Giudici, C. Rinaldi, & M. Krechevsky (Eds.), *Making learning visible: Children as individual and group learners*(pp. 337-340). Reggio Emilia, Italy: Reggio

Children S.r.l.

Giudici, C., Rinaldi, C,. & krechevsky, M.(Eds.).(2001). *Marking learning visible: Children as individual and group learners*. Reggio Emilia, Italy: Reggio Children S.r.l.

Hirsh, E.(Ed.).(1984). *The block book*(rev.ed.). Washington, DC:National Association for the education of Young Children.

*I Cento Linguaggt dei bambini: Narative del possible* [The hundred languages of Children: Narratives of the possible].(1996). Reggio Emilia, Italy: Reggio Children S.r.l.

Isaacs, W.(1999). *Dialogue and the art of thinking together.* New York: Currency.

Katz, L.(1998). What can we learn form Reggio Emilia? In C. Edwards, L. Gandini, & G.Forman(Eds.), *The hundreds languages of Children: Reggio Emilia approach-advance reflections* (2nd ed.). Stamford, CT:Ablex.

Katz, L.G., & Ceasarone, B. (Eds.).(1994). *Reflections on the Reggio Emilia approach.* Urbana, IL:ERIC/EECE.

Kellogg, R.,& O'Dell, S.(1967). *The psychology of Children's art.* New York:Random House.

Kenny, V.(1998). *Gregory Bateson's notion of the sacred-What can it tell us about living constructively?* Manuscript submitted for publication: avaliable at www.oikos. org/vinsacred.htm.

Kingston, K.(1998). *Clear your clutter with feng shui.* New York:Broadway Books.

Lewin, A.(1995). *The fundamentals of the Reggio approach.* Presentation to visiting delegation at the Model Early Learning Center, Washington, DC.

Lewis, A.(1998, fall). Student work: This focus for staff development leads to genuing collaboration. *National Staff Development Council Journal of staff Development*, 24-27.

Lowenfeld, V.(1964). *Creative and mental growth.* New York: Macmillan.

Macy, J.(1990). The greening of the self. In A. Badiner(Ed.), *Dharma Gaia: A harvest of essays in Buddhism and ecology* (PP.53-63). Berkeley,

CA:Parallax Press.

Maturana, H.,&Varela, F.(1987). *The tree of knowledge.* Boston, MA:Shambala.

*Municipal infant-toddler centers and preschools of Reggio Emilia:Hustorical notes and general information.*(2000). Reggio Emilia, Italy: Reggio Chuldren S.r.l.

Pipher, M.(1996). *The shelter of each other.* New York: Putnam.

Rinaldi, C.(1992, Jauuary). *Corso d aggiornamenti per nuoui insenanti.* Address presented at seminars for new teachers, Reggio Emilia, Italy.

Rinaldi, C.(1998). The space of childhood. In G.Ceppi & M.Zini(Eds.), *Children, spaces, and relations: Metaproject for an environment for young Children*(pp. 114-120). Reggio Emilia, Italy: Reggio Children S.r.l.

Rinaldi, C.(2000a). *The pedagogy of listening.* Address given to study tour in Reggio Emilia, Italy.

Rinaldi, C.(2000b). *Values and the Reggio Approach.* Address delivered at conference on research and documentation, Oakland, CA.

Rinaldi, C.(2001). Documentation and assessment:What is the relationship? In C. Giudici, C. Rinaldi,&M.Krechevsky(Eds.), *Making learning visible: Children as individual and group learners*(pp.78-90). Reggio Emilia, Italy: Reggio Children S.r.l.

Robertson, S.(1963). *Rosegarden and labyrinth.* London:Routlege & Kegan Paul.

Sanders, S. R.(1991). Tokens of mystery. *In Secrets of the universe:Scenes from the journey home.* Boston, MA:Beacon Press.

Seidel, S.(2001). Understanding documentation starts at home. In C. Giudici, C. Rinaldi,&M.Krechevsky(Eds.), *Making learning visible: Children as individual and group learners*(pp.304-311). Reggio Emilia, Italy: Reggio Children S.r.l.

Senge, P., Cambron-McCabe, N.,Lucas, T., Smith, B., Dutton,J., &Kleiner, A.(2000). *Schools that learn.* New York: Currency.

Spaggiari, A.(2000). Introduction. In M.Davoil & G.Ferri(Eds.). *Reggio tutta:A guild to the city by the Children.* Reggio Emilia, Italy: Reggio Children S.r.l.

Spaggiari, S.(1993). The community-teacher partnership in the goverance of the schools. In C. Edwards,L. Gandini, & G.Forman(Eds.), *The hundred languages of Children: The Reggio Emilia approach to early childhood education*(pp. 91-99). Norwood, NJ:Ablex.

Spaggiari, S.(2000). *Introductory address to the study tour.* Reggio Emilia, Italy.

Strozzi, P.(2000). *Presentation on dramatic play and identity.* Reggio Emilia, Italy. The 10 best Schools in the world, and what we can learn from them.(1991, December 2) *Newsweek*, pp. 50-59.

Thich Nhat Hanh.(2000). *The paty of emancipation.* Berkeley, CA:Parallax Press.

Topal,C.W., &Gandini, L.(1999). *Beautiful stuff.Learning with found materials.* Worcester, MA:Davis.

Vecchi, V.(2001). The curiostry to understand. In C.Giudici, C.Rinaldi, & M. krechevsky(Eds.), *Making learning visible:Children as individual and group learners*(pp.158-212). Reggio Emilia, Italy: Reggio Children S.r.l.

Walsh, D.J.(1993,July/August). Art as socially cinstructed narrative:Implications for early childhood education. *Art Education Policy Review, 94*(6), 18-23

Wheatley, M.&kellner-Rogers, M.(1996). *A simpler way.* San Francisco, CA:Berrett Koehler.

Wiggins,G. & McTighe,J. (1998). *Understanding by design.* Alexandria, VA:Association for Supervision and Curriculum Development.

## 저자에 대하여

루이스 보이드 캐드웰은 미조리주 센이트 루이스에 살고 있다. 그 곳에서 세 학교로 이루어진 세인트 루이스 레지오 공동체(칼리지 스쿨, 세인트 미카엘 스쿨, 클레이턴 스쿨의 가족 센터) 아뜰리에리스타/연구자로 일하고 있다. 그녀는 이탈리아 레지오 에밀리아 유치원에서 1년간 인턴십을 한 후 세인트 루이스로 돌아왔다. 그녀는 이탈리아에서 유아교육에 대한 레지오 접근법을 배우기 위해 이탈리아 교육자들과 연구하였다. 그녀는 미국의 학교에서 학습과 삶의 생기있는 새로운 방법을 찾아내기 위해 이탈리아와 미국의 교육자들과 계속해서 일하고 있다. 그녀는 유니온 대학에서 1996년 박사학위를 받았다. 그녀의 교사와 연구자로서의 저서는 미술과 말하기, 문자 언어를 통한 아동 발달에 초점을 두었다. 특히 자연세계 속에서 그들의 자리를 발견하는 아동에 대해 초점을 두었다.

## 역자 약력


홍순옥, 경성대학교 유아교육과 교수

김경철, 한국교원대학교 유아교육과 교수

김은희, 한양여자대학 유아교육과 교수

서현아, 경성대학교 유아교육과 교수

유경숙, 숭의여자대학 유아교육과 교수

유구종, 국립강릉대학교 유아교육과 교수

임영심, 경북대학교 아동복지학과 교수

정수경, 백석문화대학 유아교육과 교수

유아교육에서의 레지오 접근법

**레지오의 삶과 실천**

초판 1쇄 인쇄 2008년 11월 1일
초판 1쇄 발행 2008년 11월 7일

지은이 | 루이스 보이드 캐드웰
옮긴이 | 홍순옥 · 김경철 · 김은희 · 서현아 · 유경숙 · 유구종 · 임영심 · 정수경
펴낸이 | 김기섭
책임편집 | 엄지연
펴낸곳 | 창지사 www.changjisa.com
121-809 서울시 마포구 대흥동 161
전화 (02) 719-2211~3
팩스 (02) 701-9386
등 록 | 1977년 4월 28일 제1-421호



ISBN 978-89-426-1082-2 93370
Printed in Seoul, Korea

값 16,000원